Designing
Machine Learning
Systems

머신러닝 시스템 설계

| 표지 설명 |

표지에 그려진 동물은 빨간다리자고새(학명: *Alectoris rufa*)로, 프랑스 자고새로도 알려져 있습니다. 빨간다리자고새는 수세기 동안 사냥용으로 번식되며 경제적으로 중요한 역할을 했습니다. 꿩류에 속하며 대체로 비이주적인 종으로 서유럽에서 기원하지만 잉글랜드, 아일랜드, 뉴질랜드 등 다양한 지역에 유입되기도 했습니다. 몸통이 비교적 작고 통통하며, 화려한 빛깔과 깃털 문양을 자랑합니다. 등 부분은 밝은 갈색에서 회색, 배는 연분홍색, 목은 크림색, 부리는 선명한 붉은색을 띠며 옆구리에는 적갈색 혹은 검정색 줄무늬가 있습니다. 주식은 씨앗, 나뭇잎, 풀, 뿌리지만 곤충을 먹기도 합니다. 해마다 농지 같은 건조한 저지대에 둥지를 짓고 알을 낳습니다. 빨간다리자고새는 계속해서 활발히 번식함에도 무분별한 사냥과 서식지 감소 등으로 개체수가 빠르게 줄고 있어 현재 관심 대상 종에 속합니다. 오라일리 책 표지에 실린 다른 동물들과 마찬가지로 빨간다리자고새는 이 세상에 매우 중요한 존재입니다. 표지는 캐런 몽고메리Karen Montgomery가 『강가의 자연사The Riverside Natural History』에 실린 동판화를 바탕으로 그렸습니다.

머신러닝 시스템 설계

프로젝트 범위 산정부터 프로덕션 배포 후 모니터링까지, MLOps 완벽 해부하기

초판 1쇄 발행 2023년 3월 14일
초판 2쇄 발행 2023년 7월 24일

지은이 칩 후옌 / **옮긴이** 김대근, 김영민 / **펴낸이** 김태헌
펴낸곳 한빛미디어(주) / **주소** 서울시 서대문구 연희로2길 62 한빛미디어(주) IT출판2부
전화 02-325-5544 / **팩스** 02-336-7124
등록 1999년 6월 24일 제25100-2017-000058호 / **ISBN** 979-11-6921-085-0 93000

총괄 송경석 / **책임편집** 서현 / **기획·편집** 최민이
베타리더 강찬석, 달리나음(김용욱), 김용회, 박찬연, 양민혁, 유경윤, 이석곤, 장대혁, 정원창, 정현준, 조원양
디자인 표지 윤혜원 내지 박정화 / **전산편집** 이경숙
영업 김형진, 장경환, 조유미 / **마케팅** 박상용, 한종진, 이행은, 김선아, 고광일, 성화정, 김한솔 / **제작** 박성우, 김정우

이 책에 대한 의견이나 오탈자 및 잘못된 내용에 대한 수정 정보는 한빛미디어(주)의 홈페이지나 아래 이메일로
알려주십시오. 잘못된 책은 구입하신 서점에서 교환해드립니다. 책값은 뒤표지에 표시되어 있습니다.

한빛미디어 홈페이지 www.hanbit.co.kr / 이메일 ask@hanbit.co.kr

지금 하지 않으면 할 수 없는 일이 있습니다.
책으로 펴내고 싶은 아이디어나 원고를 메일(writer@hanbit.co.kr)로 보내주세요.
한빛미디어(주)는 여러분의 소중한 경험과 지식을 기다리고 있습니다.

Designing Machine Learning Systems

머신러닝 시스템 설계

O'REILLY® 한빛미디어
Hanbit Media, Inc.

이 책은 인공지능 관련 이론 지식에서 나아가 어떻게 하면 서비스를 효율적으로 배포할 수 있을지에 대해 심도 있게 고민한 내용을 담고 있습니다. 현업에서 일하다 보면 단순히 모델을 수정하는 것보다도 전체적인 관점에서 관련 시스템을 어떻게 설계하면 좋을지 고민하게 되는데, 이 책은 그런 실무적인 관점을 반영하고 있습니다. 강의로 전달되던 내용이 이렇게 책으로 나와 필요할 때마다 살펴볼 수 있어 관련 업무를 하는 엔지니어에게 큰 도움이 되리라 생각합니다.

강찬석, LG전자 인공지능연구소

머신러닝 시스템을 위한 다양한 설계 방식, 상세한 인용, 저자의 깊이 있는 경험이 담긴 방대하고 알찬 책입니다. 책에서 소개하는 수많은 자료를 모두 찾아보기는 현실적으로 쉽지는 않겠지만 오랫동안 곁에 두고 시간 날 때마다 찾아봐야겠습니다. 좋은 책을 읽고 리뷰할 기회를 얻게 되어 감사합니다.

달리나음(김용욱)

이제 우리는 인공지능이라는 말이 일상화된 세상에 살고 있습니다. 인공지능을 활용하는 사례가 늘어나고 기술과 도구가 발전함에 따라 기술에 대한 접근 또한 용이해지고 있습니다. 이 책은 여타 책들과 달리 머신러닝 기술에 중심을 두기보다 머신러닝 기술에 기반한 시스템을 구축하는 데 필요한 일련의 과정을 다룹니다. 우리가 인공지능 기술을 다루는 것은 궁극적으로 프로덕션 환경에서의 서비스 구축을 목표로 하기에 이 책은 다른 책들과 차별화됩니다. 열심히 만든 모델과 서비스를 세상에 선보이기 위해 참고할 만한 가치가 충분하다고 생각합니다.

김용회, 숭실대학교 IT융합학과 박사 과정

다양한 곳에서 머신러닝을 적용하고 있지만 각자 내부적인 고려 사항이 많기에 효과적인 운영과 개선 방안을 찾기는 쉽지 않습니다. 이 책은 원시 데이터부터 인공지능 결과물을 사용하게 될 사용자 입장까지 고려하며, 데이터에서 찾은 가치를 사용자에게 효과적으로 전달하기 위한 머신러닝 시스템 설계 방법을 설명합니다. 머신러닝 엔지니어뿐 아니라 데이터를 다루는 사람이라면 누구나 읽어볼 만한 책이라고 생각합니다.

양민혁, 현대모비스 데이터사이언스팀

그간 머신러닝 시스템 관련해 좋은 글을 여럿 작성한 저자의 책이 번역서로 나오게 되어 큰 관심을 갖고 리뷰에 참여했습니다. 이 책에는 머신러닝 시스템 관점에서 모델을 효율적으로 개발하고 프로덕션화해 안정적으로 유지하는 데 필요한 지식이 매우 잘 정리되어 있습니다. 저자는 자신이 연구하고 경험한 내용을 이해하기 쉽게 설명할 뿐 아니라 그동안 업계에 공유된 유용한 자료들을 언급해 독자가 더 넓은 시야를 가질 수 있도록 돕습니다. 머신러닝 시스템에 관심이 있는 분들에게 이 책을 강력 추천합니다.

유경윤, 당근마켓 머신러닝 엔지니어

머신러닝 시스템 설계는 데이터 처리, 모델 개발, 모델 배포 등 많은 단계를 거칩니다. 따라서 체계적이고 확장 가능한 아키텍처를 설계해야 하며, 데이터 전처리 및 모델 학습 등에서 발생하는 오류를 감지하고 예외 처리하는 기능 또한 필요합니다. 모델을 사용할 때는 최적의 성능을 위해 모델 평가 및 모니터링 기능을 추가해야 하며, 보안과 프라이버시를 위한 데이터 보호 및 모델의 페어링 기능도 고려해야 합니다. 이 책은 이 모든 과정을 실무적인 관점에서 다룹니다. 머신러닝 시스템 설계에 대한 큰 그림을 살펴보고 이해하는 데 큰 도움이 되리라 생각하며 처음 시작하는 머신러닝 엔지니어에게 추천합니다.

이석곤, 아이알컴퍼니 수석 연구원

이 책은 프로덕션에서 머신러닝을 어떻게 접목하고 최적화할지에 대한 고민과 막막함을 덜어줍니다. 그동안 이를 연구하는 데 들이는 시간에 비해 좋은 결과를 얻기는 힘들었기에, 이 책이 나온 것은 현업에 있는 사람으로서 굉장히 반가운 일입니다. 이 책은 머신러닝 시스템 아키텍처에 대한 뼈대를 확실히 잡는 데 도움이 되며, 머신러닝과 딥러닝을 연구하고 개발하려는 분들이 스터디하기에도 유용합니다. 책의 내용으로 뼈대를 잡고 추가적인 연구와 고민을 한다면 훨씬 더 좋은 결과를 얻을 것이라고 확신합니다. 제목을 보고 솔깃한 개발자나 엔지니어분들이 탐독하시면 반드시 큰 도움이 될 것입니다.

장대혁, 휴넷 AI LAB 연구원

이론과 실제를 모두 알아야 실력자가 됩니다. 머신러닝 이론에 관해서는 지난 5~6년간 많다 싶을 정도의 책이 나왔습니다. 그러나 '실제'에 대해서는 직접 경험해가며 배우는 수밖에 없었습니다. 시간이 걸립니다. 이 책은 그 '실제'를 샅샅이 생생하게 설명한 독보적인 자료로, 이론서 몇 권 이상의 가치를 지닙니다. 모든 레벨의 머신러닝 엔지니어들에게 도움이 될 것입니다. 원서보다도 충실한 번역서를 만들어준 두 역자에게 박수를 보냅니다.

정원창, 자연어 처리 머신러닝 엔지니어

다양한 실리콘 밸리 회사에서 많은 머신러닝 엔지니어와 데이터 과학자를 면접하며 그들의 성장과 실패 사례에서 공통적인 어려움을 발견했습니다. 바로 인공지능 및 머신러닝 분야는 이론과 실제에 차이가 있다는 점 그리고 머신러닝을 시스템으로서 개발하고 운영한 경험이 부재했다는 점입니다. 이 책의 저자는 스탠퍼드 강의에서부터 축적해온 다양한 경험을 기반으로 산업계에 꼭 필요한 여러 기술과 유용한 팁들을 머신러닝의 엔드-투-엔드 개발 플로와 함께 이해하기 쉽게 소개합니다. 인공지능 분야에 첫발을 딛는 초보자부터, 연구와 논문을 기반으로 학습한 분들 그리고 산업계에서 실무 경험을 토대로 인공지능을 접한 분들까지, 넓은 범위의 독자들에게 좋은 길잡이가 되겠다는 생각이 듭니다. 우리나라 인공지능의 미래를 열어갈 많은 분들에게 꼭 추천하고 싶은 책입니다.

정현준, 어도비 응용 연구 디렉터Director of Applied Research

지난 몇 개월간 최적의 AI 모델 서비스를 제공하기 위한 과정에서 많은 시행착오를 겪었습니다. 이 책을 진작에 읽었더라면 그 과정이 한결 수월했을 것입니다. 이 책에는 앞으로 머신러닝 시스템을 구축할 때 반영해야 할 내용이 가득 담겨 있습니다. 실제 서비스를 설계하는 엔지니어에게 추천합니다.

조원양, 스마트사운드 AI융합팀 팀장

최근 생성 AI의 강력한 능력을 접하며 하루하루가 놀라움의 연속입니다. 가령 스테이블 디퓨전 Stable Diffusion은 텍스트 프롬프트만 던져주면 요구한 설명에 부합하는 고품질 이미지를 생성해주고, 챗GPTChatGPT는 인터넷에 존재하는 거의 모든 지식을 습득해 우리가 궁금해하는 것들에 대한 의견을 생성해줍니다. 이제 머신러닝, 특히 딥러닝 모델의 강력함이 피부로 느껴지는 시대에 접어들었습니다.

하지만 이 환상적인 경험은 사용자와 머신러닝 모델 간의 상호 작용을 매끄럽게 해주는 부분, 즉 모델 외적인 부분에 대한 수많은 고민과 노력이 이루어졌을 때 비로소 실현됩니다. 가령 사용자와 상호 작용할 수 있는 UI/UX, 임의의 사용자의 입력 데이터를 검증할 수단, 모델의 크기 및 구조에 알맞은 배포 기술 등이 필요할 수 있겠죠. 다만 시스템에는 비즈니스, 기술, 이해관계 등 수많은 요소가 감히 한 사람이 다룰 수 없을 정도로 복잡하게 얽혀 있습니다. 따라서 최대한 요구 사항에 잘 들어맞는 머신러닝 시스템을 만들기 위해서는 단계마다 다양한 고민과 적절한 의사 결정이 필요합니다.

이 책은 그동안 소프트웨어 개발자, 데이터 과학자 및 엔지니어가 가려워했을 법한 바로 이 부분을 긁어줍니다. 특히 저자인 칩 후옌은 학계와 산업계를 아우르는 폭넓으면서도 깊이 있는 활동을 통해 머신러닝 시스템 도입의 민주화에 크게 기여하고 있습니다. 이 책은 저자가 그동안 쌓은 경험과 지식을 기반으로 작성한 것으로, 처음이라면 누구나 고민할 법한 부분과 나중에야 깨닫게 될 법한 세부 사항을 시행착오 없이 습득할 수 있도록 해줍니다. 이 책을 읽고 시행착오를 최소화해 더욱 탄탄한 머신러닝 시스템을 빠르게 설계하고, 궁극적으로 성공적인 운영까지 이끌어내는 경험을 하게 되기를 바랍니다.

박찬성, ML GDE 및 허깅페이스 펠로

이 책을 한마디로 소개한다면 'MLOps에서 가장 중요한 요소를 다루는 실용적인 책'이라고 말하고 싶습니다. 이 책은 스탠퍼드 'CS 329S: Machine Learning Systems Design'의 강의 노트가 확장되어 만들어졌습니다. 원서가 나왔을 때 국내에도 빠르게 번역본이 나오면 좋겠다고 생각했는데 드디어 번역서로 만나게 되어 무척 기쁩니다. MLOps라는 분야를 처음 접한 2017년에 이 책이 있었다면 제가 겪었던 시행착오 또한 훨씬 적었을 것이라 생각합니다.

이 책의 장점은 머신러닝 시스템을 만들 때 고려해야 하는 모든 요소를 다룬다는 점입니다. 머신러닝 시스템이 무엇인지, 전통적인 소프트웨어 개발과 어떻게 다른지부터 시작해 비즈니스와 머신러닝의 목적을 다룹니다. 연구 목적이 아니라면 회사에서는 대부분 비즈니스 영역에서 머신러닝을 활용합니다. 그동안 비즈니스 영역을 다루는 책은 거의 없었는데, 독자들이 머신러닝을 비즈니스 관점으로 생각해볼 수 있게 한 점이 매우 인상 깊습니다. 그뿐 아니라 모델 개발과 오프라인 평가, 모델 배포, 데이터 분포 또한 다루는데, 특히 데이터 분포 시프트와 모니터링에 관한 내용이 유용했습니다. 데이터 분포 시프트를 감지하는 방법을 다루는 책은 시중에서 찾기가 힘든데 이 책의 원서를 보고 영감을 얻어 원하는 기능을 구현했던 기억이 있습니다. 단순히 한 가지 방법이 아니라 다양한 접근법이 소개되어 있어 시야를 넓힐 수 있었습니다.

이 책은 머신러닝 모델을 실제 비즈니스 모델에 적용하려는 분들에게 꼭 추천하고 싶은 책입니다. 책에 나온 머신러닝 모델 적용에 대한 이론을 습득하고 실제로 하나씩 구현하면서 학습하면 도움이 될 것이라 생각합니다. 이렇게 좋은 책을 번역해준 두 역자와 한빛미디어에 깊이 감사합니다. 앞으로 국내 MLOps 분야가 더욱 발전하고 많이 공유되기를 바랍니다.

변성윤, 페이스북 MLOps KR 운영자

머신러닝 엔지니어가 되기 위해 알아야 하는 정보는 무수히 많지만, 그중에서 가장 유의미한 정보를 찾기는 어렵습니다. 칩은 그 일을 훌륭히 해냈습니다. 프로덕션용 머신러닝을 깊이 고려하고 있다면, 머신러닝 시스템을 엔드-투-엔드로 설계하고 운영하는 방법에 관심이 있다면 이 책은 필수입니다.

로런스 모로니, 구글 AI 개발 지원 팀 리더

칩의 지침서는 지금 당장 우리에게 필요한 책입니다. 전체 머신러닝 프로젝트를 원칙 기반으로 바라보는 책으로, 혼란한 머신러닝 생태계에서 지도와 나침반이 되어줍니다. 빅테크를 비롯한 회사 실무자라면 반드시 읽어보길 추천합니다. 이 책은 시스템을 배포, 관리, 모니터링하기 위한 모범 사례를 찾고 있는 데이터 리더에게도 도움이 됩니다.

야코포 탈리아부에, 코베오 AI 총괄

기업에서 머신러닝 모델을 최대 효과로 구축, 배포, 확장하는 방법을 알려주는 단연 최고의 지침서입니다. 칩은 능수능란한 교육자이며, 그 지식의 폭과 깊이는 비할 데가 없습니다.

조시 윌스, 위브그리드 소프트웨어 엔지니어 및 전 슬랙 데이터 엔지니어링 총괄

프로덕션용 머신러닝 시스템의 제1원리에 초점을 맞추는 최고의 자원 중 하나입니다. 빠르게 변하는 도구와 플랫폼 선택지를 탐색할 때 꼭 읽어야 할 책입니다.

고쿠 모한다스, 메이드 위드 ML 창립자

책에서 드러나듯 칩은 머신러닝 시스템 분야의 세계 최상급 전문가이면서 뛰어난 저술가입니다. 이 책은 머신러닝 시스템을 학습하려는 분들에게 환상적인 자원입니다.

안드레이 쿠렌코프, 스탠퍼드 AI 연구소 박사 과정

베트남에서 보낸 어린 시절, 우리 가족은 저녁을 먹고 나서 한국 드라마 보는 것을 가장 좋아했습니다. 제가 쓴 책이 저의 어린 시절에 너무나 큰 따뜻함과 사랑을 불어넣어준 한국어로 번역되어 나와 정말 기쁩니다. 책을 선택해주셔서 고맙습니다. 즐겁게 읽으시기 바랍니다!

칩 후옌, 2023년 3월

지은이 **칩 후옌**Chip Huyen

클레이폿 AI의 공동 창립자이자 CEO로서 실시간 머신러닝을 위한 인프라를 개발하고 있습니다. 이전에는 엔비디아, 스노클 AI, 넷플릭스에 재직하며 머신러닝 시스템을 개발하고 배포하는 일을 도왔으며, 스탠퍼드 학부생일 때는 '딥러닝 연구를 위한 텐서플로'라는 강의를 만들어 직접 학생들을 가르쳤습니다. 현재 스탠퍼드에서 이 책의 토대가 된 'CS 329S: 머신러닝 시스템 설계Machine Learning Systems Design'를 강의하고 있습니다.

베트남 베스트셀러 네 권을 집필한 작가이기도 합니다. 『배낭을 메고 떠나라』(꾸앙반Quảng Văn, 2012~2013) 시리즈는 파하사FAHASA 서점 독자 선정 도서 10위 안에 올랐습니다.

전문 분야는 소프트웨어 엔지니어링과 머신러닝에 걸쳐 있으며, 링크드인 탑 보이스Top Voices 소프트웨어 개발 부문(2019)과 데이터 과학 및 머신러닝 부문(2020)에 이름을 올렸습니다.

옮긴이 소개

옮긴이 김대근 housekdk@naver.com

머신러닝을 공부하기 시작했을 때 접한 톰 미첼Tom M. Mitchell의 명언, "머신러닝으로 문제를 해결하려면 그 문제를 명확히 정의해야 한다"라는 말을 상기하며 항상 초심을 잃지 않으려 합니다. 학부 과정에서 컴퓨터 과학과 수학을 복수 전공하고 석사 과정에서 머신러닝을 전공했습니다. 여러 해 동안 스타트업, 제조 및 금융 업계를 거치며 컴퓨터 비전 엔지니어로서 다수의 1저자 특허를 등록하고 제품 양산에 기여했으며, 데이터 과학자로서 다양한 PoC와 현업 프로젝트를 수행했습니다. 현재는 클라우드 업계에서 고객의 비즈니스 요구 사항을 이해하고 문제를 해결하는 AI/ML 전문가로서 기술적인 도움을 주고 있습니다.

옮긴이 김영민 aldente0630@gmail.com

학창 시절 문인을 꿈꿨으나 군 시절 수학의 즐거움을 알게 되어 통계학으로 학사 및 석사 학위를 받았습니다. 금융공학으로 파생상품 가치를 평가하는 증권사 퀀트로 일하던 중 알렉스넷과 알파고의 등장에 충격을 받고 2015년에 커리어를 선회했습니다. 이후 IT와 금융 업계에서 데이터 과학자 및 머신러닝 엔지니어로 일하면서 다양한 머신러닝 서비스 론칭에 기여했습니다. 현재는 아마존 웹 서비스에서 엔터프라이즈의 비즈니스 문제를 머신러닝으로 함께 해결하면서 고객 성공을 지원하고 있습니다. 가치 중립인 AI 기술의 올바른 사용에도 관심이 있습니다.

제 인생의 버킷리스트 중 하나가 양질의 서적을 번역하는 것이었는데, 머신러닝을 처음 접한 지 정확히 20년이 된 시점에 이렇게 훌륭한 원서를 번역할 기회가 찾아온 것은 정말 행운입니다.

과거 오픈 소스 생태계가 활성화되기 전과 딥러닝이 대두되기 전에는 직접 논문의 수학적 이론과 직관을 이해하고 알고리즘을 직접 구현해야 했기에, 기초 수학과 통계학에 대한 지식이 반드시 필요했습니다. 제 역량이 너무나 부족한 탓에 수없이 실패하고 좌절했던 기억이 주마등처럼 스쳐갑니다. 하지만 이제는 오픈 소스 생태계의 활성화, 머신러닝 프레임워크의 급격한 발전 그리고 수많은 개발 도구의 등장으로 머신러닝의 진입 장벽이 많이 낮아졌습니다. 온라인 강의 플랫폼과 커뮤니티를 통해 누구나 머신러닝을 학습하고 관련 지식을 공유할 수 있게 되었죠. 그리고 클라우드 인프라의 보급, 대규모 데이터셋을 수집하고 적재하는 기법의 발전과 분산 훈련 기법의 발전에 따라 엔지니어링 역량이 훨씬 강조되기 시작했습니다.

많은 기업에서 머신러닝 모델을 활용한 비즈니스를 시도하기 시작하면서 이러한 환경에서 모델을 빠르게 개발, 훈련, 배포, 운영할 자동화 프로세스를 고민했고, 이에 머신러닝 운영의 줄임말인 MLOps가 대두되었습니다. 프로젝트 론칭을 위해서 다양한 역할과 책임을 지닌 사람들이 필요해졌고, 이들이 쉽고 빠르게 익힐 수 있는 MLOps 입문서가 절실해졌죠. 하지만 MLOps는 상대적으로 최근에 등장한 개념이기에 출간된 전문 서적은 아직 극소수에 불과합니다. 물론 선구자들이나 전문가들의 블로그와 오픈 소스를 통해 관련 정보를 얻을 수 있지만, MLOps가 이론적인 배경이 아닌 실무에서 비롯된 만큼 수많은 정보가 난립한다는 어려움이 있습니다. 이런 상황에서 이 책의 한국어판 출간이 여러분에게 큰 도움이 되리라 생각합니다.

이 책이 출간되기까지 많은 분들의 도움이 있었고, 그 과정에서 저 또한 많이 배웠습니다. 먼저, 전 직장과 현 직장 동료이자 제게 공역을 제안한 김영민 님께 감사합니다. 영민 님은 제가 존경하는 분들 중 한 분으로 제가 컴퓨터 비전 엔지니어에서 데이터 과학자로 전업할 때 많은 도움을 주었습니다. 영민 님의 제안이 없었다면 이런 소중한 기회도 없었겠죠. 훌륭한 원서를 영민 님과 제게 기꺼이 맡겨준 한빛미디어 서현 님과 번역 품질 향상에 많은 도움을 준 최민이 님께 감사 인사를 합니다. 베타리더로 참여한 강찬석, 달리나음(김용욱), 김용회, 박찬연, 양민혁, 유경윤, 이석곤, 장대혁, 정원창, 정현준, 조원양 님께 감사합니다. 특히 원창 님은 제3의 역자 역할로서 원고를 원문과 비교하여 잘못되거나 어색한 번역을 많이 고쳐주었습니다.

번역을 하느라 불가피하게 항상 늦은 밤이나 주말을 할애할 수밖에 없었기에, 가족의 희생 없이는 무사히 책을 출간하지 못했을 겁니다. 저를 이해하고 응원해준 아내 은호와 아들 하준이에게 고맙고 사랑한다는 말을 전합니다.

- 링크드인: *https://www.linkedin.com/in/daekeun-kim*
- 깃허브: *https://github.com/daekeun-ml*
- 깃북: *https://housekdk.gitbook.io*

김대근, 2023년 3월

지금은 제임스 웹 우주 망원경에게 바통을 넘겨주었지만 허블 우주 망원경은 1990년 발사된 이래 30년 동안 천체 관측에 혁혁한 공을 세웠습니다. 그런데 많은 기대를 안고 궤도에 올라간 우주 망원경이 처음 보내온 이미지가 초점이 맞지 않아 알아보기 힘든 실패작이었다는 사실을 아시나요? 조사 끝에 연구진은 필드 렌즈가 설계 위치보다 1.3밀리미터 아래로 밀려 있음을 알게 되었습니다. 이 사소한 오차 때문에 NASA는 무려 6억 2900만 달러를 들여 문제를 해결해야 했죠. 이 일화는 이론과 설계 영역을 떠나 구현과 운영이 얼마나 어려운지 말해줍니다.

머신러닝의 실제 적용 사례가 늘어나고 관련 산업이 성숙해지고 있습니다. 이제 우리는 논문 수식과 주피터 노트북 실험과는 별도로, 다양한 속성의 피처를 처리하고 대형 모델을 훈련 및 배포하고 막대한 트래픽에 대응해야 하는 상황에 처했습니다. 애플리케이션 관점에서 구현과 운영을 고민하다 보면 우주 고아가 된 듯 막막하고 방향을 알지 못할 때가 많습니다. 칩 후옌이 저술한, 이 광범위하고 친절한 실무 기술서는 우리에게 한 줄기 빛으로 다가옵니다. 이 책은 ML을 배우는 학생보다는 현장에서 고군분투하고 있는 엔지니어에게 바치는 길라잡이와 같습니다.

칩 후옌의 책을 번역해 국내에 소개하는 일을 맡게 되어 큰 영광입니다. 동료 데이터 과학자인 김대근 님과 함께한 공역은 저에게 특별히 값진 경험이었습니다. 대근 님은 ML 이론뿐 아니라 엔지니어링 영역의 전문가입니다. 그와 함께해서 번역을 성공적으로 끝마칠 수 있었고 개인적으로 성장할 수 있었습니다. 번역 경험이 일천한 저를 발탁해 기회를 제안해준 서현 님께 깊이 감사합니다. 편집자 최민이 님은 방향성을 잡아주고 문장을 매끄럽게 다듬을 뿐 아니라 기술서 번역에 대한 고민까지 함께해주었습니다. 베타리더로 참가해 원고의 미흡한 부분을 교정해준 강찬석, 달리나음(김용욱), 김용회, 박찬연, 양민혁, 유경윤, 이석곤, 장대혁, 정원창, 정현준, 조원양 님께도 감사 말씀 전합니다.

늦은 밤까지 번역 작업을 하느라 가족과의 시간을 희생해야 했습니다. 진심으로 이해해주고 응원해준 아내 장보람에게 고맙고 사랑한다는 말을 전하고 싶습니다. 저의 딸 아일이에게도 함께 놀아주지 못해서 미안하고, 사랑한다고 고백합니다.

현재 놀랍게 발전하는 대형 언어 모델의 아키텍처를 살펴보면 생각보다 단순하다고 느낄 수도 있습니다. 그러나 모델 훈련과 추론을 위한 엔지니어링 기술, 안정성을 위한 운영 경험이야말로 빅테크의 숨겨진 저력입니다. 이 책을 읽는 우리는 ML 애플리케이션을 통해 삶을 행복하고 윤택하게 만들고자 합니다. 스포트라이트 너머로 신뢰성 높은 시스템을 만들기 위해 부단히 애쓰는 엔지니어를 응원하며, 미력하나마 그들을 돕기 위해 이 책을 번역했습니다.

허블 딥 필드를 통해 우주의 심연이 사실 끝없는 은하로 가득 찬, 경이로운 공간임을 알게 되었습니다. 독자 여러분도 ML 애플리케이션을 통해 하늘 아래 우리 삶도 그러함을 알려주기 바랍니다.

김영민, 2023년 3월

필자가 2017년 스탠퍼드 대학교에서 처음으로 머신러닝machine learning (ML) 과정을 가르친 이후로 ML 모델을 배포하는 방법에 대한 조언을 구하는 분이 많습니다. 어떤 분들은 다음처럼 일반적인 것을 질문하죠.

- "어떤 모델을 사용해야 하나요?"
- "모델을 얼마나 자주 재훈련해야 하나요?"
- "데이터 분포의 변동을 어떻게 감지하나요?"
- "훈련 중에 사용된 피처feature들이 추론 중에 사용된 피처들과 일치하는지 어떻게 확인하나요?"

한편 다음과 같이 구체적으로 질문하는 분들도 있습니다.

- "배치 예측에서 온라인 예측으로 전환하면 모델 성능이 향상될 거라고 확신합니다. 매니저를 어떻게 설득해야 할까요?"
- "저는 회사에서 가장 경력이 긴 데이터 과학자로서 최근 첫 번째 ML 플랫폼을 수립하는 과제를 받았습니다. 무엇부터 시작해야 하나요?"

이 모든 질문에 짧게 답하자면, "상황에 따라 다릅니다."

길게 답변하자면 몇 시간 동안 이야기를 이어가기도 하죠. 질문자가 어디 출신인지, 무엇을 달성하려고 하는지, 특정 유스 케이스use case에 각기 다른 방식으로 접근했을 때 각각의 장단점은 무엇인지를 이해하려는 과정입니다.

ML 시스템은 복잡하고 경우에 따라 독특한 성격을 지닙니다. 먼저, 시스템이 복잡한 이유는 다양한 구성 요소component (ML 알고리즘, 데이터, 비즈니스 로직, 평가 지표, 기반 인프라 등)와 이해관계자(데이터 과학자, ML 엔지니어, 비즈니스 리더, 사용자, 심지어 사회 전체)로 이뤄져 있기 때문이며, 경우에 따라 성격이 다른 이유는 시스템이 데이터에 종속적이며, 데이터는 유스 케이스마다 크게 다르기 때문입니다.

예를 들어, 두 회사가 도메인이 같고(예: 전자 상거래) 해결하려는 ML 문제도 같더라도(예: 추천 시스템) 배포용 ML 시스템의 모델 아키텍처와 피처 집합은 각기 다를 수 있습니다. 또한 평가 지표나 투자 수익에도 차이가 있을 수 있습니다.

ML 프로덕션을 다루는 블로그 글과 튜토리얼은 한 가지 질문에만 초점을 두는 경우가 많습니다. 이는 요점을 전달하기에는 유용하지만 질문들이 서로 독립돼 있다는 인상을 주기도 하죠. 사실상 단일 구성 요소의 변경 사항은 다른 구성 요소들에 영향을 미칠 가능성이 큽니다. 따라서 ML 시스템을 설계할 때는 시스템 전체를 고려해야 합니다.

이 책은 ML 시스템을 전체적인 관점으로 바라보고 접근하며 시스템의 다양한 구성 요소와 이해관계자들의 목표를 고려합니다. 이 책의 내용은 다양한 사례 연구를 바탕으로 합니다. 상당수는 필자가 충분한 참고 자료를 바탕으로 직접 작업했으며 학계 및 산업계의 ML 실무자들이 검토했습니다. 특정 주제에 대한 깊은 지식이 필요한 부분(배치 처리와 스트림 처리의 비교, 스토리지와 컴퓨팅을 위한 인프라, 책임 있는^{responsible} AI)은 해당 주제 전문가^{Subject Matter Expert}(SME)들이 추가로 검토했습니다. 다시 말해, 이 책은 앞서 언급한 질문들에 구체적인 답변을 제시하고자 합니다.

이 책의 토대가 된 강의 노트를 처음 쓸 때는 데이터 과학자나 ML 엔지니어를 준비하는 학생들에게 도움이 되고자 하는 마음이었습니다. 하지만 곧 그 과정에서 필자 또한 많이 배웠다는 사실을 깨달았죠. 초기 독자들에게 초안을 공유하자 많은 소통과 논의가 오갔고, 이를 통해 필자의 가정을 시험하고 다른 관점을 고려할 수 있었으며, 새로운 문제와 접근법을 접하게 됐습니다.

필자는 앞으로도 여러분의 다양한 경험과 관점을 접하며 배워나갈 수 있기를 기대합니다. 책에 대한 피드백은 다음 채널을 통해 자유롭게 공유해주세요.

- MLOps 디스코드 서버: *https://discord.com/invite/Mw77HPrgjF*(여기에서 다른 독자들도 만날 수 있습니다)
- 트위터: *https://twitter.com/chipro*
- 링크드인: *https://www.linkedin.com/in/chiphuyen*
- 기타: 웹사이트(*https://huyenchip.com*)에 기재된 기타 채널

대상 독자

이 책은 ML을 활용해 실제 문제를 해결하려는 분들을 위한 책입니다. 이 책에서 ML은 딥러닝과 고전적인 알고리즘을 모두 의미하며, 중견 기업이나 빠르게 성장하는 스타트업에서 볼 수 있는 대규모 ML 시스템에 중점을 둡니다. 소규모 ML 시스템은 상대적으로 덜 복잡하기에 이 책에서 제시하는 포괄적인 접근법에서 얻는 이점이 적습니다.

필자의 전문 분야가 엔지니어링인 만큼 이 책에서 사용하는 표현은 엔지니어의 관점에 맞춰져 있습니다(ML 엔지니어, 데이터 과학자, 데이터 엔지니어, ML 플랫폼 엔지니어, 엔지니어링 관리자 등). 여러분은 다음과 같은 시나리오에 익숙할 겁니다.

- 비즈니스 문제와 대량의 원시 데이터raw data, 즉 정제되지 않은 데이터가 주어졌습니다. 데이터를 엔지니어링하고 문제를 해결하는 데 적합한 지표를 선택하려고 해요.
- 초기 모델이 오프라인 실험에서 잘 수행됩니다. 이제 모델을 배포하려고 해요.
- 모델이 배포 후 어떻게 작동하는지에 대한 피드백이 거의 없습니다. 프로덕션에서 모델에 발생할 수 있는 문제를 신속하게 감지해 디버깅하고 해결할 방법을 찾고 싶어요.
- 팀에서 모델을 개발, 평가, 배포 및 업데이트하는 프로세스가 대부분 수동으로 이뤄져 느릴뿐더러 오류가 발생하기도 쉽습니다. 이 프로세스를 자동화하고 개선하려고 해요.
- 조직의 각 ML 유스 케이스는 자체 워크플로를 사용해 배포됐습니다. 여러 유스 케이스 간에 공유하고 재사용할 수 있는 기반(예: 모델 스토어, 피처 스토어, 모니터링 도구)을 마련하려고 해요.
- ML 시스템에 편향(데이터 드리프트, 모델 드리프트)이 있을지 걱정됩니다. 책임 있는 시스템을 만들고 싶어요!

이 책은 다음과 같은 분들에게도 유용합니다.

- 도구 개발자: ML 프로덕션에서 서비스가 부족한 영역을 찾아내 생태계에 맞는 도구를 만들어 넣을 방안을 파악하려는 경우
- 구직자: ML 관련 직무로 취업하려는 경우

- 기술 및 비즈니스 리더: 제품 및 비즈니스 프로세스를 개선하기 위해 ML 솔루션 채택을 고려하는 경우 (기술에 대한 배경지식이 부족하다면 1, 2, 11장이 도움이 됩니다)

이 책은 ML 개론서가 아닙니다. ML 이론을 다루는 책, 강의 및 참고 자료는 많으므로 여기서는 이러한 개념 외에 ML의 실무적인 측면에 중점을 둡니다. 여러분이 다음 주제를 기본적으로 이해하고 있다고 가정합니다.

- ML 모델: 클러스터링, 로지스틱 회귀, 의사 결정 트리, 협업 필터링
- 신경망 아키텍처: 피드포워드 신경망, 순환 신경망, 합성곱 신경망, 트랜스포머
- ML 기술: 지도 학습 및 비지도 학습, 경사 하강법[1], 목적 함수 및 손실 함수, 정규화, 일반화, 하이퍼파라미터 조정
- 지표: 정확도, F1, 정밀도, 재현율, ROC, 평균 제곱근 오차, 로그 우도
- 통계 개념: 분산, 확률, 정규 분포, 롱테일 분포
- 일반적인 ML 작업: 언어 모델링, 이상 탐지, 객체 분류, 기계 번역

모든 개념을 완벽히 알 필요는 없지만 각각이 무엇을 의미하는지는 대략적으로 이해해야 합니다. 정확한 정의를 기억하기 어려운 개념(예: F1 점수)은 본문에 짧게 설명을 덧붙였습니다.

이 책은 특정 개념과 솔루션을 설명하면서 현재 사용되는 도구를 언급하지만 튜토리얼은 아닙니다. 기술은 시간이 흐름에 따라 진화하기 마련입니다. 도구는 새로운 것이 나오면 곧 유행에 뒤처지지만 문제에 대한 근본적인 접근법은 보다 길게 지속됩니다. 이 책은 여러분의 유스 케이스에 어떤 도구가 가장 적합한지 판단하는 데 도움이 되는 정보를 제공하며, 구체적인 도구 사용법은 온라인에서 간단히 찾을 수 있을 겁니다. 따라서 이 책에는 코드 스니펫code snippet[2]이 거의 없으며 트레이드오프, 장단점, 구체적인 예시를 논의하는 데 중점을 둡니다.

---

1 옮긴이_ 이 책의 모델 학습 맥락에서 나오는 'gradient'는 모두 '그래디언트'로 번역했습니다. 다만 'gradient dececent'의 번역어인 경사 하강법은 널리 사용되고 정착된 용어이므로 예외로 뒀습니다.
2 옮긴이_ 코드 스니펫은 재사용 가능한 소스 코드, 기계어, 텍스트의 작은 부분을 일컫는 프로그래밍 용어입니다(출처: 위키백과).

구성

이 책의 내용은 데이터 과학자가 ML 프로젝트 수명 주기의 각 단계를 진행하면서 맞닥뜨리는 문제를 반영해 구성했습니다. 1장과 2장에서는 가장 기초적인 질문, 즉 지금 프로젝트에 ML이 필요한지에서 출발해 ML 프로젝트를 성공적으로 이끄는 토대를 다집니다. 프로젝트 목표를 잘 선택하고 간결한 솔루션에 도달하기 위해 문제를 구성하는 방법을 다룹니다. 이러한 내용이 이미 익숙하고 기술적인 솔루션으로 빠르게 넘어가고 싶다면 처음 두 개 장은 건너뛰어도 됩니다.

4~6장은 ML 프로젝트의 배포 전 단계를 다룹니다. 학습 데이터를 생성하고 피처 엔지니어링을 수행하는 일부터 개발 환경에서 모델을 개발하고 평가하는 과정을 살펴봅니다. 이 단계에는 특히 ML과 문제 도메인 모두에 대한 전문성이 필요합니다.

7~9장은 ML 프로젝트의 배포와 배포 후 단계를 다룹니다. 모델 배포가 배포 프로세스의 끝은 아닙니다. 배포한 모델은 지속적으로 모니터링하면서 변화하는 환경과 비즈니스 요구 사항에 발맞춰 업데이트해야 합니다.

성공적인 ML 시스템을 구축하려면 각기 다른 배경의 이해관계자들이 협업해야 합니다. 3장과 10장은 원활한 협업에 필요한 인프라에 중점을 둡니다. 3장은 데이터 시스템에, 10장은 컴퓨팅 인프라와 ML 플랫폼에 중점을 둡니다. 필자는 데이터 시스템을 얼마나 깊게 다룰지 그리고 어느 부분에 소개할지 오랫동안 고심했습니다. ML 교과 과정에서 데이터 시스템(데이터베이스, 데이터 포맷, 데이터 흐름과 데이터 처리 엔진을 포함)을 거의 다루지 않아 많은 데이터 과학자가 이를 저수준 혹은 자신과 상관없는 작업으로 치부하곤 합니다. 필자는 이에 대해 여러 동료와 논의했으며, ML 시스템이 데이터에 의존하는 만큼 데이터 시스템의 기본을 책 초반부에 다루기로 했습니다. 이는 책의 나머지 부분에서 데이터 문제를 논의할 때 눈높이를 맞추는 데 큰 도움이 될 겁니다.

이 책은 ML 시스템의 여러 기술적인 측면을 다루지만 사실 ML 시스템은 인간을 위해, 인간에 의해 개발되며 많은 이의 삶에 지대한 영향을 미칩니다. 그러므로 ML 프로덕션의 인간적인 측면을 간과해서는 안 될 겁니다. 이는 11장에서 다룹니다.

'데이터 과학자'라는 직업은 지난 몇 년 동안 숱한 발전을 거듭해왔으며 그 역할에 대해서도 많은 의견이 제기되고 있습니다. 그중 일부를 10장에서 다룹니다. 이 책에서는 데이터 과학자를 'ML 모델을 개발하고 배포하는 모든 이'를 통칭하는 포괄적인 용어로 사용합니다. 여기에는 ML 엔지니어, 데이터 엔지니어, 데이터 분석가 등이 포함됩니다.

깃허브 저장소와 커뮤니티

이 책에서 제공하는 깃허브 저장소(*oreil.ly/designing-machine-learning-systems-code*)는 다음 내용을 포함합니다.

- ML 기본 개념에 대한 복습
- 책에서 사용한 참고 자료와 그 외에 업데이트된 고급 자료
- 책에서 사용한 코드 스니펫
- 워크플로에서 발생하는 문제를 해결하는 데 사용할 수 있는 도구들

MLOps를 주제로 디스코드 서버(*https://discord.com/invite/Mw77HPrgjF*)를 운영하고 있습니다. 여기에서 책 내용에 대해 질문하고 토론할 수 있습니다.

감사의 말

이 책을 집필하기까지 2년이 걸렸습니다. 준비 작업은 더 오래 걸렸죠. 그동안 받은 어마어마한 도움을 돌이켜보면 그 모든 것이 경이롭고 감사합니다. 도움을 준 분들의 이름을 모두 적으려고 최선을 다했지만 기억력에 한계가 있다 보니 미처 언급하지 못한 분도 있을 겁니다. 혹여 이름을 올리는 걸 잊었다면 당신의 기여에 감사하지 않아서가 아닙니다. 이 점 꼭 알아주시고 가능한 한 빨리 바로잡을 수 있게 부디 친절하게 알려주세요!

이 책의 기반이 된 강의와 자료를 만들 때 큰 도움을 준 마이클 쿠퍼Michael Cooper, 시 인Xi Yin, 클로이 허Chloe He, 킨버트 처우Kinbert Chou, 메건 레슈친스키Megan Leszczynski, 카란 고엘Karan Goel, 미켈레 카타스타Michele Catasta에게 그 누구보다 깊이 감사합니다. 그리고 지도 교수님 크리스토퍼 리Christopher Ré와 메흐란 사하미Mehran Sahami에게 감사의 말을 전합니다. 이분들 없이는 강의 자체가 존재하지 못했을 겁니다.

검토자들은 격려와 더불어 책의 품질을 향상하는 데 지대한 도움을 줬습니다. 유진 옌Eugene Yan, 조시 윌스Josh Wills, 이한충Han-chung Lee, 토머스 디트릭Thomas Dietterich, 아이린 테마텔레오Irene Tematelewo, 고쿠 모한다스Goku Mohandas, 야코포 탈리아부에Jacopo Tagliabue, 안드레이 쿠렌코프Andrey Kurenkov, 잭 누스바움Zach Nussbaum, 제이 치아Jay Chia, 로렌스 게페르트Laurens Geffert, 브라이언 슈피어링Brian Spiering, 에린 레델Erin Ledell, 로잔 류Rosanne Liu, 친 링Chin Ling, 슈레야 샹카르Shreya Shankar, 세라 후커Sara Hooker에게 감사합니다.

찰스 프라이Charles Frye, 신퉁 위Xintong Yu, 조던 장Jordan Zhang, 조너선 벨로티Jonathon Belotti, 신시아 위Cynthia Yu를 비롯해 책의 초기 버전을 읽고 개선 아이디어를 준 모든 독자에게 감사합니다.

물론 이 책은 오라일리 팀, 특히 개발 편집자 질 레너드Jill Leonard와 프로덕션 편집자 크리스튼 브라운Kristen Brown, 샤론 트립Sharon Tripp, 그레고리 하이먼Gregory Hyman이 없었다면 출판이 불가능했을 겁니다. 이 책이 아이디어에서 제안에 이르기까지 이끌어준 로런스 모로니Laurence Moroney, 하네스 하프케Hannes Hapke, 레베카 노바크Rebecca Novack에게 감사합니다.

결국 이 책은 지금까지의 경험에서 습득한 소중한 교훈들을 녹여낸 결과입니다. 이 귀중한 경험은 클레이폿 AI^{Claypot AI}, 프라이머 AI^{Primer AI}, 넷플릭스, 엔비디아와 스노클 AI^{Snorkel AI}에서 만난 매우 유능하고 인내심 강한 동료들 및 전 동료들에게 빚지고 있습니다. 함께 일한 사람 한 명 한 명이 필자가 ML을 세상에 펼칠 수 있도록 새로운 무언가를 가르쳐줬습니다.

공동 창립자 전중 쉬^{Zhenzhong Xu}가 우리 스타트업의 급한 불을 항상 꺼줬기에 책을 쓰는 데 시간을 할애할 수 있었습니다. 이에 특별한 감사의 말을 전합니다. 필자가 하고 싶어 하는 일이라면 그 어떤 것이든, 아무리 무모해 보이더라도 한결같이 지지해주는 루크^{Luke}에게 감사합니다.

칩 후옌

CONTENTS

CHAPTER **1** **머신러닝 시스템 개요**

CHAPTER **2** **머신러닝 시스템 설계 소개**

CONTENTS

CHAPTER **5** **피처 엔지니어링**

CONTENTS

CHAPTER 8 **데이터 분포 시프트와 모니터링**

CONTENTS

CHAPTER **11 머신러닝의 인간적 측면**

머신러닝 시스템 개요

2016년 11월 구글 ^{Google}은 다국어 신경망 기계 번역 시스템^{Multilingual Neural Machine Translation}(MNMT)을 구글 번역에 통합했다고 발표했습니다. 이는 대규모 프로덕션 환경에 적용한 심층 인공 신경망의 초기 성공 사례 중 하나입니다.[1] 구글에 따르면 번역 품질이 지난 10년간 이룩한 것보다 이 업데이트 한 번으로 더 많이 향상됐습니다.

이러한 딥러닝의 성공은 머신러닝(ML)에 대한 관심을 촉발했습니다. 점점 더 많은 회사가 까다로운 문제를 해결하기 위해 ML 쪽으로 방향을 틀고 있습니다. ML은 불과 5년 만에 우리 삶 대부분의 영역에 들어와 정보에 접근하는 방식, 의사소통하는 방식, 일하는 방식, 연애 상대를 찾는 방식 등에 영향을 미칩니다. 보급 속도가 매우 빨라 이제 ML 없는 삶은 상상하기 어렵습니다. 하지만 의료, 운송, 농업, 심지어 우주 연구에 이르기까지 여전히 시도해볼 만한 ML 유스 케이스가 많습니다.[2]

'머신러닝 시스템'이라고 하면 많은 사람이 로지스틱 회귀나 다양한 유형의 신경망 등 ML 알고리즘만 떠올립니다. 그러나 프로덕션 환경에서 알고리즘은 ML 시스템의 일부일 뿐입니다. 시스템은 ML 프로젝트의 출발점이 된 비즈니스 요구 사항, 사용자와 개발자가 시스템과 상호 작용하는 인터페이스, 데이터 스택, 모델을 개발 및 모니터링하고 업데이트하기 위한 로직은 물론 해당 로직을 전달할 수 있는 인프라를 포함합니다. [그림 1-1]은 ML 시스템의 다양한 구성

---

1   Schuster, M., Johnson, M., & Thorat, N. (2016, November 22). *Zero-Shot Translation with Google's Multilingual Neural Machine Translation System*. Google AI Blog. https://oreil.ly/2R1CB

2   Hardesty, L. (2016, June 6). *A Method to Image Black Holes*. MIT News. https://oreil.ly/HpL2F

요소와 각 요소를 이 책의 어느 장에서 다룰지 보여줍니다.

MLOps와 ML 시스템 설계 간의 관계

MLOps의 'Ops'는 'Developments and Operations'의 줄임말인 'DevOps'에서 유래합니다. 무언가를 운영함은 그것을 프로덕션 환경에 적용함을 의미하며 여기에는 배포, 모니터링, 유지 관리가 포함됩니다. MLOps는 ML을 프로덕션 환경에 적용하기 위한 도구와 모범 사례의 집합입니다.

ML 시스템 설계는 MLOps에 시스템으로 접근합니다. 즉, 시스템의 각 요소와 이해관계자가 협업함으로써 정해진 목표와 요구 사항을 충족하도록 ML 시스템을 총체적으로 고려합니다.

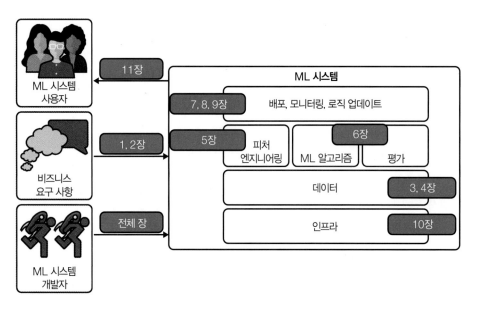

그림 1-1 ML 시스템의 구성 요소

많은 책에서 각양각색의 ML 알고리즘을 훌륭히 다루고 있습니다. 한편 이 책은 특정 알고리즘을 자세히 다루는 대신 전체 ML 시스템을 전반적으로 이해하도록 돕습니다. 다시 말해, 이 책의 목표는 어떤 알고리즘을 사용하든 관계없이 문제에 가장 적합한 솔루션을 개발할 수 있도록 프레임워크를 제공하는 것입니다. 새로운 알고리즘이 계속 등장하면서 기존 알고리즘은 빠르게 뒤처지기 마련이지만 이 책에서 제안하는 프레임워크는 새로운 알고리즘에도 잘 적용될 겁니다.

이 장에서는 ML 모델을 프로덕션 환경에 적용하려면 무엇이 필요한지 전체적으로 살펴봅니다. ML 시스템을 개발하는 방법을 논의하기 전에 먼저 근본적인 질문을 해봐야 합니다. ML을 사용해야 할 때와 사용하지 말아야 할 때는 언제일까요? 이 질문에 답하기 위해 인기 있는 ML 유스 케이스 몇 가지를 살펴볼 겁니다.

유스 케이스를 알아보고 나면 ML 시스템을 배포하는 문제로 넘어갑니다. 이때 프로덕션 환경의 ML과 연구 환경의 ML 그리고 전통적인 소프트웨어를 비교하며 이야기해봅니다. 응용 ML 시스템을 개발하는 곳에 몸담은 적이 있다면 이 장에서 설명하는 내용이 익숙할 겁니다. 반면 ML을 학계에서만 경험했다면 이 장 내용이 ML에 대한 좀 더 현실적인 관점을 제시하고 여러분의 첫 번째 애플리케이션을 성공적으로 개발하기 위한 토대가 될 겁니다.

1.1 머신러닝을 사용해야 하는 경우

다양한 업계에서 ML을 도입하는 사례가 늘고 있다는 점은 ML이 광범위한 문제를 다룰 수 있는 강력한 도구임을 입증합니다. 현장 안팎에서 사람들은 굉장히 흥분하며 과대평가하기도 하지만 ML이 모든 문제를 해결하는 마법의 도구는 아닙니다. ML로 해결 가능한 문제이더라도 그 ML 솔루션이 최선은 아닐 수 있습니다. ML 프로젝트를 시작하기 전에 ML이 필요조건인지, 비용 효율적인지 스스로 질문해봐야 합니다.[3]

ML이 무엇을 해결할 수 있을까요? ML을 통한 솔루션은 일반적으로 다음 작업을 수행합니다.

> ML은 기존 데이터로부터 복잡한 패턴을 학습하고 이러한 패턴을 사용해 본 적 없는 데이터에 대해 예측을 수행하는 접근법입니다.

그렇다면 ML로 해결 가능한 문제는 무엇일까요? 위 문장에서 밑줄 친 핵심 구절을 하나씩 짚어봅시다.

---

3 ML이 충분조건인가 하는 질문은 답이 항상 '아니오'이므로 묻지 않겠습니다.

1. 학습: 시스템에 학습 능력이 있습니다.

예컨대 관계형 데이터베이스는 ML 시스템이 아닙니다. 학습 능력이 없기 때문입니다. 두 열 간의 관계를 직접 명시할 수는 있지만 데이터베이스에서 자체적으로 관계를 파악하는 능력은 거의 없습니다.

ML 시스템이 학습을 하려면 학습할 대상이 있어야 합니다. 대부분의 경우는 데이터로 학습합니다. 지도 학습 모델을 만드는 예를 든다면, ML 시스템은 한 쌍으로 이뤄진 입력과 출력 데이터를 이용해 입력 데이터에서 출력 데이터를 생성하는 관계를 학습합니다. 예를 들어, 에어비앤비Airbnb 숙소 임대료를 예측하는 방법을 학습하려고 ML 시스템을 구축한다고 해봅시다. 입력값은 관련 특성 값(넓이, 방 개수, 지역, 편의 시설, 평점 등)이고 그에 따른 출력값은 임대료입니다. 학습을 완료하면 ML 시스템은 특성 값을 감안해 새 숙소의 임대료를 예측할 수 있어야 합니다.

2. 복잡한 패턴: 학습할 패턴이 존재하며 복잡합니다.

ML 시스템은 학습할 패턴이 있을 때만 유용합니다. 분별 있는 사람이라면 주사위 결과를 예측하는 ML 시스템을 구축하는 데 돈을 쓰지 않을 겁니다. 결과가 생성되는 방식에 패턴이 없기 때문입니다.[4] 반면 주식 가격 책정 방식에는 패턴이 있으며 기업들은 이를 학습하는 ML 시스템을 구축하려고 수십억 달러를 투자합니다.

때때로 패턴이 있는지 명확하지 않거나, 있더라도 데이터셋 또는 ML 알고리즘이 이를 포착하기에 충분하지 않기도 합니다. 예를 들어, 일론 머스크Elon Musk의 트윗이 암호화폐 가격에 미치는 영향에 패턴이 있을 수 있습니다. 하지만 그의 트윗으로 ML 모델을 엄격하게 훈련하고 평가하기 전까지는 패턴 유무를 알 수 없습니다. 모든 모델이 암호화폐 가격을 합리적으로 예측하지 못한다고 해서 패턴이 없는 것은 아닙니다.

에어비앤비처럼 여러 숙소 목록이 있는 웹사이트를 생각해보세요. 각 숙소에는 우편 번호가 붙어 있습니다. 이때 숙소를 주state별로 정렬하는 데는 ML 시스템이 필요하지 않습니다. 패턴이 단순하기 때문입니다. 우편 번호마다 어느 주에 해당하는지는 이미 알고 있으니 조회 테이블만 사용하면 되죠.

임대료와 모든 특성 값 간의 관계는 훨씬 더 복잡한 패턴을 따르므로 수동으로 지정하기가 매

---

4 패턴은 분포와 다릅니다. 우리는 주사위 결과에 대한 분포를 알고 있지만 결과가 생성되는 방식에는 패턴이 없습니다.

우 어렵습니다. 이때 ML이 좋은 솔루션입니다. 특성 값 항목으로부터 임대료를 계산하는 방법을 시스템에 직접 알려주는 대신 임대료와 특성 값을 제공하고 ML 시스템이 스스로 패턴을 파악하게끔 합니다. [그림 1-2]는 ML 솔루션과 조회 테이블lookup table 솔루션 그리고 전통적인 소프트웨어 솔루션 간의 차이점을 보여줍니다. 이러한 이유로 ML을 소프트웨어 2.0이라고 부르기도 합니다.[5]

ML은 객체 탐지나 음성 인식처럼 복잡한 패턴을 다루는 작업에서 매우 유용합니다. 기계에게 복잡한 일과 인간에게 복잡한 일은 성질이 많이 다릅니다. 인간이 하기 어려운 일이 기계에게는 쉽기도 하고(예: 10의 거듭제곱 계산하기) 반대로 인간이 하기 쉬운 일이 기계에게는 어렵기도 합니다(예: 사진에 고양이가 있는지 판별하기).

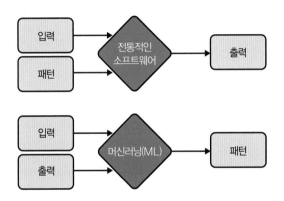

그림 1-2 ML 솔루션은 수동으로 정한 패턴으로 출력을 계산하지 않고 입력과 출력으로부터 패턴을 학습합니다.

3. 기존 데이터: 사용 가능한 데이터가 있거나 데이터 수집이 가능합니다.

ML은 데이터로 학습하므로 학습 가능한 데이터가 있어야 합니다. 한 사람이 1년 동안 지불할 세금을 예측하는 모델을 만든다면 어떨까요? 흥미로운 모델이긴 하지만 인구 다수의 세금과 소득 데이터에 접근할 수 없다면 모델을 만들 수 없습니다.

제로샷 학습zero-shot learning[6] (제로 데이터 학습이라고도 함)의 맥락에서 ML 시스템은 특정 작업 관련 데이터로 훈련하지 않았더라도 좋은 예측을 해낼 수 있습니다. 다만 이러한 ML 시스

---

5   Karpathy, A. (2017, November 11). *Software 2.0*. Medium. https://oreil.ly/yHZrE
6   *https://oreil.ly/ZshSg*

템은 특정 작업과 연관된 다른 데이터로 훈련되는 것이 일반적입니다. 즉, 시스템이 학습을 하려면 당면한 작업에 대한 학습 데이터는 필요하지 않더라도 여전히 데이터가 필요하다는 사실은 변함없습니다.

데이터 없이 ML 시스템을 시작하는 것도 가능합니다. 예를 들어, 연속 학습continual learning의 맥락에서 어떤 데이터로도 훈련하지 않은 ML 모델을 배포한 뒤 프로덕션 환경에서 들어오는 데이터로 학습합니다.[7] 다만 충분히 훈련하지 않은 모델을 사용자에게 제공해 고객 경험이 악화되는 등 위험 요소가 있습니다.

데이터가 없고 연속 학습도 사용할 수 없을 때, 많은 기업은 실제 ML 모델이 만들어지기 전까지 마치 ML 모델이 있는 것처럼 작동하는 룰이나 소프트웨어를 운용함으로써 데이터를 수집하고 모델이 만들어질 수 있는 여건을 마련합니다. 앞으로 모일 데이터를 사용해 ML을 훈련할 수 있을 거라는 바람 아래, ML 모델 대신 사람이 만든 예측을 우선 제공하는 제품을 출시하는 방법입니다.

4. 예측: 예측에 대한 문제입니다.

ML 모델은 예측을 수행하므로 예측을 통한 답변이 필요한 문제를 주로 해결합니다. 비용이 낮고 근삿값인 예측을 대규모로 수행해 이득을 얻을 수 있을 때 ML은 특히나 매력적입니다. '예측predict'은 '미래 가치를 추정하다'라는 뜻입니다. 예를 들어, 내일 날씨는 어떨지, 올해 슈퍼볼 우승자는 누가 될지, 사용자가 다음으로 보고 싶어 할 영화는 무엇일지 등을 예측합니다.

ML 모델을 비롯한 예측 알고리즘이 효과적인 도구가 되면서 점점 더 많은 문제가 예측 문제로 재구성되고 있습니다. 어떤 질문이든 "이 질문에 대한 답은 무엇이 될까요?" 같은 형태로 구성할 수 있으며 질문이 미래에 관한 것이든 현재에 관한 것이든, 심지어 과거에 관한 것이든 상관없습니다.

계산 집약적 문제compute-intensive problem를 예측 문제로 재구성해 매우 성공적으로 해결한 것이 좋은 예입니다. ML보다 훨씬 큰 계산 비용과 시간을 들여 프로세스 결과를 정확하게 계산하는 대신 "이 프로세스의 결과는 어떻게 생겼을까요?" 같은 형태로 문제를 구성하고 ML 모델을 적용해 근삿값을 구합니다. 출력은 정확한 출력의 근삿값이지만 보통은 이 정도면 충분합니

---

7 온라인 학습은 9장에서 알아봅니다.

다. 이러한 사례는 이미지 잡음 제거나 스크린 공간 셰이딩 같은 그래픽 렌더링에서 많이 보입니다.[8]

5. 본 적 없는 데이터: 본 적 없는 데이터가 훈련 데이터와 동일한 패턴을 갖습니다.

모델이 기존 데이터로 학습한 패턴이 유용한 경우는 오직 본 적 없는 데이터에 동일한 패턴이 있는 경우입니다. 2023년 크리스마스에 사람들이 특정 앱을 다운로드할지 예측하는 모델을 생각해봅시다. 이 모델을 2008년의 데이터로 훈련한다면 예측을 잘하지 못할 겁니다. 2008년에 앱 스토어에서 가장 인기 있는 앱은 코이 폰드Koi Pond였습니다. 하지만 지금은 사람들에게 많이 잊혔죠.

이것이 기술적으로 의미하는 바는 본 적 없는 데이터와 훈련 데이터가 유사한 분포에서 생성돼야 한다는 점입니다. "본 적 없는 데이터인데 어떤 분포에서 생성됐는지 어떻게 아나요?"라고 반문할 수 있습니다. 물론 어려운 일입니다. 다만 미래의 사용자 행동이 오늘의 사용자 행동과 크게 다르지 않을 것이라고 예상하는 식으로 가정을 세우고 그 가정이 잘 들어맞기를 바라며 남은 일을 진행할 수 있죠. 가정이 틀린다면 성능이 낮은 모델을 갖게 되며, 이는 8장에서 다룰 모니터링과 9장에서 다룰 프로덕션 테스트를 통해 알아냅니다.

오늘날 대부분의 ML 알고리즘이 학습하는 방식을 고려할 때, 풀고자 하는 문제에 다음과 같은 특징이 더 있다면 ML 솔루션이 더욱 진가를 발휘합니다.

6. 반복적입니다.

인간은 퓨샷 학습few-shot learning에 능숙합니다. 아이들은 고양이 사진을 몇 장만 봐도 다음번에 고양이를 만나면 대부분 알아봅니다. 퓨샷 학습 연구의 흥미로운 발전에도 불구하고 대부분의 ML 알고리즘은 여전히 패턴을 학습하는 데 많은 데이터를 필요로 합니다. 작업이 반복되면 각 패턴이 여러 차례 반복되므로 기계가 학습하기 쉽습니다.

----

8   Bako, S., Vogels, T., McWilliams, B., Meyer, M., Novák, J., Harvill, A., Sen, P., Derose, T., & Rousselle, F. (2017). Kernel-Predicting Convolutional Networks for Denoising Monte Carlo Renderings. *ACM Transactions on Graphics 36*(4): 97. https://oreil.ly/Eel3j
    Nalbach, O., Arabadzhiyska, E., Mehta, D., Seidel, H.-P., & Ritschel, T. (2016). Deep Shading: Convolutional Neural Networks for Screen-Space Shading. *arXiv*. https://oreil.ly/dSspz

7. 잘못된 예측으로 발생하는 비용이 낮습니다.

ML 모델 성능이 항상 100%가 아니라면(의미 있는 작업에서는 100%인 경우가 거의 없음) 모델은 어느 정도 실수를 범하는 셈입니다. ML은 잘못된 예측으로 발생하는 비용이 낮을 때 특히 적합합니다. 예를 들어, 추천 시스템은 오늘날 ML이 가장 많이 활용되는 사례에 해당합니다. 추천 결과가 적합하지 않더라도 보통은 큰 문제를 야기하지 않기 때문입니다. 그저 사용자가 추천 결과를 클릭하지 않을 뿐이죠.

한 번의 예측 실수가 치명적인 결과를 초래할 가능성이 있더라도 올바른 예측에 따른 이익이 잘못된 예측에 따른 비용보다 평균적으로 크다면 ML은 여전히 적합한 솔루션일 수 있습니다. 자율 주행 자동차를 예로 들어봅시다. 알고리즘 오류로 사망 사고가 일어날 가능성이 있어도 통계적으로 자율 주행 자동차가 인간 운전자보다 안전하다면 잠재적으로 더 많은 생명을 구할 수 있습니다. 따라서 지금도 많은 기업이 자율 주행 자동차 개발에 뛰어들고 있습니다.

8. 대규모로 수행됩니다.

ML 솔루션은 종종 데이터, 컴퓨팅, 인프라와 인재에 대해 적지 않은 선행 투자를 필요로 합니다. 따라서 ML 솔루션은 대규모로 적용 가능할 때 합리적이라고 간주됩니다.

'대규모 수행'이라 함은 경우에 따라 의미가 다를 수 있지만 일반적으로 대규모 예측을 잘 수행한다는 의미입니다. 예를 들어, 연간 이메일 수백만 건을 정렬하거나 하루 수천 개에 달하는 고객 지원 티켓을 어느 부서로 전달할지 예측하는 일이 있습니다.

문제가 일회성 예측 같지만 사실상 연달아 이어지는 예측인 경우도 있습니다. 미국 대통령 선거에서 누가 승리할지 예측하는 모델은 4년에 한 번만 예측하면 될까요? 실제로는 매시간 혹은 그보다 자주 예측을 수행합니다. 새로운 정보를 반영해 예측을 계속 업데이트해야 하기 때문이죠.

주어진 문제가 대규모로 수행된다는 점은 수집할 데이터가 많음을 의미하며, 이는 ML 모델을 훈련하는 데 유용한 성질입니다.

9. 패턴이 지속적으로 변합니다.

문화는 변합니다. 취향도 변합니다. 기술도 변합니다. 오늘날 유행하는 것이 내일은 한물 간 뉴스가 되기도 합니다. 스팸 이메일을 분류하는 작업을 생각해봅시다. 스팸 이메일을 걸러내는 문구가 오늘은 '나이지리아 왕자'이지만 내일은 '정신 나간 베트남 작가'[9]가 될 수 있습니다.

문제가 하나 이상의 지속적으로 변하는 패턴과 관련됐다면 수작업으로 정한 규칙처럼 하드 코딩한 솔루션은 빠르게 뒤처져 구식이 될 수 있습니다. 규칙을 적절히 업데이트하기 위해 문제가 어떻게 변하는지 파악하는 작업 또한 비용이 너무 크거나 아예 불가능할 수 있습니다. 한편 ML은 데이터로 학습합니다. 데이터가 어떻게 변하는지 명시적으로 파악할 필요 없이 새로운 데이터를 통해 ML 모델을 업데이트할 수 있죠. 변하는 데이터 분포에 적응하게끔 시스템을 설정할 수도 있습니다. 이 접근법은 9.1절 '연속 학습'에서 다룹니다.

유스 케이스는 계속 늘어나고 있으며 업계의 ML 도입이 확대됨에 따라 더욱 많아질 겁니다. 세상에 존재하는 모든 문제를 고려할 때 ML은 그 일부를 매우 잘 해결해나가고 있지만 반대로 어떤 문제는 잘 해결하지 못하며 심지어 ML을 사용하면 안 되는 문제도 있습니다. 다음과 같은 경우 오늘날 ML 알고리즘의 대다수는 사용해서는 안 됩니다.

- 비윤리적인 경우: 11.3.1절의 '사례 연구 1: 자동 채점기의 편향'에서는 ML 알고리즘 사용을 비윤리적이라고 간주할 수 있는 사례 연구를 살펴봅니다.
- 보다 단순한 솔루션이 효과 있는 경우: 6장에서는 첫 번째 단계가 ML 솔루션이 아닌, 즉 ML 솔루션부터 시작하지 않는 ML 모델 개발의 네 단계를 다룹니다.
- 비용 효율적이지 않은 경우

한편 ML이 문제 전체를 해결하지는 못하더라도 문제를 더 작은 구성 요소로 나눴을 때 그 일부를 해결하는 경우가 있습니다. 예를 들어, 모든 고객 문의에 답하는 챗봇을 구축하기는 어렵더라도 특정 문의가 자주 묻는 질문(FAQ) 중 하나와 일치하는지 예측하는 ML 모델은 구축할 수 있습니다. 자주 묻는 질문 중에 일치하는 것이 있다면 해당 답변을 제시하고, 없다면 고객 서비스 쪽으로 안내하면 되겠죠.

새로운 기술이 지금 당장은 기존 기술만큼 비용 효율적이지 않다는 이유만으로 외면하지는 않길 바랍니다. 기술 발전은 대부분 점진적으로 이뤄집니다. 지금 당장은 비효율적인 기술도 시간이 흐르고 더 많은 투자가 이뤄지면 효율적으로 바뀔 수 있습니다. 기술의 가치가 다른 업계에서 입증되기까지 기다렸다가 진입하면 경쟁 업체보다 몇 년에서 수십 년까지 뒤처지게 됩니다.

---

9   옮긴이_ 베트남 출신인 저자가 본인을 지칭하는 표현입니다.

1.1.1 머신러닝 유스 케이스

ML 유스 케이스는 기업과 소비자 애플리케이션 양쪽 모두에서 증가하고 있습니다. 2010년대 중반부터 ML을 활용해 우수한, 심지어 이전에는 불가능했던 서비스를 소비자에게 제공하는 애플리케이션이 폭발적으로 증가했습니다.

정보와 서비스가 폭발적으로 증가함에 따라 ML의 도움, 예컨대 **검색 엔진**이나 **추천 시스템**이 없었다면, 원하는 것을 찾기가 무척 어려웠을 겁니다. 아마존이나 넷플릭스 같은 웹사이트는 개인의 취향에 가장 부합할 것 같은 품목들을 추천해줍니다. 추천 품목이 마음에 들지 않으면 원하는 품목을 직접 검색할 수 있고 검색 결과 또한 ML 기반일 가능성이 큽니다.

스마트폰을 사용한다면 이미 ML이 일상생활의 많은 부분을 도와주고 있는 셈입니다. 다음으로 쓸 내용을 제안하는 **타이핑 예측** ML 시스템을 사용하면 문자 입력이 수월해집니다. 사진 편집 앱에서 실행되는 ML 시스템은 사진 품질을 향상하기에 가장 좋은 방법을 제안하죠. 지문이나 얼굴 인식으로 다양한 인증을 수행할 수도 있습니다. 이때 지문이나 얼굴이 사용자와 일치하는지 예측하는 ML 시스템이 필요합니다.

한 언어를 다른 언어로 자동 번역하는 **기계 번역**은 필자가 이 분야에 뛰어들게 된 계기입니다. 기계 번역은 잠재적으로 서로 다른 문화권에 속하는 사람들 간의 언어 장벽을 없애 의사소통이 가능하도록 해줍니다. 베트남인인 부모님은 영어를 못하지만 구글 번역 덕분에 필자가 쓴 글을 읽고 베트남어를 못하는 필자의 친구들과 이야기를 나누기도 합니다.

ML은 가정에서도 점점 더 많이 사용됩니다. 아마존 알렉사^{Amazon Alexa}나 구글 어시스턴트^{Google Assistant} 같은 스마트 개인 비서를 사용하면 반려동물이 집을 나가거나 외부인이 들어올 때 스마트 보안 카메라가 이를 알려줍니다. 한 친구는 노모가 홀로 지내는 것을 걱정해 가정용 건강 모니터링 시스템을 사용합니다. 노모가 집에 혼자 있다가 넘어지면 도와줄 사람이 없지만 모니터링 시스템이 집 안에서 누군가 넘어졌는지 예측해서 알려줍니다.

소비자를 위한 ML 애플리케이션 시장도 급성장하고 있지만 아직까지 대부분의 ML 유스 케이스는 기업에서 이뤄집니다. 기업 ML 애플리케이션은 요구 사항과 고려 사항 측면에서 소비자 애플리케이션과 매우 다릅니다. 예외도 많지만 대부분의 기업 애플리케이션은 정확도 요구 사항이 비교적 엄격하고 레이턴시^{latency} 요구 사항은 비교적 관대합니다. 예를 들어, 음성 인식 시스템의 정확도를 95%에서 95.5%로 개선했다고 해봅시다. 소비자 입장에서는 크게 주목할 만한 일이 아닐 겁니다. 반면 리소스 할당 시스템의 효율성을 0.1%만 개선해도 구글이나 제너럴

모터스General Motors 같은 기업은 수백만 달러를 절약할 수 있습니다. 반대의 경우도 봅시다. 소비자는 1초의 레이턴시에도 집중력을 잃고 다른 앱을 열곤 하지만 기업 사용자는 레이턴시가 길어도 좀 더 관대하게 대응합니다. ML 애플리케이션으로 창업하려는 사람들에게 소비자를 대상으로 하는 앱은 배포하기는 쉬울지 몰라도 수익을 창출하기는 훨씬 어려운 편입니다. 한편 대부분의 기업 유스 케이스는 직접 경험해보지 않으면 구체적인 내용을 알기 어렵습니다.

알고리드미아Algorithmia에서 수행한 '2020년 기업에서 사용하는 머신러닝 현황 조사'에 따르면 기업 ML 애플리케이션은 [그림 1-3]과 같이 내부 유스 케이스(비용 절감, 고객 인사이트와 인텔리전스 생성, 내부 프로세스 자동화)와 외부 유스 케이스(고객 경험 개선, 고객 유지, 고객 상호 작용) 양쪽 모두를 다루며 매우 광범위합니다.[10]

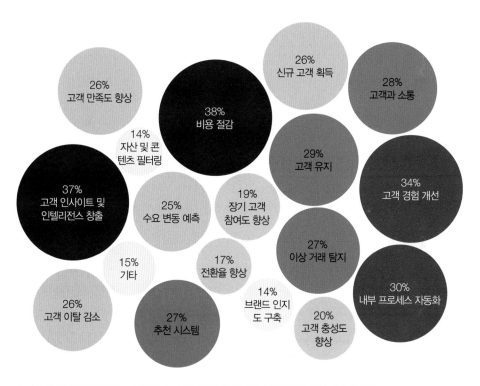

그림 1-3 2020년 기업에서 사용하는 머신러닝 현황(출처: 알고리드미아의 이미지를 각색함)

10 *2020 State of Enterprise Machine Learning*. Algorithmia. (2020). https://oreil.ly/wKMZB

이상 거래 탐지는 기업 환경에서 아주 오랫동안 사용해온 ML 애플리케이션입니다. 금전적 가치를 지닌 거래를 다루는 제품과 서비스는 이상 거래 행위에 취약하기 마련입니다. 이상 탐지를 위한 ML 솔루션을 활용하면 과거의 이상 거래로 학습해 향후 거래가 이상 거래인지 여부를 예측하는 시스템을 만들 수 있습니다.

제품이나 서비스의 가격을 결정하는 일은 매우 까다로운 비즈니스 의사 결정 사안입니다. 여기에 ML을 적용하지 않을 이유가 있을까요? **가격 최적화**는 일정 기간 동안 잘 정의된 목적 함수, 예컨대 회사의 마진, 매출, 성장률 등을 최대로 만드는 가격을 추정하는 프로세스입니다. ML 기반 가격 최적화는 수요가 계속 변하고 변동하는 가격을 소비자가 기꺼이 받아들이며 트랜잭션이 많은 경우에 가장 적합합니다. 인터넷 광고, 항공권, 숙박 예약, 승차 공유처럼 말이죠.

비즈니스를 운영할 때는 예산을 세우고, 재고를 채우고, 자원을 할당하고, 가격 정책을 변경합니다. 이때 고객 **수요**를 **예측**하는 일이 매우 중요합니다. 예를 들어, 식료품점을 운영하는 경우 재고량이 너무 적어도 너무 많아도 문제가 됩니다. 품절로 인해 고객 수요를 놓치지 않도록 재고를 넉넉히 유지하고 싶겠지만 재고량이 너무 많으면 식료품 상태가 나빠져 손실로 이어질 수 있죠.

새로운 사용자를 획득하는 데는 큰 비용이 듭니다. 2019년 기준, 앱 내 구매를 할 사용자 한 명을 획득하는 데 지출하는 비용은 평균 86.61달러입니다.[11] 리프트^{Lyft}의 획득 비용은 라이더당 158달러로 추산되며[12] 기업 고객의 경우 비용은 훨씬 더 높습니다. 투자자들은 고객 획득 비용을 스타트업 실패의 주된 요인으로 꼽습니다.[13] 한편 고객 획득 비용을 조금만 줄여도 수익이 크게 증가할 수 있습니다. 잠재 고객을 보다 잘 식별하고, 광고 타깃을 보다 잘 설정하고, 적시에 할인을 제공하는 식으로 말이죠. 이는 모두 ML에 적합한 작업들입니다.

큰 비용을 들여 획득한 고객이 그만 떠나버린다면 매우 안타까운 일이겠죠. 새로운 사용자를 획득하는 비용은 기존 사용자를 유지하는 비용의 대략 5~25배입니다.[14] **고객 이탈 예측**은 특정 고객이 제품 또는 서비스 사용을 중단하려고 하는 시점을 예측하고 적절한 조치를 취해 고객을 잃지 않도록 합니다. 이는 고객뿐 아니라 직원에게도 적용 가능합니다.

---

11 *Average Mobile App User Acquisition Costs Worldwide from September 2018 to August 2019, by User Action and Operating System*. Statista. (2019). https://oreil.ly/2pTCH

12 Henriksen, J. (2019, May 17). *Valuing Lyft Requires a Deep Look into Unit Economics*. Forbes. https://oreil.ly/VeSt4

13 Skok, D. (2018). *Startup Killer: The Cost of Customer Acquisition*. For Entrepreneurs. https://oreil.ly/L3tQ7

14 Gallo, A. (2014, October 29). *The Value of Keeping the Right Customers*. Harvard Business Review. https://oreil.ly/OINkl

고객이 떠나지 않게 하려면 문제가 발생하는 즉시 해결해서 고객 불만을 최소화하는 일이 중요합니다. 이때 자동화된 고객 지원 티켓 분류가 도움이 될 수 있습니다. 예전에는 고객이 고객 지원 티켓을 열거나 이메일을 보내면 수신 처리가 먼저 이뤄진 다음 관련 부서들을 이리저리 돌고 나서야 이를 해결할 담당자에게 도착했습니다. ML 시스템은 티켓 내용을 분석하고 어디로 보낼지 예측함으로써 응답 시간을 단축하고 고객 만족도를 높입니다. 이는 내부 IT 티켓을 분류하는 데도 활용 가능합니다.

브랜드 모니터링 또한 기업 환경에서 인기 있는 ML 유스 케이스입니다. 브랜드는 기업의 소중한 자산이며,[15] 따라서 대중과 고객이 브랜드를 어떻게 느끼는지 모니터링하는 일이 중요합니다. 예를 들어, 누군가가 브랜드를 언제, 어디서, 어떤 식으로 언급했는지('구글'과 같은 명시적 언급과 '검색 분야 거대 기업'과 같은 암시적 언급 양쪽 모두) 그리고 해당 언급이 어떤 감정을 담고 있는지 파악합니다. 갑자기 브랜드에 대한 부정적 언급이 증가하면 가능한 한 빨리 해결하는 편이 좋겠죠. 이때 사용하는 감성 분석은 보편적인 ML 작업에 해당합니다.

헬스케어는 최근 많은 관심을 불러일으킨 ML 유스 케이스입니다. 피부암을 감지하고 당뇨병을 진단해주는 ML 시스템이 있습니다. 많은 헬스케어 애플리케이션이 소비자를 대상으로 하지만 정확도와 개인 정보 보호에 관한 요구 사항이 엄격하기 때문에 주로 병원 같은 의료 서비스 제공자를 통해서 혹은 의사의 진료 보조 도구로만 사용됩니다.

1.2 머신러닝 시스템 이해하기

ML 시스템을 이해하면 시스템을 설계하고 개발하는 데 도움이 됩니다. 이 절에서는 ML 시스템이 연구에서 활용하거나 학교에서 가르치는 ML 그리고 전통적인 소프트웨어와 어떻게 다른지 살펴봅니다.

1.2.1 연구용 머신러닝 vs. 프로덕션용 머신러닝

산업계에서는 ML 사례가 여전히 생소해서 ML 전문 지식이 있는 분들은 대부분 강의를 듣거

---

15 Swant, M. (2020). *The World's 20 Most Valuable Brands*. Forbes. https://oreil.ly/4uS5i

나 연구를 수행하고 학술 논문을 읽는 등 학계를 통해 ML 사례를 얻고 있습니다. 이 책을 읽는 여러분도 배경이 비슷하다면 ML 시스템을 실제로 배포하는 문제를 이해하고 수많은 솔루션을 탐색하는 과정에서 겪는 학습 곡선learning curve이 가파를 수 있습니다. 프로덕션용 ML은 연구용 ML과 매우 다르기 때문이죠. [표 1-1]은 주요 차이점 다섯 가지를 보여줍니다.

표 1-1 연구용 ML과 프로덕션용 ML의 주요 차이점

	연구용 ML	프로덕션용 ML
요구 사항	벤치마크 데이터셋에서 최적의 모델 성능 달성하기	이해관계자마다 다름
계산 우선순위	빠른 훈련, 높은 스루풋	빠른 추론, 낮은 레이턴시
데이터	정적임*	끊임없이 변동함
공정성	중요하지 않은 경우가 많음	반드시 고려해야 함
해석 가능성	중요하지 않은 경우가 많음	반드시 고려해야 함

* 연구용 ML 중에서도 연속 학습에 중점을 두는 분야가 있습니다. 연속 학습은 데이터 분포가 변화하는 환경에서 모델을 개발하는 방법이며, 9장에서 이를 자세히 다룹니다.[16]

다양한 이해관계자와 요구 사항

연구나 리더보드 프로젝트에 참여하는 분들은 종종 하나의 목표를 추구합니다. 가장 일반적인 목표는 모델 성능, 다시 말해 벤치마크 데이터셋에서 최첨단state-of-the-art 결과를 달성하는 모델을 개발하는 일입니다. 연구원들은 약간의 성능 향상을 위해 모델 구조를 너무 복잡하게 만들어 프로덕션 적용을 어렵게 하는 경우가 많습니다.

ML 시스템을 프로덕션에 적용하는 과정에는 많은 이해관계자가 얽혀 있으며 각각 요구 사항이 다릅니다. 요구 사항들은 서로 충돌할 때도 많으므로 모든 요구 사항을 충족하는 ML 모델을 설계, 개발, 선택하기는 어려울 수 있습니다.

한 가지 프로젝트를 예로 들어보죠. 사용자에게 음식점을 추천하는 모바일 앱을 개발한다고 합시다. 이 앱은 주문이 들어올 때마다 음식점에 수수료 10%를 부과해 수익을 창출합니다. 주문 금액이 높으면 주문 금액이 낮을 때보다 더 많은 수익을 창출한다는 의미죠. 이 프로젝트에는 ML 엔지니어, 영업 사원, 프로덕트 매니저, 인프라 엔지니어 및 관리자가 있습니다. 각 이해관

---

16 옮긴이_ 연속 학습은 평생 학습(lifelong learning), 증분 학습(incremental learning)이라고도 합니다. 기존 데이터셋으로 훈련한 내역을 유지한 채 전체 데이터셋이 아닌 신규 데이터셋만 이용해 훈련하는 연구 분야입니다.

계자의 요구 사항을 살펴봅시다.

ML 엔지니어

더 많은 데이터가 포함된 더 복잡한 모델을 사용해 사용자가 주문할 가능성이 가장 높은 음식점을 추천하기를 원합니다.

영업 팀

비싼 음식점일수록 수수료가 높으므로 더 비싼 음식점을 추천하는 모델을 원합니다.

제품 팀

레이턴시가 증가할 때마다 서비스를 통한 주문이 감소하므로 100밀리초^{millisecond} 이내에 추천 음식점을 반환할 수 있는 모델을 원합니다.

ML 플랫폼 팀

트래픽이 증가함에 따라 기존 시스템을 스케일링하는 문제 때문에 한밤중에 일어나야 하는 경우가 있어, 플랫폼 개선을 우선시하기 위해 모델 업데이트를 보류하기를 원합니다.

관리자

마진을 최대화하기를 원합니다. 한 가지 방법은 ML 팀을 내보내는 것입니다.[17]

'사용자가 클릭할 가능성이 가장 높은 음식점 추천하기'와 '앱에 가장 큰 수익을 가져올 음식점 추천하기'는 서로 다른 두 가지 목표입니다. 2.4.2절 '목적 함수'의 '목적 함수 분리하기'에서 서로 다른 목적을 만족시키는 ML 시스템을 개발하는 방법을 논의할 텐데, 이때 목표마다 모델을 하나씩 개발한 뒤 각각의 예측을 결합합니다.

서로 다른 모델 두 개가 있다고 상상해봅시다. 모델 A는 사용자가 클릭할 가능성이 가장 높은 음식점을 추천하고 모델 B는 앱에 가장 큰 수익을 가져올 음식점을 추천합니다. A와 B는 매우

---

17 IBM, 우버, 에어비앤비에서 보고한 바와 같이 ML 및 데이터 과학 팀이 기업에서 대규모 정리 해고의 첫 번째 대상이 되는 일은 드물지 않습니다.
Das, S. (2020, May 21). *How Data Scientists Are Also Susceptible to the Layoffs Amid Crisis*. Analytics India Magazine. https://oreil.ly/jobmz

다른 모델일 수 있습니다. 둘 중 어느 모델을 사용자에게 배포해야 할까요? 결정을 더 어렵게 만들어보죠. A와 B 모두 제품 팀에서 제시한 요구 사항을 충족하지 않는다고 가정합시다. 즉, 100밀리초 이내에 음식점 추천을 반환할 수 없습니다.

ML 프로젝트를 개발할 때 ML 엔지니어는 모든 이해관계자의 요구 사항을 파악하고 각각이 얼마나 엄격한지 이해해야 합니다. 예를 들어, 100밀리초 이내에 추천 결과를 반환하는 것이 필수 요구 사항이라고 가정해보죠. 그런데 회사는 모델이 음식점을 추천하기까지 100밀리초 이상이 소요된다면 사용자 중 10%가 인내심을 잃고 앱을 종료한다는 사실을 발견했습니다. 그러면 모델 A, B 모두 작동하지 않겠죠. 반면에 이것이 필수 요구 사항이 아니라면 여전히 모델 A나 B를 고려할 만합니다.

프로덕션용 ML은 연구용 ML과 요구 사항이 다릅니다. 따라서 연구 프로젝트가 성공적이더라도 프로덕션에 사용되지는 않을 수 있죠. 예를 들어, 앙상블은 100만 달러 상금으로 유명한 넷플릭스 프라이즈Netflix Prize를 비롯한 많은 ML 대회 우승자 사이에서 인기 있는 기술이지만 프로덕션에서는 널리 사용되지 않습니다. 앙상블은 여러 학습 알고리즘을 결합해 단일 학습 알고리즘보다 예측 성능을 개선합니다.[18] ML 시스템 성능을 약간 향상하지만 한편으로는 시스템이 너무 복잡해져 프로덕션에 유용하지 않게 되기도 하죠. 앙상블에 관해서는 6.1.2절 '앙상블'에서 더 논의합니다.

많은 작업에서 성능이 약간만 좋아져도 수익이 크게 향상되거나 비용이 크게 절감되기도 합니다. 예를 들어, 제품 추천 시스템의 클릭률click-through rate(CTR)이 0.2% 향상되면 전자 상거래 사이트의 수익이 수백만 달러 증가합니다. 반면에 많은 작업의 경우 작은 개선 사항이 사용자에게 눈에 띄지 않을 수 있습니다. 이러한 작업에서는, 단순한 모델의 성능이 합리적이라면 복잡한 모델은 복잡성을 정당화할 만큼 훨씬 나은 성능을 발휘해야 합니다.

---

18 *Ensemble learning*. Wikipedia. (n.d.). https://oreil.ly/5qkgp

계산 우선순위

ML 시스템을 배포한 경험이 없는 분들은 시스템을 설계할 때 종종 모델 개발에만 너무 집중하고 배포와 유지 관리를 소홀히 하는 실수를 합니다.

모델 개발 프로세스에서 각기 다른 모델 여러 개를 훈련할 수 있으며 각 모델은 훈련 데이터를 여러 번 순회합니다. 그리고 훈련된 모델은 각각 검증 데이터에 대한 예측을 생성해 점수를 리포트합니다. 검증 데이터는 일반적으로 훈련 데이터보다 훨씬 작습니다. 즉, 모델 개발 단계에서 훈련이 병목이 됩니다. 반면에 모델을 배포하고 나면 모델의 역할은 예측을 생성하는 일이므로 추론이 병목입니다. 연구에서는 일반적으로 빠른 훈련을 우선시하지만 프로덕션에서는 일반적으로 빠른 추론을 우선시합니다.

---

19 옮긴이_ GLUE(General Language Understanding Evaluation) 벤치마크는 아홉 가지 다운스트림 작업(질의응답, 문법 오류 판별, 유사도 판별 등)에 대한 데이터셋을 사용해 NLP 모델의 성능을 정량적으로 평가합니다.

20 Evans, J. (2014). *Machine Learning Isn't Kaggle Competitions*. Julia Evans. https://oreil.ly/p8mZq

21 Oakden-Rayner, L. (2019, September 19). *AI Competitions Don't Produce Useful Models*. Laurenoakdenrayner. https://oreil.ly/X6RIT

22 Ethayarajh, K., & Jurafsky, D. (2020). Utility Is in the Eye of the User: A Critique of NLP Leaderboards. *EMNLP*. https://oreil.ly/4Ud8P

한 가지 결론은 연구에서는 높은 스루풋throughput을 우선시하는 반면에 프로덕션에서는 낮은 레이턴시를 우선시한다는 점입니다. 레이턴시는 쿼리를 수신하고 결과를 반환하는 데 걸리는 시간을 의미하며 스루풋은 특정 기간 내에 처리된 쿼리 수를 의미합니다.

NOTE **용어 충돌**

일부 책에서는 레이턴시와 응답 시간response time을 구별합니다. 마틴 클레프만Martin Kleppmann은 자신의 저서 『데이터 중심 애플리케이션 설계Designing Data-Intensive Applications』(위키북스, 2018)에 "응답 시간은 고객이 느끼는 시간입니다. 요청을 처리하는 시간(서비스 시간)뿐 아니라 네트워크 지연과 대기열 지연도 포함됩니다. 레이턴시는 요청이 처리되기를 기다리는 기간이며, 이 기간 동안 애플리케이션은 서비스를 기다리는 대기 상태입니다."라고 썼습니다.

이 책에서는 논의를 단순화하고 ML 커뮤니티에서 사용하는 용어와 일관성을 유지하고자 레이턴시를 '응답 시간'이라는 의미로 사용합니다. 따라서 요청에 대한 레이턴시는 요청을 전송한 후 응답을 수신하기까지 시간을 측정한 수치입니다.

구글 번역을 예로 들면, 평균 레이턴시는 사용자가 '번역Translate'을 클릭한 후 번역 결과가 표시되기까지 걸리는 평균 시간이고 스루풋은 초당 처리되는 쿼리 개수입니다.

시스템이 항상 쿼리를 한 번에 하나씩 처리한다면 레이턴시가 길수록 스루풋이 낮아집니다. 평균 레이턴시가 10밀리초이면, 즉 쿼리를 처리하는 데 10밀리초가 소요되면 스루풋은 초당 100개 쿼리입니다. 평균 레이턴시가 100밀리초이면 스루풋은 초당 10개 쿼리가 되죠.

한편 최신 분산 시스템은 대부분 쿼리를 배치 처리하므로 레이턴시가 길수록 스루풋이 높습니다. 쿼리를 한 번에 열 개씩 처리하고 배치 처리를 실행하는 데 10밀리초가 걸린다면 평균 레이턴시는 여전히 10밀리초지만 스루풋은 10배 높아집니다(초당 쿼리 1,000개). 쿼리를 한 번에 50개씩 처리하고 배치 처리를 실행하는 데 20밀리초가 걸린다면 평균 레이턴시는 20밀리초이고 스루풋은 초당 2,500개 쿼리입니다. 레이턴시와 스루풋이 모두 증가했네요! [그림 1-4]는 쿼리를 한 번에 하나씩 처리할 때와 배치 처리할 때 각각 레이턴시와 스루풋 간의 트레이드오프가 어떤지 보여줍니다.

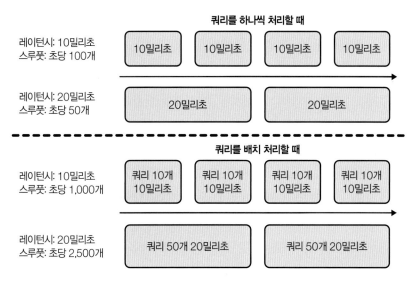

쿼리를 하나씩 처리할 때

레이턴시: 10밀리초
스루풋: 초당 100개

| 10밀리초 | 10밀리초 | 10밀리초 | 10밀리초 |

레이턴시: 20밀리초
스루풋: 초당 50개

| 20밀리초 | 20밀리초 |

쿼리를 배치 처리할 때

레이턴시: 10밀리초
스루풋: 초당 1,000개

| 쿼리 10개 10밀리초 | 쿼리 10개 10밀리초 | 쿼리 10개 10밀리초 | 쿼리 10개 10밀리초 |

레이턴시: 20밀리초
스루풋: 초당 2,500개

| 쿼리 50개 20밀리초 | 쿼리 50개 20밀리초 |

그림 1-4 쿼리를 한 번에 하나씩 처리할 때와 배치 처리할 때 레이턴시와 스루풋 간의 트레이드오프

온라인 쿼리를 배치 처리한다면 훨씬 복잡합니다. 배치 처리를 할 때는 시스템이 쿼리를 처리하기 전에 충분한 쿼리가 배치에 도달할 때까지 기다려야 하므로 레이턴시가 더욱 길어지죠.

연구에서는 1초에 처리할 수 있는 샘플 수, 즉 스루풋에 더 집중하고 각 샘플이 처리되는 데 걸리는 시간인 레이턴시는 상대적으로 덜 고려합니다. 예를 들어, 적극적으로^{aggressive} 배치 처리를 사용해 스루풋을 늘리기 위해 레이턴시를 늘리기도 합니다.

반면에 모델을 실제 환경에 배포하면 레이턴시가 매우 중요해집니다. 2017년 아카마이^{Akamai} 연구에 따르면 100밀리초가 지연되면 전환율^{conversion rate}이 7% 감소할 수 있습니다.[23] 2019년 부킹닷컴^{Booking.com}은 레이턴시가 약 30% 증가하면 전환율이 약 0.5% 증가한다는 사실을 발견했으며[24] 2016년 구글은 페이지를 로드하는 데 3초 이상 걸리면 모바일 사용자 중 절반 이상이 페이지를 떠난다는 사실을 발견했습니다.[25] 오늘날 사용자들은 그보다 더 인내심이 부족하죠.

23 Akamai Technologies. (2017, April 19). *Akamai Online Retail Performance Report: Milliseconds Are Critical*. PR Newswire. https://oreil.ly/bEtRu

24 Bernardi, L., Mavridis, T., & Estevez, P. (2019, August 4–8). 150 Successful Machine Learning Models: 6 Lessons Learned at Booking.com. *KDD '19*. https://oreil.ly/G5QNA

25 *Mobile site abandonment after delayed load time*. Think with Google. (n.d.). https://oreil.ly/JCp6Z

프로덕션 레이턴시를 줄이려면 하드웨어 하나로 한 번에 처리 가능한 쿼리 개수를 줄여야 할 수 있습니다. 하드웨어가 한 번에 처리할 수 있는 개수보다 훨씬 적은 쿼리를 처리한다면 하드웨어 활용도가 낮아져 각 쿼리를 처리하는 비용이 늘어나는 셈입니다.

레이턴시는 개별 수치가 아닌 분포임을 기억합시다. 이 분포를 단순화해 단일 수치(타임 윈도 내 모든 요청의 평균 레이턴시)로 나타내고 싶지만 이 수치는 오해의 소지가 있습니다. 요청 10개가 있고 레이턴시는 각각 100밀리초, 102밀리초, 100밀리초, 100밀리초, 99밀리초, 104밀리초, 110밀리초, 90밀리초, 3,000밀리초, 95밀리초라고 가정해보죠. 이때 평균 레이턴시는 390밀리초로 이때 평균 레이턴시는 390밀리초로 시스템의 실제 레이턴시보다 느린 값이 됩니다. 이 경우 네트워크 오류로 한 요청을 처리하는 것이 다른 요청들을 처리하는 것보다 훨씬 느려졌을 수 있으므로 해당 문제가 발생한 요청을 검토해야 합니다.

산술 평균 같은 단일 수치보다 백분위수를 사용하면 유용합니다. 백분위수는 요청의 특정 비율에 대해 알려줍니다. 가장 흔히 사용하는 백분위수는 50번째 백분위수(p50으로 약칭)로 중앙값median이라고도 합니다. 중앙값이 100밀리초이면 요청의 절반은 100밀리초보다 오래 걸리고 요청의 절반은 100밀리초보다 적게 걸립니다.

높은 백분위수는 문제의 징후일 수 있는 이상치outlier를 발견하는 데 도움이 됩니다. 일반적으로 확인하는 백분위수는 p90, p95, p99입니다. 앞선 예시의 10개 요청에 대한 90번째 백분위수(p90)는 3,000밀리초로 이상치입니다.

이렇게 높은 백분위수는 사용자 중 매우 낮은 비율만이 해당하지만 때로는 가장 중요한 사용자이기도 하니 잘 살펴봅시다. 예를 들어, 아마존Amazon 웹사이트에서 가장 느린 요청을 받은 고객은 계정에 가장 많은 데이터가 있는 고객인 경우가 많습니다. 그동안 상품을 많이 구매했고, 따라서 가장 가치 있는most valuable 고객이죠.[26]

따라서 높은 백분위수를 사용해 시스템의 성능 요구 사항을 지정하는 것은 일반적입니다. 예를 들어, 프로덕트 매니저는 시스템의 90번째 백분위수 또는 99.9번째 백분위수 레이턴시가 특정 수치보다 낮아야 한다고 지정할 수 있습니다.

26 마틴 클레프만, 『데이터 중심 애플리케이션 설계』(위키북스, 2018)

데이터

연구 단계에서 작업하는 데이터셋은 종종 깨끗하고 형식이 잘 지정돼 있어 우리가 모델 개발에 집중할 수 있습니다. 이러한 데이터셋은 본질적으로 정적static이라 커뮤니티가 새로운 아키텍처와 기술을 벤치마킹하는 데 사용할 수 있죠. 즉, 많은 사람이 동일한 데이터셋을 사용하고 논의했을 수 있으며 데이터셋의 단점 또한 알려져 있음을 의미합니다. 데이터를 처리하고 모델에 직접 입력하는 오픈 소스 스크립트를 찾을 수도 있죠.

한편 프로덕션 단계의 데이터는 훨씬 더 복잡합니다. 잡음이 많고 비정형일 수 있으며 끊임없이 변화하죠. 게다가 데이터가 편향됐을 수 있는데 어떻게 편향됐는지 모를 가능성이 큽니다. 레이블이 있는 경우 레이블이 희소하고 불균형하거나 올바르지 않을 수도 있습니다. 프로젝트 또는 비즈니스 요구 사항을 변경하려면 기존 레이블의 일부 또는 전체를 업데이트해야 할 수 있습니다. 사용자 데이터로 작업할 때는 개인 정보 보호 및 규제 문제도 주의해야 합니다. 11.3.1절의 '사례 연구 2: 익명화된 데이터의 위험성'에서는 사용자 데이터를 부적절하게 처리하는 사례 연구를 살펴봅니다.

연구에서는 대부분 과거 데이터, 예컨대 이미 존재하고 어딘가에 저장된 데이터로 작업합니다. 반면에 프로덕션 환경에서는 사용자, 시스템 및 서드 파티 데이터에 의해 지속적으로 생성되는 데이터로 작업해야 할 가능성이 높습니다.

[그림 1-5]는 테슬라Tesla AI 디렉터로 재직했던 안드레이 카르파티Andrej Karpathy가 테슬라에서 직면한 데이터 문제와 박사 과정 중에 직면한 데이터 문제를 비교해 보여줍니다.

잃어버린 수면의 양

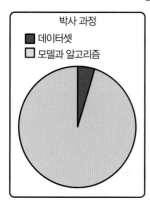

박사 과정
■ 데이터셋
□ 모델과 알고리즘

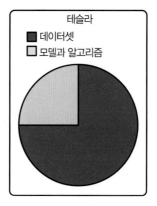

테슬라
■ 데이터셋
□ 모델과 알고리즘

그림 1-5 연구 데이터와 프로덕션 데이터(출처: 안드레이 카르파티의 이미지[27]를 각색함)

공정성

연구 단계에서는 아직 모델이 사용되지 않아 연구자가 공정성을 나중으로 미루기 쉽습니다. '먼저 최첨단 기술을 습득하고 공정성은 프로덕션에 들어갈 때 고민해보자'라고 생각할 수 있죠. 하지만 프로덕션에 들어가고 나면 너무 늦습니다. 더 높은 정확도나 더 낮은 레이턴시를 위해 모델을 최적화하면 모델이 최고 수준의 기술을 능가한다는 것을 보여줄 수 있죠. 하지만 이 책을 쓰는 시점에 공정성을 객관적으로 비교 측정할 수 있는 지표는 없는 상황입니다.

여러분 혹은 주변에 있는 누군가는 자신도 모르는 사이에 편향된 수학 알고리즘의 희생자일 수 있습니다. 몇 가지 예를 들어봅시다. 대출 심사 관련 ML 알고리즘이 우편 번호를 활용한다면, 여기에 개인의 사회경제적 배경에 대한 편견이 담겨 있어 대출 신청이 거부될 수 있습니다. 이력서 랭킹 시스템의 고용주가 이름 철자를 활용해 이력서의 순위가 낮게 나올 수 있습니다. 담보 대출은 신용 점수를 부분적으로 고려하는데, 이는 부자에게 유리하고 가난한 사람에게 불리해 가난한 사람의 이자율이 더 높게 책정될 수도 있죠. 현실에서 나타나는 ML 편향의 또 다른 예로는 예측 치안predictive policing 알고리즘, 잠재적 고용주가 관리하는 성격 검사, 대학 순위 등이 있습니다.

CBS 뉴스 기사에 따르면 2019년에 버클리 연구원들은 대면 대출과 온라인 대출 모두 2008년

---

27 Databricks. (2018). *Building the Software 2.0 Stack (Andrej Karpathy)* [Video]. YouTube. https://oreil.ly/Z21Oz

에서 2015년 사이에 총 130만 명의 신용할 수 있는 흑인 및 라틴계 지원자를 거부했다는 사실을 발견했습니다. 거부된 신청서에서 소득과 신용 점수는 그대로 사용하고 인종 식별자를 삭제했더니 담보 대출이 승인됐죠.[28] 더 끔찍한 예시가 궁금하다면 캐시 오닐Cathy O'Neil의 『대량살상 수학무기Weapons of Math Destruction』(흐름출판, 2017)를 읽어보기 바랍니다.

ML 알고리즘은 과거 시점 데이터를 대량으로 분석하고 패턴을 찾아내 이를 기반으로 신규 데이터에 대한 추론을 수행합니다. 훈련 시점과 추론 시점이 일치하지 않으므로 시점 차이에서 발생할 수 있는 데이터 분포 시프트 같은 편향이 발생할 수 있습니다(데이터 분포 시프트는 8장에서 자세히 다룹니다). 예를 들어, ML 알고리즘이 대규모로 배포되면 알고리즘은 대규모로 사람을 분류합니다. 운영자가 한 번에 소수의 개인에 대해서만 종합적인 판단을 내릴 수 있다면, ML 알고리즘은 몇 초 만에 수백만 명에 대해 포괄적인 판단을 내릴 수 있죠. 하지만 이는 소수 그룹의 구성원에게 피해를 줄 수도 있음을 의미합니다. 소수 그룹을 잘못 분류해도 모델의 전체 성능 지표에는 영향이 적기 때문이죠.

알고리즘이 이미 인구의 98%에 대해 정확한 예측을 할 수 있고 나머지 2%에 대한 예측을 개선하는 데 몇 배의 비용이 발생한다면, 안타깝지만 일부 회사는 예측을 개선하지 않을 수 있습니다. 2019년 맥킨지 앤 컴퍼니McKinsey & Company의 연구 조사에서 설문에 응한 대기업 중 13%만이 알고리즘 편향 및 차별과 같은 형평성과 공정성에 대한 위험을 완화하기 위해 조치를 취하고 있다고 답했습니다.[29] 하지만 이런 추세는 빠르게 변화하고 있습니다. 11장에서 책임 있는responsible AI의 공정성을 비롯한 여러 측면을 다룹니다.

해석 가능성

2020년 초, 튜링상Turing Award 수상자인 제프리 힌튼Geoffrey Hinton 교수는 ML 시스템의 해석 가능성interpretability의 중요성에 관해 논란이 많은 질문을 제시했습니다. "당신이 암에 걸렸다고 가정해보세요. AI 외과의는 어떻게 작동하는지 설명할 수 없는 블랙박스이지만 완치율이 90%이고 인간 외과의는 완치율이 80%라고 할 때 둘 중 하나를 선택해야 합니다. AI 외과의가 불법이기를 원하나요?"[30]

28 Brooks, K. J. (2019, November 15). *Disparity in Home Lending Costs Minorities Millions, Researchers Find.* CBS News. https://oreil.ly/UiHUB

29 *The 2019 AI Index Report.* Stanford University Human-Centered Artificial Intelligence (HAI). (2019). https://oreil.ly/xs8mG

30 Hinton, G. [@geoffreyhinton]. (2020, February 20). *Suppose you have cancer and you have to choose between*

몇 주 후 비기술 분야 공기업의 기술 경영자 30명으로 구성된 그룹에 이 질문을 했더니 그룹의 절반만이 매우 효과적이지만 설명할 수 없는 AI 외과의에게 수술받기를 원했고, 나머지 절반은 인간 외과의에게 수술받기를 원했습니다.

우리는 대부분 전자레인지가 어떻게 작동하는지 모르면서도 사용하는 데 거리낌이 없죠. 하지만 AI에 대해서는 다릅니다. 특히 AI가 인생에서 중요한 결정을 내리는 경우 그 작동 방식을 이해하고 싶어 하는 사람이 많습니다.

대부분의 ML 연구가 여전히 모델 성능이라는 단일 목표로만 평가되기에 모델 해석 가능성에 대한 연구는 장려되지 않습니다. 하지만 산업계 대부분의 ML 유스 케이스에서 해석 가능성은 선택이 아닌 필수입니다.

첫 번째 이유는 해석 가능성이 비즈니스 리더와 최종 사용자 모두에게 중요하기 때문입니다. 모델을 신뢰하고 앞서 언급한 잠재 편향을 감지할 수 있도록 결정이 내려진 이유를 이해해야 하죠. [31] 두 번째 이유는 개발자가 모델을 디버깅하고 개선할 수 있는 것이 중요하기 때문입니다.

해석 가능성이 요구 사항이라고 해서 모두가 요구 사항을 따르지는 않습니다. 2019년 기준, 대기업 중 19%만이 알고리즘의 설명 가능성을 개선하기 위해 노력하고 있죠. [32]

논의

누군가는 ML의 학문적 측면만 알아도 괜찮다고 주장할 수 있습니다. 연구 분야에 일자리가 충분히 많다며 말이죠. 첫 번째 부분, 즉 ML의 학문적 측면만 알아도 된다는 점은 사실이지만 두 번째 부분은 그렇지 않습니다.

순수한 연구를 추구하는 것도 중요하지만 대부분의 회사는 단기 비즈니스 적용 및 성과로 이어지지 않는 한 이를 감당할 여력이 없습니다. 연구 커뮤니티가 '더 크고 더 나은' 접근법을 취한 현 시점은 특히 그렇습니다. 새로운 모델에는 종종 방대한 데이터가 필요하고 컴퓨팅에만 수천만 달러가 들죠.

----

a black box AI surgeon that cannot explain how it works but has a 90% cure rate and a human surgeon with an 80% cure rate. Do you want the AI surgeon to be illegal? [Thumbnail with link attached] [Tweet]. Twitter. https://oreil.ly/KdfD8

31 특정 국가 내 특정 유스 케이스는 사용자에게 '설명을 요구할 권리(right to explanation)', 즉 알고리즘 결괏값에 대한 설명을 들을 권리가 있습니다.

32 The 2019 AI Index Report. Stanford University Human-Centered Artificial Intelligence (HAI). (2019).

ML 연구와 기성off-the-shelf 모델에 접근하기 쉬워지면서 점점 많은 사람과 조직이 기성 모델을 응용할 방법을 찾고 싶어 하고, 따라서 프로덕션 ML에 대한 수요가 증가합니다.

ML 관련 업무의 대부분은 ML을 프로덕션에 적용하기를 요구할 것이며, 이미 적용하고 있습니다.

1.2.2 머신러닝 시스템 vs. 전통적인 소프트웨어

ML은 소프트웨어 엔지니어링(SWE)의 일부이며 소프트웨어는 반세기 이상 프로덕션에서 성공적으로 사용되고 있습니다. 그런데 왜 소프트웨어 엔지니어링에서 검증된 모범 사례를 ML에 적용하지 않을까요?

좋은 아이디어네요. 사실 ML 전문가가 훌륭한 소프트웨어 엔지니어라면 ML 프로덕션도 훌륭할 겁니다. 기존 SWE 도구로 ML 애플리케이션을 개발하고 배포할 수 있죠.

하지만 ML 애플리케이션에는 고유한 난제가 많기에 자체 도구가 필요합니다. SWE에는 코드와 데이터가 분리돼 있다는 가정이 있습니다. SWE에서는 가능한 한 코드와 데이터를 모듈화되고 분리된 상태로 유지하기를 원합니다(자세한 내용은 위키백과 문서 '관심사 분리Separation of concerns'[33]를 참조하기 바랍니다).

반대로 ML 시스템은 코드, 데이터 그리고 이 둘로부터 생성된 아티팩트(부산물)로 이루어져 있습니다. 지난 10년간의 추세는 가장 많고 좋은 데이터로 개발한 애플리케이션이 우세함을 보여줍니다. 대부분의 기업은 ML 알고리즘을 개선하기보다는 데이터를 개선하는 데 집중할 겁니다. 데이터는 빠르게 변할 수 있으므로 ML 애플리케이션은 더 빠른 개발 및 배포 주기가 필요한 변화하는 환경에 적응해야 하죠.

기존 SWE에서는 코드 테스트 및 버전 관리에만 집중하면 되지만 ML을 사용하면 데이터 또한 테스트하고 버전을 지정해야 합니다. 이것이 어려운 부분입니다. 대규모 데이터셋의 버전은 어떻게 지정할까요? 데이터 샘플이 시스템에 좋은지 나쁜지 어떻게 알 수 있을까요? 모든 데이터 샘플이 동일하지는 않습니다. 일부 샘플이 나머지 샘플보다 여러분의 모델에 더 중요할 수 있죠. 예를 들어, 모델이 이미 정상 폐 스캔 100만 건과 악성 폐 스캔 1,000건으로 훈련했다면,

---

33 *https://ko.wikipedia.org/wiki/관심사_분리*

악성 폐 스캔은 정상 폐 스캔보다 훨씬 가치가 높습니다. 사용 가능한 모든 데이터를 무차별적으로 사용하면 모델은 성능이 저하되고 데이터 오염 공격에 취약해질 수도 있습니다.[34]

ML 모델의 크기 또한 과제입니다. 2022년 기준, ML 모델에는 일반적으로 수억 혹은 수십억 개 매개변수가 있으며, 이를 메모리에 올리려면 수 기가바이트에 달하는 램(RAM)이 필요합니다. 지금부터 몇 년 후에는 10억 개의 매개변수도 평범해 보일 수 있죠. 예를 들면, "사람을 달에 보낸 컴퓨터에 32메가바이트(MB)의 램만 있었다는 것이 믿기나요?"

그러나 현재 시점에서, 특히 에지 디바이스[35]에서 이러한 대형 모델을 프로덕션에 적용하는 일은 엄청난 엔지니어링 과제입니다. 그리고 모델을 실생활에 유용할 만큼 빠르게 실행할 방법도 고민해야 하죠. 텍스트 자동 완성 모델을 예로 들면, 다음 문자를 제안하는 데 걸리는 시간이 입력하는 데 걸리는 시간보다 길면 모델은 쓸모가 없습니다.

프로덕션 환경에서 이러한 모델을 모니터링하고 디버깅하는 일 또한 사소하지 않습니다. ML 모델이 복잡해지고 작업에 대한 가시성이 떨어짐에 따라, 무엇이 잘못됐는지 파악하거나 문제가 발생했을 때 신속하게 경고를 받기가 어렵습니다.

좋은 소식은 이러한 엔지니어링 과제들이 엄청난 속도로 해결되고 있다는 점입니다. 2018년에 BERT[Bidirectional Encoder Representations from Transformers] 논문이 처음 공개됐을 때 사람들은 BERT가 너무 크고 복잡하고 느려서 실용적이지 않다고 평했습니다. 사전 훈련된 대형 BERT 모델은 매개변수가 3억 4,000만 개이고 용량은 1.35기가바이트(GB)죠.[36] 하지만 2년 후 BERT와 그 변형 모델들은 구글 내 거의 모든 영어 검색에 사용됐습니다.[37]

---

34 Chen, X., Liu, C., Li, B., Lu, K., & Song, D. (2017, December 15). Targeted Backdoor Attacks on Deep Learning Systems Using Data Poisoning. *arXiv.* https://oreil.ly/OkAjb

35 7장에서 에지 디바이스를 다룹니다.

36 Devlin, J., Chang, M.-W., Lee, K., & Toutanova, K. (2018, October 11). BERT: Pre-training of Deep Bidirectional Transformers for Language Understanding. *arXiv.* https://oreil.ly/TG3ZW

37 *Google Search On.* (2020). https://oreil.ly/M7YjM

1.3 정리

1장에서는 ML을 실제로 적용하는 데 필요한 것들을 전달하고자 했습니다. 먼저 프로덕션용 ML의 광범위한 유스 케이스를 둘러봤습니다. 사람들은 보통 소비자 대상 애플리케이션의 ML에 익숙하지만 ML 유스 케이스의 대다수는 엔터프라이즈용입니다. 따라서 어떤 경우에 ML 솔루션이 적절한지 논의했습니다. ML은 많은 문제를 훌륭히 해결하지만 모든 문제를 해결할 수는 없으며 모든 문제에 적합하지도 않습니다. 다만 ML이 해결할 수 없는 문제일지라도 ML이 해결책의 실마리가 될 수 있습니다.

이 장에서는 또한 연구용 ML과 프로덕션용 ML의 차이점을 강조했습니다. 차이점에는 관련 이해관계자, 계산 우선순위, 사용된 데이터 속성, 공정성 문제의 심각성, 해석 가능성 요구 사항 등이 있습니다. 이 내용은 학계에서 ML 프로덕션으로 넘어오는 분에게 가장 유용합니다. 이어서 ML 시스템이 전통적인 소프트웨어 시스템과 어떻게 다른지 논의했는데, 이것이 이 책이 필요한 이유입니다.

ML 시스템은 다양한 요소로 구성된 복잡한 시스템입니다. 프로덕션에서 ML 시스템을 작업하는 데이터 과학자와 ML 엔지니어는 ML 알고리즘에만 집중하는 걸로는 절대 충분치 않다는 사실을 깨달을 겁니다. 알고리즘 외에 시스템의 다른 측면, 예컨대 데이터 스택, 배포, 모니터링, 유지 관리, 인프라에 관해 아는 것이 중요합니다. 이 책은 ML 시스템 개발에 대해 시스템 접근법을 취합니다. ML 알고리즘만 다루지 않고 시스템의 모든 구성 요소를 전체적으로 고려한다는 뜻이죠. 이러한 전체적인 접근법이 무엇을 의미하는지 다음 장에서 자세히 알아봅시다.

## CHAPTER 2

머신러닝 시스템 설계 소개

1장에서 실제로 도입된 ML 시스템을 훑어봤으니 이제 ML 시스템을 즐겁게 설계해봅시다. 앞서 이야기했듯 ML 시스템 설계는 MLOps에 시스템으로 접근합니다. 이는 비즈니스 요구 사항, 데이터 스택, 인프라, 배포와 모니터링 등 구성 요소와 각 요소에 속하는 이해관계자가 협업할 수 있도록 ML 시스템을 전반적으로 고려한다는 의미입니다. 이러한 협업 과정으로 주어진 목적과 요구 사항을 달성합니다.

이 장에서는 먼저 목적에 관해 논의합니다. ML 시스템을 개발하기에 앞서 시스템이 필요한 이유를 생각해봐야 합니다. 시스템을 비즈니스용으로 개발한다면 비즈니스 목적에 따라 업무를 추진해야 하며, 비즈니스 목적은 다시 ML 목적으로 바꿔서 ML 모델 개발의 이정표로 삼아야 합니다.

모두가 ML 시스템 목적에 동의한다면 시스템 개발의 이정표가 될 요구 사항을 정합니다. 이 책에서는 신뢰성, 확장성, 유지보수성, 적응성이라는 네 가지 요구 사항을 고려하며, 이를 만족하는 시스템을 설계하기 위한 반복 프로세스를 소개합니다.

목적, 요구 사항, 프로세스를 정했다면 본격적으로 ML 모델을 만들어보면 될까요? 아직은 시기상조입니다. ML 알고리즘으로 문제를 해결하기에 앞서 해당 문제를 ML로 해결 가능한 작업 형태로 구조화해야 합니다. 이 장에서는 ML 문제를 구조화하는 방법을 논의합니다. 문제를 어떻게 구조화하는지에 따라 업무 난이도가 크게 좌우됩니다.

ML은 명색이 데이터 중심 접근법인데 ML 시스템 설계가 주제인 이 책에서 데이터의 중요성을 빼놓으면 안 되겠죠. 마지막으로는 최근 몇 년간 ML 자료에서 상당히 자주 언급되는 논쟁, 즉 데이터와 알고리즘 중 무엇이 더 중요한지 이야기해봅니다.

자, 그럼 시작해봅시다.

2.1 비즈니스와 머신러닝의 목적

먼저, 주어진 ML 프로젝트의 목적을 생각해봐야 합니다. 데이터 과학자는 ML 프로젝트를 진행할 때 ML 모델 성능을 측정하는 지표, 즉 정확도, F1 점수, 추론 레이턴시 같은 것을 ML의 목적으로 보고 가장 큰 관심을 기울이곤 합니다. 모델 정확도를 94%에서 94.2%로 올리는 데 혈안이 돼 방대한 자원, 즉 데이터, 연산 자원과 엔지니어링 시간을 쏟아붓곤 하죠.[1]

사실 기업들은 대부분 이런 화려한 ML 지표에 크게 관심이 없습니다. 비즈니스 지표에 영향을 주지 않는 한 모델 정확도를 94%에서 94.2%로 높이는 일 따위에 신경 쓰지 않죠. 오래 가지 못하는 ML 프로젝트에는 종종 패턴이 보입니다. 데이터 과학자가 비즈니스 지표는 고려하지 않고 ML 지표 조작에만 너무 매달리는 경향이 있죠. 반대로 관리자는 비즈니스 지표에만 관심이 있으니 ML 프로젝트로 비즈니스 지표를 끌어올릴 방법을 찾아내지 못한 채 프로젝트를 조기에 중단하곤 합니다(참여한 데이터 과학 팀을 해체하기도 하고요).

그렇다면 기업은 어떤 지표에 관심이 있을까요? 대다수의 기업은 이런저런 말을 둘러대지만 노벨 경제학상 수상자인 밀턴 프리드먼Milton Friedman의 주장에 따르면 기업의 유일한 목적은 주주의 이익을 극대화하는 것입니다.[2]

즉, 비즈니스에서 이뤄지는 모든 프로젝트의 궁극적인 목적은 직간접적으로 이윤을 늘리는 일입니다. 직접적으로는 매출(전환율)을 높이고 비용을 낮추는 일이 있고, 간접적으로는 고객 만족도를 높이고 웹사이트 체류 시간을 증가시키는 일이 있습니다.

비즈니스 조직 내에서 ML 프로젝트가 성공하려면 ML 시스템 성과를 전체적인 비즈니스 성과

---

[1] ML 엔지니어 유진 옌이 작성한 게시글 '데이터 과학 프로젝트 빠르게 시작하기'는 데이터 과학자가 프로젝트 관련 비즈니스 의도와 맥락을 이해하는 데 도움이 됩니다.
Eugene Yan. (n.d.). *Data Science Project Quick Start*. eugeneyan. https://oreil.ly/thQCV

[2] Friedman, M. (1970, September 13). *A Friedman Doctrine—The Social Responsibility of Business Is to Increase Its Profits*. New York Times Magazine. https://oreil.ly/Fmbem

와 연결해야 합니다. 신규 ML 시스템은 광고 수익, 월간 활성 사용자 수 등 어떤 비즈니스 성과 지표에 영향을 미칠까요?

여러분이 구매율이 중요한 전자 상거래 사이트에서 일한다고 가정해봅시다. 추천 시스템을 배치 예측 기반에서 온라인 예측으로 옮기려고 합니다.[3] 온라인 예측으로 현재 사용자와 더 연관성 있는 추천을 해줘서 구매율이 올라간다고 추론할 수 있겠죠. 온라인 예측이 추천 시스템의 예측 정확도를 몇 퍼센트 향상하는지 실험해볼 수도 있습니다. 그동안의 기록에 따르면 사이트에서 추천 시스템 예측 정확도가 1%p 증가할 때마다 구매율도 비례해 증가했습니다.

광고 클릭률 예측과 이상 거래 탐지가 오늘날 ML의 가장 인기 있는 유스 케이스가 된 까닭은 ML 모델 성능을 비즈니스 지표에 연결하기가 쉬워서입니다. 광고 클릭률이 증가하면 수익이 커지고 이상 거래 탐지로 모든 이상 거래가 사라지면 비용이 상당히 절감되죠.

많은 회사에서 비즈니스 지표를 ML 지표에 연결하기 위해 자체 지표를 만듭니다. 예를 들어, 넷플릭스는 추천 시스템의 성능을 **채택률**take-rate, 즉 영상 재생 횟수를 사용자가 본 추천 썸네일 개수로 나눈 값으로 측정합니다.[4] 채택률이 높을수록 추천 시스템이 우수하다고 간주합니다. 넷플릭스는 또한 추천 시스템의 채택률을 다른 비즈니스 지표, 예컨대 총 스트리밍 시간이나 구독 취소율의 맥락에서도 고려합니다. 채택률이 높을수록 총 스트리밍 시간이 높고 구독 취소율이 낮다는 사실을 발견했죠.[5]

ML 프로젝트가 비즈니스 목적에 미치는 영향은 추론하기 어려울 수 있습니다. 예를 들어, ML 모델이 고객에게 맞춤형 솔루션을 제공해 만족도를 높이고, 따라서 고객이 서비스에 높은 비용을 지불하기도 합니다. 한편 동일한 ML 모델이 고객의 문제를 보다 신속하게 해결함으로써 고객이 서비스에 지불하는 비용이 반대로 낮아질 수도 있습니다.

ML 지표가 비즈니스 지표에 미치는 영향을 명확히 파악하려면 실험이 필요한 경우가 많습니다. 많은 회사에서 A/B 테스트 같은 실험을 해보고 모델의 ML 지표와는 상관없이 비즈니스 지표가 더 우수한 쪽의 모델을 선택하곤 합니다.

---

3 배치 예측과 온라인 예측은 7장에서 다룹니다.

4 Chandrashekar, A., Amat, F., Basilico, J., & Jebara, T. (2017, December 7). *Artwork Personalization at Netflix*. Netflix Technology Blog, https://oreil.ly/UEDmw

5 Gomez-Uribe, C. A., & Hunt, N. (2016, January). The Netflix Recommender System: Algorithms, Business Value, and Innovation. *ACM Transactions on Management Information Systems 6*(4): 13. https://oreil.ly/JkEPB

하지만 엄밀하게 설계하고 진행한 실험으로도 ML 모델의 결과와 비즈니스 지표 사이의 관계를 이해하기 어려울 때도 있습니다. 여러분이 사이버 보안 회사에서 일한다고 가정해봅시다. 주어진 업무는 보안 위협을 감지해 차단하는 일이며 ML은 복잡한 프로세스 구성 요소 중 일부입니다. ML 모델을 사용해 트래픽에서 이상 패턴을 감지하고, 여기에 임의의 로직 집합(예: 일련의 if-else 문)을 적용해 잠재 위협에 해당하는지 판단합니다. 그리고 보안 전문가가 잠재 위협을 검토해 그것이 실제로 발생한 위협인지 판단합니다. 실제로 발생한 위협이라면 이를 차단하기 위해 또 다른 프로세스를 작동합니다. 이 프로세스가 위협을 적절히 차단하지 못한다면 ML 구성 요소가 위협을 막아내는 데 얼마나 영향을 주는지조차 파악할 수 없습니다.

많은 기업에서 'AI 기반'이라는 문구가 고객 유치에 도움이 되기 때문에 ML을 사용한다고 이야기합니다.[6] AI가 실제로 유용한지는 상관없이 말이죠.

비즈니스 관점으로 ML 솔루션을 평가할 때는 기대 수익을 현실적으로 생각해야 합니다. 일부 회사에서는 ML이 하루아침에 비즈니스를 마술같이 변화시킬 수 있다고 생각합니다. 각종 미디어와 ML 도입으로 기득권을 얻게 될 실무자가 ML 주변으로 거품을 만들기 때문이죠. 하지만 ML이 비즈니스를 마술같이 변화시킬 수는 있어도 하루아침에는 불가능합니다.

물론 ML로 성과를 본 회사가 많습니다. 예를 들어, 구글은 ML을 사용해 검색을 개선하고 더 많은 광고를 더 높은 가격에 판매하고 번역 품질을 향상하고 더 훌륭한 안드로이드 애플리케이션을 개발했습니다. 하지만 이러한 성과는 하루아침에 얻은 것이 아닙니다. 구글은 수십 년 동안 ML에 투자해왔습니다.

ML 관련한 투자 수익은 도입 이후 성숙 단계에 다다라서야 눈에 띄기 시작합니다. ML을 도입한 기간이 길수록 파이프라인이 효율적으로 실행되고 개발 주기가 빨라지며 엔지니어링 시간과 클라우드 비용이 줄어들어 수익이 높아지게 됩니다. 알고리드미아의 2020년 설문 조사에 따르면 ML을 도입하고 성숙 단계에 이른 기업, 즉 프로덕션 환경에서 모델을 보유한 지 5년이 넘은 기업 중 약 75%가 30일 이내에 신규 모델을 배포할 수 있습니다. 이제 막 ML 파이프라인을 도입하는 회사 중에서는 60%가 모델을 배포하는 데 30일 이상 걸립니다(그림 2-1).[7]

6 Olson, P. (2019, March 4). *Nearly Half of All 'AI Startups' Are Cashing In on Hype*. Forbes. https://oreil.ly/w5kOr

7 *2020 State of Enterprise Machine Learning*. Algorithmia. (2020).

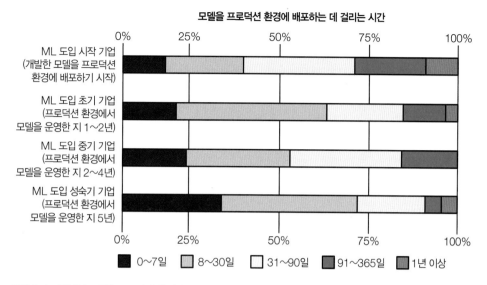

그림 2-1 기업에서 모델을 프로덕션 환경에 배포하는 데 걸리는 시간은 ML을 사용한 시간에 비례합니다(출처: 알고리드미아의 이미지를 각색함).

2.2 머신러닝 시스템 요구 사항

ML 시스템이 갖춰야 하는 요구 사항을 고려하지 않고는 시스템을 성공적으로 개발했다고 말할 수 없습니다. 구체적인 요구 사항은 유스 케이스마다 다르지만 대부분의 시스템은 신뢰성, 확장성, 유지보수성, 적응성 등 네 가지 특성을 갖춰야 합니다. 각 특성을 자세히 살펴봅시다.

신뢰성

시스템은 다양한 문제 상황, 예컨대 하드웨어나 소프트웨어 결함 혹은 사람에 의한 오류가 발생해도 목표 성능을 만족하면서 지속적으로 기능을 수행해야 합니다.

ML 시스템은 '시스템 동작의 올바름'을 판단하기 쉽지 않습니다. 예를 들어, 시스템은 `model.predict()`와 같은 예측 함수를 올바르게 호출하지만 예측 자체가 잘못된 경우를 생각해봅시다.

비교할 그라운드 트루스ground truth[8] 레이블이 없다면 예측이 잘못됐는지 어떻게 알까요?

전통적인 소프트웨어 시스템은 종종 시스템 충돌, 런타임 오류 또는 404와 같은 경고를 표시하지만 ML 시스템은 조용히 실패하곤 합니다. 최종 사용자는 장애가 발생했다는 사실조차 모른 채 시스템이 계속 작동한다고 생각하고 사용할 때도 있습니다. 예를 들어, 모르는 언어로 작성된 문장을 구글 번역으로 번역했다면 번역문이 잘못됐는지조차 알기 어렵습니다. 8장에서 ML 시스템이 프로덕션 환경에서 어떻게 실패하는지 이야기합니다.

확장성

ML 시스템은 다양한 방식으로 확장 가능합니다. 복잡도가 증가하기도 하죠. 예를 들어, 작년에는 램 1기가바이트짜리 아마존 웹 서비스(AWS) 프리 티어 인스턴스로 소화 가능한 로지스틱 회귀 모델을 사용했지만 올해는 예측을 생성하는 데 16기가바이트 램이 필요하고 매개변수가 1억 개인 신경망 모델로 바꿔 사용할지 모릅니다.

ML 시스템 트래픽 양이 증가하기도 합니다. 예를 들어, ML 시스템 배포를 시작할 때는 예측 요청을 하루에 1만여 건 처리했지만 회사 사용자 기반이 증가함에 따라 예측 요청 건수가 100만에서 1,000만을 오갈지 모릅니다.

때때로 ML 시스템에서 관리하는 ML 모델 개수가 증가합니다. 처음에는 유스 케이스마다 한 가지 모델만 있을지 모릅니다. 트위터 같은 소셜 네트워크 사이트에서 인기 있는 해시태그를 감지하는 모델처럼 말이죠. 하지만 시간이 흐름에 따라 트위터에 기능을 추가한다고 해봅시다. NSFW 콘텐츠('Not Safe For Work'의 줄임말로, '후방 주의' 콘텐츠를 의미함)를 필터링하는 모델을 추가하고, 봇이 생성한 트윗을 걸러내는 모델도 추가합니다. 이러한 증가 패턴은 특히 기업 유스 케이스를 다루는 ML 시스템에 흔히 나타납니다. 초기 스타트업은 단 하나의 기업 고객에게 서비스를 제공하기도 합니다. 즉, 처음에는 모델이 단 한 개였다가 점점 고객을 확보함에 따라 고객별로 모델을 하나씩 만들 수도 있습니다. 예전에 협업했던 어느 스타트업은 기업 고객 8,000곳을 위해 모델 8,000개를 생산했습니다.

시스템 복잡도가 증가하든, 트래픽 양이 증가하든, ML 모델 개수가 증가하든 상관없이 규모

---

8 옮긴이_ 그라운드 트루스는 기상학에서 유래한 용어입니다. 인공위성은 지면을 넓게 조망할 수 있다는 장점이 있지만 대기 등 여러 요인으로 자세한 모습을 파악하기 어렵습니다. 이때 실측된 지상 정보가 있다면 인공위성 관측 값을 더해 보다 정확한 기상 정보를 얻을 수 있습니다. 머신러닝에서 그라운드 트루스는 학습하고자 하는 데이터의 원본 또는 실젯값을 의미하는 용어로 사용합니다.

증가를 처리할 합리적인 방법이 필요합니다. 확장성을 이야기할 때 사람들은 대부분 자원 스케일링resource scaling을 생각합니다. 자원 스케일링에는 업 스케일링과 다운 스케일링이 있습니다. 업 스케일링은 규모가 증가할 때 사용하는 자원 확장expanding이고 다운 스케일링은 자원이 필요하지 않을 때 사용하는 자원 축소reducing입니다. [9]

예를 들어, 사용량이 최고치일 때 시스템에 GPUgraphics processing unit 100장이 필요하지만 평소에는 10장으로 충분하다고 해봅시다. GPU 100장을 항상 확보하고 유지하기에는 큰 비용이 들 수 있으므로 시스템은 보유 GPU를 10장으로 축소할 수 있어야 합니다.

오토 스케일링은 많은 클라우드 서비스에 없어서는 안 되는 기능으로, 사용량에 따라 머신 개수를 자동으로 확장하거나 축소합니다. 이 기능은 구현하기가 까다롭습니다. 아마존조차 프라임 데이Prime Day[10]에 오토 스케일링에 실패해 시스템이 중단됐을 정도죠. 단 한 시간의 다운타임으로 아마존은 무려 7,200만~9,900만 달러에 달하는 손실을 본 것으로 추정됩니다. [11]

한편 규모 증가를 처리하는 일에는 자원 확장뿐 아니라 아티팩트[12] 관리도 포함됩니다. 모델 100개를 관리하는 일은 모델 한 개를 관리하는 일과 매우 다릅니다. 모델을 한 개만 사용한다면 성능을 수동 모니터링하고 신규 데이터로 모델을 수동 업데이트할 수 있습니다. 모델이 하나뿐이므로 필요할 때마다 모델을 재현하기 위한 파일만 갖고 있으면 됩니다. 반면에 모델을 100개 사용한다면 모니터링과 재훈련 모두 자동화해야 합니다. 필요할 때 모델을 적절히 재현할 수 있게끔 코드 생성을 관리할 방법이 필요합니다.

확장성은 ML 프로젝트의 워크플로 전체에 걸쳐 매우 중요한 주제이므로 이 책에서도 여러 번 다룹니다. 6.1.4절 '분산 훈련', 7.1.1절의 '모델 최적화', 10.3절 '자원 관리'에서는 자원 확장을 다루고 6.1.3절 '실험 추적과 버전 관리', 10.2절 '개발 환경'에서는 아티팩트 관리를 다룹니다.

----

9 업 스케일링과 다운 스케일링은 '수평 확장(scaling out)'의 두 가지 요소로, '수직 확장(scaling up)'과는 다릅니다. 수평 확장은 부하를 분산하기 위해 기능이 동일한 구성 요소를 병렬로 더 추가하는 것이고 수직 확장은 더 큰 부하를 처리하기 위해 구성 요소를 더 크고 빠르게 만드는 것입니다.
Schoeb, L. (2018, March 15). *Cloud Scalability: Scale Up vs Scale Out*. Turbonomic Blog. https://oreil.ly/CFPtb

10 편집자_ 프라임 데이는 아마존에서 매년 프라임 멤버를 대상으로 여는 특가 이벤트입니다.

11 Wolfe, S. (2018, July 19). *Amazon's One Hour of Downtime on Prime Day May Have Cost It up to $100 Million in Lost Sales*. Business Insider. https://oreil.ly/VBezl

12 옮긴이_ 아티팩트는 ML 개발 과정에서 생성되는 다양한 유형의 부산물을 뜻합니다.

유지보수성

ML 시스템에는 다양한 직군이 얽혀 있습니다. ML 엔지니어, 데브옵스^{DevOps} 엔지니어, 도메인 전문가(SME)는 각각 배경도, 사용하는 프로그래밍 언어와 도구도 다릅니다. 직군마다 프로세스에서 서로 다른 부분을 맡고 있죠.

이때 워크로드를 구조화하고 인프라를 설정하는 일이 중요합니다. 어느 한 그룹이 나머지 그룹에게 특정 도구를 사용하도록 강요하는 대신 각자가 편한 도구를 사용해서 작업할 수 있도록 합니다. 코드는 문서화하고 코드, 데이터, 아티팩트는 버전을 관리해야 합니다. 모델은 원작자 없이도 다른 작업자가 자신만의 작업을 통해 개발할 수 있게끔 충분한 맥락을 제공하면서 충분히 재현 가능해야 합니다. 문제가 발생하면 여러 작업자가 협력해 문제를 파악하고 서로 비난하는 일 없이 해결할 수 있어야 합니다.

자세한 내용은 11.2절 '팀 구조'에서 알아봅니다.

적응성

시스템은 변화하는 데이터 분포와 비즈니스 요구 사항에 적응할 수 있어야 합니다. 그러려면 성능 향상에 영향을 주는 요소를 찾아낼 수 있어야 하며 서비스 중단 없이 업데이트가 가능해야 합니다.

ML 시스템은 반은 코드이고 반은 데이터입니다. 데이터는 빠르게 변하므로 ML 시스템 또한 자체적으로 빠르게 진화할 수 있어야 하죠. 이는 유지보수성과 밀접하게 관련됩니다. 8.2절 '데이터 분포 시프트'에서는 데이터 분포 변화를 다루며 9.1절 '연속 학습'에서는 신규 데이터로 모델을 지속적으로 업데이트하는 방법을 다룹니다.

2.3 반복 프로세스

ML 시스템 개발은 반복적이며 대부분 끝이 없는 프로세스입니다.[13] 시스템을 프로덕션 환경에 배포하면 지속적으로 모니터링하고 업데이트해야 합니다.

---

13 이 책의 초기 검토자가 지적했듯 전통적인 소프트웨어의 속성이기도 합니다.

필자가 ML 시스템을 처음 배포하기 전까지는 프로세스가 선형적인 형태로 매우 단순하리라 짐작했습니다. 데이터를 수집하고 모델을 훈련한 뒤 배포하면 끝이라고 생각했죠. 하지만 예상과 달리 이 모든 과정이 여러 단계를 오가는 순환에 가깝다는 사실을 곧 깨달았습니다.

예시로 다음 워크플로를 봅시다. 사용자가 검색어를 입력할 때 광고를 노출해야 할지 예측하는 ML 모델을 개발하려고 합니다.[14]

1. 최적화할 지표를 선택합니다. 예컨대 광고를 보여주는 횟수, 즉 노출 횟수를 최적화합니다.

2. 데이터를 수집하고 레이블을 얻습니다.

3. 피처 엔지니어링 작업을 합니다.

4. 모델을 훈련합니다.

5. 오류 분석 중에 오류가 잘못된 레이블 때문에 발생한다는 사실을 깨닫습니다. 데이터를 다시 레이블링합니다.

6. 모델을 다시 훈련합니다.

7. 오류 분석 중에 모델이 항상 광고를 노출하지 말라고 예측한다는 사실을 깨닫습니다. 이는 보유한 데이터 중 99.99%에 음성negative 레이블(광고를 노출하지 않음)이 있기 때문입니다. 따라서 노출된 광고에 대해 더 많은 데이터를 수집해야 합니다.

8. 모델을 다시 훈련합니다.

9. 모델은 2개월 된 테스트 데이터에는 잘 작동하지만 어제 데이터에는 성능이 좋지 않습니다. 모델이 구식 데이터에 맞춰져 있으므로 최신 데이터로 업데이트해야 합니다.

10. 모델을 다시 훈련합니다.

11. 모델을 배포합니다.

12. 모델이 잘 작동하는 듯합니다. 그런데 담당 실무자가 수익이 감소하는 이유를 묻습니다. 광고를 노출하고 있지만 클릭하는 사람이 거의 없어 모델을 변경해 노출 횟수 대신 클릭률을 최적화하고자 합니다.

13. 1단계로 돌아갑니다.

[그림 2-2]는 프로덕션 내 ML 시스템 개발을 위한 반복 프로세스를 간결하게 나타냅니다. 이는 프로세스를 데이터 과학자나 ML 엔지니어 관점에서 바라본 것이며 ML 플랫폼 엔지니어나 데브옵스 엔지니어 관점과는 차이가 있습니다. 둘은 모델 개발에 관여하기보다는 인프라 설정에 더 많은 시간을 할애하기 때문입니다.

---

14 목록에는 없지만 기도하고 우는 과정 또한 전 프로세스에 걸쳐 발생합니다.

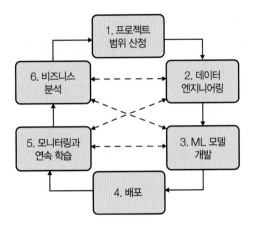

그림 2-2 ML 시스템 개발 과정은 여러 단계를 오가는 순환에 가깝습니다.

실무에서 각 단계에 무엇이 필요한지는 이후 장들에서 자세히 알아보기로 하고 여기서는 각 단계가 무엇을 의미하는지 간단히 살펴봅니다.

1단계: 프로젝트 범위 산정

프로젝트의 시작은 범위를 산정하고 목표, 목적과 제약 사항을 설정하는 일입니다. 이해관계자를 파악해 참여시키고 사용할 자원을 추정하고 할당합니다. 앞서 1장에서 다양한 이해관계자와 프로덕션 환경 내 ML 프로젝트에서 집중해야 할 부분을 다뤘으며 이 장 앞부분에서는 비즈니스 맥락에서 ML 프로젝트 범위를 산정하는 방법을 다뤘습니다. 11장에서는 ML 프로젝트를 성공으로 이끌려면 팀을 어떻게 구성해야 하는지 알아봅니다.

2단계: 데이터 엔지니어링

오늘날 ML 모델은 대부분 데이터를 학습하므로 ML 모델 개발은 데이터 엔지니어링에서 시작합니다. 3장에서 데이터 엔지니어링의 기본을 다루면서 다양한 출처와 형식의 데이터를 처리하는 방법을 알아봅니다. 원시 데이터에 접근한 후 학습 데이터를 샘플링하고 레이블링합니다. 이 과정은 4장에서 다룹니다.

3단계: ML 모델 개발

초기 훈련 데이터셋으로 피처를 추출하고 해당 피처를 활용해 초기 모델을 개발합니다.

ML 관련 지식이 가장 많이 필요한 단계이자 ML 교육 과정에서 가장 많이 다루는 단계입니다. 5장에서는 피처 엔지니어링을 알아보고 6장에서는 모델 선택, 훈련, 평가를 알아봅니다.

4단계: 배포

개발한 모델에 사용자가 접근할 수 있도록 합니다. ML 시스템 개발은 글쓰기와 같습니다. 시스템은 결코 완벽히 완성되지 않습니다. 하지만 어느 시점에는 시스템을 외부에 내보여야 합니다. 7장에서 ML 모델을 배포하는 다양한 방법을 설명합니다.

5단계: 모니터링과 연속 학습

모델을 프로덕션 환경에 배포한 뒤에는 지속적으로 성능 저하를 모니터링하고 변화하는 환경과 요구 사항에 적응하도록 유지 관리해야 합니다. 이 단계는 8장과 9장에서 다룹니다.

6단계: 비즈니스 분석

모델 성능을 비즈니스 목표 관점에서 평가하고 분석해 비즈니스 인사이트를 추출합니다. 여기서 얻은 인사이트를 바탕으로 비생산적인 프로젝트를 중단하거나 새로운 프로젝트의 범위를 산정합니다. 이 단계는 첫 번째 단계와 밀접하게 관련됩니다.

2.4 머신러닝 문제 구조화하기

여러분이 어느 은행의 ML 엔지니어링 기술 책임자이고 주 고객은 밀레니얼 세대[15] 사용자라고 상상해보세요. 어느 날 상사는 경쟁 은행이 ML을 사용하고 있으며, 따라서 고객 요청을 처리하는 속도가 두 배 빨라진 것 같다는 첩보를 입수했습니다. 곧 여러분의 팀은 ML을 사용해 고객 서비스 지원 속도를 향상할 방법이 있는지 조사하도록 지시를 받았습니다.

고객 지원 속도가 느리다는 점은 문제지만 ML로 바로 풀 수 있는 문제는 아닙니다. ML 문제는 입력과 출력, 학습 프로세스를 이끌어나가는 목적 함수로 정의됩니다. 상사의 지시 사항은

---

15 편집자_ 1980년대 초부터 2000년대 초까지 출생한 세대를 말합니다.

세 가지 구성 요소 중 어느 것 하나 명확하지 않습니다. 지시 사항을 ML 문제로 구조화하는 일은 노련한 ML 엔지니어인 여러분의 몫입니다. 여러분은 ML로 해결 가능한 문제에 어떤 유형이 있는지 알고 있습니다.

조사 결과, 고객 요청 응답에서 병목을 발견했습니다. 고객 요청을 회계, 재고, 인사HR, IT 등 4개 부서 중 적합한 곳으로 라우팅하는 데 시간이 오래 걸리는 상황입니다. 병목 현상을 해결하기 위해 ML 모델을 개발해 넷 중 어느 부서로 요청request을 보내야 할지 예측해볼 수 있습니다. 이는 분류 문제입니다. 입력은 고객 요청, 출력은 요청을 보낼 부서, 목적 함수는 예측한 부서와 실제 부서 간의 차이를 최소화하는 것입니다.

이 절에서는 모델의 출력과 학습 프로세스를 이끌어나가는 목적 함수라는 두 가지 측면에 중점을 둡니다. 원시 데이터에서 피처를 추출해 ML 모델에 입력하는 방법은 5장에서 다양하게 알아봅니다.

2.4.1 머신러닝 작업 유형

모델 출력의 형태가 ML 문제에 대한 작업 유형을 결정합니다. 일반적인 ML 작업 유형은 분류와 회귀입니다. 분류 아래로는 하위 유형 여러 개가 있습니다(그림 2-3). 작업 유형을 하나씩 자세히 살펴봅시다.

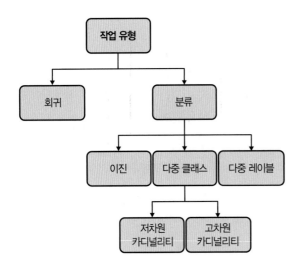

그림 2-3 일반적인 ML 작업 유형

분류 vs. 회귀

분류 모델은 입력을 여러 범주로 분류하고(예: 이메일을 스팸 또는 스팸이 아닌 것으로 분류하는 모델) 회귀 모델은 연속 값을 출력합니다(예: 특정 주택 가격을 출력하는 주택 가격 예측 모델).

회귀 모델은 분류 모델로, 분류 모델은 회귀 모델로 쉽게 바꿔 구조화할 수 있습니다. 회귀 모델인 주택 가격 예측을 예로 들어봅시다. 주택 가격을 10만 달러 미만, 10만~20만 달러, 20만~50만 달러 등 여러 구간으로 이산화하고 특정 주택 가격이 속할 구간을 예측하면 주택 가격 예측은 분류 작업이 됩니다.

이번에는 분류 모델인 이메일 분류 작업을 회귀 모델로 바꿔봅시다. [그림 2-4]와 같이 모델이 0과 1 사이 값을 출력하도록 하고 임곗값을 결정한 뒤 그 값을 기준으로 스팸 여부를 판단합니다(예: 값이 0.5보다 크면 해당 이메일은 스팸).

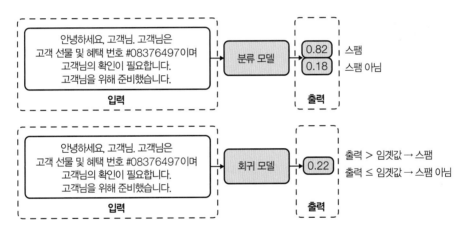

그림 2-4 이메일 분류 작업을 회귀 작업으로 구조화합니다.

이진 분류 vs. 다중 클래스 분류

분류 문제는 분류할 클래스가 적을수록 단순합니다. 특히 **이진 분류**는 분류 가능한 클래스가 두 개이므로 가장 단순하죠. 이진 분류의 예로는 댓글이 악플인지, 폐 스캔에 암 징후가 있는지, 거래가 이상 거래인지 분류하는 작업이 있습니다. 이진 분류 문제는 현업에서 흔히 보이는 문제 형태입니다. 그런데 그 이유가 해당 형태가 본질적으로 흔해서인지, 아니면 ML 실무자가 이런 형태에 익숙해서인지 명확하지 않습니다.

클래스가 두 개보다 많다면 **다중 클래스 분류** 문제입니다. 다중 클래스 문제보다는 이진 분류 문제가 훨씬 다루기 쉽습니다. 예를 들어, F1을 계산하고 혼동 행렬confusion matrix을 시각화해서보는 일은 클래스가 두 개일 때 직관적으로 이해하고 처리하기가 훨씬 쉽습니다.

클래스가 많으면 분류 작업의 **카디널리티[16]가 고차원**이라고 이야기합니다. 예를 들어, 질병 진단 문제의 질병 수나 제품 분류 문제의 제품 수는 수천에서 수만에 달하기도 하는데, 이처럼 카디널리티가 고차원인 문제는 매우 까다롭습니다. 가장 큰 어려움은 데이터 수집입니다. 경험상 ML 모델이 임의의 클래스로 분류하는 방법을 학습하려면 클래스당 데이터 포인트가 보통 100개 이상 필요합니다. 따라서 클래스가 1,000개이면 데이터 포인트가 10만 개 이상 필요한 셈입니다. 데이터 수집은 드물게 발생하는 클래스의 경우 특히 어렵습니다. 클래스가 수천 개라면 그중 일부는 분명 드물게 발생할 겁니다.

클래스가 많을 때는 계층적 분류가 유용합니다. 먼저 분류기가 각 데이터 포인트를 상위 그룹 중 하나로 분류하고 또 다른 분류기가 이 데이터 포인트를 하위 그룹 중 하나로 분류합니다. 제품 분류를 예로 들어봅시다. 먼저 각 제품을 전자 제품, 가정 및 주방 용품, 패션 용품, 반려동물 용품 등 네 가지 주요 범주로 분류합니다. 어떤 제품을 패션 용품으로 분류했다면 또 다른 분류기를 사용해 이를 하위 그룹, 예컨대 신발, 셔츠, 청바지, 액세서리 중 하나로 분류합니다.

다중 클래스 vs. 다중 레이블 분류

이진 분류와 다중 클래스 분류에서 각 데이터 포인트는 정확히 한 가지 클래스에 속합니다. 한편 데이터 포인트가 여러 클래스에 동시에 속할 수 있다면 이는 **다중 레이블 분류** 문제입니다. 예를 들어, 기사를 네 가지 주제, 예컨대 기술, 연예, 금융, 정치로 분류하는 모델이라면 한 가지 기사가 기술과 금융 주제 양쪽에 포함될 수 있습니다.

다중 레이블 분류 문제에는 두 가지 주요 접근법이 있습니다. 첫 번째는 다중 클래스 분류와 동일하게 처리하는 방법입니다. 다중 클래스 분류에서 클래스가 [기술, 연예, 금융, 정치]이고 어느 데이터 포인트가 연예에 해당한다면 데이터 포인트의 레이블을 벡터 [0, 1, 0, 0]으로 표시합니다. 한편 다중 레이블 분류에서 어느 데이터 포인트가 연예와 금융 양쪽에 해당한다면 데

---

16 옮긴이_ 특정 데이터셋의 고유한 값의 개수를 뜻합니다.

이터 포인트의 레이블을 [0, 1, 1, 0]으로 표시합니다.

두 번째 접근법은 문제를 이진 분류 문제의 집합으로 바꾸는 방법입니다. 기사 분류 문제의 경우 네 가지 주제 각각에 해당하는 네 가지 모델이 있고 각 모델은 기사가 해당 주제에 속하는지 여부를 출력합니다.

다중 레이블 분류는 모든 작업 유형 중 기업에서 가장 많이 직면하는 문제 유형입니다. 다중 레이블 문제에서는 데이터 포인트마다 속하는 클래스 수가 다를 수 있고, 따라서 레이블 다중성 문제가 증가해 레이블링 작업이 어려워집니다(레이블 다중성 문제는 4장에서 다룹니다). 예를 들어, 어떤 데이터 어노테이터는 데이터 포인트가 두 가지 클래스에 속한다고 생각하는 반면 다른 어노테이터는 데이터 포인트가 한 가지 클래스에만 속한다고 생각할 수 있죠. 이러한 불일치는 종종 해결하기 어렵습니다.

게다가 각 데이터 포인트가 속하는 클래스 수가 다르므로 원시 확률에서 예측을 도출하기가 어렵습니다. 앞서 살펴본 기사 분류 작업에서 모델이 특정 기사에 대해 [0.45, 0.2, 0.02, 0.33]과 같은 원시 확률 분포를 출력한다고 가정합시다. 다중 클래스 문제라면 데이터 포인트가 한 가지 범주에만 속한다는 걸 알기 때문에 확률이 가장 높은 범주, 즉 0.45를 선택하면 됩니다. 반면에 다중 레이블 문제라면 데이터 포인트가 몇 가지 범주에 속하는지 모르니 가장 높은 확률 범주 두 개(0.45, 0.33) 혹은 세 개(0.45, 0.2, 0.33)를 골라야 합니다.

문제를 구조화하는 다양한 방법

문제를 구조화하는 방법을 바꾸면 문제가 훨씬 어려워지거나 쉬워집니다. 스마트폰 사용자가 다음으로 사용할 앱을 예측하는 작업을 생각해봅시다. 단순하게 접근하면 이 문제는 다중 클래스 분류 작업으로 구조화할 수 있습니다. 사용자와 사용 환경 관련 피처, 예컨대 사용자의 인구 통계 정보, 시간, 위치, 이전에 사용한 앱을 입력으로 하고 사용자 스마트폰에 설치된 모든 앱에 대해 확률 분포를 출력합니다. 사용자에게 추천할 앱 후보 개수를 N이라고 합시다. 이 문제 설정에서는 예측을 특정 시간마다 특정 사용자에 대해 단 한 번만 수행하며 예측 결과는 크기가 N인 벡터입니다. [그림 2-5]는 이러한 설정을 나타냅니다.

문제: 사용자가 다음으로 열어볼 앱 예측하기
구조화 방법: 분류

그림 2-5 사용자가 다음으로 열어볼 가능성이 가장 높은 앱을 예측하는 문제를 분류 문제로 구조화합니다. 입력은 사용자 피처와 사용 환경 관련 피처이고 출력은 모든 앱에 대한 확률 분포입니다.

이 접근법은 적절하지 않습니다. 앱이 새로 추가될 때마다 모델 자체를 처음부터 다시 훈련하거나 적어도 모델에서 매개변수 개수가 N에 의존하는 구성 요소를 다시 훈련해야 하기 때문이죠. 이 문제는 회귀 작업으로 구조화하는 편이 낫습니다. 입력은 사용자, 사용 환경, 앱에 관련된 피처이고 출력은 0과 1 사이 단일 값입니다. 값이 높을수록 맥락상 사용자가 해당 앱을 열 가능성이 높다는 뜻입니다. 이 문제 설정에서는 특정 시간마다 특정 사용자에 대해 예측 작업을 N회 수행해야 합니다. 앱마다 한 번씩이고 예측 결과는 스칼라입니다. [그림 2-6]은 이러한 설정을 나타냅니다.

문제: 사용자가 다음으로 열어볼 앱 예측하기
구조화 방법: 회귀

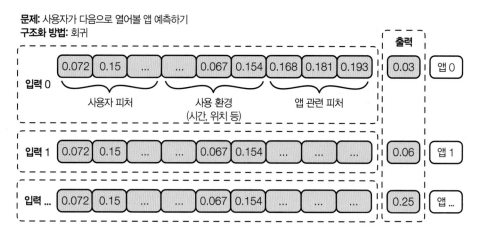

그림 2-6 사용자가 다음으로 열어볼 가능성이 가장 높은 앱을 예측하는 문제를 회귀 문제로 구조화합니다. 입력은 사용자 관련 피처, 사용 환경 관련 피처, 앱 관련 피처이고 출력은 맥락상 사용자가 해당 앱을 열 가능성을 나타내는 0과 1 사이 단일 값입니다.

회귀로 구조화한 문제에서는 사용자에게 추천하고 싶은 신규 앱이 있을 때마다 모델 전체 혹은 일부를 처음부터 다시 훈련할 필요가 없습니다. 신규 앱 관련 피처를 포함한 새로운 입력값을 모델에 입력하면 됩니다.

2.4.2 목적 함수

ML 모델에는 학습 프로세스를 이끌어갈 목적 함수가 필요합니다.[17] 목적 함수는 손실 함수라고도 합니다. 일반적으로 학습 프로세스의 목적은 잘못된 예측으로 인한 손실을 최소화(또는 최적화)하는 일입니다. 지도 학습 ML에서는 손실을 계산할 때 모델 출력과 그라운드 트루스 레이블을 비교하며 평균 제곱근 오차$^{\text{Root Mean Squared Error}}$(RMSE)나 교차 엔트로피$^{\text{cross entropy}}$ 같은 측정값을 사용합니다.

앞서 살펴본 기사 분류 예제로 돌아가봅시다. 기사는 기술, 연예, 금융, 정치 등 네 가지 주제로 분류되는데 어떤 기사가 정치 클래스에 속한다고 합시다. 그라운드 트루스 레이블은 [0, 0, 0, 1]입니다. 모델이 이 기사에 대해 원시 확률 분포 [0.45, 0.2, 0.02, 0.33]을 출력했다면 모델의 교차 엔트로피 손실은 [0, 0, 0, 1]에 대한 [0.45, 0.2, 0.02, 0.33]의 교차 엔트로피입니다. 다음 파이썬 코드는 교차 엔트로피를 계산합니다.

```
import numpy as np

def cross_entropy(p, q):
    return -sum([p[i] * np.log(q[i]) for i in range(len(p))])

p = [0, 0, 0, 1]
q = [0.45, 0.2, 0.02, 0.33]
cross_entropy(p, q)
```

목적 함수를 선택하는 일은 간단합니다. 하지만 목적 함수 자체를 이해하는 건 쉽지 않습니다. 의미 있는 목적 함수를 만들려면 대수학 지식이 필요하므로 대부분의 ML 엔지니어는 보편적인 손실 함수를 사용합니다. 예를 들어, 회귀에는 평균 제곱근 오차(RMSE)나 평균 절대 오차(MAE), 이진 분류에는 로지스틱 손실(로그 손실), 다중 클래스 분류에는 교차 엔트로피를 사용합니다.

....

17 목적 함수는 이 장 앞부분에서 논의한 비즈니스 또는 ML 목적과는 다른 수리적 함수입니다.

목적 함수 분리하기

최소화할 목적 함수가 여러 개이면 ML 문제 구조화가 다소 까다롭습니다. 예들 들어, 사용자 뉴스 피드 항목의 순위를 지정하는 랭킹 시스템을 개발한다고 가정해봅시다. 목표는 사용자 참여도를 극대화하는 일입니다. 시스템 목적을 다음 세 가지로 설정해 목표를 달성하고자 합니다.

- 스팸 필터링
- NSFW 콘텐츠 필터링
- 사용자 참여도(클릭할 확률)에 따른 게시물 랭킹

그런데 사용자 참여도만 고려하면 윤리 문제가 발생할 수 있음을 이내 깨닫게 됩니다. 게시물 내용이 극단적일수록 사용자 참여도가 높은 경향이 있으며, 따라서 알고리즘은 극단적인 콘텐츠에 우선순위를 주도록 학습합니다.[18] 보다 건전한 뉴스 피드를 만들고 싶다면 새로운 목표가 생깁니다. 극단적인 견해와 잘못된 정보의 확산을 최소화하면서 사용자 참여도를 극대화하는 일입니다. 이 목표를 달성하기 위해 원래 계획한 내용에 새로운 시스템 목적 두 가지를 추가해 봅시다.

- 스팸 필터링
- NSFW 콘텐츠 필터링
- 잘못된 정보 필터링
- 내용의 품질에 따른 게시물 랭킹
- 사용자 참여도(클릭할 확률)에 따른 게시물 랭킹

그런데 이제 두 가지 목표가 상충합니다. 게시물 자체는 매력적이지만 내용의 품질이 의심스럽다면 순위를 높게 지정해야 할까요, 낮게 지정해야 할까요?

시스템 목적은 목적 함수로 표현해야 합니다. 품질을 기준으로 게시물 순위를 지정하려면 먼저 품질을 예측해야 하며 예측한 게시물 품질이 실제 품질에 가까울수록 좋습니다. 따라서 각 게시물의 예측 품질과 실제 품질 간의 차이, 즉 quality_loss를 최소화합니다.[19]

마찬가지로 참여도를 기준으로 게시물 순위를 지정하려면 먼저 각 게시물의 클릭 수를 예측해

---

18 Kukura, J. (2019, September 24). *Facebook Employee Raises Powered by 'Really Dangerous' Algorithm That Favors Angry Posts*. SFist. https://oreil.ly/PXtGi
Roose, K. (2019, June 8). *The Making of a YouTube Radical*. New York Times. https://oreil.ly/KYqzF
19 논의가 단순해지도록 지금은 게시물 품질을 측정하는 방법을 알고 있다고 가정합니다.

야 합니다. 이때는 각 게시물의 예측 클릭 수와 실제 클릭 수 간의 차이, 즉 engagement_loss 를 최소화합니다.

한 가지 접근법은 두 손실을 하나로 결합하고 단일 모델을 훈련해 그 손실을 최소화하는 방법입니다.

$$loss = \alpha \ quality\_loss + \beta \ engagement\_loss$$

α와 β 값을 무작위로 테스트해보며 가장 잘 동작하는 값을 찾습니다. 이 값을 좀 더 체계적으로 조정하고 싶다면 위키백과 문서 '다목적 최적화Multi-objective optimization'를 참조하기 바랍니다. 문서에 따르면 다목적 최적화를 파레토 최적화라고도 하며, 이는 "복수의 목적 함수를 동시에 최적화하는 수리 최적화 문제 해법이자 다중 기준의 의사 결정 접근법"입니다.[20]

이 접근법의 문제는 α와 β를 조정할 때마다 모델을 다시 훈련해야 한다는 점입니다. 예를 들어, 사용자 뉴스 피드의 품질은 올라갔지만 사용자 참여도가 내려가서 α를 낮추고 β는 높이고 싶다면 모델을 다시 훈련해야 합니다.

또 다른 접근법은 각각 한 가지 손실을 최적화하는 서로 다른 모델 두 개를 훈련하는 방법입니다. 다음처럼 모델이 두 개입니다.

- quality_model: quality_loss를 최소화하고 각 게시물의 예측 품질을 출력합니다.
- engagement_model: engagement_loss를 최소화하고 각 게시물의 예측 클릭 수를 출력합니다.

두 모델의 출력을 결합하고 결합한 점수로 게시물 순위를 지정합니다.

$$\alpha \ quality\_score + \beta \ engagement\_score$$

이렇게 하면 모델을 다시 훈련하지 않고도 α와 β를 조정할 수 있습니다!

목적 함수가 여러 개일 때는 일반적으로 각각 분리하는 편이 좋습니다. 모델 개발과 유지 관리가 더 용이하기 때문이죠. 첫째로는 모델을 다시 학습하지 않아도 되니 시스템을 조정하기가

----

20 *Multi-objective optimization*. Wikipedia. (n.d.). https://oreil.ly/NdApy
이 내용에 흥미가 있다면 ML에 파레토 최적화를 적용한 훌륭한 논문을 추천합니다. 저자들은 "머신러닝이란 본질적으로 목적이 여러 개인 작업"이라고 주장합니다.
Jin, Y., & Sendhoff, B. (2008, May). Pareto-Based Multiobjective Machine Learning: An Overview and Case Studies. *IEEE Transactions on Systems, Man, and Cybernetics—Part C: Applications and Reviews 38*(3). https://oreil.ly/f1aKk

더 쉽고 둘째로는 목적 함수마다 유지 관리 일정이 상이할 경우 유지 관리가 더 용이합니다. 스팸 필터링 기술은 게시물 품질을 인지하는 방법론보다 훨씬 빠르게 발전하고, 따라서 스팸 필터링 시스템은 품질 랭킹 시스템보다 훨씬 잦은 업데이트가 필요합니다.

2.5 지성 vs. 데이터

지난 10년간의 발전 과정에서 ML 시스템의 성공 여부는 주로 학습 데이터가 판가름했습니다. 따라서 기업들은 대부분 ML 알고리즘 개선보다는 데이터 관리와 개선에 집중하죠.[21]

방대한 데이터를 사용하는 모델이 성공을 거두고 있음에도 '데이터가 성공으로 가는 길'이라는 주장에는 회의적인 사람이 많습니다. 지난 5년 동안 필자가 참석한 학술회의 모두 '지성의 힘 대 데이터'라는 주제로 공개 토론을 진행했습니다. **지성**mind은 귀납적 편향이나 지능적인 아키텍처 설계로 지칭되기도 하며 **데이터**data는 연산과 함께 묶여서 언급되곤 합니다. 데이터가 많을수록 연산이 많이 필요하기 때문입니다.

이론상으로는 아키텍처를 우수하게 설계하는 동시에 대용량 데이터와 연산을 활용하면 될 테지만 사실상 한 가지에 시간과 노력을 쏟다 보면 나머지 것에는 신경을 쓰기 어렵습니다.[22]

데이터보다 지성이 우위라고 생각하는 진영에는 튜링상 수상자인 주데아 펄Judea Pearl 박사가 있습니다. 펄은 인과 관계 추론과 베이즈 네트워크에 대한 연구로 잘 알려졌으며 그의 저서 『인과에 대해The Book of Why』(Basic Books, 2020)에 실린 서문은 제목이 '데이터보다 우위인 지성Mind over data'입니다. 서문에서 그는 "데이터는 완전히 멍청하다"라고 강조합니다. 게다가 2020년에 트위터에 게시한 글은 많은 논란을 불러일으켰습니다. 데이터에 크게 의존하는 ML 접근 방식에 강하게 반발하면서 데이터 중심의 ML 분야 종사자는 3~5년 안에 일자리를 잃을지 모른다고 경고한 것입니다. "ML은 3~5년 안에 예전 같지 않아질 것입니다. ML 분야 종사가 현재의 데이터 중심 패러다임을 계속 추종한다면 한물가게 될 겁니다. 실업자까지는 아니어도요. 명심하세요."[23]

---

21 Rajaraman, A. (2008, March 24). *More Data Usually Beats Better Algorithms*. Datawocky. https://oreil.ly/wNwhV

22 Sutton, R. (2019, March 13). *The Bitter Lesson*. incompleteideas.net. https://oreil.ly/RhOp9

23 Pearl, J. [@yudapearl]. (2020, September 27). *ML will not be the same in 3–5 years, and ML folks who continue to follow the current data-centric paradigm will find themselves outdated, if not jobless. Take note.* [Tweet]. Twitter.

한편 스탠퍼드 인공지능 연구소 소장인 크리스토퍼 매닝Christopher Manning 교수는 의견이 다소 온건합니다. 그는 방대한 연산량과 데이터를 투입해도 단순한 학습 알고리즘만으로는 성능이 매우 나쁜 학습 모델만 내놓을 것이라고 주장합니다. 구조적 접근을 통해 시스템이 더 적은 데이터에서 더 많은 것을 학습하도록 설계할 수 있다고 이야기합니다.[24]

오늘날 ML 분야에서 일하는 사람 중 다수는 데이터 중심 진영에 속합니다. 앨버타 대학교University of Alberta 컴퓨터 과학과 교수이자 딥마인드DeepMind의 저명한 연구 과학자인 리처드 서턴Richard Sutton 교수는 훌륭한 블로그 글을 게재했습니다. 그는 연구에서 연산을 활용하기보다 지능적인 설계를 추구하면 결국 쓰라린 교훈을 얻게 될 거라고 언급했습니다. "70년 동안 AI를 연구하며 얻은 교훈은 연산을 활용하는 일반적인 접근 방식이 궁극적으로 가장 효과적이고 가장 큰 차이를 가져온다는 점입니다… 단기간에 변별력을 갖는 개선 사항을 만들어내기 위해 연구원은 해당 영역에 대한 인간의 지식을 활용하기도 합니다. 하지만 장기적으로 중요한 것은 오직 연산을 활용하는 능력뿐입니다."[25]

구글의 검색 품질 이사인 피터 노빅Peter Norvig은 구글 검색이 어떻게 그토록 좋은 성능을 내는지 질문받자 서비스 성공을 위해서는 알고리즘보다 대량의 데이터를 보유하는 것이 중요하다고 강조했습니다. "저희 알고리즘이 더 좋은 것은 아닙니다. 그저 데이터를 더 많이 가졌을 뿐이죠."[26]

조본Jawbone의 전 데이터 부사장인 모니카 로가티Monica Rogati 박사에 따르면 데이터는 데이터 과학의 기초가 됩니다(그림 2-7). ML이 속한 분야인 데이터 과학으로 제품이나 프로세스를 개선하려면 먼저 데이터를 양과 질 양쪽 측면에서 문제없이 구축해야 합니다. 데이터가 없으면 데이터 과학도 없습니다.

논점은 유한한 데이터가 필요조건인지가 아니라 충분조건인지입니다. 여기서 **유한**finite이라는 용어가 중요합니다. 우리가 가진 데이터가 무한하다면 해답을 찾는 일 또한 항상 가능하기 때문입니다. 데이터가 많다는 것과 데이터가 무한하다는 것은 다릅니다.

....
　　 https://oreil.ly/wFbHb

24 Stanford AI Salon. (2018, February 22). *Yann LeCun and Christopher Manning discuss Deep Learning and Innate Priors* [Video]. YouTube. https://oreil.ly/b3hb1

25 Sutton. (2019). The Bitter Lesson.

26 Halevy, A., Norvig, P., & Pereira, F. (2009, March/April). The Unreasonable Effectiveness of Data. *IEEE Computer Society*. https://oreil.ly/WkN6p

그림 2-7 데이터 과학 요구 사항의 계층 구조(출처: 모니카 로가티의 이미지[27]를 각색함)

어느 쪽이 옳다고 밝혀지든 간에 현재 데이터가 필수 요소임은 누구도 부인할 수 없습니다. 최근 수십 년간의 연구와 업계 동향은 ML의 성과가 데이터 양과 질에 점점 더 의존함을 보여줍니다. 모델은 점점 커지고 사용하는 데이터도 늘어납니다. 2013년에 공개돼 대중이 열광했던 언어 모델링을 위한 단어 10억 개의 벤치마크One Billion Word Benchmark는 토큰 8억 개를 포함했습니다.[28] 6년 후 오픈AIOpenAI의 GPT-2가 사용한 데이터셋은 토큰이 100억 개였고 바로 1년 후 GPT-3이 사용한 데이터셋은 토큰이 5,000억 개였습니다. [그림 2-8]은 데이터셋 크기의 증가율을 나타냅니다.

....

27 Rogati, M. (2017, June 12). *The AI Hierarchy of Needs.* Hackernoon Newsletter. https://oreil.ly/3nxJ8

28 Chelba, C., Mikolov, T., Schuster, M., Ge, Q., Brants, T., Koehn, P., & Robinson, T. (2013, December 11). One Billion Word Benchmark for Measuring Progress in Statistical Language Modeling. *arXiv.* https://oreil.ly/1AdO6

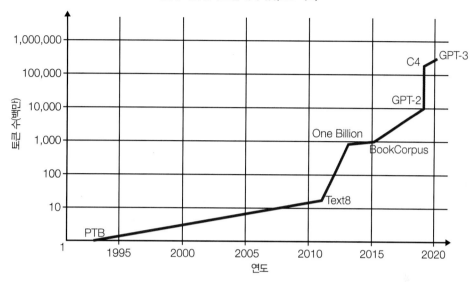

그림 2-8 시간에 따라 언어 모델에 사용된 데이터셋 크기(로그 척도)

지난 10년간 딥러닝의 발전은 상당 부분 대량의 데이터를 통해 이뤄졌지만 데이터가 많다고 항상 모델 성능이 좋아지지는 않습니다. 오래되거나 레이블링이 잘못되는 등 품질이 낮은 데이터가 많으면 모델 성능이 오히려 저하되기도 합니다.

2.6 정리

이 장에서는 ML 시스템 설계를 간략히 소개하고 설계 시 고려할 사항을 알아봤습니다.

어떤 프로젝트든 시작하기 전에 먼저 그 프로젝트가 왜 필요한지부터 고민해야 합니다. ML 프로젝트도 마찬가지입니다. 이 장을 시작하며 언급했듯 비즈니스 경영진은 대부분 ML 지표에 크게 관심이 없습니다. 비즈니스 지표에 영향을 주지 않는 한 말이죠. 따라서 비즈니스용 ML 시스템을 개발한다면 비즈니스 목적에서 출발해야 합니다. 그리고 비즈니스 목적을 ML 모델 개발의 이정표로 삼을 수 있게 ML 목적의 형태로 변환합니다.

ML 시스템을 개발하기에 앞서 좋은 시스템이 되려면 어떤 요구 사항을 충족해야 하는지 이해해야 합니다. 요구 사항은 유스 케이스마다 다르며 이 장에서는 가장 일반적인 요구 사항 네 가지, 즉 신뢰성, 확장성, 유지보수성과 적응성을 중점으로 살펴봤습니다. 각 요구 사항을 충족시키는 기술을 책 전체에 걸쳐 다룹니다.

ML 시스템 개발은 일회성 작업이 아니라 반복 프로세스입니다. 이 장에서는 요구 사항을 충족하는 ML 시스템을 개발하기 위한 반복 프로세스를 알아봤습니다.

마지막으로는 ML 시스템 내 데이터의 역할을 둘러싼 철학적인 논쟁을 짚어봤습니다. 여전히 많은 사람이 결국 지능적 알고리즘을 보유하는 편이 대량의 데이터를 보유하는 것보다 나을 거라고 믿습니다. 하지만 알렉스넷[AlexNet], BERT, GPT와 같은 시스템의 성공이 여실히 보여주듯 지난 10년간 ML의 발전은 대량의 데이터에 접근 가능했는지에 따라 판가름 났습니다.[29] 데이터가 지능형 설계를 압도할 수 있는지는 차치하더라도, ML에 데이터가 중요하다는 사실은 누구도 부정할 수 없습니다. 이 책은 데이터를 둘러싼 다양한 질문을 명쾌하게 다루는 데 상당한 지면을 할애합니다.

복잡한 ML 시스템은 좀 더 단순한 구성 요소 여러 개로 분해 가능합니다. 이 장에서는 프로덕션 환경의 ML 시스템을 전체적으로 살펴봤으니 다음 장부터는 데이터 엔지니어링 기초부터 시작해 각각의 구성 요소를 자세히 들여다봅니다. 이 장에서 추상적으로 느껴진 문제가 있다면 다음 장부터 다룰 예시를 통해 좀 더 구체적으로 이해하게 되길 바랍니다.

29 Krizhevsky, A., Sutskever, I., & Hinton, G. E. (2012). ImageNet Classification with Deep Convolutional Neural Networks. *Advances in Neural Information Processing Systems, vol. 25*. https://oreil.ly/MFYp9
Devlin et al. (2018). BERT: Pre-training of Deep Bidirectional Transformers for Language Understanding. *Better Language Models and Their Implications*. OpenAI blog. (2019, February 14). https://oreil.ly/SGV7g

## CHAPTER 3

데이터 엔지니어링 기초

최근 몇 년 동안 ML의 대두는 빅데이터의 대두와 밀접하게 연결돼 있습니다. ML을 활용하지 않더라도 대규모 데이터 시스템은 복잡하기에 여러분이 오랫동안 관련 업무를 수행하지 않았다면 길을 잃기 쉽습니다. 대규모 데이터 시스템에는 많은 과제와 솔루션이 따릅니다. 업계 표준은 새로운 도구가 출시되고 업계의 요구가 확장됨에 따라 빠르게 발전하며, 따라서 역동적이고 변화무쌍한 환경이 조성됩니다. 여러 기술 회사의 데이터 스택을 각각 들여다보면 회사마다 각기 다릅니다.

이 장에서는 데이터 엔지니어링의 기본을 다룹니다. 여기서 다루는 내용이 여러분이 프로젝트를 진행하는 데 탄탄한 기반이 되길 바랍니다. 먼저 일반적인 ML 프로젝트에서 사용하는 다양한 데이터 소스를 살펴본 뒤 데이터를 저장하는 포맷을 알아봅니다. 데이터 저장은 향후 해당 데이터를 검색retrieval[1]할 경우 필요한데, 저장된 데이터를 검색하려면 데이터 포맷뿐 아니라 데이터가 어떻게 구조화됐는지 아는 것이 중요합니다. 그리고 데이터 모델은 특정 데이터 포맷으로 저장된 데이터가 구조화되는 방식을 정의합니다.

데이터 모델이 실제 세계의 데이터를 표현한다면 데이터베이스는 데이터가 시스템에 저장되는 방식을 지정합니다. 이 장에서는 데이터베이스라고도 하는 데이터 스토리지 엔진을 알아보며, 이때 주요 처리 유형인 트랜잭션 처리와 분석 처리를 살펴봅니다.

---

1 옮긴이_ 'search'와 'retrieval' 모두 우리말로 '검색'으로 번역될 수 있기에 약간의 혼동이 있지만, 두 용어는 엄연히 다른 의미입니다. 'search'는 검색 엔진에서 키워드와 관련 있는 정보를 찾는 프로세스이고, 'retrieval'은 이미 데이터베이스나 스토리지에 저장되거나 색인된 정보에 액세스하는 프로세스입니다.

프로덕션에서는 일반적으로 데이터를 여러 프로세스 및 서비스에 걸쳐 처리합니다. 예컨대 피처 엔지니어링 서비스와 예측 서비스가 있다고 합시다. 피처 엔지니어링 서비스는 원시 데이터에서 피처를 계산하고 예측 서비스는 그 피처를 기반으로 예측값을 생성한다면, 피처 엔지니어링 서비스에서 계산된 피처를 예측 서비스로 전달해야 하죠. 3.5절에서는 프로세스 간에 데이터를 전달하는 다양한 모드를 알아봅니다.

다양한 데이터 전달 모드를 알아보면서 데이터 스토리지 엔진에서 사용하는 과거 데이터와 실시간 전송에서 사용하는 스트리밍 데이터라는 두 가지 데이터 유형을 살펴봅니다. 각 유형에 필요한 처리 패러다임은 3.6절 '배치 처리 vs. 스트림 처리'에서 다룹니다.

프로덕션용 ML 시스템을 구축하려면 증가하는 데이터를 수집, 처리, 저장, 검색 및 처리하는 방법을 숙지해야 합니다. 데이터 시스템에 이미 익숙하다면 4장으로 바로 넘어가도 좋습니다. 4장에서는 훈련 데이터를 생성하기 위해 레이블을 샘플링하고 생성하는 방법을 자세히 알아봅니다. 시스템 관점의 데이터 엔지니어링을 더 자세히 알고 싶다면 마틴 클레프만의 『데이터 중심 애플리케이션 설계』를 읽어보기 바랍니다.

3.1 데이터 소스

ML 시스템은 다양한 소스에서 온 데이터로 작동합니다. 데이터마다 특성, 목적, 처리 방법이 다르며 데이터 소스를 파악하면 데이터를 보다 효율적으로 사용하는 데 도움이 됩니다. 이 절에서는 프로덕션 데이터에 익숙하지 않은 사용자에게 다양한 데이터 소스를 간략히 소개합니다. 이미 프로덕션용 ML을 작업한 경험이 있다면 이 절은 건너뛰어도 됩니다.

대표적인 데이터 소스는 사용자가 명시적으로 입력하는 **사용자 입력 데이터**user input data로 텍스트, 이미지, 비디오, 업로드된 파일 등입니다. 이 경우, 사용자가 원격으로 잘못된 데이터를 입력할 수 있기에 포맷이 잘못되기 쉽습니다. 몇 가지 예시를 들자면, 텍스트가 너무 길거나 너무 짧을 수도 있고, 수치numerical value가 필요한 부분에 사용자가 실수로 텍스트를 입력할 수도 있습니다. 파일 업로드 권한을 허용하면 사용자가 잘못된 포맷으로 파일을 업로드할 수 있습니다. 따라서 사용자 입력 데이터는 철저한 검사와 처리가 필요합니다.

게다가 사용자는 인내심이 없습니다. 보통 데이터를 입력하면 결과가 즉시 반환되기를 기대하죠. 따라서 사용자 입력 데이터는 빠른 처리가 필요한 경향이 있습니다.

또 다른 소스는 **시스템 생성 데이터**^{system-generated data}입니다. 이 데이터는 시스템의 여러 구성 요소에서 생성되며 구성 요소에는 다양한 로그와 모델 예측 같은 시스템 출력 등이 있죠.

로그는 시스템의 상태와 중요한 이벤트를 기록합니다. 메모리 사용량, 인스턴스 수, 호출된 서비스, 사용된 패키지 등입니다. 로그는 또한 데이터 처리 및 모델 훈련을 위한 대규모 배치 작업을 비롯한 다양한 작업의 결과를 기록합니다. 이러한 로그는 시스템이 어떻게 작동하는지에 대한 가시성을 제공합니다. 가시성의 주목적은 애플리케이션을 디버깅하고 잠재적으로 개선하는 것입니다. 이러한 유형의 로그는 보통은 볼 필요가 없지만 사고가 발생했을 때는 매우 중요합니다.

로그는 시스템에서 생성되므로 포맷이 잘못될 가능성이 사용자 입력 데이터에 비해 훨씬 낮습니다. 전반적으로 로그는 사용자 입력 데이터와 달리 도착하자마자 처리할 필요가 없죠. 많은 유스 케이스에서 주기적으로, 예컨대 매시간 또는 매일 로그를 처리합니다. 다만 흥미로운 일이 발생할 때마다 감지하고 알림을 받으려면 로그를 빠르게 처리해야 합니다.[2]

ML 시스템을 디버깅하기는 어려우므로 일반적으로 가능한 것을 모두 기록합니다. 따라서 로그 볼륨이 매우 빠르게 증가할 수 있으며, 이는 대표적으로 두 가지 문제를 야기합니다. 첫 번째 문제는 신호에 잡음이 섞여 어디를 봐야 하는지 알기 어렵다는 점입니다. 로그스태시^{Logstash}, 데이터독^{Datadog}, Logz.io를 비롯한 서비스는 로그를 처리하고 분석해주며 그중 상당수는 ML 모델을 사용해 방대한 로그를 처리하고 이해하는 데 도움을 줍니다.

두 번째 문제는 급증하는 로그를 저장할 방법입니다. 다행히 대부분은 로그가 유용할 때만 저장하고 시스템을 디버깅하는 데 관련이 없어지면 삭제해도 됩니다. 로그에 자주 액세스하지 않아도 된다면 낮은 액세스 스토리지에 저장해, 액세스 빈도가 높은 스토리지를 사용할 때보다 비용을 절약할 수 있습니다.[3]

ML 시스템은 또한 사용자 행동을 기록하는 데이터를 생성합니다. 사용자 행동에는 클릭, 제안 선택, 스크롤, 확대 및 축소, 팝업 무시, 특정 페이지에서 비정상적으로 오랜 시간 보내기 등이

---

2 프로덕션에서 '흥미롭다'라 함은 일반적으로 장애가 발생하거나 천문학적 금액의 클라우드 청구서를 받게 되는 치명적인 상황을 의미합니다.

3 2021년 11월 기준, AWS S3 스탠다드는 S3 글래시어(Glacier)보다 기가바이트당 비용이 약 5배 큽니다. AWS S3 스탠다드는 밀리초 레이턴시로 데이터에 액세스하는 스토리지 옵션이며 S3 글래시어는 1분에서 12시간 사이의 레이턴시로 데이터를 검색하는 스토리지 옵션입니다.

있습니다. 이 데이터는 시스템 생성 데이터이지만 사용자 데이터의 일부로 간주되며 개인 정보 보호 규정이 적용됩니다.[4]

이 외에도 회사의 다양한 서비스 및 엔터프라이즈 애플리케이션에서 생성된 **내부 데이터베이스**가 있습니다. 내부 데이터베이스는 재고, 고객 관계, 사용자를 비롯한 자산을 관리합니다. 이러한 데이터는 ML 모델에서 직접 사용되거나 ML 시스템의 다양한 구성 요소에서 사용됩니다. 예를 들어, 사용자가 아마존에 검색 쿼리를 입력하면 하나 이상의 ML 모델이 쿼리를 처리해 의도를 감지합니다. 예를 들어, 사용자가 'frozen'을 입력했다면 냉동식품을 검색하려는 것인지 혹은 디즈니 〈겨울왕국Frozen〉 관련 제품을 검색하려는 것인지 감지하겠죠. 그런 다음, 제품에 순위를 매겨 사용자에게 보여주기 전에 내부 데이터베이스에서 제품이 가용한지 확인해야 합니다.

그리고 놀랍도록 다양한 **서드 파티 데이터**가 있습니다. 퍼스트 파티 데이터는 회사에서 사용자 또는 고객에 대해 이미 수집하고 있는 데이터입니다. 세컨드 파티 데이터는 다른 회사에서 자체 고객에 대해 수집하는 데이터로, 제공받으려면 비용을 지불해야 합니다. 한편 서드 파티 데이터 회사는 직접적인 고객이 아닌 공공 데이터를 수집합니다.

인터넷과 스마트폰의 발달로 모든 유형의 데이터를 수집하기가 훨씬 쉬워졌습니다. 이전에는 특히 스마트폰으로 데이터를 수집하기가 쉬웠습니다. 스마트폰마다 고유 광고 ID가 있어 모든 활동을 집계하는 고유 ID 역할을 했기 때문이죠. 아이폰에는 애플 IDFA(Identifier for Advertisers)가 있고 안드로이드 폰에는 AAID(Android Advertising ID)가 있습니다. 앱, 웹사이트, 체크인 서비스 등에서 데이터를 수집하고 이것이 (바라건대) 익명화돼 개인에 대한 활동 이력이 생성됩니다.

이렇게 서드 파티에서 생성된 온갖 종류의 데이터를 구매할 수 있습니다. 소셜 미디어 활동, 구매 내역, 웹 브라우징 습관, 렌터카, 인구 통계 그룹별 정치 성향, 예컨대 실리콘밸리에 거주하며 기술 분야에 종사하는 25~34세 남성의 정치적 성향에 대한 데이터 등이 있습니다. 이 데이터를 이용해 'A 브랜드를 좋아하는 사람은 B 브랜드도 좋아한다'와 같은 식으로 정보를 추론할 수 있죠. 이 데이터는 추천 시스템처럼 사용자의 관심사와 관련된 결괏값을 생성하는 데 특히 유용합니다. 서드 파티 데이터는 일반적으로 공급업체에서 정리 및 처리한 후 판매됩니다.

---

4   한번은 어떤 ML 엔지니어가 사용자의 검색 및 구매 이력만으로 추천 시스템을 구축했다고 말했습니다. "그러면 당신은 개인 데이터를 전혀 사용하지 않나요?"라고 물었더니 그는 이해할 수 없다는 듯이 필자를 쳐다봤습니다. "사용자 연령, 위치 같은 인구 통계 데이터를 말씀하신다면, 네, 사용하지 않습니다. 하지만 개인의 검색 및 구매 활동은 지극히 개인적인 것이라고 말씀드리고 싶습니다."

한편 사용자가 더 많은 데이터 프라이버시를 요구함에 따라 기업은 광고 ID 사용을 제한하려는 조치를 취하고 있습니다. 2021년 초 애플은 IDFA 수집 방식을 옵트인opt-in[5]으로 변경했습니다.[6] 이 변경에 따라 아이폰에서 사용하는 타사 데이터의 양이 크게 줄어 많은 기업이 퍼스트 파티 데이터에 더 집중하게 됐죠.[7] 이러한 변경에 맞서기 위해 광고주들은 대안을 찾아내려는 투자를 하고 있습니다. 예를 들어, 중국 광고 협회(중국 광고 산업을 위한 국가 지원 무역 협회)는 CAID라는 기기 지문 인식 시스템에 투자했는데, 이는 틱톡TikTok과 텐센트Tencent 같은 앱이 아이폰 사용자를 계속 추적할 수 있도록 합니다.[8]

3.2 데이터 포맷

데이터는 일회성으로 사용하지 않는 이상 저장이 필요합니다. 기술 용어로는 데이터를 '지속persist'시킨다고 말합니다. 데이터는 다양한 소스에서 가져오고 액세스 패턴[9]도 다르므로 저장하기가 항상 간단하지는 않으며 때때로 비용이 많이 듭니다. 따라서 데이터가 향후 어떻게 사용될지 고려해 포맷을 선택해야 합니다. 고려해야 할 질문 몇 가지를 보죠.

- 멀티모달multimodal 데이터(예: 이미지와 텍스트를 모두 포함하는 데이터)는 어떻게 저장하나요?
- 저렴하고 빠르게 액세스하려면 데이터를 어디에 저장해야 하나요?
- 복잡한 모델을 다른 하드웨어에서 올바르게 로드하고 실행하려면 어떻게 저장해야 하나요?

데이터 직렬화data serialization란 데이터 구조나 객체 상태를 저장 혹은 전송하고 나중에 재구성할 수 있는 포맷으로 변환하는 프로세스입니다. 직렬화 포맷은 매우 다양합니다. 작업할 포맷을 고려할 때는 액세스 패턴, 사람이 읽을 수 있는지human readability, 텍스트인지 이진binary인지(이는

---

5 옮긴이_ 옵트인과 옵트아웃은 개인 정보 처리를 위한 동의 방식입니다. 옵트인은 개인 정보를 활용하기 전에 당사자에게 개인 정보 수집과 이용에 대한 동의를 먼저 받아야 함을 의미합니다. 옵트아웃은 그 반대로, 당사자 동의 없이 개인 정보를 수집해 이용하고 당사자가 거부 의사를 밝히면 개인 정보 활용을 중지한다는 의미입니다.

6 옮긴이_ 애플은 세계 개발자 콘퍼런스(WWDC, World Wide Developers Conference) 2020의 기조연설에서 iOS 14 운영 체제부터 IDFA를 비활성화 상태로 설정하고 명시적으로 동의한 사용자에 한해서만 IDFA를 활성화화는 옵트인 방식으로 변경한다고 발표했습니다.

7 Koetsier, J. (2020, June 24). *Apple Just Crippled IDFA, Sending an $80 Billion Industry Into Upheaval*. Forbes. https://oreil.ly/rqPX9

8 McGee, P., & Yang, Y. (2021, March 16). *TikTok Wants to Keep Tracking iPhone Users with State-Backed Workaround*. Ars Technica. https://oreil.ly/54pkg

9 액세스 패턴이란 시스템이나 프로그램이 데이터를 읽거나 쓰는 패턴을 의미합니다.

파일 크기에 영향을 미침) 등 다양한 특성을 고려합니다. [표 3-1]은 작업에서 흔히 맞닥뜨리는 몇 가지 포맷 예시입니다. 더 많은 포맷이 궁금하다면 위키백과 문서 '데이터 직렬화 포맷 비교Comparison of data-serialization formats'[10]를 참조하기 바랍니다.

표 3-1 흔히 사용하는 데이터 포맷 및 사용 위치

포맷	이진 / 텍스트	사람이 읽을 수 있는가?	유스 케이스
JSON	텍스트	예	매우 다양함
CSV	텍스트	예	매우 다양함
파케이	이진	아니오	하둡, 아마존 레드시프트
Avro	이진 포맷이 기본	아니오	하둡
Protobuf	이진 포맷이 기본	아니오	구글, 텐서플로(TFRecord)
Pickle	이진	아니오	파이썬, 파이토치 직렬화

이어서 몇 가지 포맷을 살펴봅시다. 먼저 JSON을 알아본 뒤 공통점이 있으면서도 각각 고유한 패러다임을 나타내는 CSV와 파케이Parquet를 살펴봅니다.

3.2.1 JSON

JSONJavaScript Object Notation은 널리 활용되는 포맷입니다. 자바스크립트에서 파생됐지만 언어 독립적이며 최신 프로그래밍 언어는 대부분 JSON 생성과 파싱을 지원합니다. JSON은 사람이 읽을 수 있습니다. 키-값key-value 쌍 패러다임은 단순하지만 강력하며 다양한 수준의 정형 데이터를 처리합니다. 다음 예시는 흔히 사용하는 정형 포맷입니다.

```
{
  "firstName": "Boatie",
  "lastName": "McBoatFace",
  "isVibing": true,
  "age": 12,
  "address": {
    "streetAddress": "12 Ocean Drive",
    "city": "Port Royal",
```

---

10 *https://oreil.ly/sgceY*

```
        "postalCode": "10021-3100"
    }
  }
```

다음은 동일한 데이터를 비정형 텍스트 블롭[11]으로 저장하는 예입니다.

```
{
    "text": "Boatie McBoatFace, aged 12, is vibing, at 12 Ocean Drive, Port Royal, 10021-
3100"
}
```

JSON은 널리 활용되는 만큼 번거로움도 만만치 않습니다. 예를 들어, JSON 파일의 데이터를 스키마에 커밋한 후 스키마를 변경하기 위해 다시 되돌아가는 일이 상당히 번거롭죠. 게다가 JSON 파일은 텍스트 파일이므로 저장 공간을 많이 차지합니다(3.2.3절 '텍스트 포맷 vs. 이진 포맷'에서 다룹니다).

3.2.2 행 우선 포맷 vs. 열 우선 포맷

CSV$^{comma-separated\ values}$와 파케이는 공통적이면서도 별개의 패러다임을 바탕으로 합니다. CSV는 행 우선으로, 행의 연속 요소가 메모리에 나란히 저장됩니다. 파케이는 열 우선으로, 열의 연속 요소가 메모리에 나란히 저장됩니다.

최신 컴퓨터는 비순차 데이터보다 순차 데이터를 더 효율적으로 처리하므로 테이블이 행 우선이라면 열에 액세스하기보다 행에 액세스하는 편이 빠릅니다. 즉, 포맷이 행 우선이라면 데이터에 행으로 액세스할 때가 열로 액세스할 때보다 더 빠릅니다.

예를 들어봅시다. 데이터셋에 샘플 1,000개가 있고 각 샘플에는 피처가 10개씩 있습니다. 대부분의 ML 사례와 같이 각 샘플을 행으로 간주하고 각 피처를 열로 간주합니다. 이때 CSV와 같은 행 우선 포맷은 샘플에 액세스하는 데 더 좋습니다(예: 오늘 수집된 모든 샘플에 액세스하기). 그리고 파케이와 같은 열 중심 포맷은 피처에 액세스하는 데 더 좋습니다(예: 모든 샘플의 타임스탬프에 액세스하기). [그림 3-1]을 참조하기 바랍니다.

---

11 **옮긴이_** 텍스트 블롭은 일반적으로 데이터베이스나 파일에 문자열로 저장되는 비정형 또는 포맷이 지정되지 않은 텍스트 데이터 덩어리를 뜻하며, 구조적이지 않아 쉽게 처리하거나 분석할 수 없는 대량의 텍스트 데이터를 가리킬 때 사용하는 용어입니다.

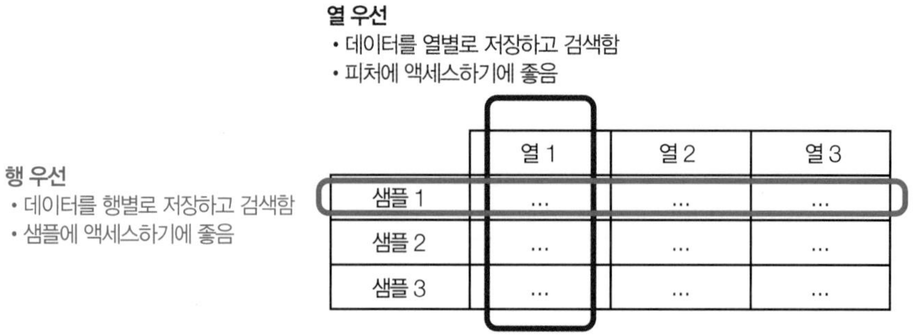

열 우선
• 데이터를 열별로 저장하고 검색함
• 피처에 액세스하기에 좋음

	열 1	열 2	열 3
샘플 1	…	…	…
샘플 2	…	…	…
샘플 3	…	…	…

행 우선
• 데이터를 행별로 저장하고 검색함
• 샘플에 액세스하기에 좋음

그림 3-1 행 우선 포맷과 열 우선 포맷

열 우선 포맷을 사용하면 유연한 열 기반 읽기가 가능합니다. 특히 데이터가 수천 개의 피처로 대용량일 때 더욱 효율적입니다. 다음 사례를 보죠. 승차 공유ride-sharing 트랜잭션 데이터에 피처 1,000개가 있고 우리는 그중 시간, 위치, 거리, 가격 등 네 가지 피처만 원한다고 합시다. 열 우선 포맷을 사용하면 각 피처에 해당하는 열 네 개를 직접 읽습니다. 반면에 행 우선 포맷을 사용하면 행의 크기를 모르는 경우 모든 열을 읽은 다음 네 열로 필터링해야 합니다. 행 크기를 안다고 해도 캐싱을 활용할 수 없고 메모리 안에서 이동해야 하므로 여전히 느리죠.

행 우선 포맷을 사용하면 더 빠른 데이터 쓰기가 가능합니다. 데이터에 새로운 예제를 계속 추가해야 하는 상황이라면 데이터가 이미 행 우선 포맷인 파일에 쓰는 편이 훨씬 빠릅니다.

대체로, 쓰기를 많이 수행할 때는 행 우선 포맷이 낫고 열 기반 읽기를 많이 수행할 때는 열 우선 포맷이 낫습니다.

넘파이 vs. 판다스

판다스pandas 라이브러리는 열 포맷 중심으로 구축됐습니다. 많은 사람이 이 점을 고려하지 않아 판다스를 오용하기도 하죠.

판다스는 '데이터프레임DataFrame'을 기반으로 구축됐습니다. 데이터프레임은 열 우선 포맷인 R의 데이터프레임DataFrame에서 영감을 받은 개념으로, 행과 열이 있는 2차원 테이블입니다.

넘파이NumPy에서는 행 우선인지 혹은 열 우선인지를 지정할 수 있으며 ndarray가 생성될 때 순서를 지정하지 않으면 기본적으로 행 우선이 됩니다. 넘파이에서 판다스로 넘어오는 사람들은 데이터프레임을 ndarray와 같이 취급하는 경향이 있습니다.

열 우선인 데이터에 행으로 데이터에 액세스하고는 데이터프레임이 느리다고 생각하죠.

[그림 3-2]의 왼쪽 그림을 봅시다. 데이터프레임에 행별로 액세스하면 열별로 액세스할 때보다 훨씬 느립니다. 이 데이터프레임을 넘파이 ndarray로 변환하면 오른쪽 그림과 같이 행에 액세스하는 속도가 훨씬 빨라집니다.[12]

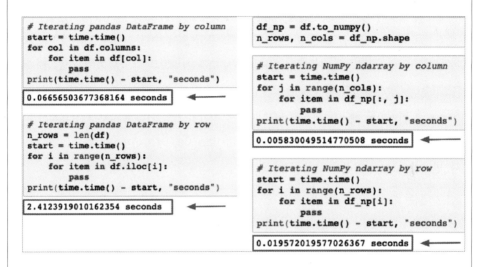

그림 3-2 (왼쪽) 판다스 데이터프레임을 열로 반복하는 데는 0.07초가 걸리지만 행으로 반복하는 데는 2.41초가 걸립니다. (오른쪽) 동일한 데이터프레임을 넘파이 ndarray로 변환하면 행에 액세스하는 속도가 훨씬 빨라집니다.

> **NOTE** CSV를 행 우선 포맷의 예시로 사용한 이유는 CSV가 인기 있으면서도 기술 분야에서 일하는 사람이라면 대부분 알아볼 수 있기 때문입니다. 하지만 이 책의 초기 검토자 중 몇몇은 CSV가 끔찍한 데이터 포맷이라고 지적했습니다. 비텍스트 문자를 제대로 직렬화하지 않기 때문이죠. 예를 들어, 부동 소수점 값을 CSV 파일에 쓸 때 정밀도가 일부 손실됩니다.[13] 스택 오버플로와 마이크로소프트 커뮤니티에서는 0.12345678901232323이 임의로 '0.12345678901'로 반올림된다며 불만이 제기되기도 했죠. 해커 뉴스에서는 사람들이 CSV 사용에 열렬히 반대했습니다.

---

12 판다스의 단점이 더 궁금하다면 깃허브 저장소 'Just pandas Things'(*https://github.com/chiphuyen/just-pandas-things/blob/master/just-pandas-things.ipynb*)를 참조하기 바랍니다.

13 옮긴이_ JSON에도 동일한 문제가 있으며, 큰 정숫값이나 소수점 아래 자릿수가 많은 실숫값 등의 데이터 타입을 처리하기 어렵습니다.

3.2.3 텍스트 포맷 vs. 이진 포맷

CSV와 JSON은 텍스트 파일인 반면 파케이 파일은 이진 파일입니다. 텍스트 파일은 일반 텍스트로 된 파일로, 대개 사람이 읽을 수 있습니다. 이진 파일은 텍스트가 아닌 모든 파일을 지칭합니다. 이름에서 드러나듯 0과 1만 포함하며, 원시 바이트를 해석하는 방법을 알고 있는 프로그램에서 읽거나 사용하기 위한 파일입니다. 프로그램은 이진 파일 내부 데이터가 어떻게 배치돼 있는지 정확히 알아야 그 파일을 사용할 수 있습니다. VS 코드^{VS Code}나 메모장 같은 텍스트 편집기로 텍스트 파일을 열면 그 안에 있는 텍스트를 읽을 수 있습니다. 반면에 텍스트 편집기로 이진 파일을 열면 숫자 블록이 표시됩니다. 숫자는 파일의 각 바이트에 해당하며 16진수^{hexadecimal} 값일 가능성이 큽니다.

이진 파일은 간결하며 텍스트 파일에 비해 공간을 절약합니다. 간단히 예를 들어봅시다. 숫자 **1000000**을 텍스트 파일에 저장하면 일곱 글자이고, 각 문자가 1바이트이면 7바이트가 필요합니다. 반면에 int32로 이진 파일에 저장하면 32비트, 즉 4바이트만 차지합니다.

[그림 3-3]은 CSV 파일(텍스트 포맷)인 Interview.csv를 사용한 예시입니다. 파일은 행 17,654개와 열 10개로 구성됩니다. 이 파일을 이진 포맷(파케이)으로 변환했더니 파일 크기는 14메가바이트에서 6메가바이트로 줄어들었습니다.

AWS는 파케이 포맷을 사용하기를 권장합니다. AWS에 따르면 "파케이 포맷은 텍스트 포맷에 비해 언로드^{unload} 속도가 최대 2배 빠르며 아마존 S3에서 최대 6배 적은 스토리지를 사용합니다."[14]

---

14 *Announcing Amazon Redshift Data Lake Export: Share Data in Apache Parquet Format.* Amazon AWS. (2019, December 3). https://oreil.ly/ilDb6

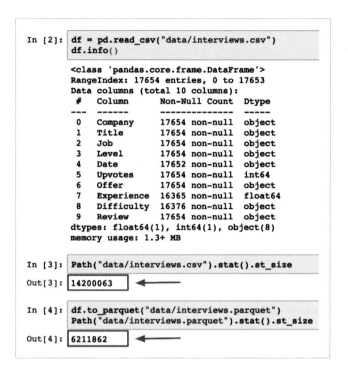

```
In [2]:   df = pd.read_csv("data/interviews.csv")
          df.info()

          <class 'pandas.core.frame.DataFrame'>
          RangeIndex: 17654 entries, 0 to 17653
          Data columns (total 10 columns):
           #    Column      Non-Null Count   Dtype
          ---   ------      --------------   -----
           0    Company     17654 non-null   object
           1    Title       17654 non-null   object
           2    Job         17654 non-null   object
           3    Level       17654 non-null   object
           4    Date        17652 non-null   object
           5    Upvotes     17654 non-null   int64
           6    Offer       17654 non-null   object
           7    Experience  16365 non-null   float64
           8    Difficulty  16376 non-null   object
           9    Review      17654 non-null   object
          dtypes: float64(1), int64(1), object(8)
          memory usage: 1.3+ MB

In [3]:   Path("data/interviews.csv").stat().st_size

Out[3]:   14200063    ←

In [4]:   df.to_parquet("data/interviews.parquet")
          Path("data/interviews.parquet").stat().st_size

Out[4]:   6211862    ←
```

그림 3-3 파일을 CSV 포맷으로 저장하면 14메가바이트지만 파케이로 저장하면 6메가바이트입니다.

3.3 데이터 모델

데이터 모델은 데이터가 어떻게 표현되는지 설명합니다. 자동차를 생각해봅시다. 데이터베이스에서는 자동차를 제조사, 모델, 연도, 색상, 가격 등으로 표현합니다. 이러한 속성들이 자동차의 데이터 모델을 구성하죠. 혹은 자동차를 차량 소유자, 번호판 및 등록된 주소 기록으로도 표현할 수 있습니다. 이는 자동차의 또 다른 데이터 모델입니다.

데이터를 표현하는 방법은 시스템을 구축하는 방식뿐 아니라 시스템이 해결하는 문제에도 영향을 미칩니다. 예를 들어, 첫 번째 데이터 모델은 자동차를 구매하려는 사람에게 도움이 되고 두 번째 데이터 모델은 경찰관이 범죄자를 추적하는 데 도움이 됩니다.

이 절에서는 관계형 모델과 NoSQL 모델을 살펴봅니다. 둘은 서로 반대되는 듯하지만 사실은 하나로 수렴됩니다. 예시를 통해 각 모델이 적합한 문제 유형을 살펴봅니다.

3.3.1 관계형 모델

관계형 모델은 컴퓨터 과학에서 매우 꾸준히 발전하고 있는 분야입니다. 1970년 에드거 F. 커드Edgar F. Codd가 발명해 여전히 강세를 보이며 갈수록 인기를 얻고 있죠.[15] 아이디어는 간단하면서도 강력합니다. 관계형 모델에서 데이터는 관계relation로 구성되며 각 관계는 튜플의 집합입니다. 테이블은 관계를 시각적으로 표현한 것으로 [그림 3-4]와 같이 테이블의 각 행이 튜플을 구성합니다.[16] 관계는 순서가 없습니다. 관계에서 행의 순서나 열의 순서를 섞더라도 여전히 동일한 관계입니다. 관계형 모델을 따르는 데이터는 일반적으로 CSV나 파케이 같은 파일 포맷으로 저장됩니다.

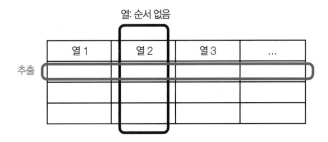

그림 3-4 관계에서 행과 열에는 순서가 없습니다.

관계는 정규화하는 편이 좋은 경우가 많습니다. 데이터 정규화는 제1정규형(1NF), 제2정규형(2NF) 등 정규형을 따릅니다(자세한 내용은 위키백과 문서 '데이터베이스 정규화Database normalization'[17]를 참조하기 바랍니다). 이 책에서는 정규화가 어떻게 작동하고 데이터 중복을 줄이며 데이터 무결성을 향상하는지 예시를 통해 살펴봅니다.

[표 3-2]는 책Book 관계를 나타냅니다. 이 데이터에는 중복이 많습니다. 예를 들어, 1행과 2행은 포맷Format과 가격Price을 제외하고는 거의 동일합니다. 출판사Publisher 정보가 변경되거나(예: '바나나 출판Banana Press'에서 '파인애플 출판Pineapple Press'으로 변경) 출판 국가Country가 변경되면 1, 2, 4행을 업데이트해야 합니다. [표 3-3]과 [표 3-4]처럼 출판사 정보를 별도의

---

15 Codd, E. F. (1970, June). A Relational Model of Data for Large Shared Data Banks. *Communications of the ACM* *13*(6): 377 – 387.

16 모든 테이블이 관계형인 것은 아닙니다.

17 https://ko.wikipedia.org/wiki/데이터베이스_정규화

표로 분리하면 출판사 정보가 변경됐을 때 출판사 관계만 업데이트하면 됩니다.[18] 이렇게 하면 출판사와 출판 국가 간의 철자 오류를 방지할 수 있으며, 값이 바뀌거나 다른 언어로 번역하려는 경우 값을 변경하기가 보다 쉽습니다.

표 3-2 초기 책 관계

제목	작가	포맷	출판사	출판 국가	가격
해리 포터	J. K. 롤링	종이책	바나나 출판	UK	$20
해리 포터	J. K. 롤링	전자책	바나나 출판	UK	$10
셜록 홈즈	코난 도일	종이책	구아바 출판	US	$30
호빗	J.R.R. 톨킨	종이책	바나나 출판	UK	$30
셜록 홈즈	코난 도일	종이책	구아바 출판	US	$15

표 3-3 업데이트된 책 관계

제목	작가	포맷	출판사 ID	가격
해리 포터	J. K. 롤링	종이책	1	$20
해리 포터	J. K. 롤링	전자책	1	$10
셜록 홈즈	코난 도일	종이책	2	$30
호빗	J.R.R. 톨킨	종이책	1	$30
셜록 홈즈	코난 도일	종이책	2	$15

표 3-4 출판사 관계

출판사 ID	출판사	출판 국가
1	바나나 출판	UK
2	구아바 출판	US

정규화의 주요 단점 하나는 데이터가 여러 관계로 분산된다는 점입니다. 분산된 데이터를 다시 조인할 수도 있지만 테이블이 크다면 조인에 비용이 많이 듭니다.

관계형 데이터 모델을 기반으로 구축된 데이터베이스를 관계형 데이터베이스라고 합니다. 데

---

18 [표 3-3]의 책(Book) 관계를 더 정규화할 수도 있습니다. 예컨대 포맷을 별도의 관계로 분리합니다.

이터베이스에 데이터를 저장하고 나면 데이터를 검색할 방법이 필요한데, 데이터베이스에서 원하는 데이터를 지정하는 데 사용하는 언어를 **쿼리 언어**^{query language}라고 합니다. 오늘날 관계형 데이터베이스에 가장 많이 사용하는 쿼리 언어는 SQL입니다. SQL의 바탕이 되는 데이터 모델은 관계형 모델[19]에서 영감을 받았음에도 원래의 관계형 모델에서 벗어났습니다. 예를 들어, 엄밀히 관계는 중복을 포함할 수 없지만 SQL 테이블은 행 중복을 포함할 수 있습니다. 하지만 이 미묘한 차이로 문제가 생기지는 않으므로 많은 사람이 무시하고 있습니다.

주목해야 할 점은 SQL이 선언적 언어라는 사실입니다. 명령형 언어인 파이썬과 대비되죠. 명령형 패러다임에서는 작업에 필요한 단계들을 지정해주면 컴퓨터가 이를 실행하고 출력을 반환합니다. 반면에 선언적 패러다임에서는 원하는 출력을 지정해주면 컴퓨터가 쿼리된 출력을 얻는 데 필요한 단계를 파악합니다.

SQL 데이터베이스를 사용하면 원하는 데이터 패턴을 지정하지만(예: 데이터를 가져오려는 테이블, 결과가 충족해야 하는 조건 및 조인, 정렬, 그룹화, 집계 등 기본 데이터 변환), 데이터 검색 방법은 지정하지 않습니다. 쿼리를 여러 부분으로 나누는 방법, 각 부분을 실행하는 데 사용할 방법과 실행 순서는 데이터베이스 시스템에서 결정합니다.

몇 가지 피처를 추가하면 SQL은 튜링 완전^{Turing-complete}하게 될 수 있습니다. 이론적으로는 SQL로 모든 계산 문제를 해결할 수 있다는 의미입니다(쿼리 실행에 필요한 시간과 메모리를 고려하지 않고). 하지만 실제로는 특정 작업을 해결하기 위해 쿼리를 작성하는 일이 항상 쉽지는 않으며, 쿼리를 실행하는 일 또한 항상 가능하거나 다루기 쉽지 않습니다. SQL 데이터베이스로 작업하는 사람이라면 누구나 극도로 길거나 이해 불가능한 쿼리를 겪어본 악몽 같은 기억이 있을 겁니다.[20]

임의의 쿼리를 실행하는 방법을 알아내기는 어렵습니다. 쿼리 옵티마이저는 그 역할을 합니다. 가능한 쿼리 실행 방법을 모두 검사해 가장 빠른 방법을 찾습니다.[21] ML을 사용해 들어오는

---

19 *https://ko.wikipedia.org/wiki/관계형_모델*

20 Postgres 논문의 공동 저자인 그렉 캠니츠(Greg Kemnitz)가 쿼래(Quora)에 공유한 바에 따르면 그는 700줄에 이르고 탐색과 조인으로 테이블을 27개나 사용하는 쿼리를 작성한 적이 있습니다. 기억을 돕고자 달아놓은 주석이 약 1,000줄이었고, 쿼리를 작성하고 디버깅하고 조정하는 데 무려 3일이 걸렸다고 합니다.

21 Ioannidis, Y. E. (1996). Query Optimization. *ACM Computing Surveys (CSUR) 28*(1): 121–123. https://oreil.ly/omXMg

쿼리에서 학습한 내용을 기반으로 쿼리 옵티마이저를 개선할 수 있습니다.[22] 쿼리 최적화는 데이터베이스 시스템에서 매우 어려운 문제입니다. 정규화는 데이터가 여러 관계로 분산됨을 의미하고, 따라서 이를 조인하기가 더 어려워집니다. 쿼리 옵티마이저는 개발하기 어렵지만 다행인 점은 하나만 있어도 일반적으로 모든 애플리케이션에서 활용할 수 있다는 점입니다.

선언적 데이터 시스템에서 선언적 ML 시스템으로

선언적 데이터 시스템이 성공한 데서 영감을 받은 많은 사람들은 선언적 ML을 기대해왔습니다.[23] 선언적 ML 시스템을 사용하면 사용자는 피처의 스키마와 작업만 선언하면 됩니다. 그러면 시스템은 주어진 피처로 해당 작업을 수행하는 데 가장 적합한 모델을 찾아냅니다. 사용자는 모델을 구성, 훈련 및 조정하기 위해 코드를 작성하지 않아도 됩니다. 선언적 ML을 위한 프레임워크로는 우버에서 개발한 루드빅Ludwig[24]과 H2O 오토MLAutoML[25]이 많이 사용됩니다. 루드빅에서 사용자는 피처의 스키마 및 출력 위에 완전 연결 계층fully connected layer 수 및 은닉 유닛hidden unit 수와 같은 모델 구조를 지정합니다. H2O 오토ML을 사용하면 모델 구조나 하이퍼파라미터를 지정할 필요가 없습니다. H2O 오토ML이 여러 모델 아키텍처를 실험하고 피처과 작업에 따라 최상의 모델을 선택합니다. 다음 예는 H2O 오토ML의 작동 방식을 보여줍니다. 시스템에 데이터(입력 및 출력)를 제공하고 실험하려는 모델 개수를 지정해주면 시스템이 그 개수만큼 모델을 실험하고 가장 성능이 좋은 모델을 찾습니다.

```
# 예측 변수 및 응답 식별하기
x = train.columns
y = "response"
x.remove(y)

# 이진 분류이면 응답이 factor여야 함
train[y] = train[y].asfactor()
test[y] = test[y].asfactor()

# 기본 모델 20개에 오토ML 실행하기
aml = H2OAutoML(max_models=20, seed=1)
```

---

22 Marcus, R., Negi, P., Mao, H., Zhang, C., Alizadeh, M., Kraska, T., Papaemmanouil, O., & Tatbul, N. (2019). Neo: A Learned Query Optimizer. *arXiv*. https://oreil.ly/wHy6p

23 Boehm, M., Evfimievski, A. V., Pansare, N., & Reinwald, B. (2016, May 19). Declarative Machine Learning—A Classification of Basic Properties and Types. *arXiv*. https://oreil.ly/OvW07

24 깃허브: https://github.com/ludwig-ai/ludwig

25 https://docs.h2o.ai/h2o/latest-stable/h2o-docs/automl.html

```
aml.train(x=x, y=y, training_frame=train)

# 성능이 좋은 모델을 오토ML 리더보드에 표시하기
lb = aml.leaderboard

# 성능이 가장 좋은 모델 얻기
aml.leader
```

선언적 ML은 유용한 경우도 많지만 프로덕션용 ML과 관련된 가장 큰 문제는 여전히 해결하지 못합니다. 오늘날 선언적 ML 시스템은 모델 개발 부분을 추상화해줍니다. 이어지는 여섯 개 장에서 다루겠지만, 모델은 점점 범용화돼가므로 모델 개발 부분은 전체 작업에서 쉬운 부분에 해당하는 경우가 많습니다. 피처 엔지니어링, 데이터 처리, 모델 평가, 데이터 드리프트 감지, 연속 학습 등이 어려운 부분이죠.

3.3.2 NoSQL

관계형 데이터 모델은 전자 상거래부터 금융, 소셜 네트워크에 이르기까지 많은 유스 케이스로 보편화됐습니다. 하지만 몇몇 유스 케이스에서는 한계를 보이기도 합니다. 예를 들어, 데이터가 엄격한 스키마를 따라야 하고 스키마 관리가 어렵죠. 2014년 카우치베이스^{Couchbase}에서 실시한 설문 조사에서는 비관계형 데이터베이스를 채택하는 이유를 조사했는데, 스키마 관리에 대한 불만이 첫 번째 이유로 꼽혔습니다.[26] 게다가 특화된 애플리케이션^{specialized application}[27]을 위한 SQL 쿼리를 작성하고 실행하기가 어렵습니다.

관계형 데이터 모델에 대치되는 최신 트렌드는 NoSQL입니다. NoSQL은 원래 비관계형 데이터베이스를 논의하는 모임의 해시태그로 시작했는데, 많은 NoSQL 데이터 시스템이 관계형 모델도 지원한다는 점에서 'Not Only SQL'로 재해석됐습니다.[28] 비관계형 모델의 주요 유형 두 가지는 문서 모델과 그래프 모델입니다. 문서 모델이 유용한 경우는 데이터가 독립적인 문

26 Phillips, J. (2014, December 16). *Surprises in Our NoSQL Adoption Survey*. Couchbase. https://oreil.ly/ueyEX

27 옮긴이_ 개인 또는 회사의 특정하고 구체적인 요구 사항에 따라 설계된 애플리케이션입니다. 그래픽 소프트웨어, 비디오/오디오 소프트웨어와 같은 넓은 영역부터 사소한 문제까지 문제 해결 속성에 따라 분류합니다(참조: *https://www.quora.com/What-is-specialized-application-software*).

28 마틴 클레프만, 『데이터 중심 애플리케이션 설계』(위키북스, 2018)

서로 제공되고, 한 문서와 다른 문서 간의 관계가 드문 유스 케이스입니다. 이와 반대로 그래프 모델의 타깃은 데이터 항목 간의 관계가 흔하며 중요한 유스 케이스입니다. 두 모델을 자세히 알아봅시다.

문서 모델

문서 모델은 '문서'라는 개념을 기반으로 구축됐습니다. 문서는 종종 단일 연속 문자열로, JSON, XML 또는 이진 형식인 BSON^{Binary JSON}으로 인코딩됩니다. 문서 데이터베이스 내 모든 문서는 동일한 포맷으로 인코딩됐다고 가정합니다. 각 문서마다 고유한 키가 있어 문서를 검색하는 데 사용됩니다.

문서 컬렉션은 관계형 데이터베이스의 테이블과 유사하며 문서는 행과 유사합니다. 실제로 이러한 방식으로 관계를 문서 컬렉션으로 변환할 수도 있습니다. 예를 들어, [표 3-3]과 [표 3-4]의 책 데이터를 [예 3-1], [예 3-2], [예 3-3]과 같은 JSON 문서 세 개로 변환할 수 있습니다. 다만 문서 컬렉션이 테이블보다 훨씬 유연합니다. 테이블에서는 모든 행이 동일한 스키마를 따라야 하지만(예: 열 순서가 같아야 함) 같은 컬렉션에 있는 문서들 간에는 스키마가 완전히 다를 수 있습니다.

예 3-1 문서1: 해리_포터.json

```
{
  "제목": "해리 포터",
  "작가": "J. K. 롤링",
  "출판사": "바나나 출판",
  "출판 국가": "UK",
  "판매 정보": [
    {"포맷": "종이책", "가격": "$20"},
    {"포맷": "전자책", "가격": "$10"}
  ]
}
```

예 3-2 문서2: 셜록_홈즈.json

```
{
  "제목": "셜록 홈즈",
  "작가": "코난 도일",
  "출판사": "구아바 출판",
```

```
    "출판 국가": "US",
    "판매 정보": [
        {"포맷": "종이책", "가격": "$30"},
        {"포맷": "전자책", "가격": "$15"}
    ]
}
```

예 3-3 문서3: 호빗.json

```
{
    "제목": "호빗",
    "작가": "J. R. R. 톨킨",
    "출판사": "바나나 출판",
    "출판 국가": "UK",
    "판매 정보": [
        {"포맷": "종이책", "가격": "$30"},
    ]
}
```

문서 모델은 스키마를 적용하지 않아 종종 스키마리스schemaless 모델이라고 부릅니다. 하지만 여기에는 오해의 소지가 있습니다. 앞서 논의한 바와 같이 문서에 저장된 데이터를 나중에 '읽을' 것이기 때문이죠. 문서를 읽는 애플리케이션은 일반적으로 문서의 구조를 가정합니다. 문서 데이터베이스는 구조를 가정하는 책임을 데이터를 쓰는 애플리케이션에서 데이터를 읽는 애플리케이션으로 넘길 뿐입니다.[29]

문서 모델은 관계형 모델보다 지역성locality[30]이 우수합니다. 97쪽의 [표 3-3]과 [표 3-4]의 책 데이터 예시를 다시 살펴봅시다. 책 정보가 책 테이블과 출판사 테이블에 분산돼 있으며 책 정보를 검색하려면 여러 테이블을 쿼리해야 합니다. 한편 문서 모델을 사용하면 책 정보를 모두 문서 하나에 저장할 수 있어 검색이 훨씬 쉬워지죠.

하지만 문서 간 조인은 관계형 모델에서 테이블 간 조인을 실행할 때보다 어렵고 덜 효율적입니다. 예컨대 가격이 25달러 미만인 책을 모두 찾는다고 해봅시다. 모든 문서를 읽고 가격을 추출

---

29 옮긴이_ 문서 데이터베이스에 데이터를 기록할 때는 스키마를 준수해야 한다는 제약 조건이 없지만, 데이터를 읽는 애플리케이션은 스키마를 맞추기 위한 처리 작업이 필요합니다. 이를 스키마-온-리드(schema-on-read)라고도 합니다.

30 옮긴이_ 지역성이란 동일한 영역 내에서 관련 데이터를 저장하도록 하는 원칙을 의미합니다. 관계형 모델에서는 데이터 중복을 최소화하고 데이터 일관성을 유지하기 위해 테이블을 분해하는 정규화를 수행하는데, 이 과정에서 지역성이 무너져 원래의 정보를 복원하려고 하면 조인(JOIN)을 수행해야 합니다.

해 25달러와 비교한 다음 가격이 25달러 미만인 책을 포함하는 문서를 모두 반환해야 합니다.

문서 모델과 관계형 데이터 모델은 각각 강점이 다릅니다. 따라서 한 데이터베이스 시스템에서 두 모델을 각기 다른 작업에 사용하는 일이 일반적이죠. PostgreSQL과 MySQL을 비롯해 점점 더 많은 데이터베이스 시스템에서 두 모델을 모두 지원합니다.

그래프 모델

그래프 모델은 '그래프' 개념을 기반으로 구축됐습니다. 그래프는 노드[node]와 에지[edge]로 구성되며 에지는 노드 간의 관계를 나타냅니다. 그래프 구조로 데이터를 저장하는 데이터베이스를 그래프 데이터베이스라고 합니다. 문서 데이터베이스에서 각 문서의 내용이 우선이라면 그래프 데이터베이스에서는 데이터 항목 간의 관계가 우선입니다.

그래프 모델에서는 관계를 명시적으로 모델링하므로 관계를 기반으로 데이터를 검색하는 것이 빠릅니다. [그림 3-5]는 간단한 소셜 네트워크를 보여주는 그래프 데이터베이스 예시입니다. 이 그래프에서 노드는 데이터 유형이 사람[person], 도시[city], 국가[country], 주[state] 등입니다.

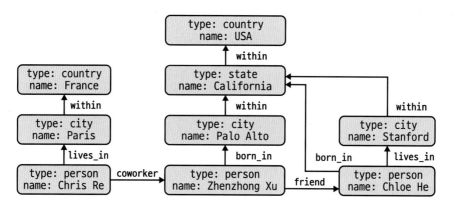

그림 3-5 간단한 그래프 데이터베이스 예시

미국에서 태어난 사람을 모두 찾는다고 해봅시다. 이 그래프가 주어지면 'USA' 노드부터 시작해 'within' 에지와 'born_in' 에지를 따라 그래프를 탐색하며 데이터 유형이 'person'인 노드를 모두 찾습니다. 이제 이 데이터를 그래프 모델이 아닌 관계형 데이터로 나타낸다고 상상해보세요. 미국에서 태어난 사람을 모두 찾는 SQL 쿼리는 쉽게 작성할 방법이 없습니다. 특히 국가와 사람 간의 홉(연결 횟수)을 알 수 없기 때문이죠. 예를 들어, 'Zhenzhong Xu'와 'USA' 사이에는 홉이 3개인 반면 'Chloe He'와 'USA' 사이에는 홉이 2개입니다. 문서 데이터베이스에서도 마찬가지로 이러한 유형의 쿼리를 수행하기 쉽지 않습니다.

데이터 모델에 따라 수행하기 쉬운 쿼리가 있고 어려운 쿼리가 있습니다. 따라서 애플리케이션에 적합한 데이터 모델을 선택하는 것이 바람직하죠.

3.3.3 정형 데이터 vs. 비정형 데이터

정형 데이터는 미리 정의된 데이터 모델, 즉 데이터 스키마를 따릅니다. 예를 들면 이런 식입니다. 데이터 모델은 각 데이터 항목이 두 개의 값으로 구성되도록 지정하고, 첫 번째 값인 'name'은 최대 50자의 문자열이고 두 번째 값인 'age'는 0과 200 사이 8비트 정수입니다. 미리 정의된 구조를 사용하면 데이터를 분석하기가 더 쉽습니다. 데이터베이스에 있는 사람들의 평균 연령을 알고 싶다면 모든 연령 값을 추출하고 평균을 내기만 하면 되죠.

정형 데이터의 단점은 데이터를 미리 정의된 스키마에 맞춰줘야 한다는 점입니다. 스키마가 변경되면 모든 데이터를 소급해 업데이트해야 하며, 따라서 종종 프로세스에 기이한 버그가 발생합니다. 예를 들어, 이전에는 사용자의 이메일 주소를 보관하지 않았지만 지금은 보관한다면 모든 이전 사용자의 이메일 정보를 소급해 업데이트해야 합니다. 한번은 동료가 아주 이상한 버그를 마주친 적이 있는데, 트랜잭션에 사용자 연령을 더 이상 사용할 수 없었고 데이터 스키마가 null 연령을 모두 0으로 대체했습니다. ML 모델은 트랜잭션이 0세 사람들에 의해 이뤄졌다고 여겼죠.[31]

비즈니스 요구 사항은 시간에 따라 변하므로 사전 정의된 데이터 스키마에 종속되는 것은 많은 제한을 불러옵니다. 혹은 제어할 수 없는 여러 데이터 소스가 있으면 데이터가 동일한 스키마를 따르도록 할 수 없습니다. 이때는 비정형 데이터가 매력적입니다. 비정형 데이터는 미리 정의된 데이터 스키마를 따르지 않습니다. 일반적으로 텍스트이지만 숫자, 날짜, 이미지, 오디오 등이 될 수도 있습니다. 예를 들어, ML 모델에서 생성된 로그의 텍스트 파일은 비정형 데이터입니다.

비정형 데이터는 스키마를 따르지 않지만 구조를 추출하는 데 도움이 되는 고유 패턴을 포함하기도 합니다. 예를 들어, 다음 텍스트는 정형화되지 않았지만 패턴이 보입니다. 행마다 두 값이

---

31 이 문제는 null 연령 값을 −1로 대체하니 해결됐습니다.

쉼표로 구분돼 있으며 첫 번째 값은 텍스트, 두 번째 값은 숫자입니다. 다만 모든 행이 이 포맷을 따라야 한다는 보장은 없으며, 포맷을 따르지 않더라도 새로운 행으로 추가할 수 있습니다.

```
Lisa, 43
Jack, 23
Huyen, 59
```

비정형 데이터는 보다 유연한 스토리지 옵션을 허용합니다. 예를 들어, 스토리지가 스키마를 따른다면 해당 스키마를 따르는 데이터만 저장할 수 있고, 스키마를 따르지 않는다면 어떤 유형이든 저장할 수 있습니다. 유형과 포맷에 관계없이 모든 데이터를 바이트스트링bytestring으로 변환해 함께 저장하면 됩니다.

정형 데이터를 저장하는 저장소를 데이터 웨어하우스data warehouse라고 하며 비정형 데이터를 저장하는 저장소를 데이터 레이크data lake라고 합니다. 데이터 레이크는 일반적으로 처리 전 원시 데이터를 저장하는 데 사용하며 데이터 웨어하우스는 사용 가능한 형식으로 처리된 데이터를 저장하는 데 사용합니다. [표 3-5]는 정형 데이터와 비정형 데이터 간의 주요 차이점입니다.

표 **3-5** 정형 데이터와 비정형 데이터 간의 주요 차이점

정형 데이터	비정형 데이터
스키마가 명확히 정의됨	스키마를 따르지 않아도 됨
검색 및 분석이 간편함	전처리 등을 하지 않고 바로 저장 가능함
특정 스키마를 따르는 데이터만 처리 가능함	어떤 소스에서 온 데이터든 처리 가능함
스키마 변경이 많은 문제를 야기함	스키마 변경을 아직 걱정하지 않아도 됨(데이터를 사용하는 다운스트림 애플리케이션에서 고려)
데이터 웨어하우스에 저장함	데이터 레이크에 저장함

3.4 데이터 스토리지 엔진 및 처리

데이터 포맷과 데이터 모델은 사용자가 데이터를 저장하고 검색하는 방법과 관련한 인터페이스를 지정합니다. 데이터베이스라고도 하는 스토리지 엔진은 데이터가 시스템에 저장되고

검색되는 방식을 구현합니다. 여러분이 속한 팀이나 가까운 팀이 애플리케이션에 적합한 데이터베이스를 선택해야 할 수 있으니 다양한 데이터베이스 유형을 이해하면 유용합니다.

일반적으로 데이터베이스가 최적화되는 워크로드에는 두 가지 유형이 있습니다. 바로 트랜잭션 처리와 분석 처리이며 둘 사이에는 큰 차이가 있습니다. 이 절에서는 그 차이점을 알아본 뒤 프로덕션에서 ML 시스템을 구축할 때 반드시 접하게 되는 ETL(추출, 변환, 적재) 프로세스의 기본을 다룹니다.

3.4.1 트랜잭션 처리와 분석 처리

전통적으로 'transaction', 즉 거래는 물건을 사고파는 행위를 의미하지만 디지털 세계에서 트랜잭션은 온갖 종류의 작업을 의미합니다. 예를 들어, 트윗 보내기tweeting, 승차 공유 서비스로 차량 호출하기, 신규 모델 업로드하기, 유튜브YouTube 동영상 보기 등이 트랜잭션입니다. 트랜잭션마다 포함하는 데이터는 각기 다르지만 그 처리 방식은 애플리케이션 간에 유사합니다. 트랜잭션은 생성될 때 삽입되고 때때로 변경될 때 업데이트되며 필요하지 않으면 삭제됩니다.[32] 이러한 처리를 **온라인 트랜잭션 처리**online transaction processing(OLTP)라고 합니다.

트랜잭션에는 사용자가 관련되는 경우가 많으므로 사용자가 기다리지 않도록 빠르게 처리해야(레이턴시가 낮아야) 하며 처리 방법은 가용성이 높아야 합니다. 즉, 처리 시스템은 사용자가 트랜잭션을 수행하고자 할 때 언제든지 사용 가능해야 합니다. 시스템에서 트랜잭션을 처리할 수 없으면 해당 트랜잭션이 진행되지 않습니다.

트랜잭션 데이터베이스는 온라인 트랜잭션을 처리하고 낮은 레이턴시와 고가용성 요구 사항을 충족하도록 설계됐습니다. 사람들은 트랜잭션 데이터베이스라고 하면 일반적으로 ACIDatomicity, consistency, isolation, durability(원자성, 일관성, 격리성, 지속성)를 생각합니다. 승차 공유 시스템을 예시로 각각의 정의를 상기해봅시다.

> 원자성
>
> 트랜잭션의 모든 단계가 하나의 그룹으로서 성공적으로 완료되도록 보장합니다. 한 단계가 실패하면 나머지 단계들도 모두 실패합니다. 예를 들어, 사용자가 운행료 결제에

---

32 이 단락을 비롯해 3장의 상당 부분은 마틴 클레프만의 저서 『데이터 중심 애플리케이션 설계』(위키북스, 2018)에서 영감을 받았습니다.

실패하면 해당 사용자에게 운전자를 할당하지 않습니다.

일관성

들어오는 모든 트랜잭션이 미리 정의된 규칙을 따라야 함을 보장합니다. 예를 들어, 유효한 사용자가 트랜잭션을 수행해야 합니다.

격리성

두 트랜잭션이 마치 격리된 것처럼 동시에 발생하도록 보장합니다. 사용자 두 명이 동일한 데이터에 액세스하는 경우 둘이 동시에 데이터를 변경하지 않습니다. 예를 들어, 두 사용자가 동시에 같은 운전자를 예약하지 않도록 합니다.

지속성

트랜잭션이 커밋된 후에는 시스템 장애가 발생하더라도 커밋된 상태를 유지하도록 보장합니다. 예를 들어, 운행을 예약한 뒤 휴대 전화가 꺼지더라도 차량이 오도록 합니다.

다만 트랜잭션 데이터베이스가 반드시 ACID일 필요는 없으며 일부 개발자는 ACID가 너무 제한적이라고 생각합니다. 마틴 클레프만은 "ACID 기준을 충족하지 않는 시스템을 종종 BASE라고 하며, 이는 기본적으로 가용성을 제공하고Basically Available, 유연한 상태Soft state를 가지며, 최종적 일관성Eventual consistency을 지님을 의미합니다. ACID의 정의보다도 더 모호하죠."[33]라고 이야기합니다.

각 트랜잭션은 종종 다른 트랜잭션과 별개의 단위로 처리되므로 트랜잭션 데이터베이스는 행 우선일 때가 많습니다. 즉 트랜잭션 데이터베이스는 예컨대 "9월에 샌프란시스코에서 발생한 모든 승차 공유의 평균 운행료는 얼마인가요?"라는 질문에는 효율적이지 않을 수 있죠. 이러한 분석 질문에 답하려면 여러 데이터 행에 걸쳐 있는 열 데이터를 집계해야 합니다. 분석 데이터베이스는 바로 이러한 목적으로 설계됐습니다. 데이터를 다양한 관점에서 바라보는 쿼리에 효율적이죠. 이러한 처리를 **온라인 분석 처리**online analytical processing(OLAP)라고 합니다.

사실 OLTP와 OLAP라는 용어는 이제는 많이 사용하지 않습니다(그림 3-6). 이유는 세 가지입니다. 첫째, 트랜잭션 데이터베이스와 분석 데이터베이스가 분리된 것은 기술의 한계 때문이

---

33 마틴 클레프만, 『데이터 중심 애플리케이션 설계』(위키북스, 2018)

었습니다. 예전에는 트랜잭션 쿼리와 분석 쿼리를 모두 효율적으로 처리하는 데이터베이스를 갖기가 어려웠죠. 하지만 이제는 그렇지 않습니다. CockroachDB처럼 분석 쿼리를 처리하는 트랜잭션 데이터베이스도 있고 아파치 아이스버그^{Apache Iceberg}나 DuckDB처럼 트랜잭션 쿼리를 처리하는 분석 데이터베이스도 있습니다.

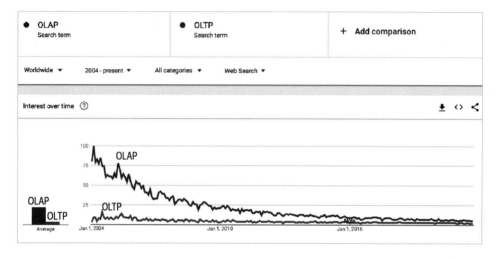

그림 3-6 2021년 기준, 구글 트렌드에 따르면 OLAP와 OLTP는 구식 용어입니다.

둘째, 기존의 OLTP와 OLAP 패러다임에서는 스토리지와 처리가 밀접하게 결합돼 있습니다. 즉, 데이터 저장 방식이 곧 데이터 처리 방식입니다. 따라서 동일한 데이터가 여러 데이터베이스에 저장되고 각각 다른 처리 엔진을 사용해 각기 다른 유형의 쿼리를 해결하기도 합니다. 그런데 지난 10년간 구글 빅쿼리, 스노우플레이크^{Snowflake}, IBM, 테라데이터^{Teradata} 등 많은 데이터 공급업체에서 처리(컴퓨팅)와 스토리지를 분리하는 흥미로운 패러다임이 관찰됐습니다.[34] 이 패러다임에서는 데이터가 동일한 위치에 저장되며 처리 레이어에서 각기 다른 유형의 쿼리에 최적화합니다.

---

34 Tereshko, T. (2017, November 29). *Separation of Storage and Compute in BigQuery.* Google Cloud blog. https://oreil.ly/utf7z

Suresh, H. (2019, January 18). *Snowflake Architecture and Key Concepts: A Comprehensive Guide.* Hevo blog. https://oreil.ly/GyvKl

Kumar, P. (2017, September 21). *Cutting the Cord: Separating Data from Compute in Your Data Lake with Object Storage.* IBM blog. https://oreil.ly/Nd3xD

The Power of Separating Cloud Compute and Cloud Storage. Teradata. (n.d.). https://oreil.ly/f82gP

셋째, '온라인'이라는 용어는 많은 것을 의미하는 과부하된 용어가 됐습니다. 예전에는 단지 '인터넷에 연결됨'을 뜻했지만 의미가 확대돼 '프로덕션 중임'을 뜻하기도 합니다. 즉, 피처가 프로덕션에 배포됐다면 '피처가 온라인이다'라고 합니다.

오늘날 데이터 세계에서는 데이터가 처리되고 제공되는 속도를 나타낼 때 온라인, 니어라인nearline, 오프라인 등을 사용합니다. 위키백과에 따르면 온라인 처리는 데이터를 즉시 입력 및 출력할 수 있음을 의미합니다. 니어라인은 니어-온라인near-online의 줄임말로, 데이터를 즉시 사용할 수는 없지만 사람의 개입 없이 빠르게 온라인으로 만들 수 있음을 의미합니다. 오프라인은 데이터를 즉시 사용할 수 없으며 온라인으로 만드는 데 사람의 개입이 필요하다는 의미입니다.[35]

3.4.2 ETL: Extract, Transform, Load

관계형 데이터 모델의 초기에는 데이터가 대부분 정형화됐습니다. 데이터가 소스에서 **추출**되면 데이터베이스나 데이터 웨어하우스 같은 대상에 **적재**되기 전에 먼저 원하는 포맷으로 **변환**됩니다. 이 프로세스를 ETL이라고 하며 각 알파벳은 추출Extract, 변환Transform, 적재Load를 의미합니다.

ETL은 ML 이전에도 데이터 세계에서 대세였으며 오늘날에도 여전히 ML 애플리케이션과 관련이 있습니다. ETL은 데이터를 범용 처리 및 원하는 모양과 포맷으로 집계함을 의미합니다.

추출은 모든 데이터 소스에서 원하는 데이터를 추출하는 일입니다. 일부 데이터는 손상되거나 포맷이 올바르지 않은데, 추출 단계에서 데이터를 검증하고 요구 사항을 충족하지 않는 데이터는 거부한 뒤 소스에 알리기도 합니다. 이는 프로세스의 첫 번째 단계이므로 올바르게 수행하면 다운스트림[36] 처리에 드는 시간이 크게 줄어듭니다.

변환은 대부분의 데이터 처리가 수행되는 프로세스의 핵심 단계입니다. 여러 소스에서 온 데이터를 조인하고 정제하며 값 범위를 표준화합니다(예를 들어, 한 데이터 소스는 성별 값으로 '남성'과 '여성'을 사용하지만 다른 데이터 소스는 'M'과 'F' 혹은 '1'과 '2'를 사용할 때 이를 표준

---

35 *Nearline storage*. Wikipedia. (n.d.). https://oreil.ly/OCmiB
36 옮긴이_ 다운스트림은 ETL의 출력 결과를 소비할 다양한 애플리케이션이나 프로세스를 나타냅니다. ETL뿐 아니라 자연어 처리에서도 널리 쓰이는 용어(다운스크림 작업)입니다.

화합니다). 이 외에도 전치transposing, 중복 제거, 정렬, 집계, 새로운 피처 도출, 더 많은 데이터 유효성 검사와 같은 작업을 적용합니다.

로드는 변환된 데이터를 파일, 데이터베이스, 데이터 웨어하우스와 같은 대상에 적재할 방법과 빈도를 결정합니다.

ETL 개념은 간단하지만 강력하며 많은 조직에서 데이터 계층의 기본 구조로 사용됩니다. [그림 3-7]은 ETL 프로세스의 개요입니다.

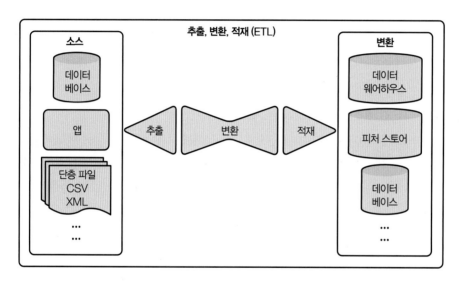

그림 3-7 ETL 프로세스 개요

인터넷이 보편화되고 하드웨어가 훨씬 강력해지자 데이터 수집이 갑자기 훨씬 쉬워졌습니다. 데이터 양이 급격히 증가할 뿐 아니라 데이터의 성격도 변했습니다. 데이터 소스가 많아지고 데이터 스키마가 진화했습니다.

데이터를 구조화한 상태로 유지하기가 어려워지자 일부 회사에서는 생각했습니다. "모든 데이터를 데이터 레이크에 저장해 스키마 변경을 처리할 필요가 없도록 하면 어떨까요? 애플리케이션에 데이터가 필요하면 데이터 레이크에서 원시 데이터를 가져와 처리하면 되죠." 이처럼 데이터를 먼저 스토리지에 적재한 뒤 나중에 처리하는 프로세스를 ELTExtract, Load, Transform (추출, 적재, 변환)라고 합니다. 이 패러다임은 데이터 저장 전에 필요한 처리가 거의 없어 데이터를 신속히 저장할 수 있습니다.

하지만 ELT는 데이터가 증가함에 따라 매력이 떨어집니다. 방대한 원시 데이터에서 원하는 데이터를 검색하는 일은 비효율적입니다.[37] 게다가 기업들이 애플리케이션을 클라우드에서 실행하게 되고 인프라가 표준화됨에 따라 데이터 구조도 표준화됐습니다. 데이터를 미리 정의된 스키마에 커밋하는 편이 더 합리적이죠.

기업에서는 정형 및 비정형 데이터 저장의 장단점을 저울질합니다. 이에 따라 공급업체는 데이터 레이크의 유연성과 데이터 웨어하우스의 데이터 관리 측면을 결합한 하이브리드 솔루션을 제공하고 있습니다. 예를 들어, 데이터브릭스Databricks와 스노우플레이크 모두 데이터 레이크하우스 솔루션을 제공합니다.

3.5 데이터플로 모드

앞서 단일 프로세스의 컨텍스트 내에서 사용되는 데이터 포맷, 데이터 모델, 데이터 저장 및 처리를 알아봤습니다. 그런데 프로덕션에서는 대개 프로세스가 하나가 아닌 여러 개입니다. 이때 의문이 생깁니다. 메모리를 공유하지 않는 서로 다른 프로세스 간에 데이터를 어떻게 전달할까요?

데이터가 한 프로세스에서 다른 프로세스로 전달될 때 데이터가 한 프로세스에서 다른 프로세스로 흐른다고 합니다. 즉, 데이터플로가 생깁니다. 데이터플로에는 세 가지 주요 모드가 있습니다.

- 데이터베이스를 통한 데이터 전달
- 서비스를 통한 데이터 전달

  예: REST와 RPC API에서 제공하는 요청(POST/GET 등)을 사용
- 실시간 전송을 통한 데이터 전달

  예: 아파치 카프카Apache Kafka, 아마존 키네시스Amazon Kinesis

이어서 각 모드를 하나씩 살펴봅시다.

---

37 이 책의 초고를 작성할 때는 모든 것을 저장하면 안 되는 이유로 비용을 들었지만 오늘날에는 스토리지가 너무 저렴해져 비용이 거의 문제가 되지 않습니다.

3.5.1 데이터베이스를 통한 데이터 전달

두 프로세스 간에 데이터를 전달하는 가장 쉬운 방법은 데이터베이스를 통하는 것입니다(3.4절 '데이터 스토리지 엔진 및 처리'를 참조하기 바랍니다). 예를 들어, A 프로세스에서 B 프로세스로 데이터를 전달하려면 A 프로세스는 해당 데이터를 데이터베이스에 쓰고 B 프로세스는 단순히 해당 데이터베이스에서 읽으면 됩니다.

이 모드는 항상 작동하지는 않습니다. 이유는 두 가지입니다. 첫째, 두 프로세스가 동일한 데이터베이스에 액세스해야 하는데 이것이 불가능할 때도 있습니다. 특히 두 프로세스가 서로 다른 회사에서 실행된다면 실현 불가능하죠.

둘째, 데이터베이스에서 데이터에 액세스하려면 두 프로세스가 모두 필요하며 데이터베이스에서 읽기 및 쓰기가 느려질 수 있습니다. 따라서 레이턴시 요구 사항이 엄격한 애플리케이션(예: 거의 모든 소비자 대상 애플리케이션)에는 적합하지 않습니다.

3.5.2 서비스를 통한 데이터 전달

두 프로세스 간에 데이터를 전달하는 또 다른 방법은 둘을 연결하는 네트워크를 통해 직접 데이터를 전달하는 것입니다. B 프로세스에서 A 프로세스로 데이터를 전달한다고 합시다. A 프로세스는 필요한 데이터를 지정하는 요청을 B 프로세스에 보내고, B는 동일한 네트워크를 통해 요청된 데이터를 반환합니다. 프로세스가 요청을 통해 통신하므로 이를 **요청 기반**request-driven이라고 합니다.

이 데이터 전달 모드는 서비스 지향service-oriented 아키텍처와 밀접하게 결합돼 있습니다. 이 맥락에서 볼 때 서비스는 네트워크를 통해 원격으로 접근하는 프로세스입니다. 이 예시에서 B 프로세스는 A 프로세스가 접근할 수 있어야 하며, A 프로세스가 네트워크 요청을 보낼 수 있는 서비스입니다. 반대로 B가 A에게 데이터를 요청하려면 A도 B에게 서비스로서 노출돼야 합니다.

서로 통신하는 두 서비스가 독립적인 회사에서 별개의 애플리케이션에 의해 운영될 수 있습니다. 예를 들어, 한 서비스는 주가를 추적하는 증권 거래소에서 운영되고 또 다른 서비스는 현 주가를 요청하고 이를 기반으로 미래 주가를 예측하는 투자 회사에서 운영됩니다.

서로 통신하는 두 서비스가 동일한 애플리케이션의 일부일 수도 있습니다. 애플리케이션의 여러 구성 요소를 각각 별도의 서비스로 구성하면 각 요소를 독립적으로 개발하고 테스트 및 유지 관리할 수 있습니다. 이렇게 애플리케이션을 별도의 서비스로 구조화하는 것이 마이크로서비스 아키텍처입니다.

마이크로서비스 아키텍처를 ML 시스템의 맥락에서 알아봅시다. 여러분이 ML 엔지니어이고 리프트Lyft 같은 승차 공유 애플리케이션을 소유한 회사의 가격 최적화price optimization 문제를 해결한다고 가정해보세요. 리프트의 마이크로서비스 아키텍처에는 수백 개의 서비스가 있지만 간단히 다음 세 가지 서비스만 고려합시다.

운전자 관리 서비스

특정 지역에서 다음 1분 동안 가용한 운전자 수를 예측합니다.

운행 관리 서비스

특정 지역에서 다음 1분 동안 운행이 몇 회 요청될지 예측합니다.

가격 최적화 서비스

각 운행에 대한 최적 가격을 예측합니다. 운행료는 승객이 기꺼이 지불할 만큼 낮으면서도 운전자가 기꺼이 운전하고 회사가 수익을 낼 만큼 높아야 합니다.

가격은 공급(가용한 운전자)과 수요(요청된 운행)에 따라 달라지므로 가격 최적화 서비스에는 운전자 관리 서비스 및 운행 관리 서비스의 데이터가 둘 다 필요합니다. 사용자가 운행을 요청할 때마다 가격 최적화 서비스는 예상 운행 횟수와 예상 운전자 수를 요청해 해당 운행에 대한 최적 가격을 예측합니다.[38]

네트워크를 통한 데이터를 전달에 사용하는 요청 스타일로는 RESTrepresentational state transfer와 RPCremote procedure call가 가장 인기 있습니다. 자세한 내용은 이 책의 범위를 벗어나지만 한 가지 주요 차이점은 REST는 네트워크를 통한 요청을 위해 설계된 반면, RPC는 원격 네트워크 서비스에 대한 요청이 프로그래밍 언어로 함수나 메서드를 호출하는 것과 동일하게 보이도록 한다는 점입니다.[39] 마틴 클레프만에 따르면 REST는 공공 API의 주된 스타일이며 RPC 프레

---

38 실제로 가격 최적화는 가격을 예측할 때마다 예상 운행 및 운전자 수를 요청할 필요가 없습니다. 일반적으로 캐시된 예상 운행 및 운전자 수를 사용하고 약 1분마다 새로운 예측을 요청합니다.

39 옮긴이_ REST와 API의 차이는 다음 웹 페이지를 참조하기 바랍니다.
https://www.geeksforgeeks.org/difference-between-rest-api-and-rpc-api

임워크의 초점은 일반적으로 동일한 데이터 센터 내에서 동일한 조직이 소유한 서비스 간의 요청에 있습니다.[40]

REST 아키텍처의 구현을 RESTful이라고 합니다. REST가 곧 HTTP라고 생각하는 사람이 많지만 HTTP는 REST의 구현일 뿐이고 REST가 정확히 HTTP를 의미하지는 않습니다.[41]

3.5.3 실시간 전송을 통한 데이터 전달

실시간 전송은 언제 필요할까요? 앞서 살펴본 승차 공유 앱 예시로 돌아가봅시다. 앱은 운전자 관리, 운행 관리, 가격 최적화 등 세 가지 서비스를 사용하며, 이전 절에서는 가격 최적화 서비스가 각 운행에 대한 최적 가격을 예측하는 데 운전자 및 운행 관리 서비스의 데이터가 왜 필요한지 이야기했습니다.

운전자 관리 시스템은 운행 관리 서비스에서 운행 횟수 데이터를 받아와야 합니다. 운전자를 몇 명이나 동원할지 파악하기 위해서죠. 그리고 가격 최적화 서비스에서 예측된 가격 또한 알아야 합니다. 이는 잠재적인 운전자에게 인센티브로 사용할 수 있죠(예: 지금 운행하면 2배 할증 요금surge charge[42]을 받습니다). 마찬가지로 운행 관리 서비스에서는 운전자 관리 및 가격 최적화 서비스의 데이터가 필요할 수도 있습니다. 이전 절에서 이야기했듯 서비스를 통해 데이터를 전달한다면 각 서비스는 나머지 두 서비스에 요청을 보내야 합니다(그림 3-8).

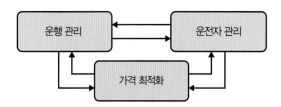

그림 3-8 요청 중심 아키텍처에서 각 서비스는 나머지 두 서비스에 요청을 보내야 합니다.

세 개의 서비스만으로 이미 데이터 전달이 복잡해지고 있습니다. 그런데 서비스가 수백 개라

---

40 『데이터 중심 애플리케이션 설계』(위키북스, 2018)

41 Trautmann, T. (2012, December 4). *Debunking the Myths of RPC and REST*. Ethereal Bits. https://oreil.ly/4sUrL

42 옮긴이_ 승객의 이동 수요가 많은 시간과 장소에서 운행료를 보다 비싸게 책정하는 탄력 요금제를 할증 요금제(surge pricing)라고 합니다.

고 상상해보세요. 심지어 주요 인터넷 회사에서 제공하는 서비스는 수천 개에 이릅니다. 이처럼 서비스가 매우 많으면 서비스 간 데이터 전달이 폭발적으로 증가하고 병목이 돼 전체 시스템 속도를 늦춥니다.

요청 기반 데이터 전달은 동기식입니다. 즉 대상 서비스는 요청을 수신하고 처리하도록 합니다. 가격 최적화 서비스가 운전자 관리 서비스에 데이터를 요청했는데 운전자 관리 서비스가 다운됐다면 가격 최적화 서비스는 시간이 초과될 때까지 요청을 계속 재전송합니다. 혹은 가격 최적화 서비스가 응답을 받기 전에 다운되면 그 응답이 손실됩니다. 서비스가 중단되면 해당 서비스의 데이터가 필요한 서비스들이 모두 중단됩니다.

서비스 간 데이터 전달을 조정하는 브로커가 있다면 어떨까요? [그림 3-9]를 봅시다. 서비스끼리 직접 데이터를 요청하고 복잡한 서비스 간 데이터 전달망을 생성하는 대신 각 서비스가 브로커와 통신하기만 하면 됩니다. 예를 들어, 어떤 서비스가 '다음 1분 동안 가용한 운전자 수 예상치'를 운전자 관리 서비스에 요청하는 대신, 운전자 관리 서비스가 예측을 수행할 때마다 이 예측이 브로커에게 브로드캐스트되면 어떨까요? 이 데이터가 필요한 서비스는 브로커에서 가장 최근에 예측된 운전자 수를 확인합니다. 마찬가지로 가격 최적화 서비스가 다음 1분 동안의 할증 요금을 예측할 때마다 이 예측이 브로커에게 브로드캐스트됩니다.

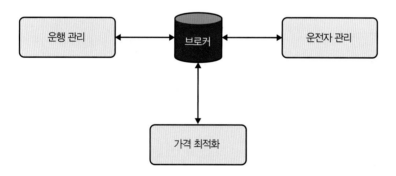

그림 3-9 브로커를 사용하면 서비스는 다른 서비스들이 아닌 브로커와만 통신하면 됩니다.

엄밀히 따지면 데이터베이스도 브로커입니다. 각 서비스는 데이터베이스에 데이터를 쓰고, 그 데이터가 필요한 서비스는 해당 데이터베이스에서 데이터를 읽습니다. 하지만 3.5.1절 '데이터베이스를 통한 데이터 전달'에서 언급했듯 데이터베이스에서 읽고 쓰는 것은 레이턴시 요구 사항이 있는 애플리케이션에서는 너무 느립니다. 따라서 데이터베이스가 아니라 메모리 내 스토리지를 사용해 데이터를 중개합니다. 실시간 전송은 서비스 간 데이터 전달을 위한 인메모리 스토리지로 생각해도 됩니다.

실시간 전송으로 브로드캐스트되는 데이터 조각을 이벤트라고 하며, 따라서 이 아키텍처를 **이벤트 기반**event-driven이라고도 합니다. 그리고 실시간 전송을 이벤트 버스라고도 합니다.

요청 기반 아키텍처는 데이터보다 로직에 더 의존하는 시스템에 적합하며 이벤트 기반 아키텍처는 데이터가 많은 시스템에서 더 잘 작동합니다.

실시간 전송의 가장 일반적인 유형 두 가지는 pubsub('게시-구독'을 의미하는 'publish-subscribe'의 줄임말)과 메시지 큐입니다. pubsub 모델에서 모든 서비스는 실시간 전송으로 여러 토픽에 게시할 수 있으며, 토픽을 구독하는 모든 서비스는 해당 토픽의 모든 이벤트를 읽을 수 있습니다. 데이터를 생성하는 서비스는 그 데이터를 어떤 서비스에서 소비하는지에 관심이 없습니다. pubsub 솔루션에는 종종 리텐션 정책이 있습니다. 즉 데이터는 삭제되거나 영구 스토리지(예: 아마존 S3)로 이동되기 전에 특정 기간(예: 7일) 실시간 전송으로 보존됩니다(그림 3-10).

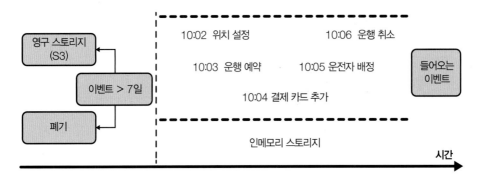

그림 3-10 들어오는 이벤트는 폐기되거나 더 영구적인 스토리지로 이동되기 전에 메모리 내 스토리지에 저장됩니다.

메시지 큐 모델에서 이벤트에는 종종 대상 소비자가 있으며 메시지 큐는 메시지를 알맞은 소비자에게 전달합니다(대상 소비자가 있는 이벤트를 메시지라고 합니다).

pubsub 솔루션의 예로는 아파치 카프카와 아마존 키네시스가 있습니다.[43] 메시지 큐의 예시

---

43 아파치 카프카의 작동 방식이 궁금하다면 미치 시모어(Mitch Seymour)가 만든 멋진 수달 애니메이션(*https://www.gentlydownthe.stream*)을 참조하기 바랍니다.

로는 아파치 로켓MQ^{RocketMQ}와 래빗MQ^{RabbitMQ}가 있습니다. 두 패러다임 모두 지난 몇 년간 많은 주목을 받았죠. [그림 3-11]은 아파치 카프카와 래빗MQ를 사용하는 회사입니다.

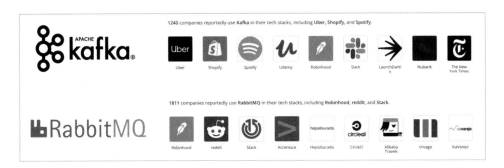

그림 3-11 아파치 카프카와 래빗MQ를 사용하는 회사(출처: 스택셰어[44])

3.6 배치 처리 vs. 스트림 처리

데이터는 데이터 스토리지 엔진, 즉 데이터베이스나 데이터 레이크 혹은 데이터 웨어하우스 등에 도착하면 과거 데이터^{historical data}가 됩니다. 이는 스트리밍 데이터(아직 스트리밍 중인 데이터)와 반대입니다. 과거 데이터는 주기적으로 시작되는 배치 작업^{batch job}에서 처리되는 경우가 많습니다. 예를 들어, 하루에 한 번 배치 작업을 시작해 마지막 날의 모든 운행에 대한 평균 할증 요금을 계산합니다.

데이터를 배치 작업에서 처리하는 것을 **배치 처리**^{batch processing}라고 합니다. 배치 처리는 수십 년 동안 연구 주제였으며 기업들은 배치 데이터를 효율적으로 처리하기 위해 맵리듀스^{MapReduce}와 스파크^{Spark} 같은 분산 시스템을 고안했습니다.

아파치 카프카나 아마존 키네시스같이 실시간 전송 데이터가 있으면 스트리밍 데이터가 존재한다고 합니다. **스트림 처리**^{stream processing}는 스트리밍 데이터에 대한 계산을 의미합니다. 스트리밍 데이터에 대한 계산도 주기적으로 시작할 수 있지만 그 주기는 일반적으로 배치 작업보다 훨씬 짧습니다(예: 매일이 아니라 5분마다 수행). 혹은 필요할 때마다 계산을 시작할 수도 있

---

44 *https://stackshare.io/kafka*

습니다. 예를 들어, 사용자가 운행을 요청할 때마다 데이터 스트림을 처리해 현재 가용한 운전자를 확인합니다.

스트림 처리가 제대로 수행되면 레이턴시가 짧습니다. 데이터가 생성되면 데이터베이스에 먼저 기록할 필요 없이 즉시 처리하기 때문이죠. 많은 사람이 스트림 처리는 맵리듀스나 스파크 같은 도구를 활용할 수 없어 배치 처리보다 덜 효율적이라고 생각합니다. 하지만 항상 그렇지는 않습니다. 첫째, 아파치 플링크Apache Flink를 비롯한 스트리밍 기술은 뛰어난 확장성과 완전 분산성이 입증됐습니다. 즉, 병렬로 계산을 수행할 수 있죠. 둘째, 스트림 처리의 강점은 상태 유지stateful 계산에 있습니다. 예를 들어, 30일 평가판 사용 기간의 사용자 참여도user engagement 를 처리한다고 해봅시다. 배치 작업을 매일 시작하면 지난 30일간의 데이터를 매일 계산해야 합니다. 반면에 스트림 처리는 매일 신규 데이터만 계산하며 신규 데이터 계산을 이전 데이터 계산과 결합해 중복을 방지합니다.

배치 처리는 스트림 처리보다 훨씬 덜 빈번하게 일어나며, 따라서 ML에서는 일반적으로 자주 변경되지 않는 피처를 계산하는 데 사용합니다. 예컨대 운전자 평점이 있죠(운전자의 총 운행 횟수가 수백 번이라면 하루 만에 평점이 크게 변경될 가능성은 적습니다). 배치 처리를 통해 추출된 피처는 **배치 피처**이며, **정적 피처**static feature라고도 합니다.

스트림 처리는 빠르게 변경되는 피처를 계산하는 데 사용합니다. 예를 들어, 현재 가용한 운전자 수, 최근 1분 동안 요청된 운행 수, 다음 2분 동안 완료될 운행 수, 해당 지역 최근 10개 운행 요금의 중앙값 등이 있죠. 이와 같은 시스템의 현재 상태에 대한 피처는 최적 가격 예측을 하는 데 중요합니다. 스트림 처리를 통해 추출된 피처는 **스트리밍 피처**이며, **동적 피처**dynamic feature라고도 합니다.

한편 배치 피처와 스트리밍 피처가 모두 필요한 문제도 많습니다. 따라서 스트리밍 데이터와 배치 데이터를 처리하고 둘을 결합해 ML 모델에 공급할 인프라가 필요하죠. 7장에서는 배치 피처과 스트리밍 피처를 함께 사용해 예측을 생성하는 방법을 다룹니다.

데이터 스트림에서 계산을 수행하려면 스트림 계산 엔진이 필요합니다(배치 계산 엔진으로 스파크와 맵리듀스를 사용하듯 말이죠). 스트리밍 계산이 간단한 경우라면 아파치 카프카 등 실시간 전송의 내장 스트림 계산을 사용해도 되지만, 카프카 스트림 처리는 다양한 데이터 소스를 처리하는 기능에 한계가 있습니다.

스트리밍 기능을 활용하는 ML 시스템에서 스트리밍 계산은 간단하지 않습니다. 이상 거래 탐지나 신용 점수 계산 등에 사용되는 스트림 피처는 수천 개는 아닐지라도 수백 개에 이릅니다. 스트림 피처 추출 로직에는 서로 다른 차원을 따라 결합 및 집계가 포함된 복잡한 쿼리들이 필요하죠. 이러한 피처를 추출하려면 효율적인 스트림 처리 엔진이 필요합니다. 관련 엔진으로 아파치 플링크, KSQL, 스파크 스트리밍Spark Streaming이 있습니다. 셋 중에서도 특히 아파치 플링크와 KSQL이 업계에서 인정받고 있으며 데이터 과학자에게 멋진 SQL 추상화를 제공합니다.

스트림 처리가 더 어려운 이유는 데이터가 들어오는 비율과 속도가 다양하고 그 양에도 제한이 없기 때문입니다. 배치 프로세서가 스트림 처리를 하도록 만들기보다 스트림 프로세서가 배치 처리를 하도록 하기가 더 쉽습니다. 아파치 플링크의 핵심 메인테이너maintainer들은 배치 처리가 스트림 처리의 특수한 경우라고 수년간 주장하고 있죠.[45]

3.7 정리

이 장에서는 앞 장에서 쌓은 기초를 기반으로 ML 시스템 개발에서 데이터가 지니는 중요성을 알아봤습니다. 향후 데이터를 더 쉽게 사용하려면 데이터를 올바른 포맷으로 저장하는 일이 중요함을 배웠습니다. 이어서 다양한 데이터 포맷, 행 우선 포맷과 열 우선 포맷의 장단점, 텍스트 포맷과 이진 포맷의 장단점을 논의했습니다.

이어서 주요 데이터 모델 세 가지, 즉 관계형, 문서, 그래프 모델을 다뤘습니다. 관계형 모델이 SQL의 인기를 힘입어 가장 잘 알려져 있지만 오늘날 세 가지 모델 모두 널리 사용되며 각각 특정 태스크 세트에 적합합니다.

관계형 모델과 문서 모델을 비교할 때 많은 사람이 관계형은 정형 모델, 문서는 비정형 모델이라고 생각합니다. 정형 데이터와 비정형 데이터의 구분은 매우 유동적입니다. 이때 중요한 문제는 데이터 구조를 처리하는 책임이 어디에 있는지입니다. 데이터가 정형이라면 데이터를 작성하는 코드가 구조를 처리해야 함을 의미합니다. 반대로 데이터가 비정형이라면 데이터를 읽는 코드가 구조를 처리해야 함을 의미합니다.

---

45 Tzoumas, K. (2015, September 15). *Batch Is a Special Case of Streaming*. Ververica. https://oreil.ly/Icll2

이어서 데이터 스토리지 엔진 및 처리를 다뤘습니다. 두 가지 데이터 처리 유형, 즉 트랜잭션 처리와 분석 처리에 각각 최적화된 데이터베이스를 알아봤습니다. 전통적으로 스토리지는 처리와 연결됩니다. 트랜잭션 처리에는 트랜잭션 데이터베이스를 사용하고 분석 처리에는 분석 데이터베이스를 사용하죠. 하지만 최근 몇 년 동안 많은 공급업체에서 스토리지와 처리를 분리하고자 노력했습니다. 따라서 오늘날은 분석 쿼리를 처리할 수 있는 트랜잭션 데이터베이스와 트랜잭션 쿼리를 처리할 수 있는 분석 데이터베이스가 있죠.

데이터 포맷, 데이터 모델, 데이터 스토리지 엔진 및 처리에 대해 논의할 때 데이터는 프로세스 내에 있다고 가정합니다. 반면에 프로덕션에서는 여러 프로세스로 작업할 가능성이 높으며 여러 프로세스 간에 데이터를 전송해야 할 수도 있습니다. 이 장에서는 세 가지 데이터 전달 모드를 알아봤습니다. 그중 데이터베이스를 통한 전달이 가장 간단하며 서비스를 통한 전달이 가장 많이 사용됩니다. 서비스를 통해 데이터를 전달할 때 프로세스는 다른 프로세스가 데이터 요청을 보내는 서비스로 노출됩니다. 이 데이터 전달 모드는 애플리케이션의 각 구성 요소가 서비스로 설정되는 마이크로서비스 아키텍처와 긴밀하게 연결되죠.

지난 10년 동안 실시간 전송, 예컨대 아파치 카프카와 래빗MQ를 통한 데이터 전달이 점점 대중화됐습니다. 이 데이터 전달 모드는 데이터베이스를 통하는 모드와 서비스를 통하는 모드의 중간 정도이며, 비동기 데이터를 그리 길지 않은 레이턴시로 전달할 수 있습니다.

실시간 전송 대상이 되는 데이터는 데이터베이스의 데이터와 속성이 다릅니다. 따라서 3.6절 '배치 처리 vs. 스트림 처리'에서 설명했듯 다른 처리 기술이 필요하죠. 데이터베이스의 데이터는 배치 작업으로 처리될 때가 많고 정적 피처를 생성하는 반면 실시간 전송 대상이 되는 데이터는 스트림 계산 엔진을 사용해 처리될 때가 많고 동적 피처를 생성합니다. 어떤 사람들은 배치 처리가 스트림 처리의 특수한 경우이며 스트림 계산 엔진으로 두 처리 파이프라인을 통합할 수 있다고 주장합니다.

데이터 시스템을 파악하고 나면 데이터를 수집하고 훈련 데이터를 생성합니다. 다음 장에서 자세히 알아봅시다.

•

## CHAPTER 4

훈련 데이터

3장에서는 시스템 관점에서 데이터를 처리하는 방법을 논의했습니다. 이 장에서는 데이터 과학 관점에서 데이터를 처리하는 방법을 살펴봅니다. ML 모델을 개발하고 개선하는 데 훈련 데이터는 매우 중요합니다. 하지만 대부분의 ML 커리큘럼은 실무자가 업무 프로세스에서 가장 '재미'있다고 느끼는 모델링에 치우쳐 있죠. 최첨단 모델을 개발하는 일은 물론 재미있습니다. 하지만 데이터를 올바르게 처리하는 일 또한 중요합니다. 컴퓨터 메모리에 올라가지조차 않는 대규모 데이터가 잘못된 포맷으로 적재돼 며칠을 씨름해야 한다면 생각만 해도 끔찍합니다.

데이터는 지저분하고 복잡하며 예측 불가능하고 잠재적으로 위험합니다. 제대로 처리하지 않으면 전체 ML 업무를 완전히 망가뜨리죠. 이것이 데이터 과학자와 ML 엔지니어가 데이터를 제대로 처리하는 방법을 배워야 하는 이유입니다.

이 장에서는 양질의 훈련 데이터를 얻거나 생성하는 기술을 살펴봅니다. 이 장에서 다루는 훈련 데이터란 ML 모델 개발 단계에서 사용하는 데이터를 모두 포괄하며, 여기에는 훈련, 검증, 테스트 목적으로 다양하게 분할한 데이터(훈련, 검증, 테스트 데이터셋)가 포함됩니다. 먼저 훈련 데이터를 선택하는 데 사용하는 다양한 샘플링 기술을 알아본 뒤 레이블 다중성 문제부터 레이블 부족 문제, 클래스 불균형 문제 그리고 데이터 부족 문제를 해결하기 위한 데이터 증강 기술까지 훈련 데이터를 생성할 때 흔히 마주하는 문제를 다룹니다.

여기서는 '훈련 데이터셋'이 아닌 '훈련 데이터'라는 용어를 사용합니다. '데이터셋'은 유한하고 고정적인 집합을 의미하는데 프로덕션 환경의 데이터는 유한하지도 고정적이지도 않습니다.

이러한 성질은 8.2절 '데이터 분포 시프트'에서 다룹니다. ML 시스템 개발 과정에서 훈련 데이터 생성은 다른 단계와 마찬가지로 반복 프로세스입니다. 모델이 프로젝트 수명 주기를 거치면서 개선된다면 훈련 데이터 또한 개선될 가능성이 높습니다.

내용을 진행하기에 앞서 중요한 사실을 한 번 더 상기합시다. 데이터는 잠재적인 편향으로 가득합니다. 편향이 발생하는 원인은 다양하며 수집, 샘플링, 레이블링 과정에서 발생하기도 합니다. 과거 데이터는 사람의 편향을 내포할 수 있고 해당 데이터로 훈련한 ML 모델은 편향이 더 공고해지도록 할 수 있습니다. 그러니 데이터를 사용하되 너무 신뢰하지 마세요!

4.1 샘플링

샘플링은 ML 워크플로에서 핵심임에도 안타깝게도 일반적인 ML 프로세스에서 그 중요성을 종종 간과하곤 합니다. 샘플링은 ML 프로젝트 수명 주기 내 여러 단계에서 이뤄집니다. 예를 들어, 가용한 전체 실데이터에서 훈련 데이터를 생성하기 위한 샘플링, 임의의 데이터셋을 훈련, 검증 및 테스트 목적으로 분할하기 위한 샘플링이 있으며, 모니터링 목적으로 ML 시스템 내 발생 가능한 전체 이벤트에서 샘플링을 하기도 합니다. 이 절에서는 훈련 데이터를 생성하기 위한 샘플링 방법에 초점을 둡니다. 이러한 샘플링 방법은 ML 프로젝트 수명 주기 내 다른 단계에도 적용 가능합니다.

샘플링은 매우 다양하게 사용됩니다. 한 가지 사례는 가용한 전체 실데이터에 접근하기 어려운 경우입니다. 이때 모델 훈련을 위해 샘플링으로 실제 데이터의 하위 집합을 생성해 사용해야 합니다. 또 다른 사례는 접근 권한이 있는 전체 데이터를 다루려면 시간과 자원이 너무 많이 소모되는 경우입니다. 이럴 때는 데이터를 샘플링해 처리 가능한 하위 집합을 생성합니다. 그 밖에도 샘플링은 많은 작업에 매우 유용합니다. 샘플링을 하면 작업을 빠르게 수행할 수 있고 비용이 줄어들죠. 예를 들어, 신규 모델을 개발하려는 경우 모델을 전체 데이터로 훈련하기 전에 모델의 가능성을 타진해보고자 데이터의 소규모 하위 집합으로 빠르게 실험해보기도 합니다.[1]

다양한 샘플링 방법을 이해하고 각 방법이 워크플로에서 사용되는 방식을 알면 업무에 큰 도움

---

1 이러한 접근법이 대형 모델에는 해당되지 않는다고 생각할 수도 있습니다. 일부 대형 모델이 소규모 데이터셋에서 잘 작동하지 않고 데이터가 훨씬 많을 때 잘 작동하기 때문이죠. 다만 이러한 경우에도 크고 작은 데이터셋으로 실험해보면 데이터셋 크기가 모델에 미치는 영향을 파악하기에 좋습니다.

이 됩니다. 첫째, 잠재적인 샘플링 편향을 피할 수 있고 둘째, 데이터의 효율성을 향상하는 샘플링 방법을 적절히 선택할 수 있죠.

샘플링은 크게 비확률 샘플링과 무작위 샘플링이라는 두 부류로 나뉩니다. 이어지는 절에서 각 샘플링 방법을 살펴봅시다.

4.1.1 비확률 샘플링

비확률 샘플링은 데이터를 확률이 아닌 기준에 의거해 선택하는 방법입니다. 다음은 비확률 샘플링에서 사용하는 몇 가지 기준입니다.

편의 샘플링(Convenience sampling)

데이터 샘플을 가용성에 의거해 선택[2]합니다. 사용하기 편해 인기가 많은 방법입니다.

눈덩이 샘플링(Snowball sampling)

기존 샘플을 기반으로 미래의 샘플을 선택합니다. 예를 들어, 트위터 데이터베이스에 접근하지 않고 트위터 계정을 합법적으로 스크랩하려면 사용자 계정 몇 개를 임의로 만든 다음 해당 계정을 팔로우하는 계정을 모두 스크랩합니다.

판단 샘플링(Judgement sampling)

전문가가 어떤 샘플을 포함할지 결정합니다.

할당 샘플링(Quota sampling)

무작위화randomization 없이 특정 데이터 그룹별 할당량에 의거해 샘플을 선택합니다. 예를 들어, 설문 조사를 실시할 때 실제 연령 분포와 상관없이 각 연령 그룹(30세 미만, 30~60세, 60세 초과)마다 응답을 100개씩 수집합니다.

----

2 옮긴이_ 예를 들어, 정보 제공 동의를 한 고객 데이터만 사용하거나, 손쉽게 크롤링할 수 있는 텍스트 데이터만 사용하는 식입니다. 위키백과에 따르면 편의 샘플링은 조사 시점 및 장소 등이 연구 진행에 편리하도록 표본을 선택하며, 이를 통한 표본은 모집단에 대해 대표성이 떨어지므로 표본 분석 결과를 모집단에 대한 추측으로 일반화하는 통계적 추론 과정을 거칠 수 없습니다(참조: *https://en.wikipedia.org/wiki/Convenience_sampling*).

확률이 아닌 기준으로 선택한 샘플은 실데이터를 잘 대표하지 못하고 선택 편향[3]이 강합니다. 따라서 ML 모델 훈련을 위한 데이터를 선택할 때 비확률 샘플링을 사용하면 결과가 영 좋지 않습니다. 하지만 안타깝게도 사용이 편리하다는 이유로 이러한 방법을 많이 사용하죠.

한 가지 사례는 언어 모델링입니다. 언어 모델은 수집하기 쉬운 데이터, 예컨대 위키백과, 커먼 크롤Common Crawl, 레딧Reddit 등의 데이터로 훈련하는 경우가 많습니다. 따라서 가용한 전체 텍스트를 대표하지 못하죠.

또 다른 예는 일반 텍스트의 감성 분석을 위한 데이터입니다. 이러한 데이터는 대부분 IMDB[4] 리뷰, 아마존 리뷰 등 자연 레이블(순위)이 있는 소스에서 수집돼 다른 감성 분석 작업에 적용되죠. IMDB 리뷰와 아마존 리뷰는 온라인 리뷰를 기꺼이 남기는 사용자 집단에 편향돼 있으며, 인터넷을 사용하지 못하거나 온라인 리뷰를 남길 의사가 없는 사람까지 대표하기는 어렵습니다.

세 번째 예는 자율 주행 자동차 훈련을 위한 데이터입니다. 초창기에는 이 데이터를 애리조나주 피닉스(규제가 약해서)와 캘리포니아주 실리콘 밸리(자율 주행 자동차를 개발하는 회사가 많아서)에서 주로 수집했습니다. 둘 다 날씨가 화창한 지역이죠. 웨이모Waymo는 2016년에 우천 시 데이터를 확보하고자 비가 좀 더 많이 오는 워싱턴주의 커클랜드로 사업을 확장했습니다.[5] 하지만 여전히 비나 눈이 내리는 날씨보다는 맑은 날씨를 위한 데이터가 훨씬 많습니다.

비확률 샘플링은 빠르고 편해 프로젝트 초창기에 데이터를 수집하고 업무를 시작하는 단계에 사용할 만합니다. 하지만 신뢰성 있는 모델이라면 확률 기반 샘플링을 사용해야 합니다. 이어지는 절에서는 확률 기반 샘플링 방법을 알아봅니다.

4.1.2 단순 무작위 샘플링

가장 단순한 형태의 무작위 샘플링이라면 모집단의 각 샘플이 선택될 확률이 모두 동일합니

---

3 Heckman, J. J. (1979, January). Sample Selection Bias as a Specification Error. *Econometrica 47*(1): 153–161. https://oreil.ly/l5AhM

4 편집자_ 인터넷 영화 데이터베이스로, 영화 및 TV 프로그램 관련 리뷰, 순위 등 정보를 제공합니다.

5 Lerman, R. (2016, February 3). *Google Is Testing Its Self-Driving Car in Kirkland*. Seattle Times. https://oreil. ly/3IA1V

다.[6] 예를 들어, 모집단의 10%를 무작위로 선택한다면 해당 모집단의 각 구성 요소가 선택될 확률은 모두 10%로 동일합니다.

단순 무작위 샘플링은 구현이 쉽다는 장점이 있습니다. 반면에 단점은 드물게 발생하는 범주의 데이터가 포함되지 않을 수 있다는 점입니다. 특정 클래스가 데이터 모집단의 0.01%로 발생한다고 생각해봅시다. 데이터 1%를 무작위로 선택하면 이처럼 드물게 발생하는 클래스의 샘플은 포함되지 않겠죠. 이러한 방법으로 데이터를 선택해 훈련한 모델은 해당 클래스가 아예 존재하지 않는다고 간주하게 됩니다.

4.1.3 계층적 샘플링

계층적 샘플링stratified sampling은 모집단을 상이한 성질의 그룹으로 나눈 뒤 각 그룹에 개별적으로 샘플링을 수행해 단순 무작위 샘플링의 단점을 극복합니다. 예를 들어, 두 클래스 A와 B가 있는 데이터에서 1%를 샘플링한다면 클래스 A에서 1%, 클래스 B에서 1%를 각각 샘플링합니다. 이렇게 하면 클래스 A나 B가 아무리 드물게 발생하더라도 해당 클래스의 샘플이 포함되죠. 각 그룹을 계층stratum이라고 하며 이러한 방법을 계층적 샘플링이라고 부릅니다.

계층적 샘플링은 항상 가능하지는 않다는 단점이 있습니다. 모든 샘플을 원하는 그룹으로 나누는 일 자체가 불가능할 때도 있습니다. 다중 레이블 작업처럼 한 샘플이 여러 그룹에 속한다면 특히나 까다롭습니다.[7] 예를 들어, 어떤 샘플은 클래스 A와 클래스 B 양쪽 모두에 속합니다.

4.1.4 가중 샘플링

가중 샘플링weighted sampling에서는 각 샘플에 가중치가 있고 이를 기반으로 샘플이 선택될 확률이 결정됩니다. 예를 들어, 샘플 A, B, C가 있고 각각 50%, 30%, 20% 확률로 선택되길 원한다면 가중치를 0.5, 0.3, 0.2로 정하면 됩니다.

이 방법에 도메인 전문 지식을 적용할 수 있습니다. 데이터의 특정 하위 모집단, 예컨대 최신 데이터가 모델에 더 가치 있고, 따라서 선택 확률을 높이고 싶다면 더 높은 가중치를 부여합니다.

---

6 여기서 모집단이란 통계적 모집단(*https://en.wikipedia.org/wiki/Statistical_population*)을 의미합니다. 이는 샘플링 대상이 될 수 있는 가용한 전체 샘플의 (잠재적으로 무한한) 집합입니다.

7 다중 레이블 작업에서는 한 데이터 포인트가 여러 레이블을 가질 수 있습니다.

이는 보유하고 있는 데이터가 실제 데이터 모집단과 다소 다른 분포에서 추출된 경우에도 도움이 됩니다. 예를 들어, 보유 데이터 샘플은 빨간색이 25%이고 파란색이 75%인데 실제로 데이터 모집단은 빨간색과 파란색이 발생할 확률이 동일하다면 빨간색 샘플에 파란색 샘플보다 3배 높은 가중치를 부여하면 됩니다.

파이썬에서 가중 샘플링은 다음과 같이 random.choices로 구현할 수 있습니다.

```
# 1, 2, 3, 4는 각각 20% 확률로, 100, 1000은 각각 10% 확률로,
# 리스트에서 아이템 두 개를 선택합니다.
import random
random.choices(population=[1, 2, 3, 4, 100, 1000],
               weights=[0.2, 0.2, 0.2, 0.2, 0.1, 0.1],
               k=2)
# 이는 다음 구문의 결과와 같습니다.
random.choices(population=[1, 1, 2, 2, 3, 3, 4, 4, 100, 1000],
               k=2)
```

가중 샘플링과 밀접하게 관련된 ML 개념 한 가지는 샘플 가중치sample weight입니다. 가중 샘플링은 모델을 훈련할 샘플을 선택하는 데 사용하는 반면 샘플 가중치는 훈련 샘플에 '가중치' 또는 '중요도'를 할당하는 데 사용합니다. 가중치가 높은 샘플은 손실 함수에 더 많은 영향을 미칩니다. 샘플 가중치를 변경하면 [그림 4-1]과 같이 모델의 결정 경계가 크게 변합니다.

모든 샘플에 동일한 가중치를 부여한 경우   샘플마다 가중치를 다르게 부여한 경우

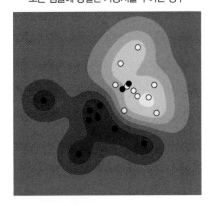 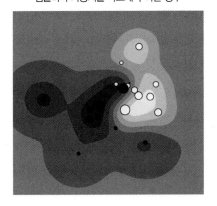

그림 4-1 샘플 가중치는 결정 경계에 영향을 미칩니다(출처: 사이킷런[8]).

....

8 SVM: Weighted Samples. scikit-learn. (n.d.). https://oreil.ly/BDqbk

4.1.5 저수지 샘플링

저수지 샘플링reservoir sampling은 프로덕션 환경의 스트리밍 데이터를 처리할 때 특히 유용한 매력적인 알고리즘입니다.

예를 들어, 지속적으로 수집되는 트윗 스트림이 있고 분석을 하거나 모델을 훈련하기 위해 k개의 트윗을 샘플링한다고 가정해봅시다. 트윗이 얼마나 많은지는 모르지만 메모리에 전체를 올릴 수 없다는 점은 알고 있습니다. 즉, 특정 트윗이 선택될 확률을 미리 알 수 없습니다. 이때 요구 사항은 다음과 같습니다.

- 각 트윗이 선택될 확률은 동일해야 합니다.
- 알고리즘 가동을 언제든지 멈출 수 있으며 이때 각 트윗이 올바른 확률로 샘플링됐음을 보장해야 합니다.

이 문제에 대한 한 가지 솔루션은 저수지 샘플링입니다. 알고리즘은 배열 형태로 구현 가능한 저장소reservoir를 포함하며 세 단계로 이뤄집니다.

1. 첫 k개의 요소를 저장소에 넣습니다.
2. 수집되는 각 n번째 요소마다 $1 \le i \le n$을 만족하는 난수 i를 생성합니다.
3. $1 \le i \le k$라면 저장소의 i번째 요소를 n번째 요소로 교체합니다. 아니라면 다음 요소로 넘어갑니다.

이는 수집되는 각 n번째 요소가 저장소에 포함될 확률이 $\frac{k}{n}$임을 뜻하며, 또한 저장소 내 각 요소가 $\frac{k}{n}$의 확률로 선택됨을 증명할 수 있습니다. 즉, 각 샘플이 선택될 확률이 동일합니다. 언제든지 알고리즘 가동을 멈추더라도 저장소 내 모든 샘플이 올바른 확률로 샘플링됨이 보장됩니다. [그림 4-2]는 저수지 샘플링이 작동하는 방식을 나타냅니다.

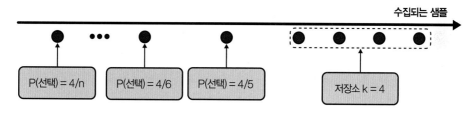

그림 4-2 저수지 샘플링 작동 방식의 시각화

4.1.6 중요도 샘플링

중요도 샘플링importance sampling은 ML뿐 아니라 다양한 분야에 두루 사용되는 중요한 방법입니다. 이 방법을 사용하면 원하는 분포가 아닌 다른 확률 분포만 활용 가능한 상황에서도 원하는 확률 분포에서 샘플링을 수행할 수 있습니다.

확률 분포 $P(x)$에서 x를 샘플링해야 하는데 $P(x)$는 샘플링 비용이 크고 느리며 활용이 어렵다고 해봅시다. 반면에 분포 $Q(x)$는 샘플링하기가 훨씬 쉽다면 x를 $Q(x)$에서 대신 샘플링하고 해당 샘플의 가중치를 $\frac{P(x)}{Q(x)}$로 부여합니다. $Q(x)$를 **제안 분포**proposal distribution 또는 **중요도 분포**importance distribution라고 부릅니다. $Q(x)$는 $P(x) \neq 0$인 경우 $Q(x) > 0$을 만족하는 임의의 분포로 정합니다. 다음 방정식은 $P(x)$에서 샘플링한 x의 기댓값이 가중치를 $\frac{P(x)}{Q(x)}$로 부여해서 $Q(x)$에서 샘플링한 x의 기댓값과 동일함을 보여줍니다.

$$E_{P(x)}\big[x\big] = \sum_x P(x)x = \sum_x Q(x)x\frac{P(x)}{Q(x)} = E_{Q(x)}\left[x\frac{P(x)}{Q(x)}\right]$$

ML에서 중요도 샘플링을 사용하는 한 가지 사례는 정책 기반 강화 학습policy-based reinforcement learning입니다. 정책을 업데이트하는 경우를 가정해봅시다. 새로운 정책의 가치 함수를 추정하고 싶지만 행동에 따르는 총 보상을 계산하는 일은 비용이 큽니다. 행동 후 정해진 시간만큼 기다리고 발생 가능한 결과를 모두 고려해야 하기 때문입니다. 그런데 새로운 정책이 이전 정책과 상당히 유사하다면 이전 정책을 기반으로 총 보상을 계산하고 새로운 정책에 따른 가중치로 재조정할 수 있죠. 이전 정책의 보상으로 제안 분포를 구성하는 셈입니다.

4.2 레이블링

비지도 ML의 여러 장점에도 불구하고 오늘날 프로덕션 환경 내 ML 모델 대부분은 지도 학습 기반입니다. 즉, 학습 용도로 레이블링한 데이터가 필요하죠. ML 모델의 성능은 여전히 학습 용도로 레이블을 지정한 데이터의 양과 질에 크게 의존합니다.

필자는 학생들에게 다음 일화를 얘기해줬습니다. 테슬라 AI 디렉터였던 안드레이 카르파티가 사내 레이블링 팀을 꾸리기로 결정했을 때 채용 담당자는 그 팀이 얼마나 오랫동안 필요하냐고 물었습니다. 그러자 카르파티는 "엔지니어링 팀은 얼마나 오랫동안 필요한데요?"라며 대꾸했죠. 데이터 레이블링은 많은 프로덕션 ML 팀에서 보조 작업이 아닌 핵심 업무로 자리 잡았습니다.

이 절에서는 데이터 레이블을 얻는 문제를 다룹니다. 우선, 레이블링 하면 데이터 과학자에게 가장 먼저 떠오르는 수작업 레이블링을 알아봅니다. 그다음에는 자연 레이블이 있는 상황, 즉 사람의 어노테이션 없이 시스템에서 레이블을 유추할 수 있는 상황을 논의합니다. 이어서 자연 레이블과 수작업 레이블이 부족할 때 무엇을 해야 할지 알아봅니다.

4.2.1 수작업 레이블

프로덕션 환경에서 데이터로 작업을 해봤다면 뼈저리게 느낄 겁니다. 데이터에 대해 수작업 레이블을 획득하는 일은 여러 이유로 어렵다는 점 말입니다. 첫째, 데이터를 수작업으로 레이블링하는 일은 비용이 큽니다. 도메인 전문가가 필요한 경우 특히 그렇습니다. 댓글이 스팸인지 판단하려면 크라우드소싱 플랫폼에서 어노테이터 20명을 찾아 15분 동안 데이터 레이블링을 어떻게 해야 하는지 가르치면 됩니다. 하지만 흉부 엑스레이에 레이블을 지정하려면 면허가 있는 방사선 전문의를 찾아야 하는데, 전문의를 고용하면 시간 제약과 큰 비용이 따르죠.

둘째, 수작업 레이블링은 데이터 개인 정보 보호 문제를 야기합니다. 수작업 레이블링을 하려면 누군가가 데이터를 직접 확인해야 하며, 엄격한 개인 정보 보호 요구 사항이 걸려 있는 데이터의 경우에는 이런 작업이 불가능하기도 합니다. 예를 들어, 레이블링을 위해 환자의 의료 기록이나 회사의 기밀 재무 정보를 서드 파티 서비스로 전송할 수 없습니다. 많은 경우 데이터를 조직 밖으로 반출하는 일이 금지되므로 온프레미스에서 데이터를 레이블링하기 위해 어노테이터를 따로 고용하거나 계약하곤 합니다.

셋째, 수작업 레이블링은 느립니다. 예를 들어, 발화 음성을 글로 정확히 옮기는 데 걸리는 시간은 발화 길이보다 400배 길 수 있습니다.[9] 따라서 한 시간짜리 연설에 레이블링하는 작업을 한 사람이 한다면 400시간 또는 거의 3개월이 소요될 수 있습니다. 필자의 동료들은 ML을 사용해 엑스레이에서 폐암을 분류하는 연구에서 충분한 레이블을 얻기까지 거의 1년을 기다려야만 했습니다.

---

9 Zhu, X. (2005). Semi-Supervised Learning with Graphs. (doctoral diss). *Carnegie Mellon University*. https://oreil.ly/VYy4

레이블링이 느리면 작업 반복 속도 또한 느려지고 변화하는 환경과 요구 사항에 대한 모델의 적응성이 떨어지게 됩니다. 작업이나 데이터가 변경되면 모델을 업데이트하기 전에 데이터에 레이블을 재지정할 때까지 기다려야 합니다. 예를 들어, 감성 분석 모델로 특정 브랜드를 언급하는 트윗에서 감성을 분석하는 경우를 생각해봅시다. 클래스는 긍정과 부정으로 두 개입니다. 그런데 모델 배포 후 PR 팀은 가장 큰 손실이 '분노'가 담긴 트윗에서 촉발된다는 사실을 깨닫습니다. 따라서 분노로 가득 찬 메시지에 더 빨리 대응하고 싶다면 클래스가 긍정, 부정, 분노 등 세 개가 되도록 감성 분석 모델을 업데이트해야 합니다. 먼저 데이터를 다시 살펴보고 기존 훈련 데이터 포인트 중 어느 것을 분노로 재지정할지 결정해야 하죠. 분노 클래스의 데이터 포인트가 충분하지 않다면 일단 데이터를 더 수집해야 합니다.

레이블 다중성

기업에서는 레이블이 지정된 데이터를 충분히 얻기 위해 종종 여러 소스에서 온 데이터를 사용하고 전문 지식수준이 상이한 여러 어노테이터에 의존합니다. 이렇게 서로 다른 데이터 소스와 어노테이터가 지닌 정확도 수준은 상이하죠. 이는 레이블의 모호성 또는 레이블 다중성 문제, 즉 데이터 포인트에 상충하는 레이블이 복수로 존재하는 상황을 야기합니다.

간단한 개체명 인식 작업을 고려해봅시다. 어노테이터 세 명에게 다음 샘플을 제공한 뒤 식별 가능한 모든 포인트에 레이블링하도록 요청했습니다.

> *단순히 황제로 알려진 다스 시디어스*Darth Sidious*는 제1은하제국의 은하 황제로서 은하계를 통치하는 시스*Sith*의 암흑 군주였습니다.*

그 결과 [표 4-1]과 같이 서로 다른 결과물 세 개를 받았습니다. 어노테이터마다 개체명을 각기 다르게 식별했습니다. 이 중 어느 것을 기준으로 모델을 훈련해야 할까요? 1번 어노테이터가 지정한 레이블 데이터로 훈련한 모델은 2번 어노테이터가 지정한 레이블 데이터로 훈련한 모델과 매우 다르게 작동합니다.

표 4-1 여러 어노테이터 간에 식별한 개체명이 매우 다를 수 있습니다.

어노테이터	개체명 개수	레이블
1	3	단순히 황제로 알려진 [다스 시디어스]는 [제1은하제국의 은하 황제]로서 은하계를 통치하는 [시스의 암흑 군주]였습니다.

| 2 | 6 | 단순히 [황제]로 알려진 [다스 시디어스]는 [제1은하제국]의 [은하 황제]로서 은하계를 통치하는 [시스]의 [암흑 군주]였습니다. |
| 3 | 4 | 단순히 [황제]로 알려진 [다스 시디어스]는 [제1은하제국의 은하 황제]로서 은하계를 통치하는 [시스의 암흑 군주]였습니다. |

어노테이터 간에 결과가 불일치하는 상황은 흔히 발생합니다. 요구되는 도메인 전문 지식수준이 높을수록 서로 불일치하게 레이블링할 가능성이 커집니다.[10] 어느 전문가는 레이블이 A여야 한다고 생각하고 다른 전문가는 B여야 한다고 생각하는 상황에서 상충점을 해결하고 단일한 그라운드 트루스를 얻으려면 어떻게 해야 할까요? 전문가들끼리 레이블을 합의하지 못한다면 무엇을 인간 수준의 성능이라고 일컬을 수 있을까요?

어노테이터 간의 불일치를 최소화하려면 먼저 문제를 명확히 정의해야 합니다. 예를 들어, 앞서 개체명 인식 작업에서 '인식 가능한 개체명이 여러 개일 때는 부분 문자열 길이가 가장 긴 개체명을 선택한다'라고 명확히 정했다면 불일치가 일부 해소됐을 겁니다. 예컨대 '은하 황제'와 '제1은하제국'이 아닌 '제1은하제국의 은하 황제'를 선택하는 식이죠. 그리고 이렇게 정의한 규칙을 어노테이터 교육에 포함해 모든 어노테이터가 주지하도록 해야 합니다.

데이터 계보

서로 다른 어노테이터가 생성한 다양한 소스의 데이터를 품질에 대한 고민 없이 무분별하게 사용하면 모델에 알 수 없는 문제가 발생할 수 있습니다. 데이터 샘플 10만 개로 모델을 훈련해서 적당히 좋은 성능을 얻었다고 가정해봅시다. ML 엔지니어는 데이터를 더 많이 사용하면 모델 성능이 오를 거라고 확신하고는, 큰 비용을 들여 어노테이터를 고용해 데이터 샘플 100만 개를 추가로 레이블링합니다.

그런데 새로운 데이터로 학습했더니 모델 성능이 오히려 감소합니다. 그 이유는 새로 고용된 어노테이터들이 새로운 샘플 100만 개를 원본 데이터보다 훨씬 낮은 정확도로 레이블링했기 때문입니다. 이미 데이터를 합쳐버려서 새로운 데이터와 이전 데이터를 구별할 수 없다면 문제를 해결하기가 더욱 까다로워집니다.

각 데이터 샘플과 레이블의 출처를 추적 가능하게 설정해두는 편이 좋습니다. 이러한 세부 구현을 **데이터 계보**data lineage 기법이라고 부릅니다. 데이터 계보는 데이터 내 잠재 편향에 플래그

---

10 지정할 레이블이 너무나 명확하다면 도메인 전문 지식이 크게 필요하지 않은 경우입니다.

를 할당하고 모델을 디버깅하는 데 큰 도움이 됩니다. 예를 들어, 모델이 대부분 최근 획득한 데이터 샘플에서 문제를 일으킨다면 새로운 데이터를 어떻게 획득했는지 조사해야 합니다. 모델 때문이 아니라 최근에 수집한 데이터에 잘못된 레이블이 비정상적으로 많아 문제가 발생하는 경우가 종종 있습니다.

4.2.2 자연 레이블

수작업 레이블링이 유일한 레이블링 방법은 아닙니다. 자연적인 그라운드 트루스 레이블이 존재한다면 작업이 훨씬 수월하죠. 자연 레이블이 있으면 모델 예측을 자동으로 평가하거나 시스템상에서 부분적으로 평가할 수 있습니다. 예를 들어, 구글 지도에서 특정 경로의 도착 시간을 추정하는 모델이 바로 그런 사례입니다. 특정 경로를 선택해서 이동하면 목적지에 도착할 때쯤 구글 지도는 실제로 경로를 이동하는 데 소요된 시간을 알게 되고, 따라서 예상 도착 시간의 정확도를 평가할 수 있습니다. 또 다른 예로는 주가 예측이 있습니다. 모델이 2분 후의 주식 가격을 예측한다면 2분이 지난 후에 예측한 가격과 실제 가격을 비교해볼 수 있습니다.

자연 레이블이 존재하는 작업에는 대표적으로 추천 시스템이 있습니다. 추천 시스템의 목표는 사용자와 연관된 항목을 추천해주는 것입니다. 사용자가 추천받은 항목을 클릭하는지 여부는 해당 추천에 대한 피드백으로 간주됩니다. 클릭한 추천은 좋은 것으로(즉, 레이블이 양성), 일정 시간(예: 10분)이 지나도 클릭하지 않는 추천은 좋지 않은 것으로 간주할 수 있죠(즉, 레이블이 음성).

많은 작업은 추천 방식으로 구조화할 수 있습니다. 광고 클릭률을 예측하는 작업을 예로 들자면, 사용자의 활동 기록과 프로필을 기반으로 가장 연관성 높은 광고를 추천하는 작업으로 구조화합니다. 클릭과 평점처럼 사용자 행동에서 추론하는 자연 레이블을 행동 레이블behavioral label이라고도 합니다.

작업에 자연 레이블이 없더라도 모델에 대한 피드백을 수집하게끔 시스템을 설정하는 방법이 있습니다. 예를 들어, 구글 번역 같은 기계 번역 시스템을 개발하는 경우 번역이 적절하지 않으면 사용자 커뮤니티에서 다른 번역을 제출할 수 있도록 옵션을 마련해둡니다. 이러한 대체 번역을 모델의 다음번 반복 학습에 사용합니다(물론 제안된 번역의 품질을 먼저 검토해야 합니다). 또 다른 예로, 페이스북의 경우 뉴스 피드 랭킹은 자연 레이블이 있는 작업은 아니지만 각 뉴스 피드 항목에 '좋아요' 버튼 등 반응 옵션을 추가하면 페이스북에서 랭킹 알고리즘에 대한 피드백을 수집합니다.

업계에서는 자연 레이블로 작업하는 경우가 상당히 흔합니다. 필자가 개인적으로 알고 있는 86개 회사 대상으로 설문을 진행했더니 전체의 63%가 자연 레이블이 존재하는 작업을 다루고 있었습니다(그림 4-3). 그렇다고 ML 솔루션으로 이익을 얻을 수 있는 모든 작업의 63%가 자연 레이블을 갖고 있다는 의미는 아닙니다. 다만 자연 레이블이 존재하는 작업이 좀 더 쉽고 저렴해 기업에서 먼저 착수하는 사례가 많다고 볼 수 있죠.

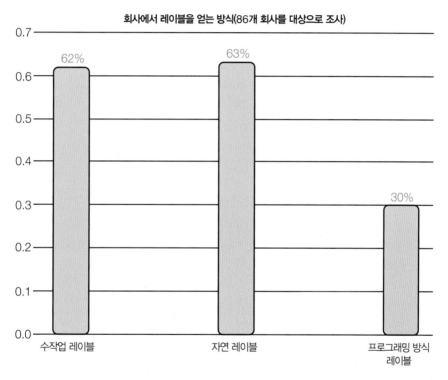

그림 4-3 필자가 개인적으로 알고 있는 회사 중 63%가 자연 레이블이 존재하는 작업을 다룹니다. 회사마다 다양한 레이블 소스를 사용해 작업하므로 백분율 합이 1이 아닙니다.[11]

앞선 예시에서, 일정 시간이 지나도 클릭하지 않는 추천은 좋지 못한 것으로 간주합니다. 이러한 음성 레이블은 양성 레이블의 부재를 통해 추정하므로 **암시적 레이블**implicit label이라고 합니

---

11 4.2.3절 '레이블 부족 문제 해결하기'의 '약한 지도 학습'에서 프로그래밍 방식 레이블을 다룹니다.

다. 사용자가 추천 항목에 낮은 평점을 부여하거나 거부를 표해서 명시적으로 피드백을 주는 **명시적 레이블**explicit label과는 반대인 셈입니다.

피드백 루프 길이

자연적인 그라운드 트루스 레이블이 존재하는 작업에서, 예측을 수행한 시점부터 피드백을 얻는 시점까지 걸리는 시간을 피드백 루프 길이feedback loop length라고 합니다. 피드백 루프 길이가 짧은 작업은 보통 몇 분 안에 레이블을 사용할 수 있는 작업입니다. 추천 시스템은 피드백 루프 길이가 짧은 경우가 많습니다. 추천 항목이 아마존의 연관 상품이나 트위터의 팔로우 대상이라면 사용자가 추천받은 항목을 클릭한다고 가정할 때 추천 후 클릭까지 걸리는 시간은 무척 짧습니다.

하지만 모든 추천 시스템의 피드백 루프 길이가 분 단위로 짧지는 않습니다. 길이가 비교적 긴 콘텐츠 유형, 예컨대 블로그 글, 기사, 유튜브 동영상을 추천한다면 피드백 루프 길이가 몇 시간이 되기도 합니다. 스티치 픽스Stitch Fix 같은 옷 추천 시스템을 개발한다면 사용자가 항목을 추천받고 그 옷을 입을 때까지 피드백을 얻지 못합니다. 몇 주까지도 걸릴 수 있죠.

사용자 피드백의 다양한 유형

사용자로부터 레이블을 추출한다면 사용자 피드백에 다양한 유형이 있다는 사실을 유의해야 합니다. 피드백은 앱의 사용자 여정 중 여러 단계에서 발생 가능하며 발생량, 신호 강도, 피드백 루프 길이가 상이합니다.

예를 들어, 아마존과 유사한 전자 상거래 애플리케이션을 생각해봅시다. 애플리케이션에 사용자가 전달하는 피드백 유형은 추천 상품 클릭, 장바구니에 담기, 구매, 별점 부여, 리뷰 작성, 이전에 구매한 상품 반품하기 등입니다.

상품 클릭은 상품 구매보다 훨씬 빠르고 빈번하게 발생합니다(따라서 발생량이 더 큽니다). 한편 상품 구매는 상품 클릭과 비교할 때 사용자가 그 상품을 좋아하는지 나타내는 보다 강력한 신호입니다.

상품 추천 시스템을 개발할 때 많은 회사는 클릭 최적화에 중점을 둡니다. 이렇게 하면 모델을 평가하기 위한 피드백을 더 많이 얻을 수 있죠. 한편 일부 회사는 구매에 중점을 두는데, 이는 더

강력한 신호이자 비즈니스 지표(예: 판매 수익)와도 좀 더 밀접하게 관련된 피드백입니다. 두 접근법 모두 유효합니다. 어떤 유형의 피드백을 적용하고 최적화할지에 정해진 답은 없으며 이해관계자 모두가 신중하게 논의해서 정해야 합니다.

피드백을 포착할 윈도 길이window length를 적절히 결정하려면 깊은 고민이 필요합니다. 속도와 정확도 사이에 트레이드오프가 있기 때문이죠. 윈도 길이가 짧으면 레이블을 더 빨리 얻을 수 있고, 레이블을 이용해 모델의 문제를 조기에 발견하고 빠르게 해결할 수 있습니다. 한편 윈도 길이가 짧으면 추천을 클릭하기 이전, 너무 이른 시점에 사용자가 클릭을 하지 않았다고 레이블을 잘못 지정해줄 수 있습니다.

윈도 길이를 어떻게 설정하든 상관없이 너무 이르게 지정한 음성 레이블은 거의 항상 존재합니다. 2021년 초 트위터 광고 팀 연구에 따르면 광고 클릭은 대부분 노출 후 5분 이내에 발생하지만 일부는 노출 후 몇 시간이 지나서야 발생합니다.[12] 이러한 사실은 해당 유형의 레이블이 실제 클릭률을 어느 정도는 과소평가함을 뜻합니다. 양성 레이블이 1,000개 기록됐다면 실제 클릭 수는 1,000회를 상회합니다.

피드백 루프 길이가 긴 작업이라면 자연 레이블을 몇 주 또는 몇 달 동안 얻지 못하기도 합니다. 전형적인 예로 이상 거래 탐지가 있습니다. 거래가 발생하고 일정 기간이 지난 뒤에 사용자는 해당 거래가 이상 거래에 해당한다고 이의를 제기할 수 있습니다. 예를 들어, 고객이 신용 카드 명세서를 보고 모르는 거래 내역을 발견해 은행에 이의를 제기하면 은행은 해당 거래가 이상 거래라는 피드백을 전달받게 됩니다. 이의 제기 윈도, 즉 이의를 제기할 수 있는 기간은 보통 1개월에서 3개월 정도입니다. 이의 제기 윈도가 끝날 때까지 사용자의 이의 제기가 없으면 적법한 거래로 간주합니다.

피드백 루프 길이가 긴 레이블은 분기별 혹은 연간 비즈니스 보고서를 통해 모델 성능을 보고하는 데 도움이 됩니다. 반면에 모델 결함을 빠르게 발견해야 한다면 문제가 될 수 있습니다. 이상 거래 탐지 모델에 결함이 있고 이를 파악하는 데 몇 달이나 걸린다면, 문제가 해결될 즈음에는 결함 있는 모델이 이미 통과시킨 이상 거래들 때문에 최악의 경우, 특히 작은 회사라면 파산하고 말 겁니다.

12 Ktena, S. I., Tejani, A., Theis, L., Myana, P. K., Dilipkumar, D., Huszar, F., Yoo, S., & Shi, W. (2019, July 15). Addressing Delayed Feedback for Continuous Training with Neural Networks in CTR Prediction. *arXiv*. https://oreil.ly/5y2WA

4.2.3 레이블 부족 문제 해결하기

고품질 레이블을 충분히 얻기란 어려운 일이며, 이를 해결하기 위해 많은 기술이 개발됐습니다. 이 절에서는 약한 지도 학습weak supervision, 준지도 학습semi-supervision, 전이 학습transfer learning, 능동적 학습active learning 등 네 가지 방법을 다룹니다. [표 4-2]는 이 학습 방법들의 개요를 나타냅니다.

표 4-2 수작업 레이블 데이터 부족 문제를 해결하는 네 가지 방법

학습 방법	어떻게 해결하나요?	그라운드 트루스가 필요한가요?
약한 지도 학습	레이블을 생성하기 위해 (때때로 잡음이 있는) 휴리스틱을 활용합니다.	아니요. 하지만 휴리스틱 개발의 기준으로 삼기 위해 레이블을 적게나마 갖추기를 권장합니다.
준지도 학습	구조적인 가정을 활용해 레이블을 생성합니다.	예. 레이블을 추가로 생성하기 위한 시드로써 초기에 수집한 레이블이 조금 필요합니다.
전이 학습	다른 작업에서 사전 훈련한 모델을 새로운 작업에 활용합니다.	제로샷 학습이라면 필요 없습니다. 미세 조정이라면 필요합니다. 다만 모델을 밑바닥부터 훈련할 때보다 보통은 훨씬 적게 필요합니다.
능동적 학습	모델 입장에서 가장 유용한 데이터 샘플을 레이블링합니다.	예.

약한 지도 학습(Weak supervision)

수작업 레이블이 그렇게 문제라면 아예 사용하지 않으면 어떨까요? 인기 있는 접근 방법으로 약한 지도 학습이 있습니다. 약한 지도 학습에는 스탠퍼드 AI 연구소Stanford AI Lab에서 개발한 오픈 소스 도구 스노클Snorkel이 널리 쓰입니다.[13] 약한 지도 학습의 기반이 되는 인사이트는 데이터를 레이블링할 때 도메인 전문 지식을 통해 개발된 휴리스틱을 활용한다는 점입니다. 예를 들어, 의사는 다음 휴리스틱을 활용해 환자를 위급하다고 판단해 우선시할지 결정합니다.

간호사 노트에 폐렴 같은 심각한 상태가 언급되면 해당 환자를 우선적으로 고려해야 한다.

스노클 같은 라이브러리는 **레이블링 함수**labeling function (LF) 개념을 기반으로 개발됐습니다. LF 란 휴리스틱을 인코딩한 함수를 뜻합니다. 앞서 언급한 휴리스틱은 다음처럼 표현합니다.

----

13 Ratner, A., Bach, S. H., Ehrenberg, H., Fries, J., Wu, S., & Ré, C. (2017). Snorkel: Rapid Training Data Creation with Weak Supervision. *Proceedings of the VLDB Endowment 11*(3): 269-282. https://oreil.ly/vFPjk

```
def labeling_function(note):
    if "폐렴" in note:
      return "위급"
```

LF로 다양한 유형의 휴리스틱을 인코딩할 수 있습니다. 다음은 그중 일부입니다.

키워드 휴리스틱

앞선 예시 같은 경우입니다.

정규 표현식

예를 들어, 노트가 특정 정규 표현식과 일치하거나 반대로 일치하지 않는 경우입니다.

데이터베이스 조회

예를 들어, 노트에 위험 질병 목록에 등재된 질병 이름이 포함된 경우입니다.

다른 모델의 출력

예를 들어, 기존 시스템이 환자를 위급으로 분류하는 경우입니다.

LF를 작성한 다음 레이블링하려는 샘플에 적용합니다.

LF는 휴리스틱을 인코딩하는데 휴리스틱에는 잡음이 존재하므로 LF가 생성한 레이블에는 잡음이 수반됩니다. 다수의 LF가 동일한 데이터 포인트에 적용될 수 있으며 상충하는 레이블을 지정하기도 합니다. 예를 들어, 어떤 함수는 간호사 노트가 위급이라고 판단하는데 다른 함수는 그렇지 않다고 판단할 수 있죠. 한 휴리스틱이 다른 휴리스틱보다 훨씬 정확하더라도 비교할 그라운드 트루스 레이블이 없어 그 사실을 인지하지 못하기도 합니다. 레이블이 올바를 가능성이 가장 높은 집합을 얻으려면 모든 LF를 결합하고 잡음을 제거한 뒤 가중치를 재조정해야 합니다. [그림 4-4]는 LF의 동작 방식을 추상적으로 보여줍니다.

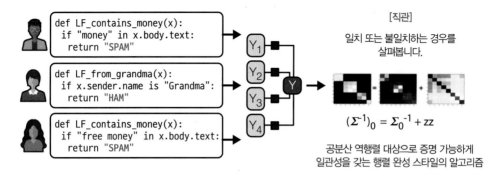

```
def LF_contains_money(x):
  if "money" in x.body.text:
    return "SPAM"
```

```
def LF_from_grandma(x):
  if x.sender.name is "Grandma":
    return "HAM"
```

```
def LF_contains_money(x):
  if "free money" in x.body.text:
    return "SPAM"
```

[직관]

일치 또는 불일치하는 경우를
살펴봅니다.

$$(\Sigma^{-1})_0 = \Sigma_0^{-1} + zz$$

공분산 역행렬 대상으로 증명 가능하게
일관성을 갖는 행렬 완성 스타일의 알고리즘

그림 4-4 레이블링 함수가 어떻게 결합되는지 추상적으로 보여줍니다(출처: 래트너 등이 작성한 자료의 이미지[14]를 각색함).

이론상 약한 지도 학습에는 수작업 레이블이 필요 없습니다. 하지만 LF가 얼마나 정확한지 파악하려면 약간의 수작업 레이블을 이용하는 편이 좋습니다. 수작업 레이블은 데이터에서 패턴을 발견해 LF를 더 잘 작성하는 데 도움이 됩니다.

약한 지도 학습은 데이터에 개인 정보 보호 요구 사항이 엄격하게 적용될 때 특히 유용합니다. 일부 데이터만 확인해 LF를 작성한 뒤 해당 함수를 나머지 데이터에 비공개로 적용하면 되죠.

LF를 사용하면 도메인 전문 지식에 버전을 지정하고 그것을 재사용하거나 공유할 수 있습니다. 어떤 팀이 보유한 전문 지식을 인코딩하면 다른 팀에서도 사용 가능합니다. 데이터나 요구 사항이 변경되면 데이터 샘플에 LF만 재적용하면 됩니다. 이렇게 LF를 사용해 데이터 레이블을 생성하는 접근법을 프로그래밍 방식 레이블링이라고도 합니다. [표 4-3]은 수작업 레이블링과 비교할 때 프로그래밍 방식 레이블링이 지닌 장점을 보여줍니다.

표 4-3 수작업 레이블링 대비 프로그래밍 방식 레이블링의 장점

수작업 레이블링	프로그래밍 방식 레이블링
높은 비용: 특히 도메인 전문 지식이 필요한 경우 비용이 높습니다.	**낮은 비용:** 전문 지식에 대한 버전 관리, 공유와 재사용이 전사적으로 가능합니다.
개인 정보 보호 부족: 어노테이터 직원에게 데이터를 전달해야 합니다.	**개인 정보 보호:** 비식별화한 일부 데이터 샘플로 LF를 만들고 나머지 데이터에 비공개로 LF를 적용합니다.

---

14 Ratner et al. (2018). Snorkel: Rapid Training Data Creation with Weak Supervision.

느린 속도: 작업 시간은 필요한 레이블 개수에 선형적으로 비례합니다.	**빠른 속도:** 샘플은 만 단위에서 억 단위로 손쉽게 확장 가능합니다.
비적응적: 변경이 발생하면 데이터를 다시 레이블링해야 합니다.	**적응적:** 변경이 발생하면 LF를 재적용하면 됩니다.

한 가지 사례 연구를 봅시다. 이 연구는 약한 지도 학습이 실제로 얼마나 잘 동작하는지 보여줍니다. 스탠퍼드 의과 대학과의 공동 연구[15]에 따르면 방사선 전문의 1명이 8시간 동안 LF를 작성해 약한 지도 학습 레이블로 훈련한 모델이 거의 1년 동안 수작업 레이블링으로 얻은 데이터로 훈련한 모델과 비슷한 성능을 보였습니다(그림 4-5). 실험 결과 중 두 가지 사실이 매우 흥미롭습니다. 첫째, 모델은 추가 LF 없이도 레이블이 미지정된 데이터를 늘려감에 따라 계속해서 개선됐습니다. 둘째, LF는 작업 전반에 걸쳐 재사용됐습니다. 연구진은 흉부 엑스레이Chest X-rays(CXR) 작업과 사지 엑스레이Extremity X-rays(EXR) 작업에 LF 6개를 재사용했습니다.[16]

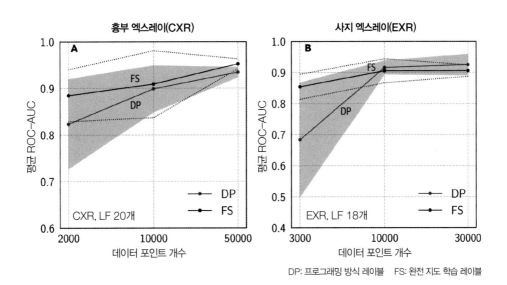

그림 4-5 흉부 엑스레이와 사지 엑스레이 작업에서 완전 지도 학습 레이블(FS)로 훈련한 모델과 프로그래밍 방식 레이블(DP)로 훈련한 모델의 성능 비교(출처: 던먼 등[17])

15 Dunnmon, J. A., Ratner, A. J., Saab, K., Lungren, M. P., Rubin, D. L., & Ré, C. (2020). Cross-Modal Data Programming Enables Rapid Medical Machine Learning. *Patterns 1*(2): 100019. https://oreil.ly/nKt8E

16 본 연구에서는 작업에 LF를 각각 18개와 20개만 사용했습니다. 현업에서는 작업에 따라 LF를 수백 개까지 사용하기도 합니다.

17 Dummon et al. (2020). Cross-Modal Data Programming.

필자가 가르치는 학생들은 종종 휴리스틱으로 레이블링을 이렇게 잘 할 수 있는데 왜 ML 모델이 따로 필요하냐고 묻습니다. 한 가지 이유는 LF가 데이터 샘플 전체를 다루지 못할 수 있기 때문입니다. 이처럼 LF가 제대로 다루지 못하는 샘플에 예측을 수행하려면 LF 프로그래밍 방식으로 레이블링한 데이터로 ML 모델을 훈련하고 샘플에 해당 모델을 적용합니다.

약한 지도 학습은 단순하지만 강력한 패러다임입니다. 하지만 완벽하지는 않죠. 약한 지도 학습으로 얻은 레이블은 실제로 적용하기에는 잡음이 너무 많을 때도 있습니다. 설령 그렇더라도 수작업 레이블링에 많이 투자하지 않으면서 ML로 얻는 효과를 탐색해보고 싶다면 약한 지도 학습이 좋은 시작점입니다.

준지도 학습(Semi-supervision)

약한 지도 학습이 휴리스틱을 활용해 잡음 섞인 레이블을 얻는다면, 준지도 학습은 구조적인 가정을 활용해 초기에 수집한 소수의 레이블을 기반으로 새로운 레이블을 생성합니다. 따라서 약한 지도 학습과 달리 초기에 수집한 레이블 집합이 필요하죠.

준지도 학습은 1990년대부터 사용해왔으며[18] 시간이 흐르면서 다양한 방법이 개발됐습니다. 이 책에서는 준지도 학습의 전체 영역을 살펴보기보다 이 방법이 어떻게 사용되는지 이해하는 정도로만 다룹니다. 전체 영역을 살펴보고 싶다면 논문 「Semi-Supervised Learning Literature Survey」[19]와 「A Survey on Semi-Supervised Learning」[20]을 읽어보기를 추천합니다.

대표적인 준지도 학습 방법으로 **자가 훈련**self-training이 있습니다. 먼저 레이블이 지정된 기존 데이터로 모델 학습을 시작한 뒤 해당 모델로 레이블이 미지정된 샘플에 예측을 수행합니다. 어떤 샘플의 원시 확률 점수가 높다면 예측이 정확하다고 가정합니다. 높은 확률로 예측한 레이블을 훈련 세트에 추가하고, 이렇게 확장한 훈련 세트로 신규 모델을 훈련합니다. 모델 성능이 만족스러워질 때까지 전 과정을 반복합니다.

또 다른 준지도 학습 방법은 유사한 특성이 있는 데이터 샘플끼리는 레이블이 동일하다고 가정

18 Blum, A., & Mitchell, T. (1998, July). Combining Labeled and Unlabeled Data with Co-Training. *Proceedings of the Eleventh Annual Conference on Computational Learning Theory*: 92-100. https://oreil.ly/T79AE

19 Zhu, X. (2008). Semi-Supervised Learning Literature Survey. https://oreil.ly/ULeWD

20 Engelen, J. E., & Hoos, H. H. (2018). A Survey on Semi-Supervised Learning. *Machine Learning, 109*: 373-440. https://oreil.ly/JYgCH

하는 것입니다. 트위터 해시태그 주제 분류 작업에서 해시태그 사이의 유사성을 사용하는 것이 좋은 예입니다. 일단 해시태그 '#AI'에 '컴퓨터 과학'이라는 레이블을 지정합니다. 같은 트윗이나 프로필에 함께 사용된 해시태그끼리 주제가 같다고 가정한다면, [그림 4-6]처럼 MIT CSAIL 프로필에 사용된 해시태그 '#ml'과 '#bigdata'도 '컴퓨터 과학'이라는 레이블을 지정할 수 있죠.

그림 4-6 '#ml'과 '#bigdata'는 '#AI'와 같은 프로필에 적혀 있으므로 주제가 같다고 볼 수 있습니다.

대부분의 경우 유사성을 찾으려면 더 복잡한 방법을 적용해야 합니다. 예를 들어, 클러스터링 방법이나 k-최근접 이웃 알고리즘을 적용해 동일한 클러스터에 속하는 샘플을 찾아냅니다.

최근 몇 년간은 교란^{perturbation} 기반 준지도 학습 방법이 큰 인기를 얻었습니다. 이 방법은 샘플에 작은 교란 신호를 더했을 때 레이블이 변하면 안 된다는 가정에 기초합니다. 따라서 훈련 대상 샘플에 작은 교란 신호를 더해 새로운 훈련 대상 샘플을 얻습니다. 교란 신호는 샘플에 직접 적용하거나(예: 이미지에 백색 잡음 추가) 샘플 표현에 적용합니다(예: 단어 임베딩에 작은 무작위 값 추가). 교란 신호를 적용한 샘플과 미적용한 샘플은 레이블이 같습니다. 관련 내용은 4.4.2절 '교란'에서 자세히 알아봅니다.

일부 사례에서는 데이터셋 레이블의 상당수를 삭제했음에도 준지도 방법의 성능이 지도 학습 성능에 버금갔습니다.[21]

준지도 학습은 훈련할 레이블 개수가 제한적일 때 가장 유용합니다. 제한된 데이터로 준지도 학습을 수행할 때는 다음을 고려해야 합니다. 여러 후보 모델을 평가하고 최적 모델을 선택하려면 제한된 데이터 중 얼마큼을 떼서 사용해야 할지 말입니다. 적은 양을 사용하면 가장 성능이 좋다고 나온 모델이 사실 평가 세트에서 가장 과적합된 모델일 수 있습니다. 반면에 많은 양을 사용하면 해당 평가 세트 기반으로 최적 모델을 선택해서 얻는 성능 향상의 폭이 한정된 훈

21 Oliver, A., Odena, A., Raffel, C., Cubuk, E. D., & Goodfellow, I. J. (2018). Realistic Evaluation of Deep Semi-Supervised Learning Algorithms. *NeurIPS 2018 Proceedings*. https://oreil.ly/dRmPV

련 세트에 평가 세트를 추가해서 얻는 성능 향상의 폭보다 작을 수 있습니다. 이러한 트레이드 오프를 해결하기 위해 많은 기업에서 합리적인 크기의 평가 세트로 최적 모델을 선택한 뒤 평가 세트까지 합쳐 챔피언 모델을 한 번 더 훈련합니다.

전이 학습(Transfer learning)

전이 학습은 특정 작업을 위해 개발한 모델을 시작점으로 삼아 후속 작업에 재사용하는 일련의 방법론입니다. 먼저, 기본적인 작업을 대상으로 기본 모델을 학습합니다. 기본적인 작업이란 일반적으로 훈련 데이터 양이 많고 수집 비용이 낮은 작업을 뜻합니다. 유력한 적용 후보로는 언어 모델링이 있는데, 언어 모델의 구조상 별도로 부여한 레이블 데이터가 따로 필요 없기 때문이죠. 언어 모델은 책, 위키백과 문서, 채팅 기록 등 모든 텍스트 본문으로 훈련할 수 있으며, 이때 작업이란 토큰 시퀀스가 주어질 때[22] 다음에 나올 토큰을 예측하는 일입니다. 예를 들어, '내가 엔비디아 주식을 산 이유는 중요성이 점점 커지고 있는'이라는 시퀀스가 주어지면 언어 모델은 다음 토큰으로 '하드웨어'나 'GPU'를 출력합니다.

그런 다음 훈련한 모델을 관심 있는 다운스트림 작업, 예컨대 감성 분석, 의도 감지, 질의응답 등에 사용합니다. 제로 샷 학습 시나리오에서처럼, 경우에 따라 다운스트림 작업에 기본 모델을 직접 사용하기도 합니다. 보통 기본 모델은 **미세 조정**fine-tuning이 필요합니다. 미세 조정이란 주어진 다운스트림 작업의 데이터로 기본 모델 혹은 그 일부에 훈련을 계속 이어나가는 등 기본 모델을 일부 변경하는 일입니다.[23]

때로는 기본 모델이 원하는 출력을 생성하도록 프롬프트 템플릿으로 입력을 수정해야 할 때도 있습니다.[24] 예를 들어, 언어 모델을 질의응답 작업의 기본 모델로 사용하기 위해 다음 프롬프트를 사용합니다.

Q: 미국은 언제 건국됐습니까?

A: 1776년 7월 4일.

....

22 토큰은 단어, 문자, 단어의 일부 등입니다.

23 Howard, J., & Ruder, S. (2018, January 18). Universal Language Model Fine-tuning for Text Classification. *arXiv*. https://oreil.ly/DBEbw

24 Liu, P., Yuan, W., Fu, J., Jiang, Z., Hayashi, H., & Neubig, G. (2021, July 28). Pre-train, Prompt, and Predict: A Systematic Survey of Prompting Methods in Natural Language Processing. *arXiv*. https://oreil.ly/0IBgn

Q: 독립선언서는 누가 썼습니까?

A: 토머스 제퍼슨.

Q: 알렉산더 해밀턴은 몇 년에 태어났습니까?

A:

마지막 프롬프트를 GPT-3[25] 같은 언어 모델에 입력하면 알렉산더 해밀턴이 태어난 연도가 출력됩니다.

전이 학습은 레이블링된 데이터가 많지 않은 작업에 특히 적합합니다. 레이블링된 데이터가 많은 작업이더라도 사전 훈련한 모델을 사용하면 처음부터 모델을 직접 훈련하는 것보다 성능이 큰 폭으로 향상합니다.

전이 학습은 장점이 뚜렷해 최근 몇 년간 크게 주목받았습니다. 이전에는 훈련 샘플이 부족해 불가능했던 많은 애플리케이션을 가능하게 해주죠. 오늘날 프로덕션 환경에서 사용되는 ML 모델은 상당 부분 전이 학습의 결과입니다. 이미지넷에서 사전 훈련한 모델을 활용하는 객체 탐지 모델이나 BERT, GPT-3 등 사전 훈련한 언어 모델을 활용하는 텍스트 분류 모델처럼 말이죠.[26] 전이 학습은 또한 ML 진입 장벽을 낮춥니다. ML 애플리케이션을 구축하기 위한 데이터 레이블링에 필요한 선행 비용을 크게 줄이기 때문입니다.

지난 5년간[27] 나타난 추세는 사전 훈련한 기본 모델이 클수록 대체로 다운스트림 작업 성능이 좋다는 점입니다. 모델이 크면 훈련 비용이 높습니다. 예컨대 GPT-3의 구성을 보면 모델 훈련에 든 비용은 수천만 달러로 추산됩니다. 많은 사람이 미래에는 소수의 회사만이 대규모 사전 훈련 모델을 훈련할 수 있을 거라고 추정합니다. 나머지 회사는 이렇게 사전 훈련한 모델을 직접 사용하거나 요구 사항에 따라 미세 조정해 사용할 겁니다.

----

25 *https://oreil.ly/qT0r3*

26 Devlin et al. (2018). BERT: Pre-training of Deep Bidirectional Transformers for Language Understanding. Brown, T. B., Mann, B., Ryder, N., Subbiah, M., Kaplan, J., Dhariwal, P., Neelakantan, A., et al. (2020). Language Models Are Few-Shot Learners. *OpenAI*. https://oreil.ly/YVmrr

27 옮긴이_ 전이 학습은 1970년대부터 논의된 주제로 오랜 역사를 자랑하지만, 대두된 것은 트랜스포머가 등장한 이후입니다. 전이 학습 역사 및 개요에 대한 논문 「A Survey on Transfer Learning」(*https://ieeexplore.ieee.org/document/5288526*)을 참조하기 바랍니다.

능동적 학습(Active learning)

능동적 학습은 데이터 레이블링 작업의 효율성을 향상합니다. ML 모델이 학습할 데이터 샘플을 선택할 수 있다면 더 적은 학습 레이블로 더 높은 정확도를 달성할 수 있습니다. 능동적 학습은 이 점을 이용합니다. 능동적 학습자인 모델이 레이블링되지 않은 샘플에 대해 질의하면 어노테이터(보통은 사람)가 그것에 레이블을 지정합니다. 따라서 능동적 학습은 질의 학습이라고도 합니다.

데이터 샘플을 무작위로 골라 레이블링하는 대신 특정 지표나 휴리스틱에 근거해 모델에게 가장 필요한 샘플을 선택해 레이블링합니다. 가장 간단한 측정 지표는 불확실성입니다. 모델의 불확실성이 가장 높은 데이터 포인트들을 선택하고 레이블링해 모델이 결정 경계를 더 잘 학습하도록 돕습니다. 예를 들어, 모델이 여러 클래스의 원시 확률을 출력하는 분류 문제라면 예측한 클래스에 대해 가장 낮은 확률을 갖는 데이터 샘플을 선택합니다. [그림 4-7]은 이 방법이 연습용 데이터 포인트에서 얼마나 잘 동작하는지 보여줍니다.

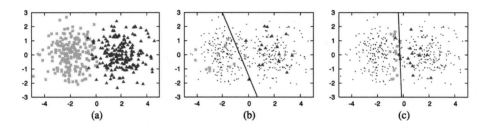

그림 4-7 불확실성 기반 능동적 학습이 동작하는 방식(출처: 버 세틀스[28])

- (a) 클래스가 2개인 가우스 함수에서 균일하게 샘플링한 데이터 포인트 400개로 연습용 데이터셋을 만듭니다.
- (b) 샘플 30개를 무작위로 선택하고 레이블링해 모델을 훈련하면 정확도가 70%입니다.
- (c) 샘플 30개를 능동적 학습으로 선택해 모델을 훈련하면 정확도가 90%입니다.

또 다른 방법으로, 다양한 후보 모델 간의 불일치를 기반으로 하는 휴리스틱도 일반적으로 사용합니다. 이 방법을 위원회에 의한 질의query-by-committee라고 하며 앙상블 방법의 예로 볼 수

---

28 Settles, B. (2012). *Active Learning*. Morgan & Claypool.

있습니다.[29] 우선 다양한 후보 모델로 구성한 위원회가 필요합니다. 이 위원회는 보통 같은 모델을 서로 다른 하이퍼파라미터 집합으로 훈련한 것 혹은 같은 모델을 데이터의 서로 다른 부분으로 훈련한 것입니다. 각 모델은 다음으로 어떤 샘플을 레이블링할지 투표할 수 있으며 이 투표는 각 모델의 예측 불확실성에 근거합니다. 그런 다음 위원회의 불일치 정도가 가장 큰 샘플을 선택해 레이블링합니다.

이 외에도 여러 가지 휴리스틱이 있습니다. 이를테면 훈련했을 때 그래디언트 업데이트가 가장 크거나 손실을 가장 크게 줄이는 샘플을 선택하는 등이죠. 능동적 학습에 관한 포괄적인 내용이 궁금하다면 논문 「Active Learning Literature Survey」[30]를 참조하기 바랍니다.

레이블링할 샘플은 다양한 데이터 구도regime에서 수집됩니다. 어떤 연구에서는 모델의 불확실성이 가장 높은 입력 공간 영역에서 샘플을 생성하는 식으로 합성 샘플을 만듭니다.[31] 혹은 레이블이 없는 데이터가 다수 있고 이 데이터가 정상 분포stationary distribution를 가질 때, 여기에서 샘플링을 해 레이블링합니다. 프로덕션 환경처럼 데이터 스트림의 원천인 실제 세계 확률 분포가 존재할 때 모델은 흘러들어오는 데이터 스트림에서 레이블링할 샘플을 선택하기도 합니다.

필자는 실시간 데이터로 동작하는 시스템에 능동적 학습을 가장 적용해보고 싶습니다. 데이터는 항상 변합니다. 이 현상은 1장에서 간략히 이야기했으며 8장에서 더 자세히 알아봅니다. 능동적 학습은 이러한 데이터 구도에서 모델이 실시간으로 더 효과적으로 학습하고 변화하는 환경에 더 빨리 적응하도록 돕습니다.

4.3 클래스 불균형 문제

클래스 불균형이란 일반적으로 분류 작업에서 나타나는 문제로, 훈련 데이터 내 클래스당 샘플 개수가 크게 차이 나는 문제를 의미합니다. 예를 들어, 엑스레이 이미지에서 폐암을 감지하는 작업에서 훈련 데이터셋 중 99.99%가 정상 폐 이미지이고 단 0.01%만이 암세포를 포함할 수 있습니다.

---

29 앙상블은 6장에서 다룹니다.
30 Settles, B. (2010). Active Learning Literature Survey. https://oreil.ly/4RuBo
31 Angluin, D. (1988). Queries and Concept Learning. *Machine Learning 2*: 319–342. https://oreil.ly/0uKs4

클래스 불균형은 레이블이 연속 값인 회귀 작업에서도 발생합니다. 예를 들어, 의료비 청구액을 추정할 때 청구액은 분포가 크게 치우쳐 있습니다.[32] 중앙값은 낮지만 95번째 백분위수 청구액은 천문학적인 수준입니다. 의료비를 예측할 때는 중앙값보다 95번째 백분위수를 정확하게 예측하는 일이 더 중요할 수 있습니다. 250달러 청구 건에 포함된 100% 오차는 허용 가능한 수준이지만(실제 금액은 500달러이지만 250달러로 예측), 1만 달러 청구 건에 포함된 100% 오차는 허용 가능한 수준이 아닙니다(실제 금액은 2만 달러이지만 1만 달러로 예측). 따라서 모델을 훈련할 때는 전반적인 지표가 하락하더라도 95번째 백분위수 청구액을 더욱 잘 예측하도록 해야 합니다.

4.3.1 클래스 불균형 문제의 어려움

ML, 특히 딥러닝은 데이터 분포가 균형을 이룰 때 잘 작동하고 클래스 불균형이 심할 때는 잘 작동하지 않습니다(그림 4-8).

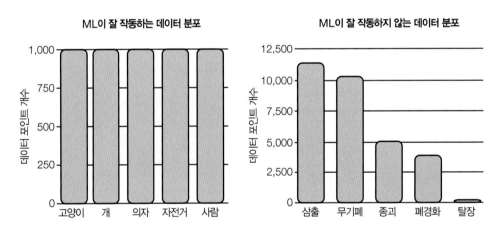

그림 4-8 ML은 클래스 분포가 균형을 이룰 때 잘 작동합니다(출처: 앤드류 응의 이미지[33]를 각색함).

클래스 불균형일 때 학습이 어려운 이유는 다음 세 가지입니다. 첫째, 모델이 소수 클래스를 찾아내는 법을 학습하기에 신호가 충분하지 않습니다. 소수 클래스의 데이터 개수가 매우 적다면

---

32 유진 옌이 알려준 훌륭한 예시입니다. 감사합니다!

33 Stanford HAI. (2020, September 24). *Andrew Ng: Bridging AI's Proof-of-Concept to Production Gap* [Video]. YouTube. https://oreil.ly/FSFWS

모델은 해당 클래스를 몇 번 못 본 채 판단을 내려야 합니다. 즉, 퓨샷 학습 문제가 돼버리죠. 드물게 발생하는 클래스의 데이터 포인트가 훈련 세트에 아예 포함되지 못했다면 모델은 해당 클래스가 존재하지 않는다고 가정하게 됩니다.

둘째, 모델이 데이터에 내재하는 유용한 패턴을 학습하는 대신 단순 휴리스틱을 활용하려는 경향이 강해지고, 따라서 최적이 아닌 해를 고집하게 됩니다. 앞서 언급한 폐암 탐지 예시를 고려해봅시다. 모델이 무조건 다수 클래스를 결과로 출력하도록 학습하더라도 정확도는 이미 99.99%입니다.[34] 이 휴리스틱에 무작위성을 조금만 더해도 정확도가 낮아지므로 경사 하강법 알고리즘이 이 휴리스틱을 능가하기가 매우 어렵습니다.

셋째, 클래스 불균형은 주로 비대칭적인 오차 비용 문제로 이어집니다. 드물게 발생하는 클래스 샘플에 예측을 잘못해서 발생하는 비용은 다수 클래스 샘플에 예측을 잘못해 발생하는 비용보다 훨씬 큽니다.

다시 폐암 탐지를 예로 들면, 암세포가 있는 엑스레이 이미지를 오분류하면 정상 폐 이미지를 오분류할 때보다 훨씬 치명적인 결과가 따릅니다. 손실 함수가 이런 비대칭을 해결하도록 구성하지 않으면 모델은 모든 샘플을 같은 방식으로 처리합니다. 그 결과로 얻은 모델은 다수 클래스와 소수 클래스에 똑같은 성능을 발휘하죠. 일반적으로는 다수 클래스에서 성능이 떨어지더라도 소수 클래스에서 성능이 좋은 모델이 훨씬 선호됩니다.

필자가 학생일 때는 클래스가 어느 정도 균형을 이루는 데이터셋을 주로 접했습니다.[35] 실무에 뛰어드니 클래스 불균형이 오히려 일반적이어서 깜짝 놀랐죠. 현실에서는 드물게 발생하는 사건이 일반적인 사건보다 훨씬 흥미롭고 결과 또한 더 중요합니다. 대다수의 작업에서는 이렇게 드물게 발생하는 사건을 탐지하는 일이 주목적입니다.

클래스 불균형인 작업의 전형적인 예는 이상 거래 탐지입니다. 대부분의 신용 카드 거래는 이상 거래가 아닙니다. 2018년 기준, 카드 소지자의 결제액 100달러당 6.8센트만이 이상 거래에 해당합니다.[36] 또 다른 예로 고객 이탈 예측이 있습니다. 대부분의 고객은 구독을 당장 취소할 생각이 없습니다. 그렇지 않다면 예측 알고리즘보다 비즈니스를 먼저 걱정해야겠죠. 그 외에도

---

34 클래스 불균형인 작업에서 정확도가 나쁜 지표인 까닭입니다. 4.3절 '클래스 불균형 처리하기'에서 자세히 살펴봅니다.

35 클래스 불균형 다루는 방법을 고민하지 않아도 된다면 ML 이론을 배우기가 더 쉬워질 거라고 생각했습니다.

36 The Nilson Report. (2019, November 21). *Payment Card Fraud Losses Reach $27.85 Billion*. PR Newswire. https://oreil.ly/NM5zo

질병 스크리닝(다행히 대부분은 말기 환자가 아님)과 이력서 스크리닝(구직자 중 98%가 첫 스크리닝 단계에서 탈락함[37])이 있습니다.

잘 알려지지 않았지만 객체 탐지[38] 또한 클래스 불균형인 작업입니다.[39] 현재 객체 탐지 알고리즘은 이미지상에 다수의 경계 상자bounding box를 생성한 다음 객체를 포함할 가능성이 가장 큰 상자를 예측하는 식으로 작동합니다. 경계 상자 중 대부분은 원하는 객체를 포함하지 않습니다.

문제에 클래스 불균형이 내재된 경우와 달리 샘플링 프로세스에서 발생한 편향으로 클래스 불균형이 야기될 때도 있습니다. 예컨대 이메일이 스팸인지 아닌지 탐지하기 위해 훈련 데이터를 만든다고 가정합시다. 회사 이메일 데이터베이스 내 익명 처리된 이메일 전체를 사용하기로 합니다. 탈로스 인텔리전스Talos Intelligence에 따르면 2021년 5월 기준 전체 이메일 중 약 85%가 스팸이지만[40] 스팸 이메일은 회사 데이터베이스에 도달하기 전에 대부분 필터링되므로 데이터셋 중 스팸은 극히 일부에 불과합니다.

일반적이지는 않지만 레이블링 오류 또한 클래스 불균형을 야기합니다. 어노테이터가 지시 사항을 잘못 읽었거나 잘못된 지시 사항을 따랐을 수도 있고(예컨대 클래스가 긍정, 부정 등 두 가지라고 생각했지만 실제로는 세 가지인 경우) 단순히 실수했을 수도 있습니다. 클래스 불균형 문제에 부딪힐 때마다 데이터를 조사해가며 원인을 이해하는 과정이 중요합니다.

4.3.2 클래스 불균형 처리하기

클래스 불균형은 실생활 애플리케이션에 만연하며, 따라서 지난 20년간 집중적으로 연구됐습니다.[41] 클래스 불균형은 불균형 정도에 따라 작업에 주는 영향이 다르며 어떤 작업은 다른 작업보다 클래스 불균형에 더 민감합니다. 야프코비치Japkowicz는 불균형에 대한 민감도가 문제의 복잡도에 따라 증가하며, 복잡도가 낮고 선형으로 분리 가능한 문제는 클래스 불균형 정도에

37 *Job Market Expert Explains Why Only 2% of Job Seekers Get Interviewed.* WebWire. (2014, January 7). https://oreil.ly/UpL8S

38 옮긴이_ 객체 탐지(Object Detection)와 객체 인식(Object Recognition)을 혼용하기도 하지만 탐지를 객체 인식에 위치 추정까지 더해 인식의 세부 하위 작업으로 구분하기도 합니다. 이 책에서는 두 용어를 구별해 번역했습니다.

39 Oksuz, K., Cam, B. C., Kalkan, S., & Akbas, E. (2020). Imbalance Problems in Object Detection: A Review. *arXiv.* https://doi.org/10.48550/arXiv.1909.00169

40 *Email and Spam Data.* Talos Intelligence. Retrieved May 2021, from https://oreil.ly/Il5Jr

41 Japkowicz, N., & Stephen, S. (2002). The class imbalance problem: A systematic study1. *Intelligent Data Analysis,* 6(5): 429–449. https://doi.org/10.3233/ida-2002-6504

상관없이 영향받지 않는다는 사실을 증명했습니다.[42] 이진 분류 문제의 클래스 불균형은 다중 클래스 분류 문제의 클래스 불균형보다 훨씬 쉬운 문제입니다. 2017년에 딩^{Ding} 등이 작성한 논문에 따르면 레이어가 10개 이상으로 매우 깊은 신경망이 얕은 신경망보다 불균형 데이터에서 훨씬 성능이 좋습니다.[43]

그간 클래스 불균형의 영향을 완화하기 위해 많은 기법이 제안됐습니다. 그러나 신경망이 더 크고 깊어지고 학습 능력이 향상됨에 따라 어떤 사람들은 클래스 불균형을 일부러 '수정'해서는 안 된다고 주장합니다. 그 불균형이 데이터가 실제로 나타나는 모습이라면 말이죠. 좋은 모델이라면 불균형을 모델링하는 법을 학습해야 합니다. 다만 그런 모델을 개발하는 일 자체가 어려우므로 여전히 특별한 훈련 기법에 의존할 수밖에 없습니다.

이 절에서는 클래스 불균형을 처리하는 세 가지 접근법을 다룹니다. 첫째는 문제에 적절한 지표를 선택하는 방법입니다. 둘째는 데이터 수준의 방법, 즉 데이터 분포를 변경해 불균형 정도를 낮추는 방법이며 마지막은 학습 방법을 클래스 불균형에 더 강건해지도록 변경하는 알고리즘 수준의 방법입니다.

이러한 기법은 필요조건일 뿐 충분조건이 아닙니다. 전반적인 조사 연구로써 논문 「Survey on deep learning with class imbalance」[44]를 추천합니다.

올바른 평가 지표 사용하기

클래스 불균형이 있는 작업을 다룰 때는 적절한 평가 지표를 선택하는 일이 중요합니다. 지표를 잘못 선택하면 모델 작동 상황을 올바르게 파악할 수 없고, 결과적으로 성능이 충분히 좋은 모델을 개발하거나 선택하지 못하게 됩니다.

전체 정확도와 오차 비율은 ML 모델의 성능을 보고하는 데 가장 자주 사용하는 지표입니다. 다만 이 지표들은 모든 클래스를 동일하게 취급하므로 클래스 불균형이 있는 작업에는 적절하지 않습니다. 다시 말해, 다수의 클래스에 대한 모델 성능이 지표를 좌우하게 되는데, 다수의 클래

42 Japkowicz, N. (2000). The Class Imbalance Problem: Significance and Strategies. *International conference on artificial intelligence 2000*: 111–118.

43 Ding, W., Huang, D.–Y., Chen, Z., Yu, X., & Lin, W. (2017). Facial Action Recognition Using Very Deep Networks for Highly Imbalanced Class Distribution. *2017 Asia–Pacific Signal and Information Processing Association Annual Summit and Conference (APSIPA ASC)*. https://oreil.ly/WeW6J

44 Johnson, J. M., & Khoshgoftaar, T. M. (2019). Survey on deep learning with class imbalance. *Journal of Big Data*, 6(1). https://oreil.ly/9QvBr

스가 관심 대상이 아닐 경우 이 점은 더 큰 문제가 됩니다.

두 가지 레이블이 있는 작업을 가정해봅시다. 레이블은 각각 암(양성 클래스)과 정상(음성 클래스)이며 레이블이 지정된 데이터 중 90%는 정상입니다. [표 4-4]와 [표 4-5]는 두 모델의 혼동 행렬을 나타냅니다.

표 4-4 모델 A의 혼동 행렬. 모델 A는 100건의 암 환자 사례 중 10건을 탐지합니다.

모델 A	실제 암인 경우	실제 정상인 경우
암으로 예측한 경우	10	10
정상으로 예측한 경우	90	890

표 4-5 모델 B의 혼동 행렬. 모델 B는 100건의 암 환자 사례 중 90건을 탐지합니다.

모델 B	실제 암인 경우	실제 정상인 경우
암으로 예측한 경우	90	90
정상으로 예측한 경우	10	810

사람들은 대부분 실제로 암에 걸렸는지 알아낼 확률이 더 높은 모델 B 예측을 선호하지만, 사실 정확도는 두 모델 다 0.9로 동일합니다.

관심 대상 클래스와 관련해 모델 성능을 이해하는 데 도움이 되는 지표를 선택하는 편이 더 좋습니다. 정확도는 각각의 클래스에 개별적으로 사용한다면 여전히 좋은 지표입니다. 암 클래스에 대한 모델 A의 정확도는 10%이고 모델 B의 정확도는 90%입니다.

정밀도, 재현율, F1은 모델이 양성 클래스를 올바르게 예측한 결과인 진양성^{true positive}을 기준으로 하므로 이진 분류 문제에서 양성 클래스와 관련된 모델 성능을 측정하는 지표입니다.[45]

---

45 scikit-learn.metrics.f1_score를 사용할 때 pos_label은 기본적으로 1로 설정되지만 2021년 7월부터는 0을 양성 레이블로 사용하고 싶다면 그렇게 변경할 수도 있습니다.

정밀도, 재현율, F1

정밀도, 재현율, F1 점수를 잠시 복습해봅시다. 이 지표들은 이진 분류 작업에서 진양성, 진음성, 위양성, 위음성 숫자를 사용해 계산합니다. [표 4-6]은 해당 용어들의 정의를 나타냅니다.

표 4-6 이진 분류 작업에서의 진양성, 위양성, 위음성, 진음성의 정의

	양성으로 예측	음성으로 예측
양성 레이블	진양성 (적중)	위음성 (2종 오류, 누락)
음성 레이블	위양성 (1종 오류, 오경보)	진음성 (정기각)

- 정밀도 = 진양성 / (진양성 + 위양성)
- 재현율 = 진양성 / (진양성 + 위음성)
- F1 = 2 × 정밀도 × 재현율 / (정밀도 + 재현율)

정밀도, 재현율, F1은 비대칭 지표입니다. 즉, 어떤 클래스를 양성 클래스로 간주할지에 따라 값이 바뀝니다. 앞선 예시에서 암을 양성 클래스로 간주하면 모델 A의 F1은 0.17입니다. 반면에 정상을 양성 클래스로 간주하면 모델 A의 F1은 0.95입니다. [표 4-7]은 암이 양성 클래스일 때 모델 A와 모델 B의 정확도, 정밀도, 재현율, F1입니다.

표 4-7 한 모델이 명백히 우세하더라도 두 모델의 정확도는 동일합니다.

	암 (1)	정상 (0)	정확도	정밀도	재현율	F1
모델 A	10 / 100	890 / 900	0.9	0.5	0.1	0.17
모델 B	90 / 100	810 / 900	0.9	0.5	0.9	0.64

분류 문제 중 다수는 회귀 문제로 모델링할 수 있습니다. 모델이 확률을 출력하면 해당 확률을 기반으로 샘플을 분류합니다. 예를 들어, 값이 0.5보다 크면 양성 레이블이고 0.5보다 작거나 같으면 음성 레이블입니다. 즉, 임곗값을 조정해 **진양성률**(**재현율**이라고도함)을 늘리면서 **위양성률**(**오경보 확률**이라고도함)을 낮출 수 있고 그 반대도 가능합니다. 임곗값마다 위양성률에 대한 진양성률을 그려볼 수 있으며 이러한 플롯을 **수신기 작동 특성**Receiver Operating Characteristic(ROC) 곡선이라고 합니다. 모델이 완벽하다면 재현율은 1.0이 되고 곡선은 [그림

4-9]의 그래프 가장 상단에 있는 직선으로 그려집니다. ROC 곡선은 임곗값에 따라 모델 성능이 어떻게 변하는지 보여주므로 가장 적절한 임곗값을 선택하는 데 도움이 됩니다. 직선에 가까울수록 모델 성능이 좋습니다.

ROC 곡선 아래 면적 Area Under the ROC Curve(AUC)은 ROC 곡선 아래 면적을 측정합니다. ROC 곡선이 직선에 가까울수록 성능이 좋으므로 AUC는 넓을수록 좋습니다. [그림 4-9]를 참조하기 바랍니다.

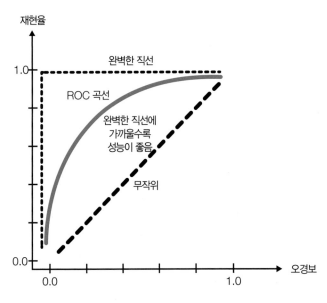

그림 4-9 ROC 곡선

ROC 곡선은 F1이나 재현율과 마찬가지로 양성 클래스에만 초점을 맞추고 모델이 음성 클래스에서 얼마나 잘 작동하는지는 나타내지 않습니다. 데이비스Davis와 고드릭Goadrich은 ROC 곡선 대신 정밀도-재현율 곡선, 즉 재현율에 대한 정밀도를 그려봐야 한다고 제안합니다. 이들은 클래스 불균형이 심할 때 이 곡선이 알고리즘 성능에 대해 더 유용한 정보를 담고 있다고 주장합니다.[46]

---

46 Davis, J., & Goadrich, M. (2006). The relationship between precision-recall and ROC curves. *Proceedings of the 23rd International Conference on Machine Learning - ICML '06*. https://oreil.ly/s40F3

데이터 수준의 방법: 리샘플링

훈련 데이터의 분포를 수정해 불균형 정도를 줄여서 모델 학습을 더 용이하게 만드는 방법입니다. 이러한 기법으로는 일반적으로 리샘플링이 있습니다. 리샘플링에는 다수 클래스에서 데이터 포인트를 제거하는 언더샘플링과 소수 클래스로부터 데이터 포인트를 추가하는 오버샘플링이 있습니다. 가장 간단한 언더샘플링 방법은 다수 클래스에서 데이터 포인트를 무작위로 제거하는 것이며, 마찬가지로 가장 간단한 오버샘플링 방법은 원하는 비율이 될 때까지 소수 클래스 복사본을 무작위로 생성하는 것입니다. [그림 4-10]은 오버샘플링과 언더샘플링의 동작 방식을 시각화한 그림입니다.

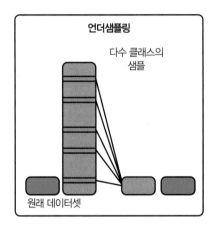
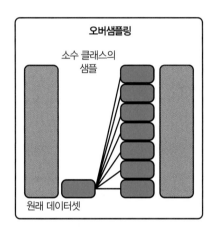

그림 4-10 언더샘플링과 오버샘플링의 동작 방식(출처: 하파에우 알렝카르의 이미지[47]를 각색함).

저차원 데이터를 언더샘플링하는 방법으로는 1976년에 개발된 토멕Tomek 링크[48]가 인기 있습니다. 서로 반대되는 클래스에서 근접한 샘플 쌍을 찾아 각 쌍에서 다수 클래스의 샘플을 제거합니다.

이렇게 하면 결정 경계가 더 명확해져 모델이 경계를 학습하는 데는 분명 도움이 되지만 실제 결정 경계의 미묘한 형태를 학습하지 못해 모델의 강건성이 떨어집니다.

저차원 데이터를 오버샘플링하는 방법으로는 소수 클래스 합성을 통한 오버샘플링 기법, 즉

47 Alencar, R. (2017). *Resampling Strategies for Imbalanced Datasets*. Kaggle. https://oreil.ly/p8Whs
48 Tomek, I. (1976, June). An experiment with the edited nearest-neighbor rule. *IEEE Transactions on Systems, Man, and Cybernetics*, SMC-6(6): 448–452. https://oreil.ly/JCxHZ

SMOTE[Synthetic Minority Over-sampling Technique][49]가 인기 있습니다. 소수 클래스 내의 기존 데이터 포인트에 대한 볼록 조합[convex combination] 샘플링으로 소수 클래스의 새로운 샘플을 합성해냅니다.[50]

토멕 링크와 SMOTE 모두 저차원 데이터에서만 효과적입니다. 니어-미스[Near-Miss]나 단측 선택[51]같이 정교한 리샘플링 기법은 대부분 데이터 포인트 사이 혹은 데이터 포인트와 결정 경계 사이의 거리를 계산해야 하며, 이러한 연산은 대형 신경망처럼 고차원 데이터 또는 고차원 피처 공간에서 비용이 너무 크거나 실행이 불가능합니다.

훈련 데이터를 리샘플링한다면 리샘플링된 데이터에서 모델을 평가하지 말아야 합니다. 모델이 리샘플링한 분포에 과적합될 수 있기 때문이죠.

언더샘플링은 데이터 제거 과정에서 중요한 데이터가 손실될 위험이 있으며 오버샘플링은 훈련 데이터에 과적합될 위험이 있습니다. 특히 소수 클래스의 추가 복사본이 기존 데이터 복제본이라면 더욱 그렇습니다. 이를 완화하기 위해 정교한 샘플링 기법이 다양하게 개발됐습니다.

그중 하나는 2단계 학습입니다.[52] 먼저 리샘플링한 데이터로 모델을 훈련합니다. 여기서 리샘플링 데이터는 각 클래스에 데이터 포인트가 N개만 남을 때까지 다수 클래스를 무작위로 언더샘플링해서 만듭니다. 그런 다음 원래 데이터로 모델을 미세 조정합니다.

또 다른 기법으로 동적 샘플링이 있습니다. 학습 과정에서 성능이 낮은 클래스를 오버샘플링하고 성능이 높은 클래스를 언더샘플링합니다. 이 방법은 논문 「Dynamic sampling in convolutional neural networks for Imbalanced Data Classification」[53]에서 소개됐으며

49 Chawla, N. V., Bowyer, K. W., Hall, L. O., & Kegelmeyer, W. P. (2002). Smote: Synthetic minority over-sampling technique. *Journal of Artificial Intelligence Research*, 16: 341–378. https://oreil.ly/f6y46

50 여기서 '볼록'은 대략 '선형'임을 의미합니다.

51 Zhang, J., & Mani, I. (2003). kNN Approach to Unbalanced Data Distributions: A Case Study involving Information Extraction. *Workshop on Learning from Imbalanced Datasets II, ICML*. https://oreil.ly/qnpra
Kubat, M., & Matwin, S. (2000). Addressing the Curse of Imbalanced Training Sets: One-Sided Selection. https://oreil.ly/8pheJ

52 Lee, H., Park, M., & Kim, J. (2016). Plankton classification on imbalanced large scale database via convolutional neural networks with transfer learning. *2016 IEEE International Conference on Image Processing (ICIP)*. https://oreil.ly/YiA8p

53 Pouyanfar, S., Tao, Y., Mohan, A., Tian, H., Kaseb, A. S., Gauen, K., Dailey, R., Aghajanzadeh, S., Lu, Y.-H., Chen, S.-C., & Shyu, M.-L. (2018). Dynamic sampling in convolutional neural networks for Imbalanced Data Classification. *2018 IEEE Conference on Multimedia Information Processing and Retrieval (MIPR)*. https://oreil.ly/D3Ak5

모델에게 이미 학습한 것보다 학습하지 않은 것을 더 많이 보여주는 것을 목표로 합니다.

알고리즘 수준의 방법

데이터 수준의 방법이 학습 데이터 분포를 변경해 클래스 불균형 문제를 해결하려는 반면 알고리즘 수준의 방법은 학습 데이터 분포를 그대로 유지하면서 클래스 불균형에 더 강건한 알고리즘으로 변경하는 방법입니다.

알고리즘 수준의 방법은 대부분 학습 프로세스를 지도해나가는 손실 함수(또는 비용 함수)를 조정합니다. 핵심 아이디어를 살펴봅시다. 두 데이터 포인트 x_1과 x_2가 있고 x_1 예측을 잘못해서 발생하는 손실이 x_2보다 크다면 모델은 x_2보다 x_1을 올바르게 예측하는 일을 우선시해야 합니다. 우선시하는 훈련 데이터 포인트에 가중치를 더 크게 부여하면 모델은 해당 데이터 포인트를 학습하는 데 더 초점을 맞춥니다.

$L(x;\theta)$를 매개변수 집합 θ가 있는 모델에 대해 데이터 포인트 x로 인한 손실이라고 가정합니다. 모델 손실은 보통 모든 데이터 포인트로 인한 평균 손실로 정의합니다. N은 훈련 샘플의 총개수입니다.

$$L(X;\theta) = \sum_x \frac{1}{N} L(x;\theta)$$

이 손실 함수는 데이터 포인트로 인한 손실을 모두 동일하게 평가합니다. 일부 데이터 포인트를 잘못 예측했을 때 비용이 다른 데이터 포인트보다 훨씬 크더라도 말이죠. 해당 비용 함수를 수정하는 방법은 여러 가지가 있습니다. 이 절에서는 세 가지를 알아봅니다. 첫 번째는 비용 민감 학습입니다.

비용 민감 학습

2001년 엘칸Elkan은 클래스마다 오분류 비용이 다르다는 통찰을 바탕으로, 서로 다른 비용을 고려해 각 손실 값을 수정한 비용 민감 학습을 제안했습니다.[54] 비용 행렬 C_{ij}는 클래스 i를 클래스 j로 분류할 때 비용을 의미합니다. $i = j$이면 올바른 분류이며 비용은 일반적으로 0입니다.

---

54 Elkan, C. (2001). The Foundations of Cost-Sensitive Learning. *Proceedings of the Seventeenth International Joint Conference on Artificial Intelligence (IJCAI'01)*. https://citeseerx.ist.psu.edu/pdf/7fed3e00be2bb09510f5f7cad7ac 106e6c94a359

$i \neq j$이면 오분류입니다. 양성 데이터 포인트를 음성으로 분류할 때 비용이 그 반대보다 두 배 크다면 C_{10}을 C_{01}보다 두 배 높게 책정합니다.

예를 들어, 클래스가 양성과 음성으로 두 개일 때 비용 행렬은 [표 4-8]과 같습니다.

표 4-8 비용 행렬의 예

모델 A	실제 음성인 경우	실제 양성인 경우
음성으로 예측한 경우	$C(0,0) = C_{00}$	$C(1,0) = C_{10}$
양성으로 예측한 경우	$C(0,1) = C_{01}$	$C(1,1) = C_{11}$

클래스 i의 데이터 포인트 x로 인한 손실은 데이터 포인트 x의 모든 가능한 분류의 가중 평균이 됩니다.

$$L(x;\theta) = \sum_j C_{ij} P(j \mid x;\theta)$$

이 손실 함수의 문제점은 비용 행렬을 수작업으로 정의해야 한다는 점입니다. 비용 행렬은 작업과 규모마다 다릅니다.

클래스 균형 손실

불균형 데이터셋으로 훈련한 모델에서는 다수 클래스로 편향되고 소수 클래스에서 예측을 잘 못하는 현상이 벌어집니다. 이러한 편향을 바로잡기 위해 소수 클래스를 잘못 예측한 모델에 불이익을 주면 어떨까요?

가장 기본적인 형태로는 각 클래스의 가중치를 해당 클래스 샘플 수에 반비례하게 만듭니다. 더 적은 수의 클래스가 더 큰 가중치를 갖게 되죠. 다음 등식에서 N은 훈련 샘플의 총 개수입니다.

$$W_i = \frac{N}{\text{클래스 } i\text{의 샘플 개수}}$$

클래스 i의 데이터 포인트 x로 인한 손실은 다음과 같습니다. $Loss(x, j)$는 x를 클래스 j로 분류할 때의 손실입니다. 손실 함수는 교차 엔트로피 등입니다.

$$L(x;\theta) = W_i \sum_j P(j \mid x;\theta) Loss(x, j)$$

보다 정교한 손실 함수는 유효 샘플 수 기반의 클래스 균형 손실처럼 샘플 간의 중첩을 고려합니다.[55]

초점 손실(Focal loss)

데이터에서 어떤 데이터 포인트는 다른 것들보다 분류하기가 더 쉬우며, 모델은 이런 데이터 포인트를 분류하는 방법을 빠르게 습득합니다. 모델이 분류하기 어려운 샘플을 집중적으로 학습하도록 인센티브를 줍시다. 예측이 맞을 확률이 낮을수록 샘플 가중치가 커지도록 손실을 조정하면 어떨까요? 이것이 바로 초점 손실의 핵심 아이디어입니다.[56] [그림 4-11]은 초점 손실 수식 및 교차 엔트로피 손실과 비교한 성능을 나타냅니다.

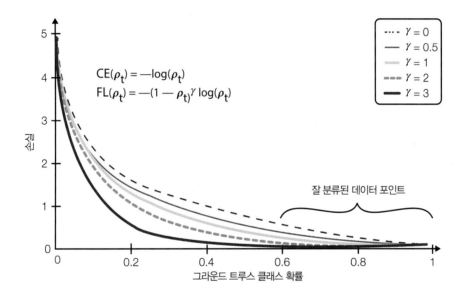

그림 4-11 초점 손실(FL)로 훈련한 모델은 교차 엔트로피 손실(CE)로 훈련한 모델에 비해 손실 값이 크게 감소했습니다(출처: 린 등이 작성한 논문의 이미지를 각색함).

실전에서는 앙상블이 클래스 불균형 문제에 큰 효과를 보인다고 합니다.[57] 다만 앙상블은 이

---

55 Cui, Y., Jia, M., Lin, T.-Y., Song, Y., & Belongie, S. (2019). Class-Balanced Loss Based on Effective Number of Samples. *Proceedings of the Conference on Computer Vision and Pattern*. https://oreil.ly/jCzGH

56 Lin, T.-Y., Goyal, P., Girshick, R., He, K., & Dollár, P. (2017, August 7). Focal Loss for Dense Object Detection. *arXiv*. https://oreil.ly/Km2dF

57 Galar, M., Fernandez, A., Barrenechea, E., Bustince, H., & Herrera, F. (2012, July). A Review on Ensembles for the

절에서 다루지 않습니다. 일반적으로 앙상블을 사용하는 이유가 클래스 불균형은 아니기 때문입니다. 앙상블 기법은 6장에서 다룹니다.

4.4 데이터 증강

데이터 증강은 훈련 데이터 양을 늘리는 데 사용하는 기법입니다. 전통적으로 이러한 기법은 의료 영상처럼 훈련 데이터가 제한된 작업에 사용하지만 지난 몇 년 사이 데이터가 많은 경우에도 유용한 것으로 나타났습니다. 증강 데이터는 모델이 잡음과 적대적 공격adversarial attack에 더 강건해지도록 합니다.

데이터 증강은 대다수 컴퓨터 비전 작업의 표준 단계가 됐으며 자연어 처리(NLP) 작업에도 적용됩니다. 구체적인 기법은 데이터 포맷에 따라 크게 다릅니다. 이미지 조작은 텍스트 조작과 다르기 때문이죠. 이 절에서는 데이터 증강의 세 가지 주요 유형을 다룹니다. 각각 단순 레이블 보존 변환, '잡음 추가'를 뜻하는 교란, 데이터 합성입니다. 각 유형이 컴퓨터 비전과 NLP에 사용되는 예를 함께 살펴봅니다.

4.4.1 단순 레이블 보존 변환

컴퓨터 비전에서 데이터 증강 기법이 어떻게 적용되는지 알아봅시다. 가장 간단하게는 레이블을 유지한 채 이미지를 무작위로 수정하는 방법이 있습니다. 자르기, 뒤집기, 회전, 반전(가로 또는 세로로), 일부 지우기 등으로 이미지를 수정합니다. 개 이미지를 회전해도 여전히 개이므로 이것이 성립되죠. 파이토치, 텐서플로, 케라스 등 일반적인 ML 프레임워크는 모두 이미지 증강을 지원합니다. 크리제브스키Krizhevsky를 비롯한 연구자들이 쓴 전설적인 알렉스넷 논문에 따르면 "GPU가 이전의 이미지 배치로 모델을 훈련하는 동안 CPU의 파이썬 코드는 이미지를 변환하면서 생성합니다. 따라서 이러한 데이터 증강 체계는 사실상 계산 비용이 0입니다."[58]

Class Imbalance Problem: Bagging-, Boosting-, and Hybrid-Based Approaches. *IEEE Transactions on Systems, Man, and Cybernetics, Part C (Applications and Reviews)* 42(4): 463–484. https://oreil.ly/1ND4g

58 Krizhevsky, A., Sutskever, I., & Hinton, G. E. (2012). ImageNet Classification with Deep Convolutional Neural Networks. https://oreil.ly/aphzA

NLP에는 어떻게 적용되는지 알아봅시다. [표 4-9]와 같이 일부 단어를 유사한 단어로 무작위 대체합니다. 대체해도 문장의 의미나 감정을 바꾸지 않는다고 가정하고, 유사한 단어는 동의어 사전을 사용하거나 단어 임베딩 공간에서 임베딩이 유사한 단어를 검색해 찾습니다.

표 4-9 원래 문장으로 생성한 세 문장

원문	만나서 정말 기쁩니다.
	만나서 정말 **반갑습니다.**
생성한 문장	**뵈어서** 정말 기쁩니다.
	만나서 **몹시** 기쁩니다.

이러한 데이터 증강 유형은 훈련 데이터를 두세 배로 손쉽게 늘리는 방법입니다.

4.4.2 교란

교란 또한 레이블을 보존하지만 종종 모델이 잘못된 예측을 하도록 속이므로 따로 다루겠습니다.

일반적으로 신경망은 잡음에 민감합니다. 컴퓨터 비전에서는 이미지에 잡음을 소량만 추가해도 신경망이 이미지를 잘못 분류할 수 있습니다. 수Su를 비롯한 연구자들은 캐글 CIFAR-10 테스트 데이터셋의 자연물 이미지 중 67.97%, 이미지넷 테스트 이미지 중 16.04%에서 픽셀 하나만 변경해도 오분류가 발생함을 보였습니다(그림 4-12).[59]

----

59 Su, J., Vargas, D. V., & Kouichi, S. (2019). One Pixel Attack for Fooling Deep Neural Networks. *IEEE Transactions on Evolutionary Computation 23*(5): 828–841. https://oreil.ly/LzN9D

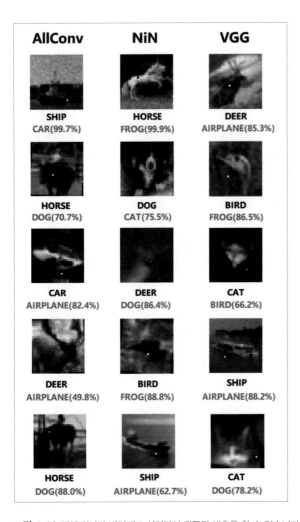

그림 4-12 픽셀 하나만 변경해도 신경망이 잘못된 예측을 할 수 있습니다. 사용한 모델은 AllConv, NiN, VGG입니다. 각 이미지 바로 아래는 모델이 예측한 원래 레이블이고, 그 아래는 픽셀 하나를 변경해서 예측한 레이블입니다(출처: 수등[60])

속임수가 있는 데이터를 사용해 신경망이 잘못된 예측을 하도록 속이는 것을 적대적 공격이라고 하며, 앞선 예시처럼 샘플에 잡음을 추가하는 것은 적대적 샘플을 생성하는 일반적인 기법입니다. 적대적 공격은 특히 이미지의 해상도가 높은 경우 그 성공의 효과가 두드러져 보입니다.

훈련 데이터에 잡음 샘플을 추가하면 모델이 학습한 결정 경계에서 약점을 인식하고 성능을 개

---

60 Su et al. (2019). One Pixel Attack for Fooling Deep Neural Networks.

선하는 데 도움이 됩니다.[61] 잡음 샘플은 무작위 잡음을 추가하거나 탐색 전략을 통해 생성 가능합니다. 무사비-데즈풀리[Moosavi-Dezfooli]를 비롯한 연구자들이 제안한 DeepFool 알고리즘은 높은 신뢰도로 오분류를 야기하는 데 필요한 최소 잡음 주입 정도를 찾아냅니다.[62] 이러한 증강을 적대적 증강이라고 부릅니다.[63]

적대적 증강은 NLP에서 잘 사용되지 않으며(곰 이미지에 임의로 픽셀을 추가하면 여전히 곰처럼 보이지만 임의의 문장에 임의의 문자를 추가하면 헛소리처럼 보일 가능성이 높음) 모델을 보다 강건하게 만드는 방법으로 교란이 사용됩니다. 가장 주목할 만한 예는 BERT입니다. 모델이 각 시퀀스의 전체 토큰에서 15%를 무작위로 선택하고 그중 10%를 다시 선택해 임의의 단어로 대체하죠. 예를 들어, '우리 집 강아지는 복슬복슬해'라는 문장이 주어졌을 때 모델이 무작위로 '복슬복슬해'를 '사과야'로 바꾸면 문장은 '우리 집 강아지는 사과야'가 됩니다. 따라서 전체 토큰의 1.5%는 무의미한 것이 될 수 있죠. 해당 논문의 절제 연구[ablation study][64]에 따르면 문장의 일부를 무작위로 교체하는 것이 모델 성능을 약간 향상합니다.[65]

6장에서는 모델 성능을 향상하는 방법이 아니라 평가하는 방법으로써 교란을 사용하는 법을 알아봅니다.

4.4.3 데이터 합성

데이터 수집은 느리고 비용이 크며 개인 정보 보호 문제가 있을 수 있습니다. 이 방식을 완전히 탈피해서 합성 데이터로 모델을 훈련할 수 있다면 신세계일 것입니다. 모든 훈련 데이터를 합성하는 방식은 요원하더라도 일부 훈련 데이터를 합성해 모델 성능을 높일 수는 있습니다.

....

61 Goodfellow, I. J., Shlens, J., & Szegedy, C. (2015, March 20). Explaining and Harnessing Adversarial Examples. *arXiv*. https://oreil.ly/9v2No
Goodfellow, I. J., Warde-Farley, D., Mirza, M., Courville, A., & Bengio, Y. (2013, February 18). Maxout Networks. *arXiv*. https://oreil.ly/L8mch

62 Moosavi-Dezfooli, S.-M., Fawzi, A., & Frossard, P. (2016). DeepFool: A Simple and Accurate Method to Fool Deep Neural Networks. *Proceedings of IEEE Conference on Computer Vision and Pattern Recognition (CVPR)*. https://oreil.ly/dYVL8

63 Miyato, T., Maeda, S.-i., Koyama, M., & Ishii, S. (2017). Virtual Adversarial Training: A Regularization Method for Supervised and Semi-Supervised Learning. *IEEE Transactions on Pattern Analysis and Machine Intelligence*. https://oreil.ly/MBQeu

64 옮긴이_ 절제 연구는 모델이나 알고리즘의 피처를 제거해나가면서 이것이 모델 성능에 얼마나 영향을 미치는지 확인하는 것을 의미합니다(참조: *https://www.quora.com/In-the-context-of-deep-learning-what-is-an-ablation-study*).

65 Devlin et al. (2018). BERT: Pre-training of Deep Bidirectional Transformers for Language Understanding.

NLP에서 템플릿을 사용해 낮은 비용으로 모델을 부트스트랩할 수 있습니다. 필자와 함께 작업했던 한 팀은 대화형 AI(챗봇)를 위한 훈련 데이터를 부트스트랩하기 위해 템플릿을 사용했습니다. 한 가지 예시를 봅시다. 템플릿 형식은 '[위치]에서 [숫자]마일 이내에 있는 [세계] 음식점을 찾아주세요'입니다(표 4-10). 가능한 모든 요리, 합리적인 숫자(1,000마일 밖을 넘어가는 음식점은 검색하지 말 것)와 각 도시 위치(집, 사무실, 명소, 정확한 주소)를 사용해 템플릿으로 훈련용 질의문 수천 개를 생성합니다.

표 4-10 템플릿으로 생성한 세 문장

템플릿	[위치]에서 [숫자]마일 이내에 있는 [세계] 음식점을 찾아주세요.
생성한 질의문	**사무실**에서 **2**마일 이내에 있는 **베트남** 음식점을 찾아주세요.
	집에서 **5**마일 이내에 있는 **태국** 음식점을 찾아주세요.
	구글 본사에서 **3**마일 이내에 있는 **멕시코** 음식점을 찾아주세요.

컴퓨터 비전에서 간단히 신규 데이터를 합성하는 방법을 알아봅시다. 이산 값의 레이블을 갖는 기존 데이터 포인트를 결합해 연속 값의 레이블을 생성합니다. 개(0으로 인코딩)와 고양이(1로 인코딩)라는 두 가지 레이블로 이미지를 분류하는 작업을 가정해봅시다. 다음처럼 개 레이블의 데이터 포인트 x_1과 고양이 레이블의 데이터 포인트 x_2로 x'를 생성합니다.

$$x' = \gamma x_1 + (1 - \gamma)x_2$$

x'의 레이블은 데이터 포인트 x_1과 x_2 레이블의 조합으로, $\gamma \times 0 + (1 - \gamma) \times 1$입니다 이러한 방법을 믹스업이라고 합니다. 논문에 따르면 믹스업은 모델의 일반화 성능을 개선하고 손상된 레이블에 대한 기억을 줄이며 적대적 샘플에 대한 강건함을 높이고 생성적 적대 신경망의 훈련을 안정화합니다.[66]

신경망으로 훈련 데이터를 합성하는 작업은 활발히 연구되고 있습니다. 아직 프로덕션 환경에서는 인기가 없지만 흥미로운 접근 방식이죠. 샌드포트^Sandfort를 비롯한 연구자들은 CycleGAN으로 생성한 이미지를 원래 훈련 데이터에 추가함으로써 컴퓨터 단층 촬영(CT) 분할 작업에서 모델 성능을 크게 향상했습니다.[67]

66 Zhang, H., Cisse, M., Dauphin, Y. N., & Lopez-Paz, D. (2018). mixup: Beyond Empirical Risk Minimization. *ICLR 2018*. https://oreil.ly/lIM5E

67 Sandfort, V., Yan, K., Pickhardt, P. J., & Summers, R. M. (2019). Data Augmentation Using Generative Adversarial

컴퓨터 비전을 위한 데이터 증강을 자세히 알아보려면 논문 「A survey on image data augmentation for deep learning」[68]을 참조하기 바랍니다.

4.5 정리

훈련 데이터는 여전히 현대 ML 알고리즘의 기반을 형성합니다. 똑똑한 알고리즘도 훈련 데이터가 좋지 않으면 제대로 수행되지 않죠. 알고리즘이 의미 있는 것을 학습하도록 훈련 데이터를 선별하고 생성하는 데 시간과 노력을 투자해야 합니다.

이 장에서는 훈련 데이터를 생성하는 여러 단계를 논의했습니다. 먼저 문제에 적절한 데이터를 샘플링하는 데 도움이 되는 비확률 샘플링과 무작위 샘플링 등을 다뤘습니다.

오늘날 사용하는 ML 알고리즘은 대부분 지도 학습 ML 알고리즘이므로 레이블 습득은 훈련 데이터를 생성하는 데 필수입니다. 배송 시간 예측이나 추천 시스템처럼 자연 레이블이 존재하는 작업도 많습니다. 자연 레이블은 보통 획득하기까지 시간이 걸리는데, 예측 시점부터 그에 대한 피드백이 제공되기까지 걸리는 시간을 피드백 루프 길이라고 합니다. 업계에서는 자연 레이블이 있는 작업이 자주 보이는 편입니다. 즉, 기업들은 자연 레이블이 없는 작업보다 있는 작업으로 시작하는 편을 선호합니다.

자연 레이블이 없는 작업이라면 기업은 데이터에 레이블링하기 위해 어노테이터에 의존하는 경향이 있습니다. 그러나 수작업 레이블링은 단점이 많습니다. 일단 느리고 비용이 크죠. 이 장에서는 수작업 레이블 부족에 대한 해결책으로 약한 지도 학습, 준지도 학습, 전이 학습, 능동적 학습 등을 논의했습니다.

ML 알고리즘은 데이터 분포가 균형을 이루는 상황에서 잘 작동하고 클래스 불균형이 심하면 잘 작동하지 않습니다. 안타깝게도 클래스 불균형은 현실 세계에 만연한 문제입니다. 이어지는 절에서는 클래스 불균형이 있으면 ML 알고리즘 학습이 어려운 이유를 논의했습니다. 그리고 올바른 지표를 선택하는 법, 데이터 리샘플링, 모델이 특정 샘플에 집중하도록 손실 함수를 수

Networks (CycleGAN) to Improve Generalizability in CT Segmentation Tasks. *Scientific Reports* 9(1): 16884. https://oreil.ly/TDUwm

68 Shorten, C., & Khoshgoftaar, T. M. (2019). A survey on image data augmentation for deep learning. *Journal of Big Data*, 6(1). https://oreil.ly/3TUpK

정하는 법에 이르기까지 클래스 불균형을 처리하는 다양한 기법을 논의했습니다.

마지막으로 데이터 증강 기술을 살펴봤는데, 이는 컴퓨터 비전과 NLP 작업에서 모델 성능과 일반화를 개선하는 데 사용할 수 있습니다.

훈련 데이터가 있으면 그로부터 피처를 추출해 ML 모델을 훈련해야 합니다. 다음 장에서 이어서 알아봅시다.

CHAPTER 5

피처 엔지니어링

2014년 발표된 논문「Practical lessons from predicting clicks on ads at facebook」[1]에서는 올바른 피처를 보유하는 것이 ML 모델을 개발하는 데 가장 중요하다고 주장합니다. 그이후 필자가 협업했던 많은 회사에서는 실행 가능한 모델이 있는 한 올바른 피처를 보유하는것이 하이퍼파라미터 조정 같은 알고리즘 기법보다 큰 성능 향상을 이끌어내는 것을 몇 번이나확인했죠. 최첨단 모델 아키텍처는 적절한 피처 집합을 사용하지 않으면 성능이 저하됩니다.

따라서 ML 엔지니어링과 데이터 과학에서는 유용한 신규 피처를 생성하는 일이 상당한 부분을 차지합니다. 이 장에서는 피처 엔지니어링 관련 기법과 중요한 고려 사항을 살펴봅니다. ML프로덕션에서 많은 문제를 일으키는 데이터 누수data leakage를 감지하고 방지하는 방법도 알아봅니다.

마지막으로는 피처 중요도와 피처 일반화를 함께 고려해 좋은 피처를 설계하는 방법을 논의합니다. 피처 엔지니어링을 언급할 때 피처 스토어를 떠올리는 분들도 있을 겁니다. 피처 스토어는 여러 ML 애플리케이션을 지원하는 인프라에 더 가까우므로 10장에서 다룹니다.

---

1 He, X., Bowers, S., Candela, J. Q., Pan, J., Jin, O., Xu, T., Liu, B., Xu, T., Shi, Y., Atallah, A., & Herbrich, R. (2014). Practical lessons from predicting clicks on ads at facebook. *Proceedings of 20th ACM SIGKDD Conference on Knowledge Discovery and Data Mining —ADKDD'14*. https://oreil.ly/oS16J

5.1 학습된 피처 vs. 엔지니어링된 피처

필자가 강의에서 이 주제를 다룰 때 학생들은 "왜 피처 엔지니어링에 신경 써야 하나요? 딥러닝을 수행하면 피처 엔지니어링이 필요 없지 않나요?"라고 묻곤 합니다.

옳은 말입니다. 딥러닝의 장점은 피처를 수작업으로 만들 필요가 없다는 거죠. 이러한 이유로 딥러닝을 피처 학습이라고도 합니다.[2] 많은 피처들이 알고리즘에 의해 자동으로 학습되고 추출됩니다. 다만 모든 피처를 자동화하려면 아직 멀었습니다. 이 글을 쓰는 시점에 프로덕션용 ML 애플리케이션의 대부분이 딥러닝이 아니라는 점은 말할 것도 없죠. 어떤 피처가 자동으로 추출되고 어떤 피처를 수작업으로 만들어야 할까요? 예시를 살펴봅시다.

댓글의 스팸 여부를 분류하기 위해 감성 분석 분류기를 구축한다고 가정합시다. 딥러닝 이전에는 텍스트 조각이 주어졌을 때 표제어 추출lemmatization, 줄임말 확장expanding contraction, 구두점punctuation 제거, 소문자화lowercasing와 같은 고전적인 텍스트 처리 기술을 수동으로 적용해야 했습니다. 그리고 텍스트를 n-gram으로 분할했죠.

n-gram은 주어진 텍스트 샘플 내 항목 n개의 연속 시퀀스입니다. 항목은 음소phoneme, 음절syllable, 문자 또는 단어입니다. 예를 들어, 'I like food'라는 게시물이 주어지면 단어 레벨 1-gram은 ['I', 'like', 'food']이고 단어 레벨 2-gram은 ['I like', 'like food']입니다. n이 1과 2일 때 이 문장의 n-gram 피처 집합은 ['I', 'like', 'food', 'I like', 'like food']입니다.

[그림 5-1]은 텍스트에 대한 n-gram 피처를 수작업으로 생성하는 데 사용하는 텍스트 처리 기법을 나타냅니다.

2　Nanni, L., Ghidoni, S., & Brahnam, S. (2017). Handcrafted vs. non-handcrafted features for Computer Vision Classification. *Pattern Recognition*, 71: 158–172. https://oreil.ly/CGfYQ
Feature learning. Wikipedia. (n.d.). https://oreil.ly/fJmwN

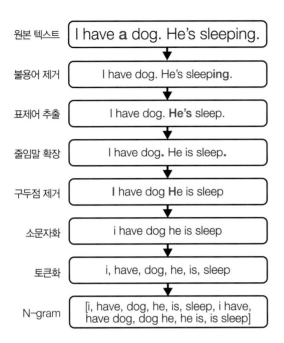

원본 텍스트	I have **a** dog. He's sleeping.
불용어 제거	I have dog. He's sleep**ing**.
표제어 추출	I have dog. **He's** sleep.
줄임말 확장	I have dog**.** He is sleep**.**
구두점 제거	**I** have dog **He** is sleep
소문자화	i have dog he is sleep
토큰화	i, have, dog, he, is, sleep
N-gram	[i, have, dog, he, is, sleep, i have, have dog, dog he, he is, is sleep]

그림 5-1 텍스트에 대한 n-gram 피처를 수작업으로 생성하는 데 사용하는 기법들

훈련 데이터에 대한 n-gram을 생성한 뒤에는 각 n-gram을 인덱스에 매핑하는 어휘^{vocabulary}를 생성합니다. 그리고 각 게시물을 n-gram의 인덱스 기반으로 벡터로 변환합니다. 예를 들어, [표 5-1]처럼 n-gram 어휘가 7개이면 각 게시물은 요소 7개로 구성된 벡터가 됩니다. 각 요소는 해당 인덱스의 n-gram이 게시물에 나타나는 횟수에 해당하죠. 'I like food'는 벡터 [1, 1, 0, 1, 1, 0, 1]로 인코딩됩니다. 이 벡터를 ML 모델에 대한 입력으로 사용합니다.

표 5-1 1-gram 및 2-gram 어휘 예시

I	like	good	food	I like	good food	like food
0	1	2	3	4	5	6

피처 엔지니어링에는 도메인별 기술에 대한 지식이 필요합니다. 앞선 예시(표 5-1)에서 도메인은 자연어 처리고 텍스트의 언어는 영어입니다. 피처 엔지니어링 프로세스는 반복적인 경향이 있으며, 따라서 취약할 수 있습니다. 필자가 초기에 진행했던 NLP 프로젝트에서 이 방법을 따랐는데, 어떤 기법을 적용하는 것을 잊거나 적용한 기법의 효과가 이상해서 되돌려야 했죠.

딥러닝이 부상하면서 이러한 어려움이 상당 부분 해소됐습니다. 표제어, 구두점 또는 불용어stopword 제거를 신경 쓸 필요 없이 원시 텍스트를 단어로 분할(예: 토큰화tokenization)하고, 단어들로 어휘를 만들고, 이를 사용해 각 단어를 원-핫one-hot 벡터로 변환합니다. 모델은 이로부터 유용한 피처를 추출하는 것을 학습합니다. 이 새로운 방법으로 텍스트에 대한 피처 엔지니어링이 상당 부분 자동화됐죠. 텍스트뿐 아니라 이미지에서도 비슷한 발전을 보입니다. 원시 이미지에서 수동으로 피처를 추출해 ML 모델에 입력하는 대신 원시 이미지를 딥러닝 모델에 직접 입력할 수 있죠.

한편 ML 시스템에 텍스트와 이미지 외의 데이터가 필요한 경우가 있습니다. 예를 들어, 댓글의 스팸 여부를 감지할 때는 댓글 텍스트 외에 다음과 같은 정보를 사용합니다.

댓글

찬성과 반대가 각각 몇 개인가요?

댓글을 게시한 사용자

계정이 언제 생성됐고, 얼마나 자주 게시하며, 찬성과 반대를 얼마나 많이 얻었나요?

댓글이 게시된 스레드

조회 수가 몇인가요? 인기 있는 스레드일수록 스팸성 댓글이 많은 경향이 있습니다.

모델에서 사용 가능한 피처는 다양하며 [그림 5-2]는 몇 가지 예시를 보여줍니다. 피처 엔지니어링은 사용할 정보를 선택하고 이 정보를 ML 모델에서 사용하는 포맷으로 추출하는 프로세스입니다. 사용자가 틱톡에서 다음에 볼 동영상을 추천하는 등 복잡한 작업이라면 사용되는 피처가 수백만 개에 이릅니다. 트랜잭션의 이상 거래 여부를 예측하는 등 도메인별 작업이라면 유용한 피처를 선택하기 위해 은행 및 이상 거래에 대한 주제 전문 지식이 필요합니다.

댓글 ID	시간	사용자	텍스트	#▲	#▼	링크	이미지 개수	스레드 ID	댓글 대상자	댓글 개수	...
93880839	2020-10-30 T 10:45 UTC	gitrekt	Your mom is a nice lady.	1	0	0	0	2332332	n0tab0t	1	...

사용자 ID	생성 시점	사용자	부가 정보	#▲	#▼	댓글 개수	카르마	스레드 개수	이메일 인증 여부	좋아요	...
4402903	2015-01-57 T 3:09 PST	gitrekt	[r/ml, r/memes, r/socialist]	15	90	28	304	776	아니오		...

스레드 ID	시간	사용자	텍스트	#▲	#▼	링크	이미지 개수	댓글 개수	조회 수	좋아요	...
93883208	2020-10-30 T 2:45 PST	doge	Human is temporary, AGI is forever	120	50	1	0	32	2405	1	...

그림 5-2 모델에 사용 가능한 피처 예시(댓글, 스레드, 사용자)

5.2 피처 엔지니어링 기법

지금까지 살펴봤듯 ML 프로젝트에서 피처 엔지니어링은 중요하고도 보편적입니다. 따라서 프로세스를 자동화하기 위해 많은 기법이 개발됐습니다. 이 절에서는 데이터의 피처를 전처리할 때 고려할 중요한 작업 몇 가지를 알아봅니다. 결측값missing value 처리, 스케일링scaling, 이산화discretization, 범주형categorical 피처 인코딩, 오래됐지만 여전히 매우 효과적인 교차cross 피처와 새롭고 흥미로운 위치positional 피처 생성 등이 있죠. 이는 일반적이고 유용한 기법들로 피처 엔지니어링을 처음 시작하기에 적합하며 이 외에도 수많은 기법이 있습니다. 결측값 처리부터 하나씩 살펴봅시다.

5.2.1 결측값 처리

프로덕션에서 데이터를 다룰 때 빠르게 알아차릴 수 있는 것 중 하나는 일부 값이 결측됐다는 점입니다. 하지만 필자가 그간 면접했던 ML 엔지니어 중 다수는 결측값마다 유형이 다르다는 점을 몰랐습니다.[3] 예시로 향후 12개월 내 주택 구매 여부를 예측하는 작업을 가정해봅시다. [표 5-2]는 샘플 데이터입니다.

표 5-2 향후 12개월 내 주택 구매를 예측하기 위한 예시 데이터

ID	연령	성별	연간 소득	혼인 상태	자녀 수	직업	주택 구매 여부
1		A	150,000		1	엔지니어	아니오
2	27	B	50,000			교사	아니오
3		A	100,000	기혼	2		예
4	40	B			2	엔지니어	예
5	35	B		미혼	0	의사	예
6		A	50,000		0	교사	아니오
7	33	B	60,000	미혼		교사	아니오
8	20	B	10,000			학생	아니오

결측값에는 세 가지 유형이 있습니다. 용어가 다소 복잡하니 자세한 예시를 살펴봅시다.

비무작위 결측(MNAR, Missing not at random)

결측값이 발생한 이유가 실제 값 자체에 있습니다. 예시에서 일부 응답자는 소득을 공개하지 않았습니다. 소득을 신고하지 않은 응답자가 소득을 신고한 응답자보다 소득이 더 높은 경향이 있다고 판명될 수 있죠. 즉, 소득 값이 누락된 이유는 값 자체와 관련됩니다.

무작위 결측(MAR, Missing at random)

결측값이 발생한 이유가 값 자체가 아닌 다른 관측 변수에 있습니다. 예시에서 성별이 'A'인 응답자의 연령 값이 누락된 경우가 많습니다. 설문 조사에서 성별이 'A'인 응답자가 연령 공개를 원하지 않아서일 수 있죠.

---

3 경함상 면접에서 주어진 데이터셋 내 결측값을 얼마나 잘 처리하는지는 면접자들이 일상 업무에서 이를 얼마나 잘 수행할지와 밀접한 관련이 있습니다.

완전 무작위 결측(MCAR, Missing completely at random)

결측값에 패턴이 없습니다. 예시에서 '직업' 열의 결측값은 값 자체나 다른 변수 때문이 아니라 완전 무작위입니다. 사람들은 때때로 특별한 이유 없이 값을 채우는 것을 잊어 버립니다. 다만 이러한 결측은 매우 드물며 보통 값이 누락된 데는 이유가 있으므로 조사가 필요합니다.

결측값은 특정 값으로 채우거나(대치) 제거(삭제)해 처리합니다. 각 방법을 살펴봅시다.

결측값 삭제(Deletion)

면접자들에게 결측값 처리 방법을 질문해보면 다수가 결측값 삭제를 선호하는 경향을 보입니다. 삭제가 더 나은 방법이어서가 아니라 더 쉽기 때문이죠. 열을 삭제할 수도, 행을 삭제할 수도 있습니다.

열 삭제 방법은 누락된 값이 너무 많은 변수를 제거합니다. 예를 들어, 앞선 예시에서 '혼인 상태' 변수는 값의 50% 이상이 누락됐으므로 모델에서 이 변수를 제거하고 싶을 수 있습니다. 다만 중요한 정보를 제거하고 모델의 정확도를 낮출 수 있다는 단점이 있죠. 기혼자는 미혼보다 주택을 소유할 가능성이 월등히 높으므로 혼인 상태는 주택 구입과 높은 상관관계가 있습니다.[4]

행 삭제 방법은 누락된 값(들)이 있는 샘플을 제거합니다. 이 방법은 결측값이 완전 무작위(MCAR)이며 결측값이 있는 샘플의 비중이 적을 때(예컨대 0.1% 미만) 유용합니다. 데이터 샘플의 10%를 제거하기를 원하진 않겠죠.

다만 데이터 행을 제거하면 결측값이 비무작위(MNAR)인 경우 모델이 예측을 수행하는 데 필요한 중요한 정보도 제거될 수 있습니다. 예를 들어, 성별이 B인 응답자의 샘플은 제거하지 않는 편이 좋습니다. 소득이 누락됐다는 사실 자체가 정보이며(누락된 소득은 더 높은 소득을 의미할 수 있으므로 주택 구입과 관련이 더 높음) 예측에 사용할 수 있기 때문입니다.

게다가 데이터 행을 제거하면 결측값이 무작위(MAR)인 경우 모델에 편향이 발생합니다. 예를 들어, [표 5-2]의 데이터에서 연령 결측값이 포함된 행을 모두 제거하면, 데이터에서 성별

---

4   Drew, R. B. (2014, December 17). 3 Facts About Marriage and Homeownership. *Joint Center for Housing Studies of Harvard University*. https://oreil.ly/MWxFp

이 A인 응답자가 모두 제거됩니다. 따라서 모델은 성별이 A인 응답자에 대한 좋은 예측이 불가능합니다.

결측값 대치(Imputation)

삭제가 더 손쉽고 유혹적이지만 중요한 정보가 손실되고 모델에 편향이 발생한다는 단점이 있습니다. 결측값을 삭제하는 대신 대치, 즉 특정 값으로 채우는 방법이 있습니다. 그런데 '특정 값'을 결정하는 일은 어려운 부분입니다.

결측값을 대치할 때는 일반적으로 기본값으로 채웁니다. 예를 들어, 작업이 누락된 경우 빈 문자열 ""로 채웁니다. 혹은 결측값을 평균mean, 중앙값median 또는 최빈값mode(가장 일반적인 값)으로 채우는 방법도 있습니다. 예를 들어, 월 값이 7월인 데이터 샘플에서 온도 값이 결측돼 있으면 7월의 중앙값 온도로 채우는 편도 나쁘지 않습니다.

결측값 삭제와 대치 모두 많은 경우에 잘 작동하지만 때로는 문제가 되는 사용자 경험을 유발하기도 합니다. 필자가 참여했던 프로젝트에서 한번은 모델이 잘못된 결괏값을 예측했습니다. 앱의 프런트엔드가 사용자에게 연령을 입력하도록 요청하지 않아 연령 값이 결측됐는데 모델이 값을 0으로 채웠기 때문이죠. 모델은 훈련 중에 연령 값이 0인 것을 본 적이 없으니 합리적인 예측이 불가능합니다.

일반적으로 결측값을 가능한 값으로 채우지 않는 편이 좋습니다. 예를 들어, 자녀 수 피처의 결측값은 0으로 채우지 않는 편이 좋은데, 값이 0일 가능성이 있기 때문이죠. 결측값을 0으로 채우면 정보가 없는 사람과 자녀가 없는 사람을 구분하기가 어려워집니다.

특정 데이터셋에 대한 결측값을 처리하기 위해 여러 기법들을 동시에 또는 순서대로 사용할 수 있습니다. 어떤 기법을 사용하든 한 가지 확실한 것은 완벽한 방법은 없다는 점입니다. 결측값을 삭제하면 중요한 정보를 잃거나 편향이 강조될 위험이 있습니다. 결측값 대치를 사용하면 데이터에 자신의 편향을 주입하고 데이터에 잡음을 더할 수 있으며, 더 심하게는 데이터 누수의 위험이 있습니다. 데이터 누수는 5.3절에서 다룹니다.

5.2.2 스케일링

12개월 내 주택 구매 여부를 예측하는 작업으로 돌아가봅시다. [표 5-2]를 다시 보면, 데이터에서 연령 변수의 값은 20에서 40 사이인 반면, 연간 소득 변수의 값은 10,000에서 150,000 사이입니다. 두 변수를 ML 모델에 입력하면 모델은 150,000과 40이 서로 다른 것을 나타낸다는 사실을 이해하지 못합니다. 그저 두 변수 모두 숫자로 볼 뿐이죠. 150,000이 40보다 훨씬 크므로 둘 중 어느 것이 실제로 예측을 생성하는데 더 유용하든지 상관없이 모델은 연간 소득 변수를 더 중요시합니다.

따라서 모델에 피처를 입력하기 전에 각 피처를 유사한 범위로 스케일링하는 것이 중요합니다. 이 프로세스를 **피처 스케일링**이라고 합니다. 이 기법은 적은 노력으로 모델 성능 향상을 이끌어낼 수 있는 방법이지만, 반대로 이 작업을 하지 않으면 모델이 엉뚱한 예측을 수행할 수도 있습니다. 특히 그래디언트 부스트 트리와 로지스틱 회귀 같은 고전적인 알고리즘에서 심하죠.[5]

직관적으로 피처를 스케일링하려면 [0, 1] 범위로 조절합니다. 변수 x가 주어졌을 때 다음 공식으로 변숫값이 [0, 1] 범위에 있도록 재조정합니다.

$$x' = \frac{x - \min(x)}{\max(x) - \min(x)}$$

x가 최댓값이면 스케일링된 값 x'가 1이며 x가 최솟값이면 스케일링된 값 x'는 0입니다.

피처가 임의의 범위 $[a, b]$에 있도록 하려면 다음 공식을 사용합니다(경험상 $[-1, 1]$ 범위가 $[0, 1]$ 범위보다 더 잘 동작합니다).

$$x' = a + \frac{(x - \min(x))(b - a)}{\max(x) - \min(x)}$$

이처럼 임의의 범위로 스케일링하는 것은 변수에 대해 아무런 분포 가정을 하지 않을 때도 효과적입니다. 변수가 정규 분포를 따른다고 생각된다면 평균과 단위 분산unit variance이 0이 되도록 정규화하면 도움이 됩니다. 이 프로세스를 **표준화**standardization라고 합니다.

$$x' = \frac{x - \bar{x}}{\sigma}$$

$\bar{x}$는 변수 x의 평균이고 σ는 표준 편차입니다.

---

5   피처 스케일링은 한 번에 모델의 성능을 거의 10%까지 향상했습니다.

실제로 ML 모델은 비대칭 분포를 따르는 피처로 어려움을 겪는 경향이 있습니다. 왜곡을 완화하는 기법으로는 일반적으로 피처에 로그 변환log transformation을 적용합니다. [그림 5-3]은 로그 변환으로 데이터의 왜곡을 줄이는 예시입니다. 이 기법으로 성능이 향상될 때가 많지만 모든 경우에 작동하지는 않습니다. 실젯값이 아닌 로그 변환된 피처 값으로 분석하지 않도록 주의하기 바랍니다.[6]

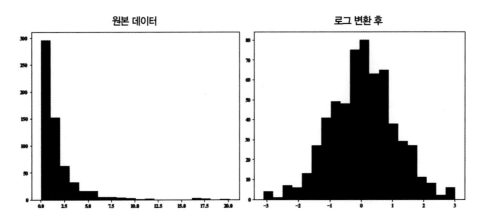

그림 5-3 많은 경우, 로그 변환은 데이터의 왜곡을 줄이는 데 도움이 됩니다.

스케일링에 관한 주의 사항이 두 가지 있습니다. 첫 번째는 스케일링은 흔히 데이터 누수의 원인이 된다는 점입니다(5.3절 '데이터 누수'에서 자세히 다룹니다). 두 번째는 전역 통계치가 필요한 경우가 많다는 점입니다. 따라서 최소, 최대 또는 평균을 계산하려면 전체 훈련 데이터 또는 부분 집합을 확인해야 합니다. 추론하는 동안 훈련 중에 얻은 통계치를 재사용해 신규 데이터를 스케일링합니다. 하지만 신규 데이터가 훈련 데이터의 통계에서 크게 변경됐다면 훈련 데이터 통계는 그다지 유용하지 않습니다. 따라서 모델을 자주 재훈련하는 것이 중요하죠.

5.2.3 이산화

실제로 이산화가 도움이 되는 경우는 거의 없습니다. [표 5-2]의 데이터로 모델을 구축했다고 가정합시다. 모델이 훈련 중 본 연간 소득 값은 '150,000', '50,000', '100,000' 등입니다. 추론

---

6 Feng, C., Wang, H., Lu, N., Chen, T., He, H., Lu, Y., & Tu, X. M. (2014, April). Log-Transformation and Its Implications for Data Analysis. *Shanghai Archives of Psychiatry 26*(2): 105–109. https://oreil.ly/hHJjt

하는 동안 모델은 연간 소득이 '9,000.50'인 예시를 접합니다.

직관적으로 우리는 연간 소득 $9,000.50이 $10,000과 크게 다르지 않음을 알고 있으며, 모델이 두 값을 동일하게 취급하기를 바라죠. 하지만 모델은 이를 알지 못하며 9,000.50이 10,000과 다르다고만 알기에 두 변숫값을 다르게 취급합니다.

이산화는 연속형 피처를 불연속형 피처로 바꾸는 과정입니다. 이 프로세스는 양자화quantization 또는 비닝binning이라고 하며, 주어진 값에 대한 버킷을 생성합니다. 연간 소득은 다음 세 가지 버킷으로 그룹화할 수 있습니다.

- 저소득: 연간 소득 $35,000 미만
- 중간 소득: 연간 소득 $35,000~$100,000
- 고소득: 연간 소득 $100,000 이상

양자화를 적용하면 모델은 무한한 범주에 대해 훈련할 필요 없이 훨씬 훈련하기 쉬운 세 가지 범주로 훈련하는 데 집중할 수 있죠. 이 기법은 훈련 데이터가 제한된 경우에 더 유용합니다.

이산화는 연속형 피처뿐 아니라 이산형 피처에도 적용 가능합니다. 예를 들어, 연령 변수는 이산적이지만 다음처럼 변숫값을 버킷으로 그룹화해도 유용합니다.

- 18세 미만
- 18세~21세
- 22세~29세
- 30세~39세
- 40세~65세
- 65세 초과

단점은 이 범주 분류가 범주 경계에서 불연속성을 발생시킨다는 점입니다. 예를 들어, $100,000는 $35,000와 동일하게 처리되는 반면 훨씬 가까운 값인 $34,999는 완전히 다른 값으로 처리됩니다. 범주의 경계를 선택하기는 그리 쉽지 않습니다. 변숫값의 히스토그램을 확인하고 적절한 경계를 선택해야 하며 일반적으로 상식, 기본 분위수, 때로는 주제 전문 지식이 도움이 됩니다.

5.2.4 범주형 피처 인코딩

앞선 절에서는 연속형 피처를 범주형 피처로 변환했습니다. 이 절에서는 범주형 피처를 가장 잘 처리하는 방법을 알아봅니다.

프로덕션 데이터 경험이 없는 사람들은 범주가 '정적'이라고 가정하는 경향이 있습니다. 즉, 범주가 시간이 지나도 변하지 않는다고 가정합니다. 실제로 많은 범주는 정적입니다. 예를 들어, 연령 버킷과 소득 버킷은 거의 변하지 않으며, 범주가 정확히 몇 개인지 미리 알고 있습니다. 이러한 범주를 처리하기는 간단하며 각각에 번호만 부여하면 됩니다.

그러나 프로덕션에서는 범주가 변화합니다. 사용자가 아마존에서 구매할 제품을 예측하는 추천 시스템을 구축한다고 가정합시다. '제품 브랜드' 피처를 예로 들어볼까요? 아마존의 과거 데이터를 보면 브랜드 개수가 아주 많습니다. 2019년에도 이미 200만 개가 넘었죠.[7]

브랜드가 압도적으로 많지만 그래도 처리할 수 있다고 생각하는 분들이 있을 겁니다. 각 브랜드를 숫자로 인코딩하면 200만 개 브랜드 각각이 0부터 1,999,999까지 200만 개 수치로 변환됩니다. 모델은 과거 테스트 세트에서 매우 잘 수행되기에, 현재 트래픽의 1%에서 테스트하도록 승인됐다고 가정하죠.

하지만 프로덕션에서 모델이 문제를 일으킵니다. 이전에 본 적이 없는 브랜드를 발견하면 인코딩할 수 없기 때문이죠. 아마존에는 계속해서 신규 브랜드가 입점합니다. 이 문제를 해결하려면 값이 2,000,000인 UNKNOWN 범주를 만들어 훈련 중에 모델이 보지 못한 모든 브랜드를 할당해야 합니다.

이제 모델은 문제를 일으키지 않지만 판매자가 신규 브랜드에 트래픽이 발생하지 않는다고 불평합니다. 모델이 훈련 세트에서 UNKNOWN 카테고리를 보지 못했으므로 UNKNOWN 브랜드의 제품을 추천하지 않기 때문입니다. 이 문제를 해결하려면 가장 인기 있는 상위 99% 브랜드만 인코딩하고 하위 1% 브랜드를 UNKNOWN으로 인코딩합니다. 이렇게 하면 적어도 모델이 UNKNOWN 브랜드를 다루는 법을 알게 되죠.

약 1시간은 모델이 제대로 작동하는 듯하다가 제품 추천에 대한 클릭률이 곤두박질칩니다. 1시간 동안 신규 브랜드 20개가 아마존에 입점했기 때문이죠. 일부는 신규 명품 브랜드이고 일부는 모조 브랜드이며 일부는 기성 브랜드입니다. 하지만 모델은 이를 모두 훈련 데이터에서

---

7 Joe. (2019, June 11). *Two million brands on Amazon*. Marketplace Pulse. https://oreil.ly/zrqtd

인기가 없는 브랜드와 동일하게 취급합니다.

이는 아마존에서만 발생하는 극단적인 예가 아니라 여러 사례에서 많이 발생합니다. 댓글의 스팸 여부를 예측하는 사례를 예로 들어봅시다. 댓글을 게시한 계정을 피처로 사용할 수 있죠. 신규 계정은 계속해서 생성되며 신규 제품 유형, 신규 웹사이트 도메인, 신규 음식점, 신규 회사, 신규 IP 주소 등도 마찬가지입니다. 이 사례 모두 신규 범주가 추가될 때 발생하는 문제를 해결해야 합니다.

이 문제를 해결할 방법은 의외로 찾기 어렵습니다. 신규 범주에 적절한 버킷을 할당하는 것이 어렵기 때문입니다. 예를 들어, 신규 사용자 계정을 다른 그룹에 어떻게 할당할까요?

한 가지 해결책은 마이크로소프트에서 개발한 Vowpal Wabbit 패키지에 의해 대중화된 **해싱**hashing **트릭**입니다.[8] 트릭의 요지는 해시 함수를 사용해 각 범주의 해시 값을 생성하는 것입니다. 해시된 값은 해당 범주의 인덱스가 됩니다. 해시 공간을 지정할 수 있으므로 범주가 몇 개인지 알 필요 없이, 피처에 대해 인코딩된 값의 개수를 미리 고정할 수 있습니다. 예를 들어, 18비트 해시 공간을 선택하면 가능한 해시 값은 $262{,}144(2^{18})$개이고 모든 범주는 0과 262,143 사이 인덱스로 인코딩됩니다. 여기에는 모델이 이전에 본 적이 없는 범주까지 포함됩니다.

해시 함수의 한 가지 문제는 충돌입니다. 두 범주에 동일한 인덱스가 할당되는 것이죠. 그러나 많은 해시 함수에서 충돌이 무작위로 발생합니다. 이 충돌로 인해 신규 브랜드는 기존 브랜드와 인덱스를 공유할 수도 있습니다. 그 대신 UNKNOWN 범주를 사용할 때처럼 항상 비인기 브랜드의 인덱스에 할당되는 일은 일어나지 않죠. 다행히 해시 피처가 충돌해도 영향이 그리 크지는 않습니다. 부킹닷컴Booking.com의 연구에 따르면 [그림 5-4]와 같이 피처 중 50%가 충돌하더라도 로그 손실이 0.5% 미만으로만 증가합니다.[9, 10]

---

8 *Feature hashing*. Wikipedia. (n.d.). https://oreil.ly/tINTc

9 옮긴이_ X축은 훈련 중 충돌하는 피처의 실제 비율입니다. Y축의 왼쪽은 해시 크기(n)이고, Y축의 오른쪽은 홀드아웃 검증 데이터의 로그 손실입니다. 직관적으로 해시 충돌이 많을수록 로그 손실이 증가할 거라 예상하지만 실험 결과, 로그 손실이 0.5% 미만으로 증가했습니다.

10 Bernardi, L. (2018, June 14). *Don't be tricked by the Hashing trick*. Medium. https://oreil.ly/VZmaY

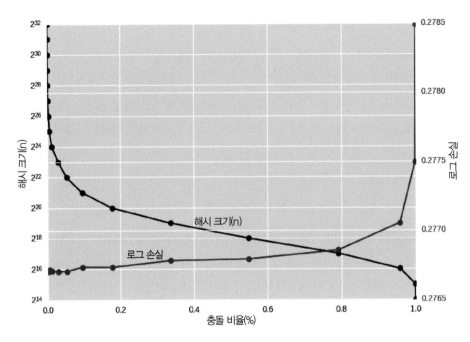

그림 5-4 50% 해시 충돌 비율은 로그 손실을 단지 0.5% 미만으로 증가시킵니다(출처: 루카스 베르나르디).

충돌을 줄이기 위해 충분히 큰 해시 공간을 선택할 수 있습니다. 유사한 범주(예: 유사한 이름을 가진 웹사이트)가 서로 가까운 값으로 해시되는 지역 민감 해싱locality-sensitive hashing(LSH)함수처럼 원하는 속성이 있는 해시 함수를 선택할 수도 있습니다.

하지만 이것은 정석적인 방법이 아닌 트릭이므로 학계에서는 보통 꼼수로 간주해 ML 커리큘럼에서 제외합니다. 한편 업계에서 널리 채택됐다는 점은 이 트릭이 효과적이라는 사실을 증명하죠. Vowpal Wabbit에 채택됐으며, 사이킷런, 텐서플로 및 gensim 프레임워크에도 구현돼 있습니다. 이는 모델이 프로덕션에서 들어오는 데이터 포인트로 학습하는 연속 학습에 특히 유용합니다. 연속 학습은 9장에서 다룹니다.

5.2.5 피처 교차

피처 교차는 둘 이상의 피처를 결합해 새로운 피처를 생성하는 기법으로, 피처 간의 비선형 관계를 모델링하는 데 유용합니다. 예를 들어, 향후 12개월 내 주택 구매 여부를 예측하는 작업을 가정해봅시다. 혼인 상태와 자녀 수 사이에 비선형 관계가 있다고 의심되므로 [표 5-3]처럼 이를 결합해 '혼인 상태 및 자녀 수'라는 신규 피처를 생성합니다.

표 5-3 두 피처를 결합해 신규 피처를 생성하는 예시

혼인 상태	미혼	기혼	미혼	미혼	기혼
자녀 수	0	2	1	0	1
혼인 상태 및 자녀 수	미혼, 0	기혼, 2	미혼, 1	미혼, 0	기혼, 1

피처 교차는 변수 간의 비선형 관계를 모델링하는 데 유용합니다. 따라서 선형 회귀, 로지스틱 회귀와 같이 비선형 관계를 학습할 수 없는 모델에 필수이며 신경망에는 비교적 덜 중요하지만 여전히 유용합니다. 명시적 피처 교차가 신경망에서 비선형 관계를 더 빠르게 학습하는 데 도움이 되기 때문이죠. DeepFM과 xDeepFM은 추천 시스템 및 클릭률 예측을 위한 명시적 피처 상호 작용을 성공적으로 활용한 모델군입니다.[11]

피처 교차 기법을 사용할 때 주의할 점은 피처 공간이 폭발할 수 있다는 점입니다. 피처 A와 피처 B에 각각 100가지 값이 있다고 가정합시다. 두 피처를 교차하면 값이 총 1만 가지($100 \times 100 = 10,000$)인 피처가 생성됩니다. 모델이 가능한 피처 값 모두를 학습하도록 하려면 훨씬 더 많은 데이터가 필요합니다. 그 외에도 과적합을 주의해야 합니다. 피처 교차로 인해 모델이 사용하는 피처 수가 증가하므로 모델이 훈련 데이터에 과적합될 수 있습니다.

5.2.6 이산 및 연속 위치 임베딩

위치 임베딩positional embedding은 논문 「Attention Is All You Need」[12]를 통해 딥러닝 커뮤니티에 처음 소개돼 컴퓨터 비전과 NLP 분야의 많은 애플리케이션에서 표준 데이터 엔지니어링 기술로 자리 잡았습니다. 예시를 통해 위치 임베딩이 필요한 이유와 수행 방법을 살펴봅시다.

언어 모델링 작업을 예로 들어봅시다. 이전 토큰 시퀀스를 기반으로 다음 토큰(예: 단어, 문자

---

11 Guo, H., TANG, R., Ye, Y., Li, Z., & He, X. (2017). DeepFM: A factorization-machine based neural network for CTR prediction. *Proceedings of the Twenty-Sixth International Joint Conference on Artificial Intelligence*. https://oreil.ly/1Vs3v
Lian, J., Zhou, X., Zhang, F., Chen, Z., Xie, X., & Sun, G. (2018). xDeepFM: Combining Explicit and Implicit Feature Interactions for Recommender Systems. *arXiv*. https://oreil.ly/WFmFt
12 Vaswani, A., Shazeer, N., Parmar, N., Uszkoreit, J., Jones, L., Gomez, A. N., Kaiser, L., & Polosukhin, I. (2017). Attention Is All You Need. *arXiv*. https://doi.org/10.48550/arXiv.1706.03762

또는 하위 단어subword[13])을 예측합니다. 실제 시퀀스 길이는 최대 512이지만 예시에서는 간결하게 단어를 토큰으로 사용하고 시퀀스 길이는 8이라고 합시다. 'Sometimes all I really want to do is'와 같이 단어 8개짜리 시퀀스가 임의로 주어졌을 때 다음으로 이어질 단어를 예측하려 합니다.

임베딩

임베딩은 데이터 하나하나를 나타내는 벡터입니다. 어떤 데이터 유형에 대해 동일한 알고리즘으로 생성한 모든 가능한 임베딩 세트를 '임베딩 공간'이라고 합니다. 동일 공간에 있는 임베딩 벡터는 모두 크기가 동일합니다.

임베딩은 각 단어를 벡터로 나타내는 단어 임베딩에 흔히 사용되며, 다른 데이터 유형에 대한 임베딩도 점점 인기를 끌고 있습니다. 예를 들어, 크리테오Criteo나 코베오Coveo와 같은 전자 상거래 솔루션에는 제품product에 대한 임베딩이 있습니다.[14] 핀터레스트Pinterest에는 이미지, 그래프, 쿼리, 사용자에 대한 임베딩도 있죠.[15] 임베딩은 매우 다양한 데이터 유형에 사용되며, 따라서 멀티모달 데이터에 적용 가능한 범용 임베딩이 활발히 연구되고 있습니다.

임베딩에 순환 신경망을 사용하면 단어가 순차적으로 처리됩니다. 즉, 단어 순서가 암시적으로 입력되죠. 반면에 트랜스포머 같은 모델을 사용하면 단어가 병렬로 처리되므로 모델이 순서를 알 수 있도록 단어 위치를 명시적으로 입력해야 합니다('개가 아이를 물다'와 '아이가 개를 물다'는 매우 다릅니다). 하지만 모델에 절대 위치(0, 1, 2, …, 7)를 입력값으로 사용하고 싶지 않을 겁니다. 경험적으로, 신경망은 단위 분산unit variance을 갖고 있지 않은 입력값에는 잘 작동하지 않기 때문이죠(이것이 5.2.2절 '스케일링'에서 논의했듯 피처 스케일링을 수행하는 이유입니다).

그렇다고 위치를 0과 1 사이로 리스케일링해 0, 1, 2, …, 7이었던 값이 0, 0.143, 0.286, …, 1이 되면 두 위치 간 차이가 너무 작아 신경망이 이를 구별하는 법을 학습하기 어려워집니다.

위치 임베딩을 적용하는 한 가지 방법은 단어 임베딩처럼 처리하는 것입니다. 단어 임베딩에서

---

13 옮긴이_ 자세한 내용은 『트랜스포머를 활용한 자연어 처리』(한빛미디어, 2022)를 참조하기 바랍니다.

14 Vasile, F., Smirnova, E., & Conneau, A. (2016, July 25). Meta-Prod2Vec—Product Embeddings Using Side-Information for Recommendation. *arXiv.* https://oreil.ly/KDaEd
Product Embeddings and Vectors. Coveo. (n.d.). https://oreil.ly/ShaSY

15 Zhai, A. (2021, August 15). Representation Learning for Recommender Systems. https://oreil.ly/OchiL

는 임베딩 행렬을 사용하는데, 열 개수는 어휘 크기이고 각 열은 해당 열의 인덱스에 있는 단어에 대한 임베딩입니다. 위치 임베딩에서 열 개수는 위치 개수입니다. 실제 시퀀스 길이는 훨씬 길지만(예: 128,256,512) 예시에서는 시퀀스 길이가 8이므로 위치는 0부터 7까지입니다(그림 5-5).

위치 임베딩 차원은 일반적으로 단어 임베딩 차원과 동일하므로 둘은 합산 가능합니다. 예를 들어, 0번째 위치에 있는 'food'라는 단어에 대한 임베딩은 'food'라는 단어에 대한 임베딩 벡터와 0번째 위치에 대한 임베딩 벡터의 합입니다. 이것이 허깅페이스 BERT에서 위치 임베딩이 구현되는 방식입니다(2021년 8월 기준). 임베딩은 모델 가중치가 업데이트됨에 따라 변경되므로 위치 임베딩이 학습된다고 표현합니다.

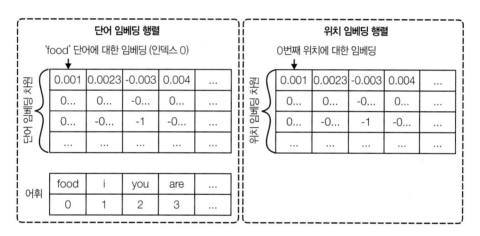

그림 5-5 위치 임베딩을 단어 임베딩과 같은 방식으로 처리합니다.

위치 임베딩 값이 고정된 경우도 있습니다. 각 위치에 대한 임베딩은 요소element S개를 포함하는 벡터이지만(S: 위치 임베딩 차원) 각 요소는 일반적으로 사인 및 코사인 함수로 미리 정의됩니다. 트랜스포머 논문[16]에서는 요소가 짝수 인덱스에 있으면 사인 함수를, 그렇지 않으면 코사인 함수를 사용합니다(그림 5-6).

---

16 Vaswani et al. (2017). Attention Is All You Need.

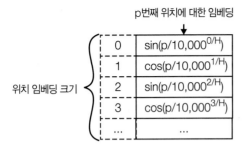

그림 5-6 고정 위치 임베딩의 예시(H는 모델에서 생성된 출력의 차원)

고정 위치 임베딩은 푸리에 피처로 알려진 방식의 특수한 경우입니다. 위치 임베딩의 위치가 연속적이면 푸리에 피처도 연속적입니다. 찻주전자 같은 3D 개체를 표현한다고 가정해봅시다. 찻주전자 표면의 각 위치는 연속적인 3차원 좌표로 표시됩니다. 위치가 연속적일 때 연속 열 인덱스로 임베딩 행렬을 구축하기는 매우 어렵지만, 사인 및 코사인 함수를 사용하는 고정 위치 임베딩은 여전히 유용합니다.

다음 수식은 좌표 v의 임베딩 벡터를 일반화한 형식이며, 좌표 v의 푸리에 피처라고도 합니다. 푸리에 피처는 좌표(또는 위치)를 입력으로 사용하는 작업에서 모델 성능을 향상하는 것으로 나타났습니다. 더 알아보려면 논문 「Fourier Features Let Networks Learn High Frequency Functions in Low Dimensional Domains」[17]를 참조하기 바랍니다.

$$\gamma(v) = \left[a_1 \cos(2\pi b_1^T v), a_1 \sin(2\pi b_1^T v), \ldots, a_m \cos(2\pi b_m^T v), a_m \sin(2\pi b_m^T v) \right]^T$$

5.3 데이터 누수

2021년 7월, MIT 테크놀로지 리뷰$^{Technology\ Review}$는 도발적인 기사를 게재했습니다. "코로나19를 잡기 위해 수백 가지 AI 도구가 구축됐지만 그 어느 것도 도움이 되지 않았습니다."라고 말이죠. 그간 많은 모델이 의료 영상에서 코로나19 위험을 예측하도록 훈련됐습니다. 이 기사에는 평가 단계에서 성능이 우수했지만 실제 프로덕션 환경에는 사용할 수 없었던 여러 ML 사

---

17 Tancik, M., Srinivasan, P. P., Mildenhall, Ben., Fridovich-Keil, S., Raghavan, N., Singhal, U., Ramamoorthi, R., Barron, J. T., & Ng, R. (2020, June). Fourier Features Let Networks Learn High Frequency Functions in Low Dimensional Domains. *arXiv*. https://oreil.ly/cbxr1

례가 나열돼 있습니다.

한 사례에서는 환자가 누워 있을 때와 일어서 있을 때 찍은 의료 영상을 혼합해 모델을 훈련했습니다. 기사에 따르면 "누워서 찍은 환자가 중증일 가능성이 더 높으므로 모델은 환자의 자세에서 심각한 코로나19 위험을 예측하는 법을 학습했습니다."

일부 사례에서는 모델이 "특정 병원에서 의료 영상에 레이블을 붙이는 데 사용한 글꼴을 인식하는 것으로 밝혀졌습니다. 그 결과, 케이스가 더 심각한 병원에서 사용한 글꼴이 코로나19 위험의 예측 변수가 됐습니다."[18]

둘 다 데이터 누수의 예시입니다. **데이터 누수**data leakage는 훈련 데이터셋의 피처 집합으로 레이블 정보가 누수되는 현상을 의미하는데, 추론 시에 사용하는 입력 데이터에는 그 정보가 존재하지 않는 경우입니다.

데이터 누수는 대처하기 까다로운데, 이는 누수가 분명하지 않은 경우가 많기 때문입니다. 광범위하게 평가하고 테스트한 후에도 모델이 놀랍고 예상치 못한 방식으로 실패할 수 있어 위험하죠. 이어서 다른 사례를 봅시다.

폐 CT 스캔에서 암 징후를 예측하는 ML 모델을 구축하려고 합니다. A 병원에서 데이터를 가져와 의사의 진단을 제거한 뒤 모델을 훈련했습니다. A 병원의 테스트 데이터에서는 아주 좋은 결과를 얻었지만 B 병원의 데이터에서는 결과가 좋지 않았습니다.

광범위한 조사를 수행한 결과, A 병원에서는 의사가 환자가 폐암에 걸렸다고 생각하면 환자를 좀 더 좋은 장비로 보낸다는 점을 깨달았습니다. 해당 장비는 이전 것과 약간 다른 이미지를 출력하죠. 이 모델은 이미지에 폐암 징후가 있는지 예측하는 데 사용되는 장비의 정보에 의존하는 법을 학습했습니다. B 병원은 환자를 무작위 CT 장비로 보내므로 모델에 의존할 정보가 없습니다. 이러한 상황에 훈련 중에 레이블이 피처로 누수됐다고 말합니다.

데이터 누수는 ML 분야를 처음 접하는 사람에게만 발생하는 것이 아닙니다. 필자가 존경하는 숙련된 연구원들이나 필자의 프로젝트에서도 발생할 수 있죠. 데이터 누수는 이렇게 일반적인데도 ML 커리큘럼에서 거의 다뤄지지 않습니다.

---

18 Heaven, W. D. (2021, July 30). *Hundreds of AI Tools Have Been Built to Catch Covid. None of Them Helped.* MIT Technology Review. https://oreil.ly/lg1b1

> **주의 사항: 캐글 대회의 데이터 누수**
>
> 2020년 리버풀 대학은 캐글에서 이온 스위칭 대회[19]를 개최했습니다. 과제는 각 시점에 열린 이온 채널 개수를 식별하는 것이었습니다. 리버풀 대학은 훈련 데이터에서 테스트 데이터를 합성했고, 일부 사람들은 리버스 엔지니어링 후 데이터 누수를 통해 테스트 레이블을 얻었습니다.[20] 대회에서 우승한 두 팀은 데이터 누수를 이용하지 않고도 우승할 수 있었지만 데이터 누수를 이용했습니다.[21]

5.3.1 일반적인 원인

이 절에서는 데이터 누수의 일반적인 원인과 이를 방지하는 방법을 살펴봅니다.

시간 대신 무작위로 시간적 상관 데이터를 분할한 경우

필자가 대학에서 ML을 배울 때는 데이터를 훈련, 검증, 테스트 세트로 무작위로 분할하는 방법을 배웠습니다. ML 연구 논문에서 보통 데이터를 무작위로 분할하지만, 이는 데이터 누수의 원인이 되기도 합니다.

많은 경우 데이터는 시간 상관관계가 있으므로 데이터가 생성된 시간이 레이블 분포에 영향을 줍니다. 주식 가격처럼 상관관계가 뚜렷할 때도 있습니다. 이를 지나치게 단순화하자면, 유사한 주식끼리는 가격이 함께 움직이는 경향이 있죠. 예를 들어, 오늘 기술주 90%가 하락하면 나머지 기술주 10%도 하락할 가능성이 매우 높습니다. 미래 주가를 예측하는 모델을 구축할 때 훈련 데이터를 시간별로 분할하는 편이 좋습니다. 예컨대 처음 6일간의 데이터로 모델을 훈련하고 7일째 데이터로 평가합니다. 데이터를 무작위로 분할하면 7일째 날의 주가가 훈련 분할에 포함되고, 그날의 시장 상황이 모델에 누출됩니다. 이것을 미래의 정보가 훈련 과정에 유출됐다고 표현합니다.

한편 상관관계가 명확하지 않을 때도 많습니다. 누군가가 추천 노래를 클릭할지 예측하는 작업을 예로 들어봅시다. 클릭 여부는 음악 취향뿐 아니라 그 날의 음악 트렌드에 달려 있습니다.

---

19 *https://www.kaggle.com/c/liverpool-ion-switching*

20 Zidmie. (2020). *The leak explained!* Kaggle. https://oreil.ly/1JgLj

21 Howard, A. (2020). *Competition Recap—Congratulations to our Winners!* Kaggle. https://oreil.ly/wVUU4

예를 들어, 어떤 가수가 세상을 떠나면 사람들이 그 가수의 노래를 들을 가능성이 훨씬 올라갑니다. 특정 날짜의 샘플을 훈련 분할에 포함하면 그날의 음악 트렌드에 대한 정보가 모델에 전달돼, 같은 날의 다른 샘플에 대한 예측을 더 쉽게 수행할 수 있습니다.

미래 정보가 훈련 과정에 유출돼 모델이 평가 중 부정행위를 하는 것을 방지하려면 가능한 한 데이터를 무작위로 분할하는 대신 시간별로 분할해야 합니다. 예를 들어, [그림 5-7]처럼 5주 분량의 데이터가 있다면 처음 4주간의 데이터를 훈련 분할에 사용한 뒤 5주 차 데이터를 무작위로 검증 및 테스트 분할로 분할합니다.

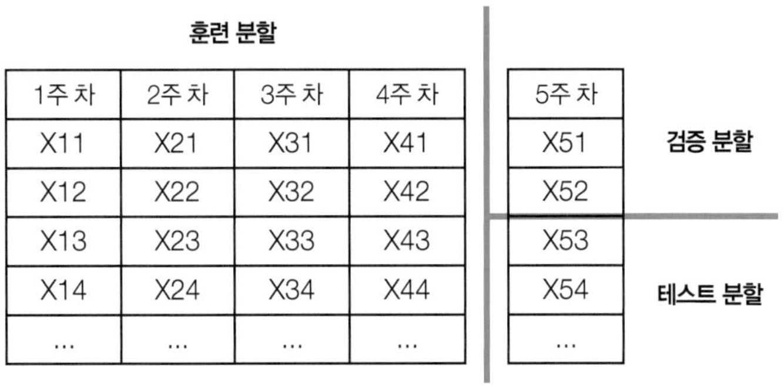

훈련 분할						
1주 차	2주 차	3주 차	4주 차	5주 차		
X11	X21	X31	X41	X51		검증 분할
X12	X22	X32	X42	X52		
X13	X23	X33	X43	X53		
X14	X24	X34	X44	X54		테스트 분할
...	...	...	...	...		

그림 5-7 데이터를 시간별로 분할해 미래 정보가 훈련 과정에 유출되지 않도록 합니다.

분할 전 스케일링을 수행한 경우

5.2.2절 '스케일링'에서 논의했듯 피처 스케일링은 중요합니다. 스케일링에는 데이터의 평균, 분산 등 전역 통계치가 필요합니다. 흔히 하는 실수는 전체 훈련 데이터로 전역 통계치를 생성한 뒤에 분할하는 것입니다. 그러면 테스트 샘플의 평균과 분산이 훈련 프로세스에 유출되고 모델은 테스트 샘플에 대한 예측을 스케일링하게 됩니다. 이 정보는 프로덕션에서 사용할 수 없으므로 모델 성능이 저하되죠.

이러한 누수를 방지하려면 항상 스케일링 전에 먼저 데이터를 분할하고 훈련 분할의 통계치를 사용해 모든 분할을 스케일링해야 합니다. 어떤 사람들은 탐색적 데이터 분석과 데이터 전처리 전에 데이터를 분할해, 테스트 분할에 대한 정보를 실수로 얻는 일을 방지하라고 제안하기도 합니다.

테스트 분할의 통계치로 결측값을 채운 경우

피처의 결측값을 처리하는 한 가지 방법은 모든 값의 평균 또는 중앙값으로 입력값을 채우는 것입니다. 훈련 분할이 아닌 전체 데이터로 평균 또는 중앙값을 계산하면 데이터 누수가 발생합니다. 이 유형은 스케일링으로 인한 누수와 유사하며, 방지하려면 모든 분할의 결측값을 채울 때 훈련 분할의 통계치만 사용해야 합니다.

분할 전 데이터 중복을 제대로 처리하지 않은 경우

데이터에 중복 혹은 거의 중복되는 데이터가 포함돼 있을 때, 분할 전에 이를 제거하지 않으면 동일한 샘플이 훈련, 검증, 테스트 분할 모두에 나타나게 됩니다. 데이터 중복은 산업계에서 매우 흔하며 유명한 연구 데이터셋에서도 발견됩니다. 예를 들어, 컴퓨터 비전 연구에 사용되는 데이터셋 CIFAR-10과 CIFAR-100은 2009년에 출시됐지만 2019년에 이르러서는 CIFAR-10 테스트 세트 이미지의 3.3%와 CIFAR-100 테스트 세트 이미지의 10%가 각각의 훈련 세트에서 중복된다는 사실이 발견됐습니다.[22]

데이터 중복은 데이터 수집 또는 서로 다른 데이터 소스들의 병합으로 인해 발생합니다. 2021년 네이처 기사에 따르면 ML로 코로나19를 감지할 때 데이터 중복이 흔히 함정이 되며 "한 데이터셋이 구성 요소 데이터셋 중 하나에 이미 다른 구성 요소가 포함돼 있다는 사실을 깨닫지 못한 채 여러 데이터셋을 결합했기 때문입니다."[23] 데이터 중복은 데이터 전처리 때문에 발생하기도 합니다. 예컨대 오버샘플링으로 인해 특정 샘플이 중복될 수 있죠.

이를 방지하려면 분할 전과 분할 후 데이터 중복 여부를 항상 확인하기 바랍니다. 데이터를 오버샘플링하려면 분할 전이 아니라 분할 후에 수행해야 합니다.

그룹 누수

강한 레이블 상관관계를 갖는 데이터 포인트들(그룹)이 다른 분할로 나뉘어 들어가는 경우입

22 Barz, B., & Denzler, J. (2020). Do we train on test data? purging cifar of near-duplicates. *Journal of Imaging, 6*(6): 41. https://doi.org/10.3390/jimaging6060041

23 Roberts, M., Driggs, D., Thorpe, M., Gilbey, J., Yeung, M., Ursprung, S., Aviles-Rivero, A. I., Etmann, C., McCague, C., Beer, L., Weir-McCall, J. R., Teng, Z., Gkrania-Klotsas, E., Rudd, J. H. F., Sala, E., & Schönlieb, C.-B. (2021, March 15). *Common pitfalls and recommendations for using machine learning to detect and prognosticate for covid-19 using chest radiographs and CT scans.* Nature News. https://oreil.ly/TzbKJ

니다. 예를 들어, 환자가 일주일 간격으로 폐 CT를 두 번 촬영했다고 가정합시다. 두 스캔 값은 폐암 징후 여부에 대한 레이블이 동일하지만 하나는 훈련 분할에 있고, 다른 하나는 테스트 분할에 있습니다. 이러한 유형의 누수는 동일한 물체를 몇 밀리초 간격으로 찍은 사진이 포함된 객체 탐지 작업에 흔히 나타납니다. 일부는 훈련 분할에 속하고 일부는 테스트 분할에 속하기 때문이죠. 이러한 누수는 데이터가 어떻게 생성됐는지 이해하지 않고는 피하기 어렵습니다.

데이터 생성 과정에서 누수가 생긴 경우

앞서 CT 스캔상 폐암 징후 정보가 스캔 장비를 통해 누출되는 예시를 살펴봤습니다. 이것이 데이터 생성 과정에서 누수가 생기는 경우입니다. 이러한 누수를 감지하려면 데이터 수집 방식을 깊이 이해해야 합니다. 예를 들어, B 병원에서 모델 성능이 저조한 원인이 CT 장비 절차가 달라서라고 가정할 때, 두 병원 간에 장비나 절차가 다르다는 사실을 알지 못한다면 그 원인을 파악하기가 매우 어렵습니다.

이러한 누수를 확실히 피할 방법은 없지만, 데이터 소스를 추적하고 데이터가 수집 및 처리되는 방법을 이해함으로써 위험을 줄일 수 있습니다. 데이터를 정규화해 소스가 서로 다른 데이터끼리 평균과 분산이 같아지도록 합니다. CT 장비별로 출력 이미지 해상도가 다를 때 모든 이미지를 동일한 해상도로 정규화하면 모델은 어떤 이미지가 어떤 장비에서 나왔는지 알기가 더 어려워집니다. 추가적으로 데이터 수집 및 사용 방법에 대해 더 많은 정보를 갖고 있는 주제 전문가를 ML 설계 프로세스에 영입하는 것을 잊지 마세요!

5.3.2 데이터 누수 검출

데이터 누수는 데이터 생성, 수집, 샘플링, 분할, 처리에서 피처 엔지니어링에 이르기까지 여러 단계에서 발생합니다. 따라서 ML 프로젝트의 전체 수명 주기 동안 데이터 누수를 모니터링하는 것이 중요합니다.

타깃 변수(레이블)에 대한 각 피처 또는 피처 집합의 예측 검정력을 측정합니다. 피처의 상관관계가 비정상적으로 높다면 해당 피처가 생성되는 방식과 상관관계가 적절한지 조사하기 바랍니다. 두 피처가 독립적으로 데이터 누수를 포함하지 않아도 함께는 포함할 수도 있습니다. 예를 들어, 회사 직원의 근속 기간을 예측하는 모델을 구축한다고 가정합시다. 시작 날짜와 종료 날짜를 각각 사용하면 근속 기간에 대해 많은 정보를 얻을 수 없지만 두 날짜를 함께 사용하면 근속 기간에 대한 정보를 얻게 됩니다.

피처 또는 피처 집합이 모델에 얼마나 중요한지 측정하려면 절제 연구를 수행합시다. 피처 제거 시 모델 성능이 크게 저하된다면 해당 피처가 왜 중요한지를 조사합니다. 피처가 수천 개에 달할 정도로 방대하다면 가능한 조합에 모두 절제 연구를 수행하기는 불가능하지만, 가장 의심되는 피처의 하위 집합으로만 수행해도 유용합니다. 이 또한 주제 전문 지식이 피처 엔지니어링에 유용하다는 사실을 보여주죠. 절제 연구는 오프라인으로, 즉 로컬 환경에서 수행할 수 있으므로 다운타임 동안 여러분의 시스템에서 절제 연구를 수행할 수 있습니다.

모델에 새로 추가된 피처를 주시하기 바랍니다. 신규 피처를 추가했을 때 모델 성능이 크게 향상되면 피처가 정말 좋거나 혹은 해당 피처에 레이블에 대한 유출된 정보가 포함된 것입니다.

테스트 분할을 함부로 사용해서는 안 됩니다. 테스트 분할을 신규 피처에 대한 아이디어를 내거나 하이퍼파라미터를 조정tuning하기 위해 모델의 최종 성능을 산출하는 것 외의 수단으로 사용하면 미래 정보가 훈련 프로세스로 누출될 위험이 있습니다.

5.4 좋은 피처를 설계하는 방법

일반적으로 피처를 추가하면 모델 성능이 향상됩니다. 경험상 프로덕션 중인 모델에 사용되는 피처들은 시간에 따라 늘어납니다. 하지만 피처가 더 많다고 항상 모델 성능이 좋은 것은 아닙니다. 오히려 너무 많으면 모델 훈련과 서빙에 좋지 않습니다. 이유를 살펴봅시다.

- 피처가 많을수록 데이터 누수 가능성이 높습니다.
- 피처가 너무 많으면 과적합이 발생합니다.
- 피처가 너무 많으면 모델을 제공하는 데 필요한 메모리가 증가할 수 있으며, 결과적으로 모델을 제공하기 위해 더 비싼 머신 및 인스턴스를 사용해야 합니다.
- 피처가 너무 많으면 온라인 예측을 수행할 때 추론 레이턴시가 증가합니다. 특히 온라인 예측을 위해 원시 데이터에서 피처를 추출해야 하는 경우에 더욱 그렇습니다. 온라인 예측은 7장에서 자세히 알아봅니다.
- 쓸모없는 피처는 기술 부채technical debt[24]가 됩니다. 데이터 파이프라인이 변경될 때는 영향을 받는 피처

---

24 옮긴이_ 애자일 선언문의 저자 17명 중 한 명인 워드 커닝햄(Ward Cunningham)이 제안한 용어로, 시간이 더 오래 걸리는 완벽

전체가 조정돼야 합니다. 예를 들어, 어느 날 애플리케이션이 사용자 연령에 대한 정보를 받지 않게 되면 사용자 연령을 사용하는 피처를 모두 업데이트해야 하죠.

이론적으로는 특정 피처가 모델의 정확한 예측에 도움이 되지 않는 경우 L1 정규화가 해당 피처의 계수를 0으로 만들어 제거해주겠지만 실제로는 그렇게 깔끔하게 되지는 않습니다. 하지만 더 이상 유용하지 않은(심지어 유해한) 피처를 수동으로 제거해 좋은 피처를 우선적으로 처리하면 모델이 더 빨리 학습하는 데 도움이 됩니다.

제거된 피처를 저장해 나중에 다시 추가할 수 있으며 일반적인 피처 정의를 저장해 조직 내 팀 간에 재사용하고 공유할 수도 있습니다. 피처 정의 관리를 다룰 때 어떤 사람들은 피처 스토어가 해답이라고 생각합니다. 하지만 모든 피처 스토어가 피처 정의를 관리하지는 않습니다. 피처 스토어는 10장에서 자세히 알아봅니다.

피처가 모델에 적합한지 평가할 때는 두 가지 요소를 고려해야 합니다. 모델에 대한 중요도(피처 중요도)와 본 적 없는 데이터에 대한 일반화입니다.

5.4.1 피처 중요도

피처 중요도feature importance를 측정하는 방법은 여러 가지입니다. 부스티드 그래디언트 트리처럼 고전적인 ML 알고리즘을 사용할 때 피처 중요도를 가장 쉽게 측정하는 방법은 XGBoost에서 구현된 내장 피처 중요도 함수를 사용하는 것입니다.[25] 더 많은 모델에 무관한 해석 방법model-agnostic[26]에 대해서는 SHAPSHapley Additive exPlanations를 살펴보기 바랍니다.[27]

한 코드보다 당장의 빠른 개발 및 배포를 우선시한 결과로 버그, 레거시 코드 등을 포괄하는 용어입니다. 자세한 내용은 위키백과 문서(https://ko.wikipedia.org/wiki/기술_부채)를 참조하기 바랍니다.

25 XGBoost get_score 함수를 사용합니다.

26 옮긴이_ 학습에 사용된 모델 종류에 구속받지 않는 해석 방법을 의미하며, 모델 유연성(model flexibility), 설명 유연성(explanation flexibility), 표현 유연성(representation flexibility)이라는 세 가지 측면이 있습니다.
- 모델 유연성: 모델 해석 방법이 모델 종류와 상관없이 동일하게 동작합니다.
- 설명 유연성: 모델 설명이 자유로운 형태로, 어떤 경우에는 선형 공식이 유용하지만 어떤 경우에는 피처 중요도가 유용합니다.
- 표현 유연성: 해석 결과를 사람이 이해할 수 있는 형태로 다시 가공합니다(예: 워드 임베딩 벡터는 추상적이므로 단어로 보여줄 수 있게 해야 합니다).

자세한 내용은 다음 논문을 참조하기 바랍니다.

Ribeiro, M. T., Singh, S., & Guestrin, C. (2016, June 16). Model-Agnostic Interpretability of Machine Learning. arXiv. https://arxiv.org/pdf/1606.05386.pdf

27 SHAP를 계산하는 훌륭한 오픈 소스 파이썬 패키지는 https://github.com/slundberg/shap를 참조하기 바랍니다.

InterpretML[28]이라는 오픈 소스 패키지는 피처 중요도를 활용해 모델의 예측 방식을 이해하는 데 도움이 됩니다.

피처 중요도를 측정하는 알고리즘은 복잡하지만 직관적으로 생각해보면, 모델에 대한 피처 중요도는 해당 피처 또는 피처를 포함하는 피처 집합이 모델에서 제거될 때 모델 성능이 얼마나 저하되는지에 따라 측정됩니다. SHAP가 훌륭한 이유는 모델 전체에 대한 피처 중요도를 측정할 뿐 아니라 모델의 특정 예측에 대한 피처 기여도를 각각 측정하기 때문입니다. [그림 5-8]과 [그림 5-9]는 SHAP가 모델 예측에 대한 각 피처 기여도를 이해하는 데 어떻게 도움이 되는지 보여줍니다.

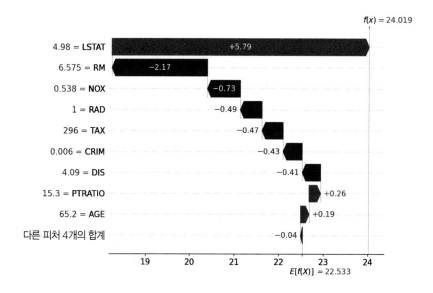

그림 5-8 SHAP로 측정한 각 피처가 모델의 단일 예측에 얼마나 기여하는지 보여줍니다. LSTAT 값(=4.98)이 이 특정 예측에 가장 많이 기여합니다(출처: 스콧 룬드버그[29]).

28 https://interpret.ml
29 스콧 룬드버그 깃허브: https://oreil.ly/c8qqE

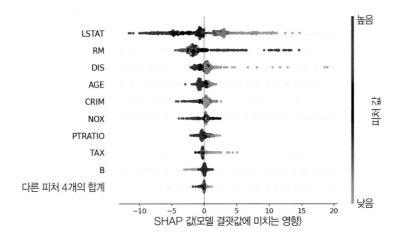

그림 5-9 SHAP로 측정한 각 피처가 모델에 얼마나 기여하는지 보여줍니다. LSTAT 피처의 중요도가 가장 높습니다 (출처: 스콧 룬드버그).

종종 소수의 피처가 모델의 피처 중요도에서 큰 부분을 차지합니다. 페이스북 광고 팀은 클릭률 예측(CTR) 모델에 대한 피처 중요도를 측정했는데, 상위 10개 피처가 모델의 전체 피처 중요도에서 약 절반을 차지하고 마지막 300개 피처는 1% 미만을 차지한다는 점을 발견했습니다.[30] [그림 5-10]을 참조하기 바랍니다.

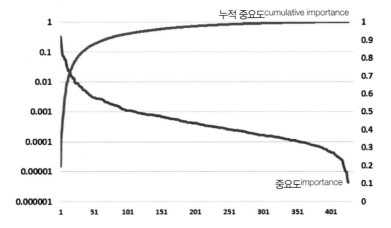

그림 5-10 피처 중요도 부스팅. X축은 피처 개수이고 Y축은 피처 중요도로 로그 스케일입니다(출처: 허 등).

30 He, X., Bowers, S., Candela, J. Q., Pan, J., Jin, O., Xu, T., Liu, B., Xu, T., Shi, Y., Atallah, A., & Herbrich, R. (2014). Practical lessons from predicting clicks on ads at facebook. *Proceedings of 20th ACM SIGKDD Conference on Knowledge Discovery and Data Mining – ADKDD '14*. https://oreil.ly/dHXeC

피처 중요도 기법은 올바른 피처를 선택하는 데 유용할 뿐 아니라 모델이 내부에서 작동하는 방식을 이해하는 데 도움이 되므로 해석 가능성에도 좋습니다.

5.4.2 피처 일반화

ML 모델의 목표는 이전에 본 적 없는^{unseen} 데이터에 대해 정확한 예측을 하는 것이므로 모델에 사용된 피처는 본 적 없는 데이터로 일반화돼야 합니다. 하지만 모든 피처가 동일하게 일반화되지는 않습니다. 예를 들어, 댓글의 스팸 여부를 예측하는 작업에서 각 댓글의 식별자^{identifier}는 일반화할 수 없으므로 모델의 피처로 사용해서는 안 됩니다. 반면에 사용자 이름과 같이 댓글을 게시한 사용자의 식별자는 모델이 예측을 수행하는 데 유용합니다.

피처 일반화 측정은 피처 중요도 측정보다 훨씬 덜 과학적이며, 통계 지식 외에 직관과 주제 전문 지식이 모두 필요합니다. 전반적으로 일반화와 관련해 고려할 두 가지 측면이 있는데, 각각 피처 커버리지^{coverage}와 피처 값 분포입니다.

커버리지는 데이터에서 해당 피처에 대한 값이 있는 샘플의 백분율입니다. 따라서 결측값이 적을수록 커버리지가 높습니다. 대략적인 경험에 따르면 피처가 데이터의 아주 작은 비율에만 나타나면 일반화할 수 없습니다. 예를 들어, 향후 12개월 내 주택 구입 여부를 예측하는 모델을 구축할 때 자녀 수는 좋은 피처입니다. 하지만 데이터의 1%에 대해서만 정보를 얻을 수 있다면 이 피처는 별로 유용하지 않죠.

다만 이 경험은 대략적일 뿐이고 일부 피처는 대부분의 데이터에 결측돼 있더라도 여전히 유용합니다. 결측값이 무작위가 아닌 경우에 특히 그러하며, 이는 피처 유무가 대단히 유용함을 의미합니다. 예를 들어, 피처가 데이터의 1%에만 나타나지만 피처가 있는 예시의 99%에 POSITIVE 레이블이 있다면 이 피처는 유용하므로 사용해야 합니다.

피처 커버리지는 서로 다른 데이터 슬라이스에서 다를 수 있으며, 동일한 데이터 슬라이스에서도 시간에 따라 다를 수 있습니다. 피처 커버리지가 훈련 분할과 테스트 분할 간에 많이 다른 경우(예컨대 훈련 분할의 90%에 나타나지만 테스트 분할의 20%에만 나타나는 경우) 훈련 분할과 테스트 분할 간에 분포가 동일하지 않음을 의미합니다. 이 경우 데이터 분할 방식이 타당한지와 이 피처가 데이터 누수의 원인인지 조사해야 합니다.

존재하는 피처 값에 대해 분포를 조사해야 합니다. 이미 봤던 데이터에 나타나는 값 집합(예:

훈련 분할)이 본 적 없는 데이터에 나타나는 값 집합(예: 테스트 분할)과 겹치지 않으면 이 피처는 모델 성능을 저하합니다.

구체적인 예로 택시 승차 시간을 추정하는 모델을 구축한다고 가정해봅시다. 매주 이 모델을 재학습하고 지난 6일간의 데이터를 사용해 오늘의 도착 예상 시간estimated time of arrival(ETA)을 예측하려고 합니다. 한 가지 피처는 DAY_OF_THE_WEEK로, 평일 교통량이 주말보다 적으므로 유용합니다. 피처 커버리지는 모든 피처에 존재하기에 100%입니다. 한편 이 피처 값은 훈련 분할에서는 월요일부터 토요일까지인 반면 테스트 분할에서는 일요일입니다. 날짜를 적절한 방법으로 인코딩하지 않고 모델에 포함하면 테스트 분할로 일반화되지 않아 모델 성능에 해를 끼칩니다.

반면 HOUR_OF_THE_DAY는 훌륭한 피처입니다. 시간은 교통량에도 영향을 미치며 훈련 분할에서 피처 값 범위가 테스트 분할과 100% 겹칩니다.

피처 일반화 능력과 구체성 사이에는 트레이드오프가 있습니다. 한 시간 동안의 교통량은 그 시간이 러시 아워인지에 따라 달라지므로 IS_RUSH_HOUR라는 피처를 생성한다고 합시다. 시간이 오전 7시에서 9시 사이 또는 오후 4시에서 6시 사이면 IS_RUSH_HOUR를 1로 설정합니다. IS_RUSH_HOUR는 HOUR_OF_THE_DAY보다 일반적이지만 덜 구체적입니다. HOUR_OF_THE_DAY 없이 IS_RUSH_HOUR를 사용하면 모델에서 시간에 관한 중요한 정보를 잃게 됩니다.

5.5 정리

오늘날 ML 시스템의 성공은 여전히 피처에 달려 있습니다. 따라서 프로덕션 환경에서 ML을 사용하려면 피처 엔지니어링에 시간과 노력을 투자해야 하죠.

좋은 피처를 설계하는 방법은 복잡한 문제이며 정답이 없습니다. 가장 좋은 학습 방법은 경험을 통해 배우는 것입니다. 다양한 피처를 시험해보고 모델 성능에 어떤 영향을 미치는지 관찰해야 합니다. 전문가에게 배우는 방법도 있습니다. 특히, 캐글 대회에서 우승한 팀들이 피처를 어떻게 설계했는지 읽어보면 큰 도움이 됩니다. 각 팀에서 사용한 기법과 겪었던 고려 사항들을 자세히 알아볼 수 있죠.

피처 엔지니어링에는 종종 주제 전문 지식이 수반되는데, 이때 주제 전문가가 엔지니어가 아닌 경우도 있습니다. 따라서 비엔지니어가 프로세스에 기여할 수 있도록 워크플로를 설계하는 것이 중요합니다.

피처 엔지니어링에 대한 모범 사례를 요약하면 다음과 같습니다.

- 데이터는 무작위로 분할하는 대신 시간별로 학습, 검증, 테스트 분할로 분할합니다.
- 데이터 오버샘플링은 분할 후에 수행합니다.
- 데이터 누수를 방지하기 위해 스케일링과 정규화는 데이터 분할 후에 수행합니다.
- 피처를 스케일링하고 결측값을 처리할 때는 전체 데이터 대신 훈련 분할의 통계치만 사용합니다.
- 데이터 생성, 수집, 처리 방식을 이해합니다. 가능하면 도메인 전문가를 참여시키세요.
- 데이터 계보lineage를 추적합니다.
- 모델에 대한 피처 중요도를 이해합니다.
- 잘 일반화되는 피처를 사용합니다.
- 모델에서 더 이상 유용하지 않은 피처를 제거합니다.

이 장에서는 피처 엔지니어링을 알아봤습니다. 다음 장에서는 워크플로의 다음 부분인 ML 모델 훈련으로 넘어갑니다. 단, 모델링으로 이동한다고 해서 데이터 처리나 피처 엔지니어링이 끝난 것이 아니라는 점을 기억하기 바랍니다. 대부분의 실제 ML 프로젝트에서 데이터 수집 및 피처 엔지니어링 프로세스는 모델이 프로덕션에 배포되는 한 계속됩니다. 신규 데이터를 사용해 모델을 지속적으로 개선해야 하죠. 이에 관해서는 9장에서 다룹니다.

## CHAPTER 6

모델 개발과 오프라인 평가

4장에서는 모델 훈련 데이터를 생성하는 방법을, 5장에서는 훈련 데이터로부터 피처 엔지니어링을 수행하는 방법을 배웠습니다. 이 장에서는 초기 단계의 피처 집합을 사용하는 ML 시스템의 ML 알고리즘 부분을 다룹니다. 이 단계는 가장 재미있는 단계이기도 합니다. 다양한 알고리즘과 기법, 심지어 가장 최근에 나온 것까지 사용해볼 수 있죠. 데이터와 피처 엔지니어링에들인 노력이 출력(예측)값을 제공하는 시스템으로 결실을 맺는 첫 번째 단계입니다. 이 출력값을 통해 노력이 성공으로 이어지는지 평가해볼 수 있습니다.

ML 모델 개발에 앞서 먼저 개발할 ML 모델을 선택해야 합니다. 최근 다양한 ML 알고리즘이활발하게 연구 및 개발되고 있습니다. 이 장에서는 먼저 작업에 가장 적합한 알고리즘을 선택할 때 유용한 여섯 가지 팁을 살펴봅니다. 이어서 디버깅, 실험 추적과 버전 관리, 분산 학습,오토ML 같은 모델 개발의 다양한 측면을 알아봅니다.

모델 개발은 반복 프로세스입니다. 반복이 끝날 때마다 모델 성능을 비교해봐야 하죠. 이번 반복 단계 결과물의 성능이 이전 반복 단계와 비교해서 프로덕션 환경에 얼마나 적합할지 평가합니다. 이 장 마지막 절에서는 모델을 프로덕션 환경에 배포하기 전에 평가하는 방법을 알아봅니다. 교란 테스트, 불변성 테스트, 모델 보정, 슬라이스 기반 평가 등 다양한 기법이 있습니다.

이 장 내용을 이해하려면 선형 모델, 의사 결정 트리, k-최근접 이웃, 다양한 유형의 신경망 등일반적인 ML 알고리즘에 대한 지식이 필요합니다. 각각의 작동 방식은 자세히 다루지 않으며알고리즘을 둘러싸고 있는 기법에 초점을 맞춥니다. 이 장에서는 ML 알고리즘을 다루므로 나머지 장들보다 ML에 대한 지식이 훨씬 많이 필요합니다. ML이 익숙하지 않다면 이 장을 읽기 전에 온라인 강의나 책을 통해 기본 내용을 학습하는 편이 좋습니다. 이 책의 깃허브[1]에서 제공하는 'ML에 대한 기본적인 리뷰Basic ML Review'는 ML 기본 개념을 상기하는 데 유용할 겁니다.

6.1 모델 개발과 훈련

이 절에서는 모델을 개발하고 훈련하는 데 필요한 여러 측면을 살펴봅니다. 주어진 문제에 대해 다양한 ML 모델을 평가하는 방법, 모델 앙상블 생성, 실험 추적과 버전 관리, 오늘날 모델이 일반적으로 훈련되는 규모에서 필요한 기술인 분산 훈련을 살펴보고, 마지막에는 보다 심화 주제인 오토ML, 즉 ML을 사용해 문제에 가장 적합한 모델을 자동으로 선택하는 기법을 알아봅니다.

6.1.1 머신러닝 모델 평가

문제가 주어졌을 때 시도해볼 수 있는 해결안은 다양합니다. 그중 ML을 사용하기로 결정했다면 작업에 어떤 ML 알고리즘을 사용해야 가장 좋을지 막막하기도 합니다. 이미 익숙한 알고리즘인 로지스틱 회귀로 작업을 시작해야 할까요? 아니면 새롭고 멋진 모델을 시도해보는 것이 좋을까요? 함께 일하는 시니어가 예전에 그래디언트 부스트 트리가 해당 작업에서 항상 잘 동작했다고 이야기한다면 그 조언을 들어야 할까요?

시간과 연산 능력에 제한이 없다면 가능한 해결안을 모두 시도해보고 최적의 방안을 선택하는 편이 합리적입니다. 하지만 시간과 연산 능력은 한정되어 있죠. 따라서 어떤 모델을 선택할지 전략적으로 접근해야 합니다.

ML 알고리즘이라 하면 많은 사람들이 고전적인 ML 알고리즘 대 신경망[2]의 구도를 떠올립니다. 신경망, 특히 딥러닝은 많은 주목을 받았고 언론에서도 숱하게 다뤄졌습니다. 지난 10년간 이룩한 AI 발전의 대부분이 점점 커지고 깊어지는 신경망에 기인한 점을 고려하면 충분히 납득할 만한 일이죠.

---

1 https://oreil.ly/designing-machine-learning-systems-code
2 옮긴이_ 이 책에서 언급하는 신경망은 모두 인공 신경망을 뜻합니다.

딥러닝에 대한 큰 관심도와 활발한 언론 보도 탓에 딥러닝이 기존 ML 알고리즘을 대체하고 있다는 인상을 받기 쉽습니다. 딥러닝이 프로덕션 환경에서 점점 더 많이 사용되는 추세이긴 하지만 기존 ML 알고리즘 또한 제자리를 굳건히 지키고 있습니다. 많은 추천 시스템이 여전히 협업 필터링과 행렬 분해 기법에 의존하고 있습니다. 그래디언트 부스트 트리 같은 트리 기반 알고리즘은 여전히 레이턴시 요구 사항이 까다로운 다양한 분류 작업을 지원합니다.

신경망이 배포된 애플리케이션에도 여전히 고전적인 ML 알고리즘이 함께 사용됩니다. 예를 들어, 신경망과 의사 결정 트리는 앙상블로써 함께 사용되곤 합니다. 또 k-평균 클러스터링 모델을 사용해서 신경망에 입력할 피처를 추출합니다. 이와 반대로 BERT나 GPT-3과 같이 사전 훈련된 신경망을 사용해 로지스틱 회귀 모델에 입력할 임베딩을 생성하기도 합니다.

문제에 대한 모델을 선택할 때는 가용한 모델 전체가 아니라 문제에 일반적으로 적합한 모델 집합에 집중해야 합니다. 예를 들어, 유해한 트윗을 탐지하는 시스템을 개발한다고 가정해봅시다. 이는 텍스트 분류 문제, 즉 주어진 텍스트가 유해한지 판별하는 문제입니다. 텍스트 분류 용도로 흔히 사용하는 모델로는 나이브 베이즈, 로지스틱 회귀, 순환 신경망, 트랜스포머 기반 모델(BERT, GPT와 그 변종 등)이 있습니다.

또 다른 예로, 이상 거래 탐지 시스템을 개발한다고 가정합시다. 이는 전형적인 이상 탐지 문제로, 이상 거래는 탐지하고자 하는 이상치입니다. 이런 문제에는 흔히 k-최근접 이웃, 아이솔레이션 포레스트, 클러스터링, 신경망 등 다양한 알고리즘이 사용됩니다.

이처럼 주어진 문제에 사용할 모델을 선택하려면 일반적인 ML 작업 유형과 이를 해결하기 위한 접근법에 대한 지식이 필요합니다.

알고리즘 유형이 다양한 만큼 연산량과 필요한 레이블 개수 또한 천차만별입니다. 어떤 알고리즘은 다른 것에 비해 훈련 시간이 훨씬 긴 반면 어떤 알고리즘은 예측 시간이 훨씬 길죠. 신경망 계열이 아닌 알고리즘은 신경망보다 모델의 작동 과정과 그 결괏값을 설명하기에 좀 더 편리한 특징이 있습니다(예: 이메일을 스팸으로 분류하는 과정에 가장 많이 기여한 피처).

예를 들어, 단순한 로지스틱 회귀 모델은 복잡한 신경망보다 정확도는 낮을 수 있지만 시작할 때 필요한 레이블 데이터 개수가 적고, 훈련 속도가 훨씬 빠르고, 배포 과정이 훨씬 쉬우며, 특정 예측값이 나온 이유를 설명하기도 월등히 쉽습니다.

서로 다른 ML 알고리즘을 비교하는 작업은 이 책의 범위를 벗어납니다. 아무리 비교 분석을 잘하더라도 새로운 알고리즘이 나오면 곧 유행에 뒤처집니다. 2016년 LSTM-RNN은 기계 번역부터 텍스트 요약, 텍스트 분류에 이르기까지 다양한 NLP 작업을 지원하는 seq2seq (시퀀스 대 시퀀스) 아키텍처의 백본이었습니다. 그러나 불과 2년 만에 이 순환 아키텍처는 NLP 작업에서 트랜스포머 아키텍처로 대부분 교체됐습니다.

다양한 알고리즘을 이해하고 싶다면 ML 기본 지식을 탄탄히 다진 뒤 관심 있는 알고리즘으로 끊임없이 실험해보면 좋습니다. 새롭게 쏟아지는 ML 기법과 모델에 뒤처져도 안 되겠죠. NeurIPS, ICLR, ICML 같은 주요 ML 콘퍼런스의 트렌드를 모니터링하고, 트위터에서 잡담보다는 영양가 높은 이야기를 많이 하는 연구원들을 팔로우해보면 큰 도움이 될 겁니다.

이어서 모델 선택 시 활용할 수 있는 팁을 살펴봅시다. 다음 여섯 가지 팁은 수많은 알고리즘을 일일이 상세히 검토하지 않아도 다음에 작업할 ML 알고리즘을 빠르게 결정하는 데 유용합니다.

1. 최첨단만 추종하는 함정에 빠지지 않기

필자는 그간 많은 회사와 학생이 ML을 시작하도록 도움을 줬는데, 그들이 최첨단 모델에 과하게 매달리지 않도록 이끄는 데 상당한 시간이 들었습니다. 왜 사람들이 최첨단 모델을 갈망하는지, 그 이유는 잘 압니다. 그것이 문제에 대한 최적의 솔루션이라고 믿기 때문이죠. 신규 솔루션이 탁월하리라고 확신하는데 굳이 이전 솔루션을 시도할 이유가 없을 겁니다. 많은 비즈니스 리더는 비즈니스를 최신식으로 포장하기 위해 최첨단 모델을 적용하고 싶어 하고, 개발자는 낡은 기술에 계속 갇혀 지내기보다 항상 새로운 것을 만져보고 싶어 합니다.

연구원은 흔히 모델을 학문적인 맥락에서 평가합니다. 즉, 최첨단 모델이 의미하는 바는 '일부 정적 데이터셋에서 기존 모델보다 성능이 더 좋다'는 뜻입니다. 모델이 구현 측면에서 충분히 빠르거나 비용이 낮다는 뜻이 아닙니다. 모델이 '여러분의' 데이터에서 다른 모델보다 성능이 월등하다는 뜻 또한 아니죠.

최신 기술을 사용하는 일도 매우 중요하고 비즈니스 평가에 큰 도움이 되지만 문제 해결에서 가장 중요한 것은 해결 방안을 찾아내는 일입니다. 최첨단 모델보다 훨씬 저렴하고 문제를 단순하게 해결할 방안이 있다면 그것을 사용하는 편이 좋습니다.

2. 가장 단순한 모델부터 시작하기

파이썬의 선Zen of Python[3]에 '단순함이 복잡한 것보다 낫다'는 원칙이 있는데, 이는 ML에도 적용됩니다. 단순함은 세 가지 측면에서 유용합니다.

- 단순한 모델은 배포하기 쉽습니다. 모델을 빨리 배포할수록 예측 파이프라인이 훈련 파이프라인과 일치하는지 보다 빨리 확인할 수 있습니다.
- 단순한 것에서 시작해 복잡한 구성 요소를 단계별로 추가하는 편이 모델을 이해하고 디버깅하기 더 쉽습니다.
- 가장 단순한 모델은 보다 복잡한 모델의 비교 대상으로서 베이스라인 역할을 수행합니다.

가장 단순한 모델이 항상 노력이 최소한으로 드는 모델은 아닙니다. 예를 들어, 사전 훈련된 BERT 모델은 복잡하지만 작업을 시작하기에 용이합니다. 특히 허깅 페이스Hugging Face의 트랜스포머에 올라와 있는 것처럼 미리 구현된 것을 사용한다면 더욱 그렇죠. 이 경우 복잡한 솔루션을 사용해도 나쁘지만은 않습니다. 문제가 발생해도 해당 솔루션을 둘러싼 커뮤니티 환경이 충분히 도움을 줄 수 있을 정도로 성숙하기 때문이죠. 다만 사전 훈련된 BERT가 단순한 솔루션보다 실제로 나은지 확인해보기 위해 단순한 솔루션으로 실험해보는 것도 좋습니다. 사전 훈련된 BERT는 시작하기는 쉬울지 몰라도 개선할 때는 노고가 상당히 듭니다. 반면에 단순한 모델로 시작하면 모델을 손쉽게 개선해볼 여지가 많죠.

3. 모델을 선택할 때 사람의 편향을 주의하기

엔지니어가 그래디언트 부스트 트리와 사전 훈련된 BERT 모델 중 어느 모델이 문제에 더 적합한지 평가하는 작업을 배정받았다고 가정해봅시다. 2주 후 이 엔지니어는 최적 BERT 모델이 최적 그래디언트 부스트 트리보다 성능이 5% 더 높다고 알려왔고, 팀에서는 사전 훈련된 BERT 모델을 사용하기로 결정했습니다.

그런데 몇 달 후 경험 많은 엔지니어가 팀에 합류했습니다. 그리고는 그래디언트 부스트 트리를 재조사했는데, 이번에는 최적 그래디언트 부스트 트리가 현재 프로덕션 환경에서 사전 훈련된 BERT 모델보다 성능이 우수하다는 사실을 보여줍니다. 이게 대체 무슨 일일까요?

모델 평가 과정에는 사람의 편향이 들어갈 수밖에 없습니다. ML 아키텍처를 평가하는 프로세

---

3 옮긴이_ 파이썬의 선은 파이썬 프로그래밍 언어의 설계에 영향을 미치는 컴퓨터 프로그램 작성을 위한 19가지 '지침 원칙'입니다. 소프트웨어 엔지니어인 팀 피터스는 이 원칙을 작성해 1999년 파이썬 메일링 리스트에 게시했습니다(출처: 위키백과).

스 중 일부는 특정 아키텍처에 대한 최적 모델을 찾기 위해 다양한 피처와 하이퍼파라미터 집합을 실험해봅니다. 엔지니어가 특정 아키텍처에 관심이 크다면 실험하는 데 훨씬 더 많은 시간을 들일 테고 그 아키텍처에 대해 더 성능이 좋은 모델을 만들어낼 가능성이 높습니다.

서로 다른 아키텍처를 비교할 때는 비교 가능한 설정 아래에서 비교하는 것이 중요합니다. 어떤 아키텍처에 실험을 100회 수행했는데 비교 대상인 아키텍처는 실험을 단지 몇 회만 돌려본다면 공정하지 않습니다. 비교하는 아키텍처에도 실험을 100회 수행해야 합니다.

모델 아키텍처 성능은 평가 맥락, 예컨대 작업, 훈련 데이터, 테스트 데이터, 하이퍼파라미터 등에 크게 좌우되므로 특정 모델 아키텍처가 다른 아키텍처보다 낫다고 단언하기는 어렵습니다. 상황에 따라 더 나을 수도, 아닐 수도 있죠.

4. 현재 성과와 미래 성과를 비교 평가하기

현재 최적인 모델이 두 달 후에도 최적은 아닐 수 있습니다. 예를 들어, 데이터가 많지 않을 때는 트리 기반 모델이 좋지만 두 달 후 훈련 데이터가 두 배로 늘어난다면 신경망 성능이 훨씬 더 좋아질 겁니다.[4]

학습 곡선으로 데이터가 늘어남에 따라 모델 성능이 어떻게 변할지 가늠해볼 수 있습니다.[5] 모델의 학습 곡선은 사용하는 훈련 샘플 개수에 따른 모델 성능의 플롯입니다(예: 훈련 손실, 훈련 정확도, 검증 정확도). 훈련 데이터 증가에 따라 성능이 정확히 얼마나 향상될지 추정하는 데는 도움이 안 되지만 성능상 이점이 있을지는 대략 알 수 있습니다.

---

4 앤드류 응은 학습 알고리즘의 편향이 크면 학습 데이터를 더 많이 확보해도 큰 도움이 되지 않는다고 설명합니다(출처: 코세라 강의). 반면에 학습 알고리즘의 분산이 높다면 데이터를 더 확보하면 도움이 됩니다.
5 https://oreil.ly/9QZLa

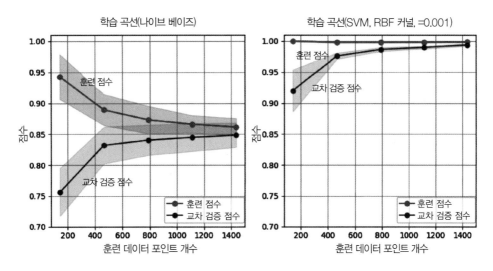

그림 6-1 나이브 베이즈와 SVM 모델의 학습 곡선(출처: 사이킷런)

한번은 팀에서 추천 항목을 만들기 위해 협업 필터링 모델과 단순한 신경망 모델을 비교 평가해야 했습니다. 두 모델 모두 오프라인 평가 시 협업 필터링 모델의 성능이 더 좋았습니다. 하지만 단순 신경망은 데이터 포인트가 입수될 때마다 개별 건에 대해 모델을 업데이트하는 반면 협업 필터링은 기반 행렬을 업데이트하기 위해 모든 데이터를 재학습해야 합니다. 팀은 협업 필터링 모델과 단순 신경망을 모두 배포하기로 결정했습니다. 협업 필터링 모델로 사용자에 대한 예측을 수행하고 새로 입수하는 데이터로 프로덕션 환경에서 단순 신경망을 지속 훈련했죠. 그리고 2주 후 단순 신경망은 협업 필터링 모델의 성능을 넘어섰습니다.

모델을 평가할 때는 이렇게 가까운 미래에 개선 가능한 잠재력과 개선 작업의 난이도를 고려해야 합니다.

5. 트레이드오프를 평가하기

모델을 선택할 때는 수많은 트레이드오프를 고려해야 합니다. ML 시스템의 성능을 결정하는 요소 중 무엇이 더 중요한지 이해하면 가장 적합한 모델을 선택하는 데 도움이 됩니다.

전형적인 예는 위양성과 위음성 간의 트레이드오프입니다. 위양성 수를 줄이면 보통 위음성 수가 늘어나고, 반대로 위음성 수를 줄이면 위양성 수가 늘어납니다. 예를 들어, 지문 잠금 해제 같이 위음성보다 위양성이 더 위험한 작업에서는 위양성이 적은 모델이 선호됩니다(미승인 사용자를 승인으로 분류해 접근 권한을 부여해서는 안 됩니다). 마찬가지로, 코로나19 선별 검사같이 위양성보다 위음성이 더 위험한 작업에서는 위음성이 적은 모델이 선호되죠(코로나19 환자가 음성으로 분류돼서는 안 됩니다).

또 다른 예로 연산량 요구 사항과 정확도 간의 트레이드오프가 있습니다. 복잡한 모델은 정확도가 높지만 추론 시 수용 가능한 레이턴시로 예측값을 생성하려면 CPU 대신 GPU를 사용하는 등 보다 강력한 시스템이 필요합니다. 해석 가능성과 성능 간의 트레이드오프 또한 관심 대상입니다. 복잡한 모델은 성능이 좋지만 결과를 해석하기는 어렵습니다.

6. 모델의 가정을 이해하기

통계학자 조지 박스$^{George\ Box}$는 1976년 "모든 모델은 잘못됐지만 일부는 유용하다"라고 이야기 했습니다. 현실은 엄청나게 복잡하므로 모델은 가정을 통해 어느 정도 근사를 해낼 뿐입니다. 모든 단일 모델은 자신만의 가정이 있습니다. 모델이 무엇을 가정하며 데이터가 그 가정을 실제로 충족하는지 이해한다면 유스 케이스에 가장 적합한 모델이 무엇인지 평가할 수 있습니다.

다음은 흔히 사용하는 가정 중 일부입니다.

예측 가정(Prediction assumption)
입력 X에서 출력 Y를 예측하는 것이 목표인 모델은 X를 기반으로 Y를 예측할 수 있다고 가정합니다.

IID(Independent and Identically Distributed)
신경망은 각각의 데이터 포인트가 독립적이고 분포가 동일[6]하다고 가정합니다. 이는 모든 데이터 포인트가 동일한 결합 분포에서 독립적으로 추출됐다는 의미입니다.

매끄러움(Smoothness)
모든 머신러닝 지도 학습 방법은 입력을 출력으로 변환하는 함수 집합을 가정합니다. 이때 유사한 입력값은 유사한 출력값으로 변환됩니다. 입력 X가 출력 Y를 생성한다면 X에 가까운 입력값은 비례적으로 Y에 가까운 출력값을 생성합니다.

----

6 *https://oreil.ly/hXRr2*

계산 가능성(Tractability)

X는 입력이고 Z는 X의 잠재 표현이라고 할 때 생성 모델은 확률 $P(Z\,|\,X)$를 계산할 수 있다고 가정합니다.

경계(Boundaries)

선형 분류기는 결정 경계가 선형이라고 가정합니다.

조건부 독립(Conditional independence)

나이브 베이즈 분류기는 정해진 클래스에 대해 속성값들이 상호 독립이라고 가정합니다.

정규 분포(Normally distributed)

많은 통계적 방법론은 데이터가 정규 분포를 따른다고 가정합니다.

6.1.2 앙상블

문제에 어떤 ML 솔루션을 사용할지 처음 고민하는 단계에는 모델을 단 하나만 포함하는 시스템으로 시작하면 좋습니다(특정 문제에 대한 모델을 선택하는 프로세스는 이 장 앞부분에서 논의했습니다). 단일 모델을 개발한 뒤에는 성능을 지속적으로 향상하기 위한 방법을 고민하게 됩니다. 한 가지 방법은 개별 모델이 아니라 여러 모델의 앙상블을 사용해 예측하는 것입니다. 앙상블 내의 각 모델을 기본 학습기base learner라고 합니다. 이메일의 스팸 여부를 예측하는 작업을 예로 들어봅시다. 세 가지 모델이 있을 때 최종 예측은 세 모델의 다수결 투표로 정합니다. 즉, 기본 학습기 두 개 이상이 스팸이라고 출력한다면 이메일은 스팸으로 분류됩니다.

2021년 8월 기준, 2021년 캐글 대회에서 우승한 솔루션 22개 중 20개가 앙상블을 사용합니다.[7] 2022년 1월 기준, 스탠퍼드 질의응답 데이터셋인 SQuAD 2.0[8]의 상위 솔루션 20개가 앙상블입니다(그림 6-2).

----

[7] 파리드 라시디(Farid Rashidi)의 웹 페이지 '캐글 솔루션'에 나열된 수상 솔루션을 살펴보기 바랍니다(*https://oreil.ly/vNrPx*). 어떤 솔루션은 모델을 무려 33개 사용했습니다.
  Giba. (2015). *1st Place–Winner Solution–Gilberto Titericz and Stanislav Semenov*. Kaggle. https://oreil.ly/z5od8

[8] *https://oreil.ly/odo12*

앙상블은 배포가 복잡하고 유지 관리가 어려워 프로덕션 환경에서는 선호되지 않지만 광고 클릭률 예측처럼 성능이 조금만 향상돼도 금전적 이득이 큰 경우 자주 사용되기도 합니다.

Rank	Model	EM	F1
	Human Performance *Stanford University* *(Rajpurkar & Jia et al. '18)*	86.831	89.452
1 Jun 04, 2021	IE-Net (ensemble) *RICOH_SRCB_DML*	**90.939**	**93.214**
2 Feb 21, 2021	FPNet (ensemble) *Ant Service Intelligence Team*	90.871	93.183
3 May 16, 2021	IE-NetV2 (ensemble) *RICOH_SRCB_DML*	90.860	93.100
4 Apr 06, 2020	SA-Net on Albert (ensemble) *QIANXIN*	90.724	93.011
5 May 05, 2020	SA-Net-V2 (ensemble) *QIANXIN*	90.679	92.948
5 Apr 05, 2020	Retro-Reader (ensemble) *Shanghai Jiao Tong University* http://arxiv.org/abs/2001.09694	90.578	92.978
5 Feb 05, 2021	FPNet (ensemble) *YuYang*	90.600	92.899
6 Apr 18, 2021	TransNets + SFVerifier + SFEnsembler (ensemble) *Senseforth AI Research*	90.487	92.894

그림 6-2 2022년 1월 기준, SQuAD 2.0의 상위 20개 솔루션이 모두 앙상블입니다.

앙상블 작동 원리를 직관적으로 이해하기 위해 예시를 살펴봅시다. 이메일 스팸 분류기 3개가 있고 각각 정확도가 70%라고 가정합니다. 각 분류기가 예측을 올바르게 수행할 확률은 모두 동일하고, 세 분류기 간에 상관관계가 없다면 셋의 다수결 투표를 통해 78.4%의 정확도를 얻습니다.

어떤 이메일에 대해 각 분류기의 결과가 올바를 확률은 70%입니다. 두 개 이상의 분류기 결과가 올바르다면 앙상블 또한 올바른 결과를 내놓습니다. [표 6-1]은 특정 이메일에 대해 얻을 수 있는 앙상블의 출력 결과와 그 확률을 보여줍니다. 예시 앙상블의 정확도는 0.784(0.343+0.441) 혹은 78.4%입니다.

표 6-1 세 분류기의 다수결 투표로 얻을 수 있는 앙상블 결과

세가지 모델의 출력	확률	앙상블의 출력
3개 모두 맞음	0.7 * 0.7 * 0.7 = 0.343	맞음
2개만 맞음	(0.7 * 0.7 * 0.3) * 3 = 0.441	맞음
1개만 맞음	(0.3 * 0.3 * 0.7) * 3 = 0.189	틀림
3개 모두 틀림	0.3 * 0.3 * 0.3 = 0.027	틀림

이 계산은 앙상블의 분류기 간에 상관관계가 없을 때만 유효합니다. 모든 분류기가 서로 1의 상관계수를 갖는다면, 즉 세 개 모두 각 이메일에 대해 동일한 예측을 수행한다면 앙상블의 정확도는 개별 분류기와 동일합니다. 앙상블 성능은 기본 학습기 간의 상관관계가 낮을수록 좋아집니다. 따라서 앙상블을 구성할 때는 일반적으로 유형이 서로 상당히 다른 모델을 선택하죠. 예를 들어, 트랜스포머 모델 하나, 순환 신경망 하나, 그래디언트 부스트 트리 하나로 구성할 수 있습니다.

앙상블을 만드는 방법은 배깅, 부스팅, 스태킹 등 세 가지입니다. 여러 조사 연구 논문에 따르면 리샘플링과 부스팅, 배깅 같은 앙상블 기법은 성능 향상 외에도 불균형 데이터셋 문제 완화에 크게 도움이 됩니다.[9] 세 가지 방법을 차례로 살펴봅시다.

배깅

배깅은 부트스트랩 집계Bootstrap Aggregating의 줄임말로, ML 알고리즘의 훈련 안정성과 정확도를 모두 개선하도록 설계됐습니다.[10] 분산을 줄이고 과적합을 방지하는 데 효과적이죠.

---

9 Galar, M., Fernandez, A., Barrenechea, E., Bustince, H., & Herrera, F. (2012, July). A review on ensembles for the class imbalance problem: Bagging-, boosting-, and hybrid-based approaches. *IEEE Transactions on Systems, Man, and Cybernetics, Part C (Applications and Reviews), 42*(4): 463–484. https://oreil.ly/ZBlgE
Rekha, G., Tyagi, A. K., & Krishna Reddy, V. (2019, January). Solving class imbalance problem using bagging, boosting techniques, with and without using noise filtering method. *International Journal of Hybrid Intelligent Systems, 15*(2): 67–76. https://oreil.ly/hchzU
10 이때 훈련 안정성은 훈련 손실의 변동이 적음을 의미합니다.

데이터셋이 주어지면 전체 데이터셋으로 하나의 분류기를 훈련하는 대신 복원 추출을 수행해 여러 데이터셋을 생성합니다. 각 데이터셋을 부트스트랩이라고 하며, 각 부트스트랩으로 분류 또는 회귀 모델을 훈련합니다. 복원 추출이므로 각 부트스트랩은 서로 독립적으로 생성됩니다. [그림 6-3]을 참조하기 바랍니다.

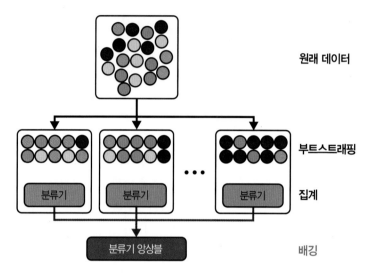

그림 6-3 배깅(출처: 시라콘의 이미지를 각색함)

분류 문제에서는 모든 모델의 다수결 투표로 최종 예측값을 결정합니다. 예를 들어, 어떤 메일이 주어졌을 때 모델 10개는 스팸이라고 투표하고 모델 6개는 스팸이 아니라고 투표한다면 최종 예측값은 스팸이 됩니다.

회귀 문제에서 최종 예측값은 모든 모델 예측값의 평균입니다.

배깅은 일반적으로 불안정성이 높은 기법의 성능을 개선합니다. 예를 들어, 신경망, 분류 및 회귀 트리나 선형 회귀의 변수 하위 집합 선택이 있죠. 반면에 k-최근접 이웃처럼 안정적인 기법의 성능은 다소 저하될 수 있습니다.[11]

랜덤 포레스트는 배깅의 일종입니다. 배깅에 피처의 무작위성을 더해 구성한 의사 결정 트리의 모음으로, 각 트리는 무작위로 정한 피처 하위 집합에서 사용할 피처를 선택하게 됩니다.

----

11 Breiman, L. (1996). Bagging Predictors. *Machine Learning 24*: 123–140. https://oreil.ly/adzJu

부스팅

부스팅은 약한 학습기를 강한 학습기로 바꾸는 반복 학습 앙상블 알고리즘의 일종입니다. 앙상블을 구성하는 각 학습기는 동일한 샘플 집합으로 학습하지만 반복마다 각 샘플에 가중치를 다르게 줍니다. 결과적으로 나중에 더해지는 약한 학습기는 이전의 약한 학습기들이 잘못 분류한 데이터 포인트에 더욱 집중하게 됩니다. [그림 6-4]는 부스팅의 각 단계를 나타냅니다.

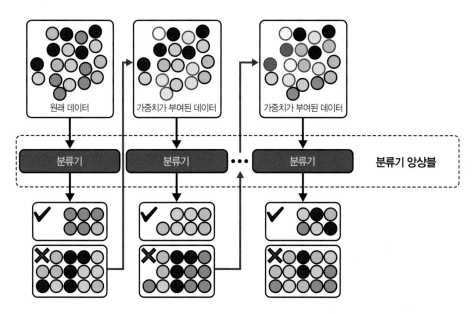

그림 6-4 부스팅(출처: 시라콘의 이미지를 각색함)

1. 원래 데이터셋으로 첫 번째 약한 분류기를 훈련합니다.

2. 샘플마다 첫 번째 분류기에서 얼마나 잘 분류되는지에 따라 가중치가 부여됩니다. 예컨대 잘못 분류된 샘플에는 더 높은 가중치가 부여됩니다.

3. 가중치가 부여된 데이터셋으로 두 번째 분류기를 훈련합니다. 앙상블은 첫 번째와 두 번째 분류기로 구성합니다.

4. 샘플마다 앙상블에서 얼마나 잘 분류되는지에 따라 가중치가 재부여됩니다.

5. 가중치가 재부여된 데이터셋으로 세 번째 분류기를 훈련합니다. 앙상블에 세 번째 분류기를 추가합니다.

6. 필요한 만큼 반복합니다.

7. 최종적으로 기존 분류기의 가중치 조합으로 강한 분류기를 구성합니다. 분류기의 훈련 오차가 적을수록 가중치가 높습니다.

부스팅 알고리즘의 예로는 보통 약한 결정 트리에서 예측 모델을 생성하는 그래디언트 부스팅 머신(GBM)이 있습니다. 다른 부스팅 방법과 마찬가지로 단계적으로 모델을 구축하고 임의의 미분 가능한 손실 함수를 최적화하면서 모델을 일반화합니다.

GBM의 변형 알고리즘인 XGBoost는 ML 대회에서 다수의 우승 팀에게 선택받았습니다.[12] 분류, 랭킹부터 힉스 보손Higgs Boson의 발견에 이르기까지 광범위한 작업에 사용됐죠.[13] 한편 최근에는 많은 팀이 병렬 학습을 지원하는 분산형 그래디언트 부스팅 프레임워크인 LightGBM[14]으로 대규모 데이터셋에 대한 훈련 작업을 더 빠르게 해내고 있습니다.

스태킹

스태킹은 훈련 데이터로 기본 학습기를 훈련하고, 기본 학습기의 출력을 결합해 최종 예측을 수행하는 메타 학습기를 만듭니다(그림 6-5). 메타 학습기는 단순한 휴리스틱일 수 있습니다. 즉, 모든 기본 학습기에 대해 다수결 투표(예: 분류 작업에서) 혹은 평균 투표(예: 회귀 작업에서)를 수행합니다. 기본 학습기로는 로지스틱 회귀 모델이나 선형 회귀 모델 등 서로 다른 종류의 모델 집합을 사용할 수 있습니다.

앙상블 생성 방법을 보다 자세히 학습하려면 캐글의 전설적인 팀인 MLWave의 멋진 앙상블 가이드 문서[15]를 참조하기 바랍니다.

---

12 "Machine Learning Challenge Winning Solutions," https://oreil.ly/YjS8d

13 Chen, T., & He, T. (2015). Higgs Boson Discovery with Boosted Trees. *Proceedings of Machine Learning Research* 42: 69–80. https://oreil.ly/ysBYO

14 *https://oreil.ly/1qyWf*

15 *https://oreil.ly/Nu6G6*

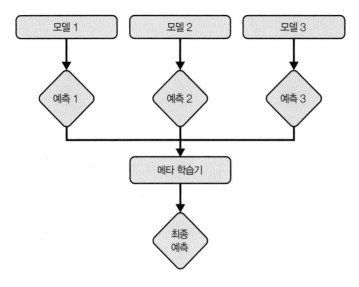

그림 6-5 세 개의 기본 학습기에 대한 스태킹 앙상블

6.1.3 실험 추적과 버전 관리

모델 개발 프로세스에서, 문제에 가장 적합한 모델을 선택하려면 다양한 아키텍처와 모델을 실험해봐야 합니다. 어떤 모델들은 서로 비슷해 보여도(예컨대 학습률이 0.003과 0.002로 하이퍼파라미터 하나만 차이 나는 등) 성능이 극단적으로 다릅니다. 실험 및 관련 아티팩트를 재현하는 데 필요한 정의를 모두 추적하는 것이 중요합니다. 아티팩트는 실험 중에 생성되는 파일을 말합니다. 아티팩트의 예로 손실 곡선, 평가 손실 그래프, 로그, 훈련 프로세스 전반에 걸쳐 생성되는 모델 중간 결과 파일 등이 있습니다. 이는 다양한 실험을 비교하고 필요에 따라 가장 적합한 실험을 선택하는 데 도움이 됩니다. 다양한 실험을 비교하면 작은 변화가 모델 성능에 얼마나 영향을 미치는지 파악할 수 있으며, 결과적으로 모델 작동 방식에 대한 가시성이 높아집니다.

실험 진행 상황과 결과를 추적하는 과정을 실험 추적이라고 하며, 나중에 재현하거나 다른 실험과 비교할 목적으로 실험의 모든 세부 정보를 기록하는 프로세스를 버전 관리라고 합니다. 이 둘은 밀접하게 연관돼 있습니다. ML플로^{MLflow}와 웨이츠 앤 바이어시스^{Weights & Biases}라는 도구는 실험 추적 용도로 만들어졌다가 버전 관리 기능이 통합됐으며, 반대로 DVC는 버전 관리 용도로 만들어졌다가 실험 추적 기능이 통합됐습니다.

실험 추적

ML 모델을 훈련할 때 학습 프로세스를 살펴보는 일은 큰 비중을 차지합니다. 훈련 과정에는 다양한 문제가 발생하는데, 예컨대 손실이 감소하지 않는 문제, 과대 적합과 과소 적합, 가중치 값이 오르락내리락하는 문제, 뉴런이 죽는 문제, 메모리 부족 문제가 있죠. 이러한 문제를 감지해 해결하고 모델이 유용한 정보를 제대로 학습하고 있는지 평가하려면 훈련 중 발생하는 상황을 계속 추적하는 일이 중요합니다.

필자가 ML에 입문했을 때는 손실과 속도 정도만 추적했지만 몇 년이 지나자 사람들은 점점 더 많은 것을 추적하기 시작했습니다. 그래서 실험 추적 대시보드는 세련돼 보이지만 너무 많은 정보로 인해 사용성이 떨어지기도 합니다. 다음은 훈련 과정에서 각 실험에 대해 고려할 만한 추적 지표입니다.

- **손실 곡선**: 훈련 데이터셋과 각 평가 데이터셋에서 측정한 손실 곡선.
- **모델 성능 지표**: 정확도, F1, 퍼플렉서티 등 테스트를 제외한 데이터셋에서 주로 측정하는 모델 성능 지표.
- **샘플, 예측값, 그라운드 트루스 레이블 쌍에 대한 로그**: 임시로 빠르게 살펴보는 분석과 새너티 체크sanity check에 유용합니다.
- **모델 훈련 속도**: 초당 처리되는 단계[16] 수로 평가하거나, 데이터가 텍스트일 때는 초당 처리되는 토큰 수로 평가합니다.
- **시스템 성능 지표**: 메모리 사용량, CPU/GPU 사용률 등으로, 병목 현상을 식별하고 시스템 자원 낭비를 방지하는 데 매우 중요합니다.
- **매개변수와 하이퍼파라미터**: 변경 시 모델 성능에 영향을 미치는 모든 매개변수와 하이퍼파라미터의 시간에 따른 값.
  - 예: 학습률(특히 학습률 스케줄을 사용하는 경우), 그래디언트 크기(특히 그래디언트 크기를 클리핑하는 경우. 전역과 레이어 모두), 가중치 크기(특히 가중치 감쇠를 수행하는 경우)

이론상 추적 가능한 지표를 모두 추적하는 것도 나쁜 생각은 아닙니다. 하지만 보통 대부분은 살펴보지 않아도 되는 것들입니다. 어떤 문제가 발생하면 항목들 중 하나 이상이 모델을 이해

---

16 옮긴이_ 단계란 모델이 가진 매개변수를 한 번 업데이트하는 훈련 작업 단위를 말합니다.

하고 디버깅하기 위한 단초를 제공합니다. 일반적으로 추적을 통해 모델의 상태를 관찰할 수 있지만[17] 실제로는 현재 도구의 한계로 인해 너무 많은 항목을 추적하는 일은 큰 부담이 되며, 중요도가 떨어지는 것들을 추적하다 보면 정말 중요한 것을 놓치기도 합니다.

실험 추적을 통해 다수의 실험에 대한 비교가 가능합니다. 구성 요소가 변하면 모델 성능에 어떤 영향을 미치는지 관찰해 그 요소의 역할을 어느 정도 이해할 수 있습니다.

간단히 실험을 추적하는 한 가지 방법은 실험에 필요한 모든 코드 파일의 복사본을 자동으로 만들고 모든 출력을 타임스탬프와 함께 기록하는 것입니다.[18] 한편 서드 파티 실험 추적 도구를 이용하면 멋진 대시보드도 쓸 수 있고 동료와 실험을 쉽게 공유할 수도 있습니다.

버전 관리

다음 시나리오를 가정해봅시다. 여러분의 팀은 지난 몇 주 동안 모델 조건 값을 다양하게 조정해봤습니다. 한 가지 실행 결과에서 드디어 가능성이 보였죠. 테스트 범위를 넓혀서 적용해보기 위해 어딘가에 적어둔 하이퍼파라미터 집합을 사용해 모델을 복제했지만 결과가 완전히 같지 않았습니다. 곧 여러분은 해당 실행 건과 다음 실행 건 사이에 코드를 약간 고쳤다는 사실을 기억해냈습니다. 그때는 무모하게도 코드 변경이 커밋하기에 너무 사소하다고 판단했던 겁니다. 기억을 뒤져가며 변경 사항을 원복시키려고 발버둥 쳤지만 변경했을 법한 가짓수가 너무 많아 제일 좋았던 결과물을 다시 복제해낼 수 없게 됐습니다.

ML 실험 버전을 관리하면 이런 문제를 피할 수 있습니다. ML 시스템은 일부는 코드이고 일부는 데이터이므로 코드뿐 아니라 데이터도 버전을 지정해야 합니다. 코드 버전 관리는 이제 어느 정도 업계의 표준이 됐지만 데이터 버전 관리는 아직 마치 치실처럼 여겨집니다. 좋다는 건 모두가 수긍하지만 실제로 실천하는 사람은 몇 없죠.

데이터 버전 관리가 어려운 데는 몇 가지 이유가 있습니다. 한 가지는 데이터가 종종 코드보다 훨씬 크기 때문에 보통은 코드 버전 관리 전략을 데이터 버전 관리에 동일하게 사용하기가 어렵기 때문입니다.

예를 들어, 코드 버전 관리를 수행할 때는 코드 베이스의 모든 변경 사항을 추적합니다. 변경

---

17 8장에서 관찰 가능성을 다룹니다.
18 필자는 여전히 깃 커밋과 DVC 커밋과 통합된 실험 추적 도구가 출시되기를 기다리고 있습니다.

사항은 차이의 약어인 diff로 알려져 있죠. 각 변경 사항은 코드를 행별로 비교해 측정하는데, 코드의 행은 보통 짧은 편이니 이는 적절한 방법입니다. 반면에 데이터의 경우, 특히 이진 형식으로 저장돼 있다면 행은 무한정 길어지게 됩니다. 100만 자로 이뤄진 행이 100만 자로 이뤄진 또 다른 행과 다르다고 파악하는 작업은 그다지 유용하지 않습니다.

코드 버전 관리 도구를 사용하면 이전에 만든 모든 파일의 복사본을 유지하므로 이전 버전의 코드베이스로 되돌릴 수 있습니다. 다만 사용한 데이터셋이 매우 크다면 몇 차례 복제하는 일조차 불가능할 겁니다.

코드 버전 관리 도구를 사용하면 여러 사람이 각자 로컬 시스템에 코드베이스를 복제해서 동일한 코드베이스에서 동시에 작업할 수 있습니다. 그러나 데이터셋 크기는 로컬 시스템 규모에 보통 적합하지 않습니다.

데이터 버전 관리가 어려운 두 번째 이유는 diff를 어떻게 정의할지 명확하지 않고 의견이 분분하기 때문입니다. 데이터 저장소 내 파일 내용 변경, 즉 diff는 파일이 제거되거나 추가된 경우를 의미해야 할까요, 혹은 전체 저장소의 체크섬이 변경된 경우를 의미해야 할까요?

2021년 기준 DVC 같은 데이터 버전 관리 도구는 전체 디렉터리의 체크섬이 변경되고 파일이 제거되거나 추가됐을 때만 diff를 등록합니다.

또 다른 논쟁점은 병합 충돌을 해결할 방법입니다. 개발자 1이 데이터 버전 X를 사용해 모델 A를 학습하고 개발자 2가 데이터 버전 Y를 사용해 모델 B를 학습한다면, 데이터 버전 X와 Y를 병합해 Z를 만드는 행위는 아무런 의미가 없습니다. Z에 해당하는 모델이 없기 때문입니다.

데이터 버전 관리가 어려운 세 번째 이유는 규정 때문입니다. 사용자 데이터로 모델을 훈련한다면 일반 데이터 보호 규정(GDPR) 등으로 해당 데이터의 버전 관리가 복잡해지죠. 예를 들어, 규정상 사용자가 데이터 삭제를 요청하면 해당 사용자의 데이터를 즉각 삭제해야 하므로 이전 버전의 데이터를 복구하는 일이 법적으로 불가능해집니다.

꼼꼼한 실험 추적과 버전 관리는 재현성에 도움이 되지만 재현성을 완전히 보장하지는 않습니다. 사용하는 프레임워크와 하드웨어는 종종 실험 결과에 비결정론적 성질을 주입하므로[19, 20]

---

19 중요한 예로 쿠다(CUDA)의 원자적 연산이 있습니다. 비결정론적인 연산 순서로 인해 실행마다 부동 소수점 반올림 오차가 조금씩 달라집니다.

20 옮긴이_ 책에 나온 내용과 함께 딥러닝 비결정성 원인에 대한 여러 가지 가설이 있습니다. 관심 있는 분은 영상(*https://www.youtube.com/watch?v=TB07_mUMt0U*)을 참조하기 바랍니다.

실험이 실행되는 환경에 대한 모든 것을 알지 못한다면 실험 결과를 복제하는 일 자체가 불가능하기도 합니다.

최선의 모델을 찾기 위해 수많은 실험을 해야 하는 것은 ML을 블랙박스로 취급한 결과입니다. 어떤 구성이 가장 잘 작동할지 예측할 수 없으므로 여러 구성을 직접 실험해봐야 하죠. 업계가 성숙하고 다양한 모델 유형에 대한 이해도가 깊어짐에 따라 실험을 수백, 수천 회 진행하지 않고도 가장 적합한 모델을 바로 추론할 수 있는 날이 빨리 오기를 바랍니다.

ML 모델 디버깅

디버깅은 소프트웨어 개발의 본질적인 요소입니다. ML 모델도 예외는 아닙니다. 디버깅은 결코 즐겁지 않지만 ML 모델 디버깅은 특히나 고통스러울 수 있습니다. 그 이유는 다음과 같습니다.

첫째, ML 모델 실행은 명시적인 중단이나 출력 없이 조용히 실패하곤 합니다(이 주제는 8장에서 다룹니다). 코드가 컴파일되고, 손실은 예상대로 감소하고, 올바른 함수가 호출됩니다. 예측은 이뤄졌지만 예측값은 사실 잘못됐습니다. 개발자는 오류를 알아차리지 못합니다. 최악은 사용자 또한 알아채지 못한 채 애플리케이션이 제대로 작동하는 줄 알고 예측값을 사용할 때입니다.

둘째, 버그를 찾았다고 생각하더라도 버그가 수정됐는지 확인하는 작업은 답답할 만큼 느립니다. 전통적인 소프트웨어 프로그램을 디버깅할 때는 버그가 있는 코드를 변경하고 결과를 즉시 확인할 수 있지만 ML 모델을 변경할 때는 그렇지 않습니다. 모델을 다시 학습시키고 버그가 수정됐는지 확인하기 위해 모델이 수렴할 때까지 기다려야 하며, 이는 몇 시간이 걸릴 수도 있습니다. 심지어 모델이 사용자에게 배포될 때까지 버그가 수정됐는지 확신할 수 없는 경우도 있죠.

셋째, ML 모델 디버깅은 기능 간 복잡도로 인해 매우 까다롭습니다. ML 시스템에는 데이터, 레이블, 피처, ML 알고리즘, 코드, 인프라 등 다양한 구성 요소가 있으며, 구성 요소마다 서로 다른 팀에서 관장하곤 합니다. 예를 들어, 데이터는 데이터 엔지니어가, 레이블은 도메인 전문가가, ML 알고리즘은 데이터 과학자가, 인프라는 ML 엔지니어나 ML 플랫폼 팀에서 관리하죠. 오류가 발생하면 그 원인이 한 가지 구성 요소 혹은 여러 구성 요소의 조합 때문일 수 있어 어디를 살펴봐야 하며 누가 조사해야 할지 결정하기가 어렵습니다.

다음은 ML 모델 실패의 원인이 될 수 있습니다.

이론상의 제약 조건

앞서 논의했듯 각 모델은 데이터와 그것이 이용하는 피처에 대해 고유한 가정을 합니다. 모델이 학습하는 데이터가 그 가정에 부합하지 않아서 모델이 실패할 수 있습니다. 실패의 한 가지 예는 결정 경계가 선형이 아닌 데이터를 가지고 선형 모델을 사용하는 경우입니다.

잘못된 모델 구현

모델이 데이터에 적합할지라도 모델 구현상 버그가 있을 수 있습니다. 예를 들어, 파이토치를 사용한다면 평가 중에는 그래디언트 업데이트가 안 되도록 설정해야 하는데 이를 깜박하는 경우가 있죠. 모델에 구성 요소가 많을수록 문제가 생길 가능성이 높고 어디에 문제가 생겼는지 파악하기가 어렵습니다. 다만 모델이 점차 상품화되고 미리 준비된 모델을 사용하는 회사가 늘어남에 따라 이 문제가 완화되고 있습니다.

잘못된 하이퍼파라미터 선택

같은 모델이어도 어떤 하이퍼파라미터 집합에서는 최고의 결과를 만드는 반면 다른 하이퍼파라미터 집합에서는 수렴조차 하지 않습니다. 모델이 데이터에 매우 적합하고 구현이 정확해도 하이퍼파라미터 집합이 잘못되면 해당 모델은 쓸모없어질 수 있습니다.

데이터 문제

데이터 수집과 전처리 단의 다양한 문제로 모델 성능이 저하될 수 있습니다. 데이터 샘플과 레이블의 쌍이 잘못 연결되거나, 레이블에 잡음이 있거나, 오래된 통계량으로 피처를 정규화하면 모델 성능 저하를 야기합니다.

잘못된 피처 선택

모델 학습에 사용 가능한 피처가 많을 때, 피처를 너무 많이 사용하면 모델이 훈련 데이터에 과적합되거나 데이터 누수가 발생할 수 있습니다. 반대로 피처를 너무 적게 사용하면 모델이 예측을 제대로 못 하는 예측력 부족 현상이 발생합니다.

디버깅으로 문제 현상을 고치는 동시에 예방해야 합니다. 버그 발생 가능성을 최소화하는 건전한 관행과 함께 버그를 감지하고 찾아내 수정하는 절차를 갖춰야 하죠. 모범 사례를 만들고 디버깅 절차를 따르도록 하는 일은 ML 모델을 개발, 구현하고 배포하는 데 매우 중요합니다.

안타깝게도 아직 ML 디버깅에 대한 과학적인 접근법은 없습니다. 다만 경험이 풍부한 ML 엔지니어와 연구원이 제시하고 검증한 디버깅 기법이 몇 가지 있습니다. 그중 세 가지를 살펴봅시다. 더 자세히 알아보려면 안드레이 카르파티의 블로그 글 '신경망 훈련을 위한 레시피A Recipe for Training Neural Networks'[21]를 참조하기 바랍니다.

단순하게 시작하고 점진적으로 구성 요소를 추가하기

가장 단순한 모델에서 시작해 구성 요소를 천천히 추가하면서 성능이 향상되는지 혹은 하락하는지 확인합니다. 예를 들어, 순환 신경망(RNN)을 구축한다면 여러 층을 한꺼번에 쌓거나 여러 정규화 층을 추가하기에 앞서 RNN 셀 한 층으로 시작해봅니다. 마스크 언어 모델Masked Language Model(MLM)과 다음 문장 예측Next Sentence Prediction(NSP) 손실을 모두 사용하는 BERT 류의 모델(데블린 등, 2018)을 써보려고 할 경우 NSP 손실을 추가하기 전에 MLM 손실만 적용해보는 편이 좋습니다.

많은 사람이 최신 모델의 오픈 소스 구현물을 복제한 다음 자신의 데이터를 연결하는 식으로 작업을 시작합니다. 잘만 작동하다면 탁월한 선택이지만 그렇지 않다면 모델의 수많은 구성 요소로 인해 문제가 발생할 수 있으며 시스템을 디버깅하기 몹시 어려워집니다.

단일 배치에 과적합시키기

모델을 단순하게 구현해 소량의 훈련 데이터로 과적합시키고, 동일한 데이터를 평가해서 도달 가능한 최소 손실을 달성하는지 확인합니다. 이미지 인식 작업이라면 이미지 10개에 과적합시켜서 100%의 정확도를 얻는지 확인하고, 기계 번역 작업이라면 문장 쌍 100개에 과적합시켜 BLEU 점수가 100에 가까운지 확인합니다. 데이터가 적은데도 과적합이 안 된다면 구현에 문제가 있을 수 있습니다.

무작위 시드 값을 고정하기

가중치 초기화, 드롭아웃, 데이터 셔플링 등 모델에 무작위성을 가져오는 요인은 너무 많습니다. 무작위성은 다양한 실험 결과를 비교하기 어렵게 합니다. 성능 변화가 모델 때문인지 달라진 무작위 시드 값 때문인지 알기 어렵죠. 무작위 시드 값을 고정하면 서로 다른 실행 간에 일관성이 보장되며 오류 상황이나 다른 사람의 결과를 재현해낼 수 있습니다.

---

21 *https://oreil.ly/8fJ08*

6.1.4 분산 훈련

모델이 점점 커지고 자원을 대량으로 사용함에 따라 대규모 훈련은 기업들의 관심 대상이 되고 있습니다.[22] 확장성에 대한 전문성은 대규모 연산 자원을 다루는 경험이 필요하기에 쉽게 얻을 수 없습니다. 확장성 자체는 책 여러 권으로 다룰 만한 중요한 주제이지만 이 절에서는 대규모 ML을 수행할 때 발생 가능한 문제점에 집중합니다. 프로젝트를 위한 자원 계획을 수립하는 데 도움이 될 핵심 문제 몇 가지를 살펴봅니다.

모델 훈련에 메모리 크기보다 큰 데이터를 사용하는 일은 드물지 않습니다. CT 스캔이나 유전체 염기서열genome sequences 같은 의료 데이터를 다룰 때 특히 그렇습니다. 대규모 언어 모델, 예컨대 오픈AI, 구글, 엔비디아, 코히어Cohere 등을 훈련하는 팀에서 일한다면 텍스트 데이터로 인해 그런 상황이 발생하죠.

데이터가 메모리 크기보다 크다면 데이터 전처리(예: 0으로 중심값 맞추기, 정규화, 화이트닝), 셔플링, 데이터 배치 분할 처리를 수행하는 알고리즘 작업을 아웃 오브 코어 형태 그리고 병렬로 처리해야 합니다.[23] 데이터 샘플 크기가 크다면, 예컨대 머신 한 대로 한 번에 처리 가능한 샘플 수가 적다면 작은 배치로 연산을 처리해야 하는데, 이로 인해 경사 하강법 기반 최적화 작업이 불안정해집니다.[24]

때때로 데이터 샘플 하나가 메모리 크기를 넘어설 정도로 거대하며, 이럴 때는 머신이 적은 메모리로 더 많은 연산을 할 수 있도록 메모리 풋프린트와 연산의 트레이드오프 관계를 활용하는 그래디언트 체크포인팅[25] 기법 등을 사용해야 합니다. 오픈 소스 패키지 그래디언트 체크포인팅 개발자에 따르면 "피드포워드 모델의 경우 10배 이상 큰 모델을 GPU에 올리면서 계산 시간은 단 20%만 증가"합니다.[26] 샘플이 메모리에 충분히 올라가는 크기더라도 체크포인팅을 이용하면 배치 하나에 더 많은 샘플을 담을 수 있습니다. 이는 모델 훈련 속도의 향상으로 이어

---

22 많은 사용자에게 서비스를 제공하는 제품의 경우 모델을 서빙할 때 확장성에 신경을 써야 합니다. 이 주제는 ML 프로젝트 범위를 벗어나므로 이 책에서 다루지 않습니다.

23 위키백과에 따르면 아웃 오브 코어(out-of-core) 알고리즘은 컴퓨터 메인 메모리에 한꺼번에 올리기에는 너무 거대한 데이터를 처리할 수 있도록 고안된 알고리즘입니다. '외부 메모리 알고리즘'이라고도 합니다(참조: *https://oreil.ly/apv5m*).

24 옮긴이_ 미니배치 크기가 작다면 모델 가중치를 더 자주 업데이트하고 상대적으로 작은 메모리를 요구하지만 경사의 추정치에 잡음이 발생해(무작위성을 내재하므로) 비용 함수의 수렴 속도가 느려집니다. 미니배치 크기가 크다면 경사를 더 잘 추정하기에 비용 함수의 수렴 속도가 빨라지지만 더 많은 연산 자원과 메모리가 필요합니다.

25 옮긴이_ 딥러닝 모델에서 그래디언트를 계산하는 것은 전체 모델의 연산 비용과 메모리 사용량에서 상당한 비중을 차지합니다. 그래디언트 체크포인팅은 딥러닝 모델의 메모리 사용량을 줄이기 위한 기법으로 중간 계층의 그래디언트를 메모리에 저장하는 대신, 이를 다시 계산하는 데 필요한 연산 그래프를 저장합니다. 그러면 필요할 때마다 이 연산 그래프를 다시 계산해 그래디언트를 얻을 수 있습니다.

26 깃허브: *https://oreil.ly/GTUgC*

지기도 하죠.

데이터 병렬 처리

여러 머신에서 ML 모델을 훈련하는 일이 일상이 돼가고 있습니다. 최신 ML 프레임워크에서 지원하는 병렬화 기법 중 가장 보편적인 것은 데이터 병렬화입니다. 여러 머신에 데이터를 분할하고, 각 머신에서 모델을 훈련하고, 그래디언트를 합산합니다. 다만 몇 가지 해결해야 할 문제가 있습니다.

가장 까다로운 문제는 서로 다른 머신에서 계산한 그래디언트를 어떻게 정확하고 효과적으로 합산할 것인지입니다. 머신마다 각자 그래디언트를 생성하므로 모델이 모든 실행이 완료되기를 기다린다면, 즉 동기식 확률적 경사 하강법Synchronous Stochastic Gradient Descent(SGD)을 사용한다면 작업 속도가 느린 머신 하나가 전체 시스템의 속도를 늦추고 시간과 자원을 낭비하게 됩니다.[27] 이러한 낙오자 문제straggler problem는 머신 대수가 늘어날수록 심각해집니다. 작업자가 많을수록 특정 반복에서 비정상적으로 느리게 실행되는 작업자가 적어도 한 대 이상일 확률이 높아지죠. 하지만 이 문제를 효과적으로 해결하는 다양한 알고리즘이 있습니다.[28]

모델이 각 머신의 그래디언트를 사용해 개별적으로 가중치를 업데이트한다면, 즉 비동기식 SGD를 사용한다면 한 머신의 그래디언트가 다른 머신의 그래디언트를 입수하기 전에 가중치를 바꿔버리므로 최신이 아닌 그래디언트를 적용하면서 생기는, 그래디언트 부패gradient staleness 문제가 발생할 수 있습니다.[29]

[그림 6-6]은 동기식 SGD와 비동기식 SGD의 차이점을 나타냅니다.

---

27 Das, D., Avancha, S., Mudigere, D., Vaidynathan, K., Sridharan, S., Kalamkar, D., Kaul, B., & Dubey, P. (2016, February 22). Distributed Deep Learning Using Synchronous Stochastic Gradient Descent. *arXiv*. https://oreil.ly/ma8Y6

28 Chen, J., Pan, X., Monga, R., Bengio, S., & Jozefowicz, R. (2017). Revisiting Distributed Synchronous SGD. *ICLR 2017*. https://oreil.ly/dzVZ5

Zaharia, M., Konwinski, A., Joseph, A. D., Katz, R., & Stoica, I. Improving MapReduce Performance in Heterogeneous Environments. *8th USENIX Symposium on Operating Systems Design and Implementation*. https://oreil.ly/FWswd

Harlap, A., Cui, H., Dai, W., Wei, J., Ganger, G. R., Gibbons, P. B., Gibson, G. A., & Xing, E. P. (2016). Addressing the straggler problem for iterative convergent parallel ML. *Proceedings of the Seventh ACM Symposium on Cloud Computing*. https://oreil.ly/wZgOO

29 Dean, J., Corrado, G., Monga, R., Chen, K., Devin, M., Mao, M., Ranzato, M., Senior, A., Tucker, P., Yang, K., Le, Q., & Ng, A. (2012). Large Scale Distributed Deep Networks. *NIPS 2012*. https://oreil.ly/EWPun

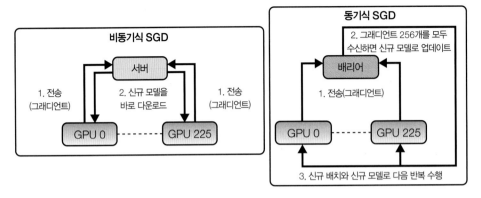

그림 6-6 데이터 병렬 처리를 위한 동기 SGD와 비동기 SGD(출처: 짐 다울링의 이미지[30]를 각색함)

이론상 비동기식 SGD는 수렴하긴 하지만 동기식 SGD보다 더 많은 반복이 필요합니다. 그러나 실제로 가중치 수가 많을 때 그래디언트 업데이트는 희소하게 이뤄지는 경향이 있습니다. 즉, 대부분의 그래디언트 업데이트는 일부 매개변수만 수정하며 서로 다른 머신 두 개의 그래디언트 업데이트가 동일한 가중치를 수정할 가능성은 적습니다. 그래디언트 업데이트가 희소하면, 앞서 언급한 그래디언트 부패 문제가 줄어들고 모델의 경우 동기식, 비동기식 SGD 모두 유사하게 수렴합니다.[31]

모델을 여러 머신에 복제하면 배치가 매우 커지는 문제가 발생합니다. 머신 한 대가 1,000개짜리 배치를 처리하면 머신 1,000대는 100만 개짜리 배치를 처리합니다(2020년 오픈AI의 GPT-3 175B는 320만 개의 배치 크기를 사용했습니다).[32] 계산을 단순화해서 머신 한 대에서 에폭 하나를 훈련하는 데 100만 회 반복해야 한다면 머신 1,000대에서는 1,000회만 반복하면 됩니다. 단순한 해결책으로 반복마다 더 많이 학습하도록 학습률을 높이는 방법이 떠오르기도 합니다. 하지만 이는 수렴이 불안정해지는 상황을 종종 야기하므로 학습률을 너무 크게 만들 수는 없는 노릇입니다. 실제로 배치 크기를 늘리다가 특정 지점을 넘어서면 이득이 되레 감소합니다.[33]

----

30 Dowling, J. (2017, December 19). *Distributed TensorFlow*. O'Reilly Media. https://oreil.ly/VYIOP

31 Niu, F., Recht, B., Ré, C., & Wright, S. J. (2011). Hogwild!: A Lock-Free Approach to Parallelizing Stochastic Gradient Descent. https://oreil.ly/sAEbv

32 Brown et al. (2020). Language Models Are Few-Shot Learners.

33 McCandlish, S., Kaplan, J., Amodei, D., & OpenAI Dota Team. (2018, December 14). An Empirical Model of Large Batch Training. *arXiv*. https://oreil.ly/mcjbV
Shallue, C. J., Lee, J., Antognini, J., Sohl-Dickstein, J., Frostig, R., & Dahl, G. E. (2019). Measuring the Effects of

마지막으로, 모델 설정은 동일하게 가져가면서 주 작업자가 다른 작업자보다 자원을 더 많이 사용하는 문제가 종종 발생합니다. 모든 머신을 최대한 활용하려면 각 머신 간의 워크로드가 균형을 이뤄야 합니다. 효과적이진 않지만 가장 쉬운 방법은 주 작업자에 좀 더 작은 배치 크기를 설정하고 다른 작업자에 좀 더 큰 배치 크기를 설정하는 것입니다.

모델 병렬 처리

데이터 병렬 처리 기법에서는 각 작업자가 모델 전체를 복제해와서 그것과 관련된 모든 계산을 수행합니다. 반면에 모델 병렬 처리는 모델의 각기 다른 구성 요소를 서로 다른 머신에서 훈련합니다(그림 6-7). 예를 들어, 머신 0은 처음 두 레이어에 대한 계산을 처리하고 머신 1은 다음 두 레이어를 처리합니다. 혹은 특정 머신이 정방향 패스를 처리하고 다른 머신은 역방향 패스를 처리합니다.

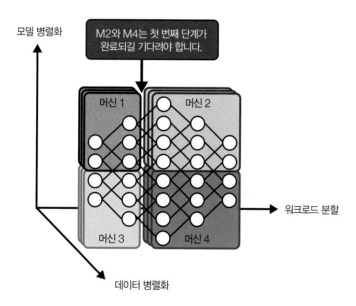

그림 6-7 데이터 병렬화와 모델 병렬화(출처: 유레 레스코베치의 이미지[34]를 각색함)

모델 병렬 처리라는 용어는 오해의 소지가 있습니다. 병렬 처리라고 부르기는 하지만 어떨 때

Data Parallelism on Neural Network Training. *Journal of Machine Learning Research 20*: 1–49. https://oreil.ly/YAEOM

34 Leskovec, J. (2020). Mining Massive Datasets course. *Stanford, lecture 13*. https://oreil.ly/gZcja

는 서로 다른 머신에 있는 모델의 서로 다른 부분이 동시에 병렬로 실행되지 않습니다.[35] 예를 들어, 모델이 방대한 행렬이고 머신 두 대가 그 행렬을 양분해 처리한다면 각각의 절반은 병렬로 실행됩니다. 하지만 모델이 신경망이며 머신 1에 첫 번째 레이어를 할당하고 머신 2에 두 번째 레이어를 할당한 경우, 레이어 2를 실행하려면 레이어 1의 출력이 필요하며 머신 2는 머신 1이 완료될 때까지 기다려야 합니다.

파이프라인 병렬 처리pipeline parallelism는 서로 다른 머신에 있는 모델의 서로 다른 구성 요소들이 좀 더 병렬화해 처리되도록 고안한 영리한 기법입니다. 다양한 변형이 있지만 핵심은 각 머신의 계산을 여러 부분으로 잘게 나누는 것입니다. 머신 1이 계산의 첫 번째 부분을 완료하면 그 결과를 머신 2에 전달하고 두 번째 부분으로 넘어가는 식입니다. 머신 2는 첫 번째 부분에 계산을 실행하고 머신 1은 두 번째 부분에 계산을 실행하게 됩니다.

예를 들어, 서로 다른 머신 4대가 있고 첫 번째, 두 번째, 세 번째, 네 번째 레이어를 각각 머신 1, 2, 3, 4가 들고 있다고 가정해봅시다. 파이프라인 병렬 처리의 경우 각 미니 배치는 마이크로 배치 4개로 나눕니다. 머신 1은 첫 번째 마이크로 배치에서 첫 번째 레이어를 계산하고, 머신 2가 머신 1의 결과로 두 번째 레이어를 계산하는 동안 머신 1은 다시 두 번째 마이크로 배치에서 첫 번째 레이어를 계산합니다. [그림 6-8]은 머신 4대에서 파이프라인 병렬 처리가 어떻게 이뤄지는지 나타냅니다. 각 머신은 신경망의 특정 구성 요소에 대해 순방향 패스와 역방향 패스를 모두 처리합니다.

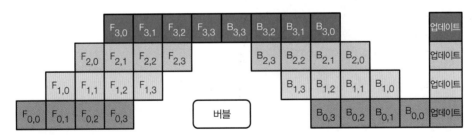

그림 6-8 신경망을 머신 4대로 파이프라인 병렬 처리하기. 각 머신은 신경망의 특정 구성 요소에 대해 순방향 패스(F)와 역방향 패스(B)를 모두 처리합니다(출처: 후앙 등이 작성한 논문의 이미지[36]를 각색함).

----

35 옮긴이_ 현재 시점에 모델 병렬 처리 중 텐서 병렬 처리 측면에서 보면 저자의 문장은 이론의 여지가 있습니다. 자세한 내용은 *https://colossalai.org/docs/concepts/paradigms_of_parallelism*과 *https://github.com/NVIDIA/Megatron-LM*을 참조하기 바랍니다.

36 Huang, Y., Cheng, Y., Bapna, A., Firat, O., Chen, M. X., Chen, D., Lee, H. et al. (2019, July 25). GPipe: Easy Scaling with Micro-Batch Pipeline Parallelism. *arXiv*. https://oreil.ly/wehkx

모델 병렬 처리와 데이터 병렬 처리는 상호 배타적이지 않습니다. 많은 회사에서 하드웨어 활용도를 높이기 위해 두 방법을 모두 사용하지만, 엔지니어링에 상당한 시간과 노력이 듭니다.[37]

6.1.5 오토ML

우스갯소리지만 '우수한 ML 연구원이란 스스로 설계할 줄 아는 지능적인 AI 알고리즘을 설계해 모두를 실직시키는 사람'이라는 말이 있습니다. 2018년 텐서플로 데브 서밋Tensorflow Dev Summit이 열리기 전까지는 꽤나 재밌는 농담이었죠. 제프 딘Jeff Dean이 무대에 올라 오토ML을 소개하며 구글이 ML 전문 인력을 100배의 연산 능력으로 대체하겠다고 선언하기 전까지 말입니다. 발표를 듣고 커뮤니티는 흥분과 공포에 빠졌습니다. 100명의 ML 연구원과 엔지니어를 고용해 이런저런 모델을 만져보다가 결국 최적이 아닌 것을 고르기보다는 차라리 그 돈으로 대규모 연산을 사용해 최적 모델을 찾아내는 편이 낫지 않을까요? [그림 6-9]는 제프 딘의 발표 장면입니다.

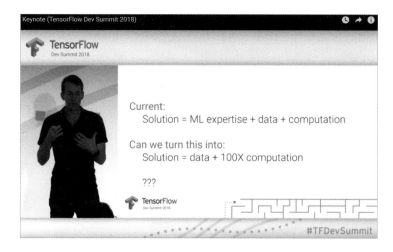

그림 6-9 텐서플로 데브 서밋에서 구글의 오토ML을 공개하는 제프 딘

- 현재: 솔루션 = ML 전문 지식 + 데이터 + 연산 능력

- 우리가 가고자 하는 방향: 솔루션 = 데이터 + 100배의 연산 능력

---

37 옮긴이_ 최근 분산 훈련 도구(DeepSpeed, FSDP 등)의 급격한 발전으로 예전보다 엔지니어링에 따른 수고가 크게 줄었습니다.

소프트 오토ML: 하이퍼파라미터 조정

오토ML이란 실제 문제를 풀기 위해 ML 알고리즘 탐색 프로세스를 자동화하는 것을 말합니다. 단순하면서 프로덕션 환경에서 가장 인기 있는 형태의 오토ML은 하이퍼파라미터 조정 프로세스입니다. 하이퍼파라미터란 사용자가 제공하는 매개변수로 학습률, 배치 크기, 은닉층 수, 은닉 유닛 수, 드롭아웃 확률, 애덤^{Adam} 옵티마이저의 β_1과 β_2 등 학습 과정을 제어하는 데 사용하는 값입니다. 심지어 양자화, 예컨대 숫자를 32비트, 16비트 또는 8비트로 표현할지 혹은 이들의 혼합으로 표현할지도 하이퍼파라미터 조정 대상으로 간주합니다.[38]

사용하는 하이퍼파라미터 집합이 다르면 동일한 모델과 동일한 데이터셋에서 완전히 다른 성능이 나타날 수 있습니다. 2018년 논문 「On the State of the Art of Evaluation in Neural Language Models」[39]는 구식 모델에 하이퍼파라미터가 잘 조정돼 있으면 더 강력한 첨단 모델보다 성능이 우수할 수 있음을 보였습니다. 하이퍼파라미터 조정의 목표는 검증 세트에 대한 각 하이퍼파라미터 집합의 성능을 평가해 탐색 공간 안에서 주어진 모델에 대한 최적의 집합을 찾아내는 것입니다.

많은 사람이 이런 중요성은 알면서도 수동의 직관적인 접근법을 선호하며 하이퍼파라미터 조정에 대한 체계적인 접근법을 여전히 무시합니다. 가장 인기 있는 기술은 대학원생들이 모델이 작동할 때까지 하이퍼파라미터를 만지작거리는 기술로, 경사 하강법에 필적하는 석박사 하강법$^{Graduate\ Student\ Descent}$(GSD)입니다.[40]

하지만 점점 많은 사람이 하이퍼파라미터 조정 단계를 표준 파이프라인의 일부로 포함시키고 있습니다. 인기 있는 ML 프레임워크는 하이퍼파라미터 조정을 위한 유틸리티를 내장하거나 타사 유틸리티를 포함합니다. 예를 들어, 사이킷런의 auto-sklearn,[41] 텐서플로의 케라스

---

38 양자화는 7장에서 다룹니다.

39 Melis, G., Dyer, C., & Blunsom, P. (2018). On the State of the Art of Evaluation in Neural Language Models. https://oreil.ly/AY2lF

40 GSD는 실제로 문서에서 많이 다뤄집니다.
   R/machinelearning – [d] how do people come up with all these crazy deep learning architectures? reddit. (n.d.). https://oreil.ly/5vEsH
   R/machinelearning – [d] debate about science at organizations like google brain/fair/deepmind. reddit. (n.d.). https://oreil.ly/2K77r
   Grad Student Descent. Science Dryad. (2014, January 25). https://oreil.ly/dlR9r
   Zyskind, G. [@GuyZys]. (2015, April 27) *Grad Student Descent: the preferred #nonlinear #optimization technique #machinelearning.* [Image Attached] [Tweet]. Twitter. https://oreil.ly/SW1or

41 auto-sklearn 2.0은 기본적인 모델 선택 기능도 제공합니다.

튜너Keras Tuner, 레이Ray의 튠Tune[42]이 있습니다. 하이퍼파라미터 조정 기법으로는 무작위 탐색,[43] 격자 탐색, 베이즈 최적화가 인기 있습니다.[44, 45] 프라이부르크 대학 오토ML 연구 그룹의 책 『자동머신러닝』(에이콘출판, 2021)은 1장에서 하이퍼파라미터 최적화를 다룹니다(원서는 온라인에 무료로 공개돼 있습니다).[46]

모델 성능은 여러 개의 하이퍼파라미터보다 특정 하이퍼파라미터 변경에 더 민감하게 바뀔 수 있으므로 민감한 하이퍼파라미터는 더 신중하게 조정해야 합니다.

> **WARNING** 테스트 세트로 하이퍼파라미터를 조정해서는 안 됩니다. 검증 세트의 성능을 기반으로 모델에 가장 적합한 하이퍼파라미터 집합을 선택하고, 테스트 세트에서는 모델의 최종 성능을 살펴만 봅니다. 테스트 세트로 조정한 하이퍼파라미터를 사용하면 모델이 테스트 세트에 과적합됩니다.

하드 오토ML: 아키텍처 탐색과 학습된 옵티마이저

어떤 팀은 하이퍼파라미터 조정을 극단으로 밀어붙입니다. 모델의 서로 다른 구성 요소 혹은 모델 전체를 하이퍼파라미터로 간주하면 어떨까요? 합성곱 레이어 크기나 스킵 레이어 유무 등을 하이퍼파라미터의 일종으로 생각하는 겁니다. 수작업으로 합성곱 레이어 다음에 풀링 레이어를 배치하거나 선형 다음에 ReLU(정류 선형 단위)를 배치하는 대신 알고리즘에 이러한 구성 단위들을 제공하고 결합할 방법을 알아내게끔 합니다. 이러한 연구 분야를 신경망 아키텍처 탐색Neural Architecture Search(NAS)이라고 하는데, 최적의 신경망 모델 아키텍처를 탐색한다는 의미입니다.

NAS 설정에는 세 가지 구성 요소가 있습니다.

---

42 _https://oreil.ly/uulrC_

43 필자가 속했던 엔비디아 팀에서 개발한 밀라노(Milano)는 무작위 탐색을 사용해 프레임워크에 구애받지 않는 하이퍼파라미터 자동 조정 도구입니다(깃허브: _https://oreil.ly/FYWaU_).

44 필자가 봐온 일반적인 관행은 성긴 범위에서 잘게 좁혀나가는 무작위 탐색으로 탐색 공간을 크게 줄이고 베이즈 또는 격자 탐색을 실험해보는 것입니다.

45 옮긴이_ 최근에는 SHA 기반의 하이퍼밴드 기법도 많이 사용됩니다. 이는 보통 베이즈 최적화보다 수렴 속도가 빠릅니다.

46 _https://oreil.ly/LfqJm_

탐색 공간

가능한 모델 아키텍처의 범위를 정의합니다. 즉, 선택 가능한 구성 단위와 이를 결합하는 방법에 대한 제약 조건을 정의합니다.

성능 추정 전략

각 아키텍처 후보를 밑바닥부터 수렴할 때까지 훈련할 필요 없이 성능을 평가할 수 있어야 합니다. 아키텍처 후보가 매우 많을 때(예컨대 1,000개) 모두 수렴할 때까지 훈련해야 한다면 엄청난 비용이 듭니다.

탐색 전략

탐색 공간을 탐험합니다. 단순한 접근법으로는 가능한 모든 설정 값을 무작위로 선택하는 무작위 탐색 방법이 있습니다. 하지만 NAS에서조차 엄청난 비용을 야기하므로 인기가 없습니다. 보다 일반적인 접근법으로는 강화 학습(성능 평가를 개선하는 선택지에 보상하기)과 진화(아키텍처에 여러 변형을 더하고, 성능이 가장 좋은 것을 선택하고, 다시 변형을 더하기)가 있습니다.[47]

NAS의 경우 탐색 공간이 이산 형태이므로(즉, 최종 아키텍처는 각 레이어 및 작업에 대해 사용 가능한 옵션 중 하나를 선택함[48]) 구성 단위의 집합을 NAS에 제공해줘야 합니다. 일반적인 구성 단위는 다양한 크기와 여러 종류의 합성곱, 선형, 여러 종류의 활성화, 풀링, 항등, 0 레이어 등입니다. 구성 단위의 집합은 기본 아키텍처, 예컨대 합성곱 신경망이나 트랜스포머 여부에 따라 달라집니다.

일반적인 ML 훈련 프로세스에서는 모델과 학습 절차, 즉 데이터셋에 대해 목적 함수를 최적화하면서 모델 매개변수의 집합을 찾아내는 알고리즘을 갖춰야 합니다. 오늘날 신경망에 가장 보편적으로 사용하는 학습 절차는 옵티마이저를 활용해 주어진 그래디언트 업데이트로부터 모델

---

47 Zoph, B., & Le, Q. V. (2016, November 5). Neural Architecture Search with Reinforcement Learning. *arXiv*. https://oreil.ly/FhsuQ

Real, E., Aggarwal, A., Huang, Y., & Le, Q. V. Regularized Evolution for Image Classifier Architecture Search. *AAAI 2019*. https://oreil.ly/FWYjn

48 미분 가능하도록 탐색 공간을 연속적으로 구성할 수 있지만, 결과로 나온 아키텍처는 이산 형태로 변환해야 합니다. 다음 논문을 참조하기 바랍니다.

Liu, H., Simonyan, K., & Yang, Y. (2019, April 23). Darts: Differentiable architecture search. *arXiv*. https://oreil.ly/sms2H

가중치를 업데이트하는 방법, 즉 경사 하강법입니다.[49] 인기 있는 옵티마이저로 애덤, 모멘텀, SGD 등이 있습니다. 이론상으로는 옵티마이저를 NAS의 구성 단위에 포함시켜 가장 잘 작동하는 것을 탐색하면 되지만, 옵티마이저는 하이퍼파라미터 설정에 민감하고 기본 하이퍼파라미터가 아키텍처 후보 전체에서 두루 잘 동작하지 않으므로 실제로 해당 방법을 적용하기는 어렵습니다.

이는 연구를 흥미로운 방향으로 이끕니다. 업데이트 규칙을 정하는 함수를 신경망으로 대체하면 어떻게 될까요? 이 신경망은 모델 가중치를 얼마나 업데이트할지 계산해냅니다. 이러한 접근법을 사용하면 수작업으로 설계한 옵티마이저와 달리 학습된 옵티마이저가 생성됩니다.

학습된 옵티마이저 역시 신경망이므로 훈련이 필요합니다. 학습된 옵티마이저는 나머지 신경망과 동일한 데이터셋에서 훈련할 수 있지만 이렇게 하면 작업할 때마다 옵티마이저를 새로 훈련해야 합니다.

또 다른 접근법은 기존 작업 집합으로 옵티마이저를 한번 더 학습시켜서 새로운 작업마다 사용하는 것입니다. 그 옵티마이저를 학습시킬 때는 기존 작업의 합산 손실을 손실 함수로, 기존에 설계한 옵티마이저를 학습 규칙으로 사용합니다. 예를 들어, 논문 「Tasks, Stability, Architecture, and Compute: Training More Effective Learned Optimizers, and Using Them to Train Themselves」[50]에서는 학습된 옵티마이저를 훈련하기 위해 수천 개 작업 집합을 구성했으며, 학습된 옵티마이저를 새로운 아키텍처뿐 아니라 새로운 데이터셋과 도메인에도 일반화할 수 있었습니다. 이 접근법의 장점은 학습된 옵티마이저를 자체 개선하는 식으로 더 좋은 옵티마이저를 훈련하는 데 사용할 수 있다는 점입니다.

아키텍처 탐색이든 메타 러닝 학습 규칙이든, 선행 훈련up-front training[51] 비용은 전 세계 몇몇 회사만 감당할 수 있을 정도로 매우 비쌉니다. 하지만 프로덕션 환경 ML에 관심이 있다면 오토ML 진행 상황을 눈여겨봐야 하는데, 그 이유는 두 가지입니다. 첫째, 결과로 나온 아키텍처와 학습된 옵티마이저는 ML 알고리즘이 다양한 실제 작업에서 즉각 동작하도록 하며 훈련과 추론 단계의 생산 시간과 비용을 줄여줍니다. 예를 들어, 구글의 오토ML 팀에서 만든 모델 부류인 이피션

---

49 학습 절차와 옵티마이저는 이 책의 깃허브에 있는 '기본적인 ML 리뷰(Basic ML Reviews)' 절에서 자세히 다룹니다.

50 Metz, L., Maheswaranathan, N., Freeman, C. D., Poole, Ben., & Sohl-Dickstein, J. (2020, September 23). Tasks, Stability, Architecture, and Compute: Training More Effective Learned Optimizers, and Using Them to Train Themselves. *arXiv*. https://oreil.ly/IH7eT

51 옮긴이_ NAS나 메타러닝에서 데이터 포인트가 돼주는, 미리 수행 및 평가된 각각의 학습을 의미합니다.

트넷^{EfficientNet}은 최대 10배 높은 효율성으로 최고 수준의 정확도를 달성합니다.[52] 둘째, 오토ML은 기존 아키텍처와 옵티마이저만으로는 불가능했던 다양한 실제 작업을 해결할 수 있습니다.

ML 모델 개발의 네 가지 단계

모델 훈련 작업 이전까지의 ML 모델 개발 단계를 살펴봅시다. ML을 시도하기로 결정했다면 실행 전략은 여러분이 놓인 ML 채택 단계에 따라 달라집니다. ML 채택에는 네 단계가 있습니다. 단계별 솔루션은 다음 단계의 솔루션을 평가하기 위한 베이스라인으로 사용 가능합니다.

1단계: 머신러닝 도입 전

데이터를 활용한 예측이 처음이라면 ML이 아닌 솔루션을 먼저 시도하기 바랍니다. 첫 번째 시도로 가장 단순한 휴리스틱을 적용해봅니다. 예를 들어, 사용자가 다음으로 입력력할 영문자를 예측할 때 자주 쓰는 영문자 상위 3개인 'e', 't', 'a'를 제시하면 정확도 30%를 달성하게 됩니다.

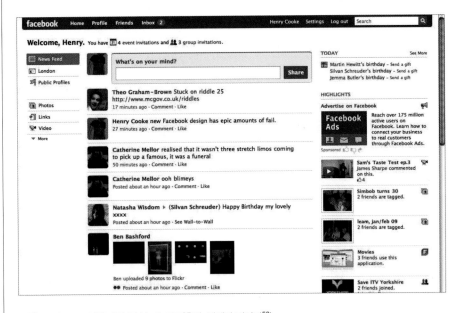

그림 6-10 2006년경 페이스북 뉴스 피드(출처: 이베타 리샤비[53])

52 Tan, M., & Le, Q. V. (2019, May 29). *EfficientNet: Improving Accuracy and Efficiency through AutoML and Model Scaling*. Google AI Blog. https://oreil.ly/gonEn

53 Ryšavá, I. (2016, January 14). *What Mark Zuckerberg's News Feed Looked Like in 2006*. Newsfeed.org. https://oreil.ly/XZT6Q

2006년 페이스북 뉴스 피드가 도입될 때는 아무런 지능형 알고리즘이 없었습니다. 게시물은 시간순으로 노출됐죠(그림 6-10).[54] 2011년에야 페이스북은 피드 상단에 가장 관심 있을 만한 뉴스 업데이트를 노출하기 시작했습니다.

마틴 진케비치Martin Zinkevich는 '머신러닝 규칙: ML 엔지니어링 모범 사례'[55]라는 글에서 "머신러닝으로 100% 향상되리라 예상한다면 휴리스틱만 적용해도 50% 향상될 겁니다."라고 말했습니다. 주어진 문제에 ML이 아닌 솔루션도 충분히 잘 동작해 아직 ML이 필요하지 않은 경우도 있습니다.

2단계: 가장 단순한 머신러닝 모델 사용하기

첫 번째 ML 모델로는 단순한 알고리즘으로 시작하는 편이 좋습니다. 문제 유형과 데이터의 유용성을 검증할 수 있도록 작업에 대한 가시성 확보가 가능해야 하죠. 로지스틱 회귀, 그래디언트 부스트 트리, k-최근접 이웃이 이에 부합합니다. 이 알고리즘들은 구현과 배포가 쉬워 데이터 엔지니어링부터 개발, 배포에 이르기까지 프레임워크를 빠르게 구축하고 테스트해보면서 자신감을 얻을 수 있습니다.

3단계: 단순한 모델 최적화하기

ML 프레임워크가 준비되면 단순한 ML 모델을 최적화하는 데 집중할 수 있습니다. 다양한 목적 함수, 하이퍼파라미터 탐색, 피처 엔지니어링, 더 많은 데이터와 앙상블을 사용합니다.

4단계: 복잡한 모델 사용하기

단순한 모델이 한계에 도달해 상당한 모델 개선이 필요하다면 더 복잡한 모델을 실험해보기 바랍니다.

재훈련 요구 사항을 지원하는 인프라를 구축할 수 있도록 프로덕션 환경에서 시간에 따라 모델 성능이 얼마나 빠르게 감소하는지(예: 재훈련이 필요한 빈도) 실험해봐도 좋습니다.[56]

---

54 Murphy, S. (2013, March 12). *The Evolution of Facebook News Feed*. Mashable. https://oreil.ly/1HMXh

55 Zinkevich, M. (2019). Rules of Machine Learning: Best Practices for ML Engineering. *Google*. https://oreil.ly/YtEsN

56 모델을 업데이트하는 빈도는 9장에서 자세히 알아봅니다.

6.2 모델 오프라인 평가

기업에 ML 전략을 조언할 때 흔히들 "만들어진 ML 모델이 좋은지 나쁜지 어떻게 알 수 있나요?"라고 묻는데, 꽤나 답하기 어려운 질문이죠. 예를 들어, 기업에서 침입 탐지용 감시 드론 100대에 ML을 배포했다고 가정합시다. 시스템에서 탐지하지 못한 침입 횟수를 측정할 방도가 없다면 그 상황에서 어떤 ML 알고리즘이 다른 것보다 나은지 결정하기 어렵습니다.

ML 시스템 평가 방법을 명확히 이해하지 못했다고 해서 ML 프로젝트가 반드시 실패하는 것은 아닙니다. 다만 가장 적합한 솔루션을 찾을 수 없게 되고 관리자가 ML을 채택하도록 설득하기 또한 한층 어려워지죠. 비즈니스 팀과 협력해 회사 비즈니스와 더 밀접하게 관련된 모델 평가 지표를 개발하기도 합니다.[57]

이상적으로 평가 방법은 개발과 프로덕션 환경 간에 동일해야 합니다. 하지만 보통 개발 환경에서는 그라운드 트루스 레이블이 있지만 프로덕션 환경에서는 없으므로 현실적으로는 실현하기 어렵습니다.

특정 작업에서는 4.2.2절 '자연 레이블'에서 설명한 대로 사용자 피드백을 기반으로 프로덕션 환경 레이블을 유추하거나 대략적인 값을 지정할 수 있습니다. 예컨대 추천 작업이라면 사용자가 클릭했는지에 따라 추천 항목이 좋은지를 유추합니다. 다만 상당한 편향이 발생하죠.

다른 작업에서는 프로덕션 환경에서 모델 성능을 직접 평가하기 어렵습니다. ML 시스템 성능의 변화와 오류를 탐지하기 위해 광범위한 모니터링을 수행해야 합니다. 모니터링은 8장에서 다룹니다.

배포 후에는 프로덕션 환경에서 모델을 계속 모니터링하고 테스트해야 합니다. 이 절에서는 모델 배포 전에 성능을 평가하는 방법을 알아봅니다. 먼저 모델 평가를 위한 베이스라인을 논의하고, 전체 정확도 지표 그 이상으로 모델을 평가하는 일반적인 방법들을 다룹니다.

---

57 2.1절 '비즈니스와 머신러닝의 목적'을 참조하기 바랍니다.

6.2.1 베이스라인

한번은 누군가 필자에게 자신의 새로운 생성 모델이 이미지넷에서 FID 점수 10.3을 달성했다고 말한 적이 있습니다.[58] 이 숫자가 무엇을 의미하는지, 그 모델이 필자의 문제에 유용할지 판단하기 어려웠습니다.

또 한번은 어떤 기업이 양성 클래스 비중이 90%인 데이터의 분류 모델을 구현하도록 도운 적이 있습니다. 팀의 ML 엔지니어 한 명은 처음 만든 모델이 F1 점수 0.90을 달성했다며 매우 들떴죠. 무작위 예측과 비교하면 결과가 어떤지 물었더니 그는 모르겠다고 답했습니다. 사실 양성 클래스가 레이블의 90%를 차지하므로 모델이 예측 시도 중 90% 확률로 무작위로 양성 클래스를 찍는다면 F1 점수는 약 0.90을 달성합니다.[59] 즉, 그 모델은 무작위로 예측해도 달성 가능한 수준이었죠.[60]

평가 지표는 그 자체로는 큰 의미가 없습니다. 모델을 평가할 때는 평가 기준을 정확히 알아야 합니다. 정확한 베이스라인은 유스 케이스마다 다르지만 대부분의 경우에 유용한 베이스라인은 다음과 같습니다.

무작위 베이스라인

모델이 무작위로 예측한다면 기대 성능은 얼마일까요? 이때 예측은 균등 분포나 작업의 레이블 분포 등 특정 분포에 따라 무작위로 생성됩니다.

레이블이 두 개인 작업을 가정해봅시다. 예컨대 90% 빈도로 나타나는 음성 클래스와 10% 빈도로 나타나는 양성 클래스가 있습니다. [표 6-2]는 무작위로 예측하는 베이스라인 모델의 F1 점수와 정확도를 나타냅니다. 대부분 이러한 값을 직관적으로 이해하기 어려울 겁니다. 표를 보기 전에 연습 삼아 지표를 암산해보기 바랍니다.[61]

무작위 분포	의미	F1	정확도
균등 무작위	각 레이블을 동일한 확률(50%)로 예측합니다.	0.167	0.5
작업의 레이블 분포	90%는 음성, 10%는 양성으로 예측합니다.	0.1	0.82

---

58 프레셰(Frechet) 인셉션 거리. 흔히 합성 이미지의 품질을 측정하는 데 사용하는 지표로, 값이 작을수록 품질이 높습니다.

59 이때 정확도는 약 0.80입니다.

60 F1의 비대칭성에 관해서는 4.3.2절 '클래스 불균형 처리하기'의 '올바른 평가 지표 사용하기'를 한 번 더 읽어보기 바랍니다.

61 옮긴이_ 이 표의 F1 값은 양성 클래스를 기준으로 계산한 것입니다.

단순 휴리스틱

ML은 일단 잊읍시다. 단순 휴리스틱 기반으로 예측하면 성능이 얼마만큼 나올까요? 예를 들어, 사용자가 뉴스 피드에 머무는 시간을 늘리기 위해 뉴스 피드 항목에 순위를 매기는 시스템을 구축한다고 가정합시다. 이때 순위를 역시간순으로 매겨 최신 항목을 가장 먼저 보여준다면 사용자 체류 시간이 얼마나 될까요?

0 규칙 베이스라인

0 규칙 베이스라인은 단순 휴리스틱 베이스라인의 특수한 경우로, 베이스라인 모델이 항상 가장 흔한 클래스로 예측합니다.

예를 들어, 사용자가 휴대 전화에서 다음 차례에 사용할 확률이 가장 높은 앱을 추천한다면 단순한 모델은 가장 자주 사용하는 앱을 추천하는 것입니다. 이 단순한 휴리스틱이 70% 확률로 다음 차례의 앱을 정확히 예측한다면 여러분이 개발하는 모델은 복잡도가 커지는 대신 베이스라인 모델 성능을 크게 능가해야 합니다.

인간에 의한 베이스라인

ML은 인간이 수행하는 작업을 자동화하는 것을 목표로 할 때가 많습니다. 따라서 전문가와 비교했을 때 모델 성능이 어떤지 파악하면 좋습니다. 예컨대 자율 주행 시스템은 인간 운전자와 비교해 진척도를 측정해야 합니다. 그렇지 않으면 사용자가 시스템을 신뢰하도록 설득하기가 어렵죠. 목적이 전문가를 대체하려는 것이 아닌 생산성을 향상하는 것이더라도 해당 시스템이 어떤 시나리오에서 인간에게 유용한지 아는 것은 여전히 중요합니다.

기존 솔루션

많은 경우 ML 시스템은 다수의 if/else 문 또는 서드 파티 솔루션을 적용한 기존 비즈니스 로직 솔루션을 대체하도록 설계됩니다. 새 모델을 기존 솔루션과 비교해보는 일이 중요합니다. ML 모델이 반드시 기존 솔루션보다 좋아야만 유용한 것은 아닙니다. 성능이 다소 떨어지더라도 사용하기가 훨씬 쉽거나 저렴하다면 유용한 것입니다.

모델을 평가할 때 '좋은 시스템'과 '유용한 시스템'을 구별하는 것이 중요합니다. 좋은 시스템이 반드시 유용한 것은 아니며 나쁜 시스템이 반드시 유용하지 않은 것도 아닙니다. 예컨대 자율 주행 자동차는 이전 자율 주행 시스템보다 크게 개선된다면 좋은 것이지만, 최소한 사람 운전자만큼 성능이 안 나온다면 유용하지 않은 것입니다. 경우에 따라 ML 시스템 성능이 사람의 평균치보다 높더라도 사람들이 이를 신뢰하지 않아 유용하지 않기도 합니다. 한편 사용자가 휴대 전화에서 다음에 입력할 단어를 예측하는 시스템이 해당 언어를 사용하는 사람의 예측보다 성능이 훨씬 낮다면 나쁜 것으로 간주될 수 있습니다. 다만 예측이 때로 사용자가 더 빠르게 입력하는 데 도움을 준다면 여전히 유용한 것입니다.

6.2.2 평가 방법

학문의 맥락에서 ML 모델을 평가할 때는 주로 성능 지표가 중심이 됩니다. 하지만 프로덕션 환경에서는 모델이 강건하고, 공정하고, 잘 보정되고, 개연성 있는 결과를 내놓기를 원합니다. 모델의 이러한 특성을 측정하는 데 유용한 몇 가지 평가 방법을 알아봅시다.

교란 테스트

필자가 가르쳤던 학생들은 기침 소리로 코로나19 감염 여부를 예측하는 앱을 만들려고 했습니다. 학생들이 만든 모델 중 성능이 가장 좋았던 것은 병원에서 수집한 2초짜리 기침 세그먼트 모음으로 구성된 훈련 데이터에서 훌륭하게 작동했습니다. 그런데 실제 앱 사용자에게 모델을 배포했을 때 예측값은 무작위에 가까웠습니다.

한 가지 원인은 실제 사용자의 기침에는 병원에서 수집한 기침에 비해 잡음이 많이 포함돼 있기 때문입니다. 배경 음악이나 주변 잡담이 포함되기도 하고 녹음에 사용한 마이크 품질 또한 사용자마다 다르죠. 녹음을 시작하자마자 바로 기침할 수도 있고 짧게 기다렸다가 기침할 수도 있습니다.

이상적으로는 모델 개발에 사용하는 입력값이 프로덕션 환경에서 다뤄야 하는 입력값과 유사해야 하지만 이는 대부분 현실적으로 어렵습니다. 데이터 수집이 어렵거나 비용이 높고, 훈련용으로 접근 가능한 데이터가 최상의 조건임에도 실제 데이터와는 크게 다른 경우 특히 그렇습니다. 모델이 프로덕션 환경에서 다뤄야 하는 입력값은 개발 환경의 입력값 대비 잡음이 많습니다.[62] 훈련 데이터에서 가장 잘 작동하는 모델과 잡음이 있는 데이터에서 가장 잘 작동하는 모델이 항상 같지는 않습니다.

데이터에 잡음이 있을 때 모델이 얼마나 잘 작동하는지 알아보는 방법으로, 테스트 분할에 약간 변화를 줘서 모델 성능에 어떤 영향을 미치는지 측정해봐도 좋습니다. 기침 소리로 코로나 19 감염 여부를 예측하는 작업이라면 무작위로 배경 소음을 추가하거나 테스트 클립을 무작위로 잘라서 사용자 녹음 간의 상이함을 시뮬레이션해봅니다. 그리고 깨끗한 데이터가 아니라 교란된 데이터에서 가장 잘 작동하는 모델을 선택합니다.

모델이 잡음에 민감할수록 유지 관리가 더 어려워집니다. 사용자 행동이 조금만 변해도, 예컨대 휴대전화만 바꿔도 모델 성능이 크게 저하되기 때문입니다. 게다가 모델이 적대적 공격에 취약해지기도 합니다.

불변성 테스트

UC 버클리 연구에 따르면 2008년부터 2015년까지 신용 등급이 높은 흑인 및 라틴계 사람 130만 명이 단지 인종 때문에 모기지 신청을 거부당했습니다.[63] 연구원들이 거부된 신청서에서 인종을 식별하는 피처를 제거하고 소득과 신용 점수를 사용하자 신청서가 통과됐습니다.

입력에 특정 변경을 적용했을 때 출력이 변해서는 안 됩니다. 앞선 사례에서는 인종 정보를 바꿨을 때 모기지 신청 결과에 영향이 있어선 안 되죠. 마찬가지로, 지원자 이름 변경이 이력서 심사 결과에 영향을 미치거나 성별이 지불 금액에 영향을 미쳐서는 안 됩니다. 이러한 일이 발생한다면 모델에 편향이 존재하는 것이므로 성능이 아무리 좋아도 사용할 수 없습니다.

편향을 피할 해결책으로 UC 버클리 연구원이 편향을 발견하는 데 사용한 프로세스를 동일하게 적용해봐도 좋습니다. 즉, 나머지 입력은 동일하게 유지하고 민감 정보만 변경해 출력이 바뀌는지 확인해봅니다. 더 좋은 방법은 모델 훈련에 사용한 피처에서 민감 정보를 최우선으로 제외하는 것입니다.[64]

---

62 잡음이 있는 데이터의 예시로는 조명이 다른 이미지나 오타가 있는 텍스트 또는 의도적인 텍스트 수정('길다'를 '기이이이이이일다'로 입력) 등이 있습니다.

63 Brooks, K. J. (2019, November 15). *Disparity in Home Lending Costs Minorities Millions, Researchers Find.* CBS News. https://oreil.ly/TMPVI

64 모델 훈련 프로세스에 민감 정보를 사용하지 못하도록 법률로 의무화할 수도 있습니다.

방향 예상 테스트

입력에 특정 변경을 적용했을 때 출력이 예측 가능한 방향으로 변해야 합니다. 주택 가격 예측 모델을 예로 들어봅시다. 부지 크기를 늘리고 나머지 피처는 동일하게 유지했을 때 예측 가격이 감소해서는 안 되며, 반대로 부지 크기를 줄였을 때 예측 가격이 증가해서는 안 됩니다. 출력이 예상과 반대로 움직인다면 모델 학습이 올바르게 이뤄지지 못했을 수 있으므로 배포 전에 좀 더 조사해봐야 합니다.

모델 보정

모델 보정은 미묘하지만 중요하므로 파악해둬야 할 개념입니다. 어떤 사건이 70% 확률로 발생하리라 예측했다고 가정해봅시다. 이 예측이 의미하는 바는 예측 대상이 되는 현실을 무한히 반복했을 때 예측 결과가 실제 결과와 70% 확률로 일치한다는 것입니다. 모델이 A팀이 B팀을 70% 확률로 이길 거라고 예측했는데 1,000회 대결 중 A팀이 60%만 이긴다면 이 모델은 보정되지 않은 것입니다. 잘 보정된 모델은 A팀이 60% 확률로 승리할 거라고 예측해야 합니다.

모델 보정은 ML 실무에서 간과되는 경우가 많지만 모든 예측 시스템에서 매우 중요한 속성입니다. 네이트 실버[Nate Silver]의 저서 『신호와 소음』(더퀘스트, 2021)에서는 보정이 예측에 그 무엇보다 중요한 테스트라고 주장합니다.

두 가지 예시를 통해 모델 보정이 중요한 이유를 알아봅시다. 첫째로, 사용자가 다음으로 볼 가능성이 높은 영화를 추천하는 시스템을 개발한다고 가정해봅시다. 사용자 A는 로맨스 영화를 80%, 코미디 영화를 20% 봅니다. A가 볼 가능성이 가장 높은 영화를 정확도 높게 노출하고자 한다면 추천 시스템은 추천 항목을 로맨스 영화로만 구성해야 합니다. A는 다른 장르보다 로맨스를 볼 가능성이 훨씬 높기 때문이죠. 한편 보다 보정된 시스템을 원한다면, 즉 추천 항목에 사용자의 실제 시청 습관이 드러나게 하려면 로맨스 80%, 코미디 20%로 구성해야 합니다.[65]

둘째로, 사용자가 특정 광고를 클릭할 가능성을 예측하는 모델을 개발한다고 가정해봅시다. 광고 A와 B가 있고, 모델은 어떤 사용자가 10% 확률로 광고 A를 클릭하고 8% 확률로 광고 B를

---

65 보정된 추천 항목에 관해서는 다음 논문에서 자세히 다루며, 이는 넷플릭스의 작업을 기반으로 합니다.
Steck, H. (2018). Calibrated recommendations. *Proceedings of the 12th ACM Conference on Recommender Systems*. https://oreil.ly/yueHR

클릭하리라고 예측합니다. A의 순위를 B보다 높게 지정하고자 한다면 모델을 보정할 필요는 없습니다. 하지만 광고에서 얻을 수 있는 클릭 수를 예측하려면 모델을 보정해야 합니다. 모델에서 사용자가 10% 확률로 A를 클릭하리라고 예측했지만 실제로는 5%만 클릭한다면 예상 클릭 수는 실제와 크게 달라지게 됩니다. 순위는 동일하게 제공하지만 더 잘 보정된 모델이 있다면 해당 모델을 사용하는 편이 좋습니다.

보정된 정도를 간단히 측정하려면 모델이 확률 X를 출력한 횟수와 예측이 맞은 빈도 Y를 세어보고 Y에 대한 X를 플롯해봅니다. 모델이 완벽하게 보정됐다면 그래프상 모든 데이터 포인트에서 X와 Y가 동일합니다. 사이킷런에서는 [그림 6–11]과 같이 `sklearn.calibration.calibration_curve`를 사용해 이진 분류기의 보정 곡선을 그릴 수 있습니다.

일반적인 모델 보정 방법은 플랫 스케일링 Platt scaling[66]이며 사이킷런에서는 `sklearn.calibration.CalibratedClassifierCV`로 구현합니다. 이 외에도 제프 플라이스 Geoff Pleiss가 훌륭하게 구현한 오픈 소스는 깃허브[67]에서 제공되며, 모델 보정의 중요성과 신경망 보정 방법을 보다 자세히 알아보고 싶다면 리 리차드슨 Lee Richardson과 테일러 포스피실 Taylor Pospisil이 구글에서의 작업을 바탕으로 쓴 블로그 글 '모델 보정이 중요한 이유와 이를 수행하는 방법'[68]을 읽어보기 바랍니다.

---

66 *https://oreil.ly/pQ0TQ*

67 *https://oreil.ly/e1Meh*

68 Richardson, L., & Pospisil, T. (2021, April 19). *Why model calibration matters and how to achieve it*. The Unofficial Google Data Science Blog. https://oreil.ly/wPUkU

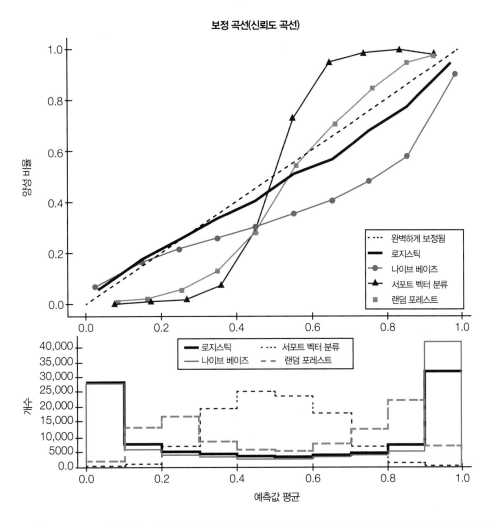

그림 6-11 소규모 가상 작업toy task에 대한 다양한 모델의 보정 곡선. 로지스틱 회귀 모델은 로지스틱 손실을 직접 최적화하므로 가장 잘 보정된 모델입니다(출처: 사이킷런[69]).

신뢰도 측정

신뢰도 측정은 개별 예측의 유용성에 대한 임곗값을 생각해보는 방식입니다. 사용자에게 모든 모델의 예측 내용을 무분별하게, 심지어 확실하지 않은 것까지 보여주면 사용자는 짜증이 나겠죠.

---

69 *https://oreil.ly/Tnts7*

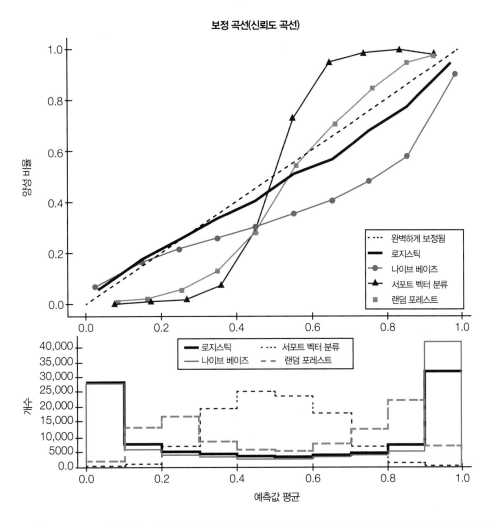

예컨대 스마트워치의 활동 감지 시스템에서 빠른 걸음을 달리기로 판단한다면 사용자는 시스템에 대한 신뢰를 잃게 됩니다. 최악의 경우 예측 치안 알고리즘이 무고한 사람을 잠재적 범죄자로 표시하는 등 치명적인 결과를 초래할 수 있습니다.

확실한 모델 예측 내용만 보여주고자 할 때, 그 확실한 정도는 어떻게 측정할까요? 예측을 보여주기로 결정하는 확실성의 임곗값은 얼마일까요? 예측이 임곗값 미만으로 나온다면 무엇을 해볼 수 있을까요? 예측을 폐기하거나, 사람의 피드백으로 재학습하거나, 사용자에게 추가 정보를 요청하면 될까요?

신뢰도 측정은 개별 샘플에 대한 지표로, 다른 지표들이 시스템의 평균 성능을 측정하는 것과 다릅니다. 시스템 수준의 측정은 전체 성능을 파악하는 데 유용하지만 각 샘플에 대한 시스템 성능을 고려한다면 샘플 수준의 지표가 중요합니다.

슬라이스 기반 평가

슬라이싱은 데이터를 하위 집합으로 분리하고 각 하위 집합마다 모델의 개별 성능을 확인하는 것을 의미합니다. 많은 회사에서 흔히 실수하는 점은, 전반적인 F1이나 전체 데이터에 대한 정확도같이 투박한 지표에 너무 집중하는 반면 슬라이스 기반 지표에는 충분히 주의를 기울이지 않는다는 점입니다. 이는 두 가지 문제를 야기합니다.

첫 번째 문제는 모델이 서로 다른 데이터 슬라이스에서 동일하게 수행돼야 할 때 다르게 수행된다는 점입니다. 예를 들어, 데이터에 하위 집단 두 개, 즉 다수와 소수가 있을 때 다수에 속하는 하위 집단이 데이터의 90%를 차지합니다.

- 모델 A는 다수의 하위 집단에서 98% 정확도를 달성하지만 소수의 하위 집단에서는 80%만 달성합니다. 따라서 전체 정확도는 96.2%입니다.
- 모델 B는 다수에서 95%, 소수에서 95% 정확도를 달성합니다. 따라서 전체 정확도는 95%입니다.

[표 6-3]은 두 모델을 비교한 것입니다. 어느 모델을 선택할까요?

표 6-3 모델 A, B의 다수 및 소수의 하위 집단에 대한 성능

	다수에 대한 정확도	소수에 대한 정확도	전체 정확도
모델 A	98%	80%	96.2%
모델 B	95%	95%	95%

회사가 전체 지표에 초점을 맞춘다면 모델 A를 선택할 겁니다. 처음에는 높은 정확도에 매우 만족할 테지만, 곧 최종 사용자는 소수의 하위 집단이 과소 대표된 인구 통계 집단이므로 모델에 소수의 하위 집단에 대한 편향이 존재한다는 사실을 발견하게 됩니다.[70] 전반적인 성능에만 초점을 맞추면 대중이 반발할 가능성뿐 아니라 회사가 모델 개선 가능성을 놓칠 수도 있어 해롭습니다. 회사에서 두 모델의 슬라이스 기반 성능을 본다면 다른 전략을 수행할 겁니다. 예컨대 소수의 하위 집단에 대해 모델 A의 성능을 개선한다면, 이는 해당 모델의 성능을 전반적으로 개선하는 결과로 이어집니다. 두 모델을 똑같이 유지하더라도 더 많은 정보를 기반으로 배포할 모델을 결정할 수 있어 더 현명한 의사 결정을 내리게 됩니다.

두 번째 문제는 모델이 서로 다른 데이터 슬라이스에서 다르게 수행돼야 할 때도 동일하게 수행된다는 점입니다. 데이터에서 일부 하위 집합은 다른 것보다 더 중요합니다. 예를 들어, 사용자 이탈 예측 모델, 즉 사용자가 구독이나 서비스 구입을 취소할지 예측하는 모델을 개발할 때 유료 사용자는 무료 사용자보다 훨씬 더 중요합니다. 모델의 전체 성능에 초점을 맞추면 이러한 중요 슬라이스에서 성능이 저하되더라도 모르고 넘어갈 수 있습니다.

슬라이스 기반 평가가 중요한 이유는 흥미롭지만 직관에 반하는 심슨의 역설Simpson's paradox[71] 때문입니다. 이는 어떤 추세가 여러 데이터 집단에 나타나지만 집단을 결합하면 사라지거나 반전되는 현상을 말합니다. 즉, 모든 데이터를 함께 놓고 보면 모델 B가 모델 A보다 더 잘 작동하지만 각 부분 집단별로 개별적으로 놓고 보면 모델 A가 모델 B보다 더 잘 동작하죠. [표 6-4]의 예시는 집단 A와 집단 B에 대한 모델 A와 모델 B의 성능을 나타냅니다. 집단 A와 B 모두에서 모델 A가 모델 B를 능가하지만 결합하면 모델 B가 모델 A를 능가합니다.

표 6-4 심슨의 역설 예(샤리그 등이 수행한 1986년 신장 결석 치료 연구[72]를 인용함)

	집단 A	집단 B	전체
모델 A	93% (81/87)	73% (192/263)	78% (273/350)
모델 B	87% (234/270)	69% (55/80)	83% (289/350)

70 Zhang, M. (2022, October 12). *Google photos tags two African-Americans as gorillas through Facial Recognition Software*. Forbes. https://oreil.ly/VYG2j

71 *https://oreil.ly/clFB0*

72 Charig, C. R., Webb, D. R., Payne, S. R., & Wickham, J. E. (1986). Comparison of treatment of renal calculi by open surgery, percutaneous nephrolithotomy, and extracorporeal shockwave lithotripsy. *BMJ*, *292*(6524): 879-882. https://oreil.ly/X8oWr

심슨의 역설은 생각보다 흔합니다. 1973년 버클리 대학원 통계에 따르면 남성의 입학률이 여성보다 훨씬 높았습니다. 사람들은 여성에 대한 편견이 작용했을 거라고 의심했지만 개별 학과마다 자세히 살펴보면 6개 학과 중 4개 학과에서 여성의 입학률이 남성보다 높았습니다.[73] [표 6-5]를 참조하기 바랍니다.

표 6-5 1973년 버클리 대학원 입학 데이터(비켈 등의 데이터를 인용함)

학과	전체 지원자(명)	입학률	남성 지원자(명)	입학률	여성 지원자(명)	입학률
A	933	64%	825	62%	108	82%
B	585	63%	560	63%	25	68%
C	918	35%	325	37%	593	34%
D	792	34%	417	33%	375	35%
E	584	25%	191	28%	393	24%
F	714	6%	373	6%	341	7%
합계	12,763	41%	8,442	44%	4,321	35%

이 역설을 실제로 접하게 될지는 모르겠지만 요점은 집계가 실제 상황을 은폐하고 모순되게 할 수 있다는 점입니다. 정보에 입각해서 어떤 모델을 선택할지 결정 내릴 때는 전체 데이터뿐 아니라 개별 슬라이스에 대한 성능도 고려해야 합니다. 슬라이스 기반 평가가 주는 통찰은 전체 및 중요 데이터에서 모델 성능을 개선하고 잠재적인 편향을 감지하는 데 도움이 됩니다. 게다가 ML과 상관없는 문제가 존재한다는 사실을 밝혀내기도 하죠. 한번은 필자의 팀에서 모델이 전반적으로 훌륭하지만 모바일 사용자 트래픽에 한해서는 성능이 매우 저조함을 발견했습니다. 조사 결과, 휴대 전화처럼 크기가 작은 화면에서는 버튼이 반쯤 숨겨지기 때문이라는 걸 알게 됐습니다.

슬라이스 평가가 별문제 아닌 경우에도 모델이 동작하는 방식을 세분화해 이해한다면 상사, 고객 등 이해관계자가 ML 모델을 신뢰하도록 설득할 수 있는, 모델에 대한 확신을 얻게 됩니다.

중요한 슬라이스에서 모델의 성능을 추적하기에 앞서 중요한 슬라이스가 무엇인지 알아야 합

---

73 Bickel, P. J., Hammel, E. A., & O'Connell, J. W. (1975). Sex bias in graduate admissions: Data from Berkeley. *Science*, 187(4175): 398–404. https://oreil.ly/TeR7E

니다. 데이터에서 중요한 슬라이스를 찾는 방법은 무엇일까요? 안타깝지만 슬라이싱은 과학이라기보다는 예술에 가깝고 집중적인 데이터 탐색과 분석이 필요합니다. 다음은 주요 접근법 세 가지입니다.

휴리스틱 기반

데이터와 작업에 대한 도메인 지식을 사용합니다. 예를 들어, 웹 트래픽 관련 작업에서는 모바일 대 데스크톱, 브라우저 유형과 사용자 위치와 같은 차원에 따라 데이터를 슬라이싱합니다. 모바일 사용자는 데스크톱 사용자와 매우 다르게 행동합니다. 마찬가지로, 인터넷 사용자의 지리적 위치에 따라서도 웹사이트 디자인에 대해 다른 기호를 가질 수 있습니다.[74]

오류 분석

잘못 분류된 데이터 포인트를 수작업으로 분석하고 거기에서 패턴을 찾습니다. 필자의 팀은 잘못 분류된 데이터 포인트가 대부분 모바일 사용자의 것임을 깨닫고서 모바일 사용자와 관련된 모델 문제를 발견할 수 있었습니다.

슬라이스 파인더

논문 「Slice Finder: Automated data slicing for model validation」[75]과 「Subgroup Discovery Algorithms: A survey and empirical evaluation」[76]을 비롯해 슬라이스 탐색 프로세스를 체계화하는 연구가 수행되고 있습니다. 이런 프로세스는 일반적으로 빔 검색, 클러스터링, 의사 결정 같은 알고리즘으로 슬라이스 후보를 생성한 다음 명백히 나쁜 후보를 걸러내고 남은 후보의 순위를 지정하는 식입니다.

중요한 슬라이스를 찾았다면, 평가를 위해 슬라이스마다 올바르게 레이블링된 데이터가 충분히 필요함을 명심하기 바랍니다. 평가 품질은 평가 데이터의 품질에 좌우됩니다.

---

74 다양한 문화권의 UX 디자인에 관해서는 다음 블로그 글을 참조하기 바랍니다.
Shen, J. (2016, November 17). *UX Design Across Different Cultures — Part 1*. Medium. https://oreil.ly/MAJVB

75 Chung, Y., Kraska, T., Polyzotis, N., Tae, K. H., & Whang, S. E. (2019). Slice Finder: Automated data slicing for model validation. *2019 IEEE 35th International Conference on Data Engineering (ICDE)*. https://oreil.ly/eypmq

76 Helal, S. (2016). Subgroup Discovery Algorithms: A survey and empirical evaluation. *Journal of Computer Science and Technology*, *31*(3): 561–576. https://oreil.ly/7yBJO

6.3 정리

이 장에서는 많은 실무자가 ML 프로젝트 수명 주기 중 가장 재미있어하는 ML 시스템의 ML 알고리즘을 다뤘습니다. 초기 모델을 사용해서 데이터와 피처 엔지니어링에 대한 여러 가지 시도를 예측 형태로 만들어볼 수 있고 최종적으로는 가설을 평가할 수 있습니다(즉, 입력에 대한 출력을 예측해봅니다).

가장 먼저, 작업에 가장 적합한 ML 모델을 선택하는 방법을 알아봤습니다. 개별 모델 아키텍처의 장단점을 살펴보는 대신(기존 모델을 담는 풀이 점점 늘어난다는 점을 고려하면 어리석은 방법임) 어떤 모델이 특정 목표, 제약 조건, 요구 사항에 가장 적합한지를 감안해 의사 결정을 하기 위해 고려할 측면을 살펴봤습니다.

이어서 모델 개발의 다양한 측면을 다뤘습니다. 개별 모델뿐 아니라 대회나 리더보드 스타일의 연구에서 널리 사용되는 기법인 모델 앙상블을 다뤘습니다.

모델 개발 단계에서는 다양한 모델로 실험을 수행해봅니다. 대량의 실험을 집중적으로 추적하고 버전을 관리하는 일은 보편적으로 중요합니다. 그런데 많은 ML 엔지니어는 이를 번거로워하고 종종 생략하곤 하죠. 따라서 추적과 버전 관리 프로세스를 자동화하기 위한 도구와 적절한 인프라를 갖추는 것은 필수입니다. 10장에서는 ML 생산을 위한 도구와 인프라를 다룹니다.

모델이 커지고 더 많은 데이터를 소비함에 따라 분산 훈련은 ML 모델 개발자에게 필수 기술이 되고 있습니다. 이 장에서는 데이터 병렬, 모델 병렬, 파이프라인 병렬을 비롯한 병렬 기술 전반을 논의했습니다. 대규모 분산 시스템에서, 예컨대 매개변수가 수억 개에 달하는 모델을 동작시키기는 매우 어려울 수 있으며 시스템 엔지니어링 전문 지식이 필요합니다.

마지막으로는 배포에 가장 적합한 모델을 선택하기 위해 모델을 평가하는 방법을 다뤘습니다. 평가 지표에 비교할 기준이 없다면 큰 의미가 없으므로 평가에 고려할 만한 다양한 기준을 살펴봤습니다. 그리고 프로덕션 환경에서 모델을 평가하기에 앞서 모델이 온전한 상태인지 확인하는 데 필요한 다양한 평가 기술을 다뤘습니다.

오프라인 모델 평가가 아무리 우수하더라도 모델 배포 전까지는 프로덕션 환경에서의 모델 성능을 확신할 수 없는 경우가 많습니다. 다음 장에서는 모델을 배포하는 방법을 살펴봅니다.

## CHAPTER 7

모델 배포와 예측 서비스

4장부터 6장까지는 훈련 데이터 생성, 피처 추출, 모델 개발, 모델 평가를 위한 지표 작성 등 ML 모델을 개발할 때 고려할 사항을 알아봤습니다. 이러한 고려 사항들은 원시 데이터에서 ML 모델로 전환하는 방법에 대한 지침, 즉 모델의 로직을 구성합니다(그림 7-1). 로직을 개발하려면 ML 지식과 주제 전문 지식이 모두 필요합니다. 많은 회사에서 ML 혹은 데이터 과학 팀에서 로직 개발 프로세스를 수행하죠.

그림 7-1 ML 모델 로직을 구성하는 다양한 측면

이 장에서는 반복 프로세스의 또 다른 부분인 모델 배포를 알아봅니다. 배포^{deploy}는 일반적으로 '모델을 실행하고 액세스 가능하게 함'을 의미하는 포괄적인 용어입니다. 모델은 개발 중에

는 보통 개발 환경[1]에서 실행되지만 모델을 배포하려면 개발 환경에서 벗어나야 합니다. 테스트를 위해 모델을 스테이징 환경에 배포하거나 최종 사용자가 사용할 프로덕션 환경에 배포합니다. 이 장에서는 모델을 프로덕션 환경에 배포하는 데 중점을 둡니다.

먼저, 프로덕션은 다양한 스펙트럼에서 정의될 수 있음을 강조하고자 합니다. 어떤 팀에게 프로덕션이란 비즈니스 팀에 보여줄 멋진 플롯을 생성하는 일을 의미합니다. 또 어떤 팀에게는 프로덕션이 하루 수백만 명 사용자를 위해 모델을 계속 가동하는 것을 의미하죠. 여러분이 첫 번째 팀에 해당한다면 프로덕션 환경은 개발 환경과 유사하며 이 장 내용은 여러분과 관련이 적습니다. 여러분이 두 번째 팀에 더 가깝다면 계속 읽어나가기 바랍니다.

인터넷 어딘가에서 "어려운 부분을 모두 무시하면 배포가 쉽습니다"라는 글을 읽은 적이 있습니다. 단순히 갖고 놀 모델을 배포하려고 한다면 플라스크[Flask]나 FastAPI로 POST 요청 엔드포인트로 예측 함수를 래핑하고, 예측 함수가 컨테이너[2]에서 실행하는 데 필요한 종속성 패키지들을 배치합니다. 그리고 모델 및 관련 컨테이너를 AWS나 GCP 같은 클라우드 서비스에 푸시해 엔드포인트를 노출하면 됩니다.

```
# FastAPI를 사용해 예측 함수를
# POST 엔드포인트로 변환하는 방법의 예시
@app.route('/predict', methods=['POST'])
def predict():
    X = request.get_json()['X']
    y = MODEL.predict(X).tolist()
    return json.dumps({'y': y}), 200
```

노출된 엔드포인트를 다운스트림 애플리케이션에 사용합니다. 예를 들어, 애플리케이션이 사용자에게서 예측 요청을 수신하면 이 요청이 노출된 엔드포인트로 전송돼 예측을 반환합니다. 배포 도구에 익숙하다면 한 시간 안에 배포가 가능하죠. 필자의 학생들은 대부분 배포 경험이 없었음에도 10주 강의 과정이 끝난 후 모두 ML 애플리케이션을 배포했습니다.[3]

한편 어려운 부분은 따로 있습니다. 사용자 수백만 명이 모델을 밀리초 단위 레이턴시와 99% 가동 시간으로 사용하도록 하고, 문제 발생 시 적절한 사람에게 즉시 알리도록 인프라를 설정

---

1   10장에서 개발 환경을 자세히 다룹니다.
2   9장에서 컨테이너를 자세히 다룹니다.
3   스탠퍼드 강의 'CS 329S: 머신러닝 시스템 설계'(https://oreil.ly/A6lFT)를 참조하기 바랍니다. 유튜브에서 프로젝트 데모를 볼 수 있습니다(https://oreil.ly/q4pjX).

하고, 잘못된 부분을 파악하고 문제를 수정하기 위해 업데이트를 원활하게 배포하는 것입니다.

회사에 따라 모델을 개발한 사람이 직접 배포하기도 하고, 혹은 배포 준비를 마치면 모델을 내보내서export 다른 팀에서 배포하기도 합니다. 후자처럼 책임을 분리하면 팀 간에 소통하는 데 드는 시간이 많아지고 모델 업데이트가 느려지며, 문제가 발생했을 때 디버깅하기 어려워집니다. 팀 구조는 11장에서 논의합니다.

> **NOTE** 모델 내보내기란 모델을 다른 애플리케이션에서 사용할 수 있는 형식으로 변환하는 일을 의미합니다. 이 프로세스를 직렬화serialization라고 부르기도 합니다.[4] 내보낼 때는 모델의 두 두분, 즉 모델 정의와 모델 매개변숫값을 내보냅니다. 모델 정의는 히든 레이어 개수와 각 레이어의 유닛 개수 같은 모델 구조를 정의하며 모델 매개변숫값은 이러한 유닛과 레이어에 대한 값을 제공합니다. 일반적으로 두 부분을 함께 내보냅니다.
>
> 텐서플로2에서는 `tf.keras.Model.save()`를 사용해 모델을 텐서플로의 SavedModel 형식으로 내보냅니다. 파이토치에서는 `torch.onnx.export()`를 사용해 모델을 ONNX 형식으로 내보냅니다.

여러분의 직무가 ML 모델 배포와 관련이 있든 관련이 없든, 모델이 사용되는 방식을 이해함으로써 모델의 제약 조건을 이해하고 목적에 맞게 조정하는 데 도움이 됩니다.

첫 번째 절에서는 ML 배포에 대한 몇 가지 통념을 짚어봅니다. 필자는 이러한 통념을 ML 모델 배포 경험이 없는 사람들에게 자주 들어왔습니다. 이어서 모델이 예측을 생성하고 사용자에게 제공하는 주요 방법인 온라인 예측과 배치 예측을 알아봅니다. 예측을 생성하는 과정을 추론inference이라고 합니다.

이어서 예측 생성을 위한 계산이 수행되는 곳, 즉 디바이스(에지edge라고도 함)상 모델 배포와 클라우드상 모델 배포를 알아봅니다. 모델이 예측을 서빙하고 계산하는 방식은 모델을 설계하는 방법, 필요한 인프라, 사용자가 접하는 모델 서비스의 동작에 영향을 미칩니다.

여러분이 학계 출신이라면 이 장 일부에서 익숙하지 않은 주제가 나올 수 있습니다. 생소한 용어가 있다면 잠시 시간을 내어 찾아보기 바랍니다. 다만 다루는 내용이 너무 깊어지면 생략해도 됩니다. 이 장은 모듈식이므로 한 절을 건너뛰어도 나머지 절 내용을 이해하는 데 지장이 없습니다.

---

4 데이터 직렬화에 관해서는 3.2절 '데이터 포맷'을 참조하기 바랍니다.

7.1 머신러닝 배포에 대한 통념

1장에서 이야기했듯 ML 모델을 배포하는 일은 전통적인 소프트웨어 프로그램을 배포하는 일과 매우 다릅니다. 따라서 모델 배포 경험이 없는 사람들은 프로세스를 두려워하거나, 반대로 소요되는 시간과 노력을 과소평가하기도 하죠. 이 절에서는 배포 프로세스에 대한 통념을 다루며, 특히 배포 경험이 적거나 전혀 없는 분에게 유용합니다. 이 절 내용이 프로세스를 시작하는 데 도움이 되길 바랍니다.

7.1.1 통념 1: 한 번에 한두 가지 머신러닝 모델만 배포합니다.

필자는 학술 프로젝트를 진행할 때 작은 문제를 선택해 집중하라는 조언을 받았습니다. 이는 종종 단일 모델을 배포하는 일로 이어졌죠. 경험상 학계 사람들은 ML 프로덕션을 단일 모델 맥락에서 생각하는 경향이 있습니다. 결과적으로 그들이 염두에 두는 인프라는 한두 가지 모델만 지원하므로 실제 애플리케이션에는 작동하지 않습니다. 반면에 기업에서는 수많은 ML 모델을 보유합니다. [그림 7-2]는 넷플릭스에서 ML을 활용하는 여러 작업을 보여줍니다.

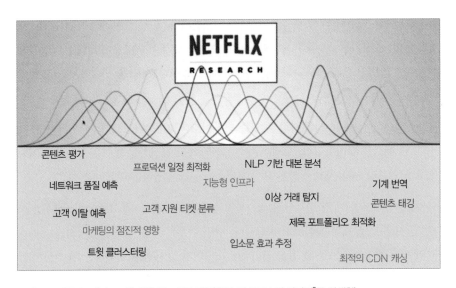

그림 7-2 넷플릭스에서 ML을 활용하는 여러 작업(출처: 빌 툴로스의 이미지[5]를 각색함)

....

5 Tuulos, V. (2018, December 19). *Human-centric machine learning infrastructure @Netflix*. InfoQ. https://www.infoq.com/presentations/netflix-ml-infrastructure

실제 애플리케이션에는 다양한 기능이 있고 각 기능에는 자체 모델이 필요합니다. 우버 같은 승차 공유 앱을 예로 들어봅시다. 이동 수요, 운전자 가용성, 예상 도착 시간, 동적 가격 책정, 이상 거래, 고객 이탈 등 각 요소를 예측하는 모델이 필요합니다. 게다가 앱이 20개 국가에서 운영된다면 국가마다 고유한 모델 세트가 필요합니다. 다양한 사용자 프로필, 문화 및 언어에 걸쳐 일반화되는 모델을 만들 수 있을 때까지 말이죠. 결국 국가가 20개, 국가마다 모델이 10개이므로 모델은 벌써 200개가 됩니다.

실제로 우버는 수천 개 모델을 프로덕션에 적용합니다.[6] 구글은 항상 수천 억 개의 매개변수 크기를 가진 모델 수천 개를 동시에 훈련합니다.[7] 부킹닷컴에는 모델이 150개 이상 있습니다.[8] 알고리드미아에서 수행한 2021년 연구에 따르면 직원이 2만 5,000명 이상인 조직 중 41%가 모델을 100개 이상 프로덕션에 적용하고 있습니다.[9]

7.1.2 통념 2: 아무것도 하지 않으면 모델 성능은 변하지 않습니다.

소프트웨어는 고급 와인처럼 숙성되지 않습니다. 형편없이 노화되죠. 시간에 따라 소프트웨어 프로그램이 아무런 변화가 없어 보임에도 성능이 저하되는 현상을 소프트웨어 부패software rot 또는 비트 부패bit rot라고 합니다.

ML 시스템도 마찬가지입니다. 게다가 ML 시스템은 프로덕션에서 모델이 접하는 데이터 분포가 훈련된 데이터 분포와 다를 때 데이터 분포 시프트data distribution shift라는 문제를 겪습니다.[10] 따라서 ML 모델은 훈련 직후에 가장 잘 수행되고 점점 성능이 저하되는 경향이 있습니다.

6 Uber Engineering. (2019, September 10). *Science at Uber: Powering Machine Learning at Uber* [Video]. YouTube. https://www.youtube.com/watch?v=DOwDlHzN5bs

7 USENIX. (2020, July 17). *OPML '20 – how ML breaks: A decade of outages for one large ML pipeline* [Video]. YouTube. https://oreil.ly/HjQm0

8 Bernardi, L., Mavridis, T., & Estevez, P. (2019). 150 successful machine learning models. *Proceedings of the 25th ACM SIGKDD International Conference on Knowledge Discovery & Data Mining*. https://oreil.ly/Ea1Ke

9 Algorithmia. (2020, December 10). *Algorithmia report reveals 2021 enterprise AI/ML trends*. GlobeNewswire News Room. https://www.globenewswire.com/news-release/2020/12/10/2143134/0/en/Algorithmia-Report-Reveals-2021-Enterprise-AI-ML-Trends.html

10 8장에서 데이터 분포 시프트에 대해 더 논의합니다.

7.1.3 통념 3: 모델을 자주 업데이트할 필요 없습니다.

사람들은 필자에게 "모델을 얼마나 자주 업데이트해야 하나요?"라고 묻곤 하는데 이는 잘못된 질문입니다. 올바른 질문은 "모델을 얼마나 자주 업데이트할 수 있나요?"입니다.

모델 성능은 시간에 따라 저하되므로 최대한 빨리 업데이트해야 합니다.[11] 이는 기존 데브옵스 모범 사례에서 배워야 하는 영역이기도 하죠. 심지어 2015년에도 시스템 업데이트를 지속적으로 추진하고 있었습니다. 엣시Etsy는 하루에 50회, 넷플릭스는 하루에 수천 회, AWS는 11.7초마다 배포했습니다.[12]

많은 회사가 여전히 한 달에 한 번 또는 분기에 한 번만 모델을 업데이트하지만 웨이보에서는 일부 ML 모델을 10분마다 업데이트합니다.[13] 알리바바나 바이트댄스(틱톡의 모기업) 등에서도 비슷한 수치를 들었습니다.

구글 전 스탭 엔지니어이자 슬랙 데이터 엔지니어링 디렉터인 조시 윌스Josh Wills는 "우리는 항상 신규 모델을 가능한 한 빨리 프로덕션에 적용하기 위해 노력합니다."라고 말합니다.[14]

모델 재훈련 빈도는 9장에서 자세히 알아봅니다.

7.1.4 통념 4: 대부분의 머신러닝 엔지니어는 스케일에 신경 쓰지 않아도 됩니다.

'스케일'이 의미하는 바는 애플리케이션마다 다르지만, 예로는 초당 수백 개의 쿼리를 처리하거나 한 달에 수백만 명의 사용자를 처리하는 시스템이 있습니다.

그렇다면 구글, 페이스북, 아마존 같은 소수의 회사만 스케일링에 신경 쓰면 된다고 생각할 수 있죠. 맞는 말이지만, 소수의 대기업이 대다수의 소프트웨어 엔지니어링 인력을 고용하고 있습니다. 2019년 스택 오버플로 개발자 설문 조사에 따르면 응답자의 절반 이상이 직원이 100명 이상인 회사에서 근무했습니다(그림 7-3). 이것이 완벽한 상관관계는 아니지만, 직원이 100

11 옮긴이_ 원문의 단정적인 주장과는 달리 실제로는 모델 성능은 시간에 따라 반드시 저하되지는 않으며, 7.1.2절에서 언급한 데이터 분포 시프트가 있는 경우에 한해 도메인 갭으로 인한 성능 저하를 겪을 수 있습니다.

12 Null, C. (2021, July 29). *10 companies killing it at DevOps*. TechBeacon. https://oreil.ly/JvNwu

13 Flink Forward. (2020, April 28). *Machine learning with Flink in weibo – Qian Yu* [Video]. YouTube. https://oreil.ly/RcTMv

14 Wills, J. (2019, May 28). *Instrumentation, Observability & Monitoring of Machine Learning Models*. InfoQ. https://oreil.ly/5Ot5m

명인 회사는 많은 사용자에게 서비스를 제공할 가능성이 높습니다.

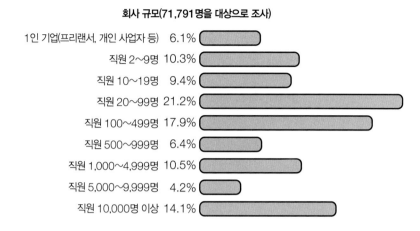

그림 7-3 소프트웨어 엔지니어가 일하는 회사 규모 분포(출처: 스택 오버플로 이미지[15]를 각색함)

필자는 ML 직무에 대한 설문 조사를 찾지 못해서 직접 트위터에 질문을 올려봤습니다.[16] 결과는 비슷했죠. 즉, ML 관련 직업을 구하고 있다면 직원이 100명 이상인 회사에서 일할 가능성이 높으며 ML 애플리케이션을 확장할 수 있어야 합니다. 통계적으로 말하자면, ML 엔지니어는 스케일에 신경을 써야 합니다.

7.2 배치 예측 vs. 온라인 예측

시스템이 예측 결과를 생성해 최종 사용자에게 서빙하는 방법(배치 예측 혹은 온라인 예측)은 최종 사용자와 시스템에서 작업하는 개발자 모두에게 영향을 미칩니다. 배치와 온라인 예측을 둘러싼 용어들은 업계에서 표준화된 관행이 없어 헷갈리기 쉽습니다. 따라서 이 절에서는 가능한 한 각 용어의 뉘앙스를 전달하고자 했습니다. 여기에 언급된 용어들이 너무 혼란스럽다면 지금은 가볍게 넘어가고 세 가지 주요 예측 모드만 기억하기 바랍니다.

---

15 *Stack overflow developer survey 2019*. Stack Overflow. (n.d.). https://oreil.ly/guYIq

16 *https://oreil.ly/e1fjn*

- 배치 피처만 사용하는 배치 예측

- 배치 피처만 사용하는 온라인 예측(예: 사전 계산된 임베딩)

- 배치 피처와 스트리밍 피처를 모두 사용하는 온라인 예측(스트리밍 예측이라고도함)

온라인 예측은 예측에 대한 요청이 도착하는 즉시 예측이 생성되고 반환되는 경우입니다. 예를 들어, 구글 번역에 영어 문장을 입력하는 즉시 프랑스어 번역문이 돌아오죠. 온라인 예측은 온 디맨드on-demand 예측이라고도 합니다. 일반적으로 온라인 예측을 수행할 때는 RESTful API 를 통해 요청이 예측 서비스로 전송됩니다(예: HTTP 요청. 3.5.2절 '서비스를 통한 데이터 전달' 참조). 예측 요청이 HTTP 요청을 통해 전송될 때 온라인 예측은 요청과 동기식으로 생성 되므로 동기synchronous 예측이라고도 합니다.

배치 예측은 예측이 주기적으로 혹은 트리거될 때마다 생성되는 경우입니다. 예측 결과는 SQL 테이블이나 인메모리in-memory 데이터베이스 같은 곳에 저장되고 필요에 따라 검색됩니다. 예 를 들어, 넷플릭스는 네 시간마다 모든 사용자에 대한 영화 추천을 생성하며 사용자가 넷플릭 스에 로그인할 때 사전 계산된 추천을 가져와서 표시해줍니다. 배치 예측은 요청과 비동기식으 로 생성되므로 비동기asynchronous 예측이라고도 합니다.

용어 혼란

온라인 예측과 배치 예측이라는 용어는 다소 혼란을 야기합니다. 둘 다 한 번에 여러 샘플(배치 처리)에 대해서도, 하나의 샘플에 대해서도 예측을 수행할 수 있죠. 혼란을 피하고자 사람들은 때때로 동기 예측과 비동기 예측이라는 용어를 선호합니다. 다만 온라인 예측이 실시간 전송으 로 모델에 예측 요청을 보낼 때는 요청과 예측이 기술적으로 엄밀히 말하자면 비동기식이므로 이러한 구분도 완벽하지 않습니다.

[그림 7-4]는 간단한 배치 예측 아키텍처를 나타내며 [그림 7-5]는 배치 피처만 사용하는 온 라인 예측을 나타냅니다. 배치 피처만 사용한다는 것이 어떤 의미인지 살펴봅시다.

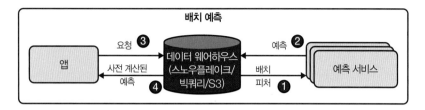

그림 7-4 간단한 배치 예측 아키텍처

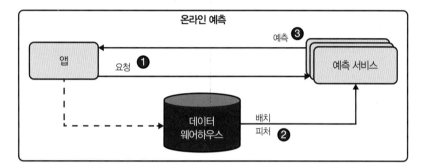

그림 7-5 배치 피처만 사용하는 간단한 온라인 예측 아키텍처

3장에서 이야기했듯 배치 피처는 데이터베이스나 데이터 웨어하우스의 데이터 같은 과거 데이터에서 계산된 피처입니다. 스트리밍 피처는 스트리밍 데이터에서 계산된 피처, 즉 실시간 전송 데이터입니다. 배치 예측에서는 배치 피처만 사용하며 온라인 예측에서는 배치 피처와 스트리밍 피처를 모두 사용할 수 있습니다. 예를 들어, 음식 배달 플랫폼 도어대시DoorDash에서 사용자가 음식을 주문했다면 배송 시간을 추정하는 데는 다음 피처가 필요합니다.

- 배치 피처: 과거 이 음식점의 평균 음식 준비 시간
- 스트리밍 피처: 지난 10분 동안 해당 건 외에 들어온 주문 건수, 가용한 배달 인력 명수

> ## 스트리밍 피처 vs. 온라인 피처
>
> 스트리밍 피처와 온라인 피처를 같은 의미로 사용하기도 하지만 사실 두 용어는 서로 다릅니다. 온라인 피처는 보다 일반적인 용어로, 온라인 예측에 사용되는 모든 피처를 의미하며 여기에는 메모리에 저장된 배치 피처도 포함됩니다.[17]
>
> 온라인 예측, 특히 세션 기반 추천에 사용되는 매우 일반적인 유형의 배치 피처는 아이템 임베딩item embedding입니다. 아이템 임베딩은 보통 배치 처리로 사전 계산해 온라인 예측에 필요할 때마다 가져옵니다. 이때 임베딩은 스트리밍 피처가 아닌 온라인 피처로 간주됩니다.
>
> 스트리밍 피처는 스트리밍 데이터에서 계산된 피처만을 의미합니다.

[그림 7-6]은 간단한 온라인 예측 아키텍처이며 스트리밍 피처와 배치 피처를 모두 사용합니다. 일부 기업은 이러한 예측을 스트리밍 피처를 사용하지 않는 온라인 예측과 구별하기 위해 스트리밍 예측이라고 부릅니다.

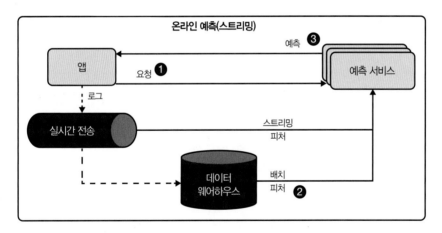

그림 7-6 배치 피처와 스트리밍 피처를 모두 사용하는 간단한 온라인 예측 아키텍처

다만 온라인 예측과 배치 예측이 상호 배타적일 필요는 없습니다. 한 가지 하이브리드 솔루션은 인기 있는 쿼리에 대한 예측을 미리 계산한 다음 덜 인기 있는 쿼리에 대한 예측을 온라인으

---

17 옮긴이_ 온라인 피처는 실시간 또는 실시간에 가까운 피처로, 특정 사건(사용자 위치, 클릭, 검색 등)이 발생할 때 생성되는 최근 데이터를 기반으로 합니다. 최근의 피처 스토어 도구는 point-in-time 조인을 위해 오프라인 피처와 온라인 피처를 모두 지원하며, 온라인 피처는 오프라인 피처와 연동해 과거 추세를 분석하거나 사건이 발생한 시점의 고객 정보를 분석하는 용도로도 많이 활용합니다.

로 생성하는 것입니다. [표 7-1]은 온라인 예측과 배치 예측에 대해 고려해야 할 핵심 사항을 요약한 표입니다.

표 7-1 배치 예측과 온라인 예측의 주요 차이점

	배치 예측 (비동기)	온라인 예측 (동기)
얼마나 자주 처리하나요?	주기적으로 처리(예: 4시간마다)	요청이 오면 바로 처리
어디에 사용하나요?	즉각적인 결과가 필요하지 않아 누적된 데이터를 처리하는 경우(예: 추천 시스템)	데이터 샘플이 생성되는 즉시 예측해야 하는 경우(예: 이상 거래 탐지)
무엇을 최적화하나요?	높은 스루풋	짧은 레이턴시

많은 애플리케이션에서 온라인 예측과 배치 예측은 서로 다른 유스 케이스에 나란히 사용됩니다. 예를 들어, 도어대시나 우버이츠UberEats 같은 음식 배달 앱은 음식점 추천을 생성할 때 배치 예측을 사용합니다. 음식점이 많으니 온라인으로 추천을 생성하려면 너무 오래 걸리겠죠. 한편 특정 음식점을 클릭하면 온라인 예측으로 음식 항목 추천이 생성됩니다.

많은 사람은 온라인 예측이 배치 예측보다 비용과 성능 면에서 비효율적이라고 생각합니다. 입력을 배치 처리하지 못하고 벡터화나 기타 최적화 기술을 활용할 수 없기 때문입니다. 하지만 3.6절 '배치 처리 vs. 스트림 처리'에서 논의했듯 이것이 반드시 맞지는 않습니다.

게다가 온라인 예측을 사용하면 사이트를 방문하지 않는 사용자에 대해 예측을 생성할 필요가 없습니다. 예를 들어, 어떤 앱에 매일 사용자의 2%만이 로그인한다고 생각해봅시다. 2020년 그럽허브Grubhub 사용자는 3,100만 명이었고 일일 주문은 62만 2,000건이었습니다.[18] 매일 모든 사용자에 대한 예측을 생성하면 그중 98%를 생성하는 데 사용된 연산은 낭비인 셈이죠.

7.2.1 배치 예측에서 온라인 예측으로

학계에서 ML을 접하는 분들이라면 아마도 온라인 예측이 보다 자연스러울 겁니다. 모델에 입력을 제공하면 곧바로 예측이 생성되죠. 이러한 방식은 대부분의 사람이 프로토타입을 만드는

---

18 Curry, D. (2022, September 6). *Grubhub revenue and usage statistics (2022)*. Business of Apps. https://oreil.ly/jX43M
Statista Research Department. (2022, April 21). *Average number of Grubhub orders per day worldwide from 2011 to 2020*. Statista. https://oreil.ly/Tu9fm

동안 모델과 상호 작용하는 데 사용하며, 처음 모델을 배포하는 회사에서도 수행하기 보다 쉽습니다. 모델을 내보내고 아마존 세이지메이커^{Amazon SageMaker}나 구글 앱 엔진^{Google App Engine}에 업로드한 다음 노출된 엔드포인트를 반환합니다.[19] 그리고 해당 엔드포인트에 입력이 포함된 요청을 보내면 엔드포인트에서 생성된 예측이 다시 전송됩니다.

다만 온라인 예측은 모델이 예측을 생성하는 데 너무 오래 걸릴 수 있다는 문제가 있습니다. 요청이 도착하는 즉시 예측을 생성하는 대신, 예측을 미리 계산해 데이터베이스에 저장하고 요청이 도착할 때 가져오면 어떨까요? 이것이 바로 배치 예측이 하는 일입니다. 이 방법을 사용하면 분산 기술로 대량의 샘플을 효율적으로 처리함으로써 여러 입력에 대한 예측을 한 번에 생성할 수 있습니다.

예측이 미리 계산되므로 모델이 예측을 생성하는 데 얼마나 오래 걸릴지 걱정할 필요가 없습니다. 따라서 배치 예측은 복잡한 모델의 추론 레이턴시를 줄이기 위한 트릭으로 볼 수도 있습니다. 예측을 검색하는 데 걸리는 시간은 일반적으로 예측을 생성하는 데 걸리는 시간보다 짧기 때문입니다.

배치 예측은 예측을 많이 생성하되 결과가 즉시 필요하지 않을 때 유용합니다. 생성된 예측을 모두 사용할 필요는 없습니다. 예를 들어, 전체 고객 대상으로 신제품을 구매할 가능성을 예측해서, 그중 가능성이 높은 상위 10%에게만 추천을 보낼 수도 있습니다.

다만 배치 예측은 모델이 사용자의 선호도 변화에 덜 민감하다는 문제가 있습니다. 이러한 한계는 넷플릭스처럼 기술적으로 진보한 회사에서도 나타나죠. 어떤 사용자가 최근에 공포 영화를 많이 봐서 넷플릭스에 로그인하면 공포 영화 위주로 추천을 받는다고 가정해봅시다. 하지만 어느 날은 기분이 좋아서 '코미디'를 검색해 코미디 영화를 찾기 시작합니다. 그렇다면 넷플릭스는 코미디 영화를 추천 목록에 더 많이 보여줘야 하지 않을까요? 이 책을 쓰는 시점에는 다음 추천 배치가 생성될 때까지 목록이 업데이트되지 않지만, 분명 이 한계는 가까운 시일 내에 해결될 겁니다.

배치 예측의 또 다른 문제는 예측을 생성할 요청을 미리 알아야 한다는 점입니다. 사용자에게 영화를 추천하는 경우에는 몇 명을 대상으로 추천할지 미리 알 수 있습니다.[20] 그러나 예측할

---

19 엔드포인트는 사용자가 요청(입력 데이터)을 보내고 ML 모델의 추론 결괏값을 수신하는 인터페이스(예: HTTPS)를 제공하는 엔트리포인트 URL입니다.

20 신규 사용자에게는 일반적인 추천 항목을 제공할 수 있습니다.

수 없는 쿼리가 있는 경우, 예컨대 영어를 프랑스어로 번역하는 시스템에서 이 세상에 존재하는 모든 영어 텍스트를 미리 번역해놓기는 불가능할 텐데, 이런 경우라면 온라인 예측으로 요청이 도착할 때 예측을 생성해야 합니다.

넷플릭스 예시에서 배치 예측은 심각한 장애를 유발하지는 않습니다. 약간의 불편함(사용자 참여 및 리텐션과 밀접)을 유발할 뿐이죠. 하지만 배치 예측으로 인해 심각한 장애가 발생하거나 작동하지 않는 애플리케이션도 많습니다. 온라인 예측이 필수인 예로는 고빈도 매매high-frequency trading, 자율 주행 자동차, 음성 비서, 얼굴이나 지문을 사용한 휴대 전화 잠금 해제, 노인 낙상 감지, 이상 거래 탐지 등이 있습니다. 물론 이상 거래가 발생하고 3시간 뒤에 탐지하는 것이 아예 탐지하지 않는 것보다 낫지만 실시간으로 탐지하면 이상 거래 진행을 막을 수 있습니다.

배치 예측은 온라인 예측이 충분히 저렴하지 않거나 충분히 빠르지 않을 때 유용합니다. 비용과 속도는 동일하면서 필요에 따라 예측을 생성할 수 있다면, 굳이 예측을 백만 개씩 미리 생성하면서 저장과 검색에 공들일 필요가 없겠죠.

더 맞춤화되고 강력한 하드웨어가 등장하고 기술이 발전함에 따라 더 빠르고 저렴한 온라인 예측이 가능해지면서 온라인 예측이 기본이 됐습니다.

최근 몇 년 동안 기업들은 배치 예측에서 온라인 예측으로 전환하기 위해 상당한 투자를 했습니다. 온라인 예측의 레이턴시 난제를 극복하려면 두 가지 구성 요소가 필요합니다.

- (거의) 실시간 파이프라인. 수신 데이터로 작업하고, 필요에 따라 스트리밍 피처를 추출하고, 모델에 입력하고, 거의 실시간으로 예측을 반환합니다. 실시간 전송과 스트림 계산 엔진이 있는 스트리밍 파이프라인이 도움이 됩니다.
- 최종 사용자가 만족할 만한 속도로 예측을 생성하는 모델. 대부분의 소비자 앱에서 밀리초 수준을 의미합니다.

3장에서는 스트림 처리를 알아봤습니다. 이어지는 절에서는 스트림 파이프라인과 배치 파이프라인의 통합을 논의하고 7.4.1절 '에지 디바이스용 모델 컴파일 및 최적화'의 '모델 최적화'에서는 추론 속도를 높이는 방법을 알아봅니다.

7.2.2 배치 파이프라인과 스트리밍 파이프라인의 통합

배치 예측은 대부분 레거시 시스템의 산물입니다. 지난 10년 동안 빅데이터 프로세싱은 맵리듀스나 스파크 같은 배치 시스템으로 대량의 데이터를 매우 효율적이고 주기적으로 처리했습니다. 따라서 기업들은 ML을 시작할 때 기존 배치 시스템을 활용해 예측을 수행했죠. 이러한 기업에서 온라인 예측에 스트리밍 기능을 사용하려면 별도의 스트리밍 파이프라인을 구축해야 합니다. 구체적인 예를 봅시다.

구글 지도 같은 애플리케이션을 위해 도착 시간을 예측하는 모델을 구축한다고 가정해봅시다. 예측은 사용자의 여정이 진행됨에 따라 계속 업데이트됩니다. 사용할 피처는 지난 5분 동안 해당 경로에서 이동 중인 모든 차량의 평균 속도입니다. 훈련에는 지난 달의 데이터를 사용합니다. 훈련 데이터에서 이 피처를 추출하려면 모든 데이터를 데이터프레임에 넣어 동시에 여러 훈련 샘플에 대해 이 피처를 계산합니다. 추론하는 동안 피처는 슬라이딩 윈도에서 계속 계산됩니다. 즉, 훈련에서 피처가 배치 계산되는 반면 추론 중에는 스트리밍 프로세스에서 계산됨을 의미합니다.

두 가지 파이프라인으로 데이터를 처리하는 것은 ML 프로덕션에서 버그가 생기는 원인이 됩니다. 한 가지 원인은 한 파이프라인의 변경 사항이 다른 파이프라인에 제대로 복제되지 않아 두 파이프라인에서 서로 다른 피처 집합 두 개가 추출되는 경우입니다. 이는 특히 서로 다른 팀에서 각 파이프라인을 유지보수하는 경우에 흔히 나타납니다. 예를 들어, [그림 7-7]과 같이 배포 팀이 추론을 위해 스트림 파이프라인을 유지보수하는 동안 ML 팀이 훈련을 위해 배치 파이프라인을 유지보수합니다.

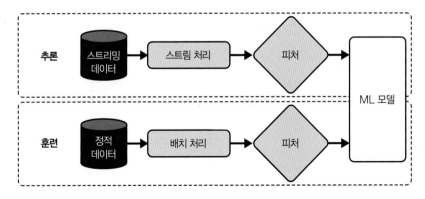

그림 7-7 훈련과 추론에 서로 다른 파이프라인이 있는 것은 ML 프로덕션에서 버그가 발생하는 일반적인 원인입니다.

[그림 7-8]은 온라인 예측을 수행하는 ML 시스템 데이터 파이프라인의 기능을 더 상세하고 복잡하게 나타낸 그림입니다. '연구' 박스 안에 있는 요소는 학계에서 자주 접하는 것들입니다.

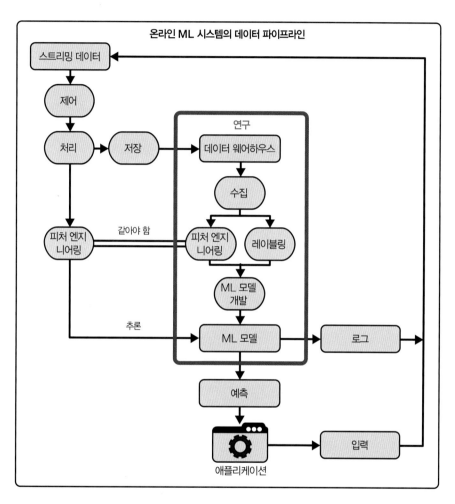

그림 7-8 온라인 예측을 수행하는 ML 시스템 데이터 파이프라인

스트림 처리와 배치 처리를 통합하기 위한 인프라 구축은 최근 ML 커뮤니티에서 인기 있는 주제가 됐습니다. 우버, 웨이보 등은 아파치 플링크 같은 스트림 프로세서로 배치 처리 및 스트림 처리 파이프라인을 통합하기 위해 주요 인프라를 정비했습니다.[21] 일부 기업은 피처 스토어를

----
21 Hueske, F., & Chen, S. (2018, June 19). *Streaming SQL to Unify Batch & Stream Processing W/ Apache Flink @*

사용해 훈련에 사용되는 배치 피처와 예측에 사용되는 스트리밍 피처 간의 일관성을 보장합니다. 피처 스토어는 10장에서 논의합니다.

7.3 모델 압축

지금까지 ML 시스템이 수신 데이터에서 스트리밍 피처를 추출하고 (거의) 실시간으로 ML 모델에 입력하도록 하는 스트리밍 파이프라인을 알아봤습니다. 하지만 실시간에 가까운 파이프라인만으로는 온라인 예측에 충분하지 않습니다. 이 절에서는 ML 모델의 빠른 추론을 위한 기술을 살펴봅니다.

배포할 모델이 예측을 생성하는 데 너무 오래 걸릴 때 추론 레이턴시를 줄이기 위한 세 가지 주요 접근 방식이 있습니다. 추론을 더 빠르게 하거나, 모델을 더 작게 만들거나, 배포된 하드웨어가 더 빠르게 실행하도록 하는 것이죠.

모델을 작게 만드는 과정을 모델 압축이라고 하며 추론을 더 빠르게 하는 과정을 추론 최적화라고 합니다. 모델 압축의 본래 의도는 모델을 에지 디바이스에 적합하게 만드는 것이지만 모델이 작아지면 종종 더 빠르게 실행됩니다.

추론 최적화는 7.4.1절 '에지 디바이스용 모델 컴파일 및 최적화'의 '모델 최적화'에서, ML 모델을 더 빠르게 실행하기 위해 개발되고 있는 하드웨어 백엔드 환경은 7.4절 '클라우드 및 에지에서의 ML'에서 논의합니다. 이 절에서는 모델 압축을 알아봅시다.

모델 압축에 대한 논문이 증가하고 기성off-the-shelf 유틸리티가 급증하고 있습니다. 2022년 4월 기준, 어썸 오픈 소스Awesome Open Source에는 '모델 압축 오픈 소스 프로젝트 상위 168개' 목록이 있는데, 이 목록은 계속 늘어나고 있습니다. 수많은 신규 기술이 개발되는 가운데 가장 자주 접할 수 있는 네 가지 유형은 저차원 인수분해, 지식 증류, 가지치기, 양자화입니다. 종합적인 검토 내용이 궁금하다면 2020년에 업데이트된 논문 「Survey of Model Compression and Acceleration for Deep Neural Networks」를 참조하기 바랍니다. [22]

....

uber. InfoQ. https://oreil.ly/XoaNu
Flink Forward. (2020). *Machine learning with Flink in weibo – Qian Yu* [Video].

22 Cheng, Y., Wang, D., Zhou, P., & Zhang, T. (2020, June 14). A survey of model compression and acceleration for Deep Neural Networks. *arXiv*. https://oreil.ly/1eMho

7.3.1 저차원 인수분해

저차원 인수분해low-rank factorization의 핵심 아이디어는 고차원 텐서를 저차원 텐서로 대체하는 것입니다.[23] 한 가지 유형은 소형 합성곱 필터compact convolutional filter로, 매개변수 개수를 줄이고 속도를 높이기 위해 과도하게 매개변수화된(매개변수가 너무 많은) 합성곱 필터를 소형 블록으로 대체합니다.

예를 들어, 스퀴즈넷SqueezeNet은 3×3 합성곱을 1×1 합성곱으로 대체하는 등 여러 전략을 사용해 50배 적은 매개변수로 이미지넷에서 알렉스넷 수준의 정확도를 달성합니다.[24]

마찬가지로 모바일넷MobileNet은 크기 $K \times K \times C$인 표준 합성곱을 깊이별 합성곱depthwise convolution과 점별 합성곱pointwise convolution $(1 \times 1 \times C)$으로 분해합니다. 이때 K는 커널 크기이고 C는 채널 개수입니다. 이는 각각의 새로운 합성곱이 매개변수를 K^2C개가 아니라 $K^2 + C$개만 사용함을 의미합니다. $K = 3$이면 매개변수 개수가 8~9배 감소합니다(그림 7-9).[25]

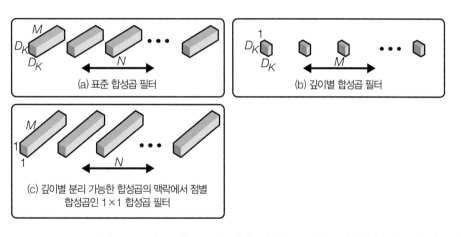

그림 7-9 모바일넷의 소형 합성곱 필터. 표준 합성곱 필터(a)는 깊이별 합성곱 필터(b)와 점별 합성곱 필터(c)로 대체돼 깊이별 분리 가능한depthwise separable 필터를 구축합니다(출처: 하워드 등이 작성한 논문의 이미지를 각색함).

23 Jaderberg, M., Vedaldi, A., & Zisserman, A. (2014, May 15). Speeding up convolutional neural networks with low rank expansions. *arXiv*. https://oreil.ly/4Vf4s

24 Iandola, F. N., Han, S., Moskewicz, M. W., Ashraf, K., Dally, W. J., & Keutzer, K. (2016, November 4). Squeezenet: Alexnet-level accuracy with 50x fewer parameters and <0.5MB model size. *arXiv*. https://oreil.ly/xs3mi

25 Howard, A. G., Zhu, M., Chen, B., Kalenichenko, D., Wang, W., Weyand, T., Andreetto, M., & Adam, H. (2017, April 17). MobileNets: Efficient convolutional neural networks for Mobile Vision Applications. *arXiv*. https://oreil.ly/T84fD

이 방법은 표준 모델에 비해 작은 모델을 빠른 속도로 개발하는 데 사용되고 있습니다. 다만 특정 모델 유형에만 적용되는 경향이 있고(예: 소형 합성곱 필터는 합성곱 신경망에만 적용) 모델을 설계하는 데 많은 아키텍처 지식이 필요해 아직 널리 적용되지 않습니다.

7.3.2 지식 증류

지식 증류knowledge distillation는 작은 모델(학생)이 더 큰 모델이나 모델의 앙상블(교사)을 모방하도록 훈련하는 방법으로, 배포할 대상은 더 작은 모델(학생)입니다. 학생이 사전 훈련된 교사를 따라 훈련하는 경우가 많지만 둘이 동시에 훈련할 수도 있습니다.[26] 프로덕션에 사용되는 증류 네트워크로 DistilBERT가 있으며, 이는 BERT 모델보다 매개변수는 40% 적으면서 언어 이해 능력Natural Language Understanding(NLU)은 97% 성능을 유지하고 60% 더 빠릅니다.[27]

이 접근 방식의 장점은 교사와 학생 네트워크 간에 아키텍처가 달라도 관계없이 작동한다는 점입니다. 예를 들어, 학생 모델로 랜덤 포레스트를, 교사 모델로 트랜스포머를 훈련할 수 있죠. 반면에 단점은 교사 네트워크의 가용성에 크게 의존한다는 점입니다. 사전 훈련된 모델을 교사 모델로 사용한다면 학생 네트워크를 훈련하는 데 필요한 데이터가 적고 훈련이 더 빠릅니다. 반면에 사용 가능한 교사 모델이 없다면 학생 네트워크를 훈련하기 전에 교사 네트워크를 훈련해야 하는데, 교사 네트워크를 훈련하는 데는 더 많은 데이터가 필요하고 훈련이 더 오래 걸립니다. 게다가 애플리케이션과 모델 아키텍처에도 민감해 프로덕션에서 널리 사용되지 않습니다.

7.3.3 가지치기

가지치기pruning는 원래 중요하지 않은 트리 섹션을 제거하는 의사 결정 트리에 사용된 방법으로,[28] 분류 작업에 중요하지 않거나 중복된 트리 부분을 제거합니다. 그런데 신경망이 널리 채택됨에 따라 사람들은 신경망에 매개변수가 과도하게 많음을 깨닫고 이에 따른 워크로드를 줄일 방법을 찾기 시작했죠.

---

26 Hinton, G., Vinyals, O., & Dean, J. (2015, March 9). Distilling the knowledge in a neural network. *arXiv*. https://oreil.ly/OJEPW

27 Sanh, V., Debut, L., Chaumond, J., & Wolf, T. (2020, March 1). Distilbert, a distilled version of Bert: Smaller, faster, cheaper and lighter. *arXiv*. https://oreil.ly/mQWBv

28 '가지치기'라는 이름이 붙은 이유입니다.

신경망 맥락에서 가지치기에는 두 가지 의미가 있습니다. 먼저, 신경망 전체 노드를 제거함으로써 아키텍처를 변경하고 매개변수를 줄임을 의미합니다. 보다 일반적으로는 예측에 가장 덜 유용한 매개변수를 찾아 0으로 설정함을 의미합니다. 이때는 총 매개변수 개수를 줄이는 것이 아니라 0이 아닌 매개변수 개수만 줄입니다. 즉, 신경망의 아키텍처는 그대로 유지됩니다. 가지치기를 하면 신경망이 더 희소해지며 희소 아키텍처는 밀집 구조보다 저장 공간이 덜 필요한 경향이 있으므로 모델 크기를 줄이는 데 도움이 됩니다. 실험에 따르면 가지치기 기술은 훈련된 네트워크에서 0이 아닌 매개변수를 90% 이상 줄여, 전체 정확도를 손상하지 않으면서 스토리지 요구 사항을 줄이고 추론 계산 성능을 개선합니다.[29] 11장에서는 가지치기로 인해 모델에 편향이 생기는 과정을 알아봅니다.

가지치기가 효과가 있다는 데는 공감대가 형성돼 있지만[30] 실제 가치에 대해서는 많은 논의가 오가고 있습니다. 논문 「Rethinking the value of network pruning」[31]에서는 가지치기의 주요 가치는 상속된 '중요한 가중치'가 아니라 가지치기된 아키텍처 자체에 있다고 주장했습니다. 어떤 경우에는 가지치기가 아키텍처 검색 패러다임으로 유용하며 가지치기된 아키텍처는 밀집 모델dense model로서 처음부터 재훈련해야 합니다. 반면에 논문 「To prune, or not to prune: Exploring the efficacy of pruning for model compression」[32]에서는 가지치기 후의 큰 희소 모델이 재훈련된 밀집 모델보다 성능이 우수함을 보여줬습니다.

7.3.4 양자화

양자화quantization는 가장 일반적이며 흔히 사용되는 모델 압축 방법으로, 수행하기 간단하며 여러 작업과 아키텍처에서 사용됩니다.

양자화는 매개변수를 나타내는 데 더 적은 비트를 사용함으로써 모델 크기를 줄입니다. 기본적으로 대부분의 소프트웨어 패키지는 32비트로 부동 소수점 수를 표시하며, 이를 단정밀도single

29 Frankle, J., & Carbin, M. (2018, September 28). The Lottery Ticket Hypothesis: Finding Sparse, Trainable Neural Networks. *ICLR 2019*. https://oreil.ly/ychdl

30 Blalock, D., Ortiz, J. J. G., Frankle, J., & Guttag, J. (2020, March 6). What is the State of neural network pruning? *arXiv*. https://oreil.ly/VQsC3

31 Liu, Z., Sun, M., Zhou, T., Huang, G., & Darrell, T. (2019, March 5). Rethinking the value of network pruning. *arXiv*. https://oreil.ly/mB4lZ

32 Zhu, M., & Gupta, S. (2017, November 13). To prune, or not to prune: Exploring the efficacy of pruning for model compression. *arXiv*. https://oreil.ly/KBRjy

precision 부동 소수점(FP32)이라고 합니다. 모델 매개변수가 1억 개이고 각각을 32비트로 저장한다면 400메가바이트를 점유하게 됩니다. 이때 16비트로 나타내면 메모리 공간을 절반으로 줄일 수 있습니다. 16비트로 부동 소수점을 나타내는 것을 반정밀도half precision(FP16)라고 합니다.

부동 소수점을 사용하는 대신 모델을 정수로만 구성할 수도 있습니다. 각 정수를 나타내는 데는 8비트만 사용합니다. 이 방법은 '고정 소수점fixed point'이라고도 합니다. 극단적인 사례로 BinaryConnect와 XNOR-Net은 각 가중치(이진 가중치 신경망)의 1비트 표현을 시도했습니다.[33] XNOR-Net 논문 저자들은 모델 압축에 주력하는 스타트업 Xnor.ai를 분사했으며, 이는 2020년 초 애플에 2억 달러에 인수됐습니다.[34]

양자화는 메모리 풋프린트memory footprint를 줄일 뿐 아니라 계산 속도도 향상합니다. 첫째, 배치 크기를 늘릴 수 있습니다. 둘째, 정밀도가 낮을수록 계산 속도가 빨라져 훈련 시간과 추론 레이턴시가 더욱 단축됩니다. 두 숫자의 덧셈을 예로 들어봅시다. 비트 단위로 덧셈을 수행하고 각각 나노초가 걸린다면 32비트 숫자는 32나노초, 16비트 숫자는 16나노초가 걸립니다.

양자화에는 단점이 있습니다. 숫자를 나타내는 비트 수를 줄이면 나타낼 수 있는 값의 범위 또한 줄어듭니다. 범위를 벗어난 값은 반올림하거나 범위 내로 스케일링해야 합니다. 숫자를 반올림하면 반올림 오차가 발생하는데, 작은 반올림 오차가 성능을 크게 변화시킬 수 있습니다. 그뿐 아니라 숫자를 언더플로 혹은 오버플로로 반올림 혹은 스케일링해 0으로 만들 위험이 있습니다. 효율적인 반올림 및 스케일링을 저수준에서 구현하는 것이 중요하며, 다행히 주요 프레임워크에 이 기능이 내장돼 있습니다.

양자화는 훈련 과정(양자화를 고려한 훈련quantization aware training[35]) 혹은 사후 훈련post-training에서 수행할 수 있습니다. 훈련 과정에서 양자화할 때는 모델을 낮은 정밀도로 훈련하며, 사후 훈련 과정에서 양자화할 때는 FP32로 훈련된 모델을 추론을 위해 양자화합니다. 훈련 중 양자화

---

33 Courbariaux, M., Bengio, Y., & David, J.-P. (2016, April 18). BinaryConnect: Training deep neural networks with binary weights during propagations. *arXiv*. https://oreil.ly/Fwp2G
Rastegari, M., Ordonez, V., Redmon, J., & Farhadi, A. (2016, August 2). XNOR-net: ImageNet classification using binary convolutional Neural Networks. *arXiv*. https://oreil.ly/gr3Ay

34 Boyle, A., Soper, T., & Bishop, T. (2020, January 29). *Exclusive: Apple acquires Xnor.ai, edge ai spin-out from Paul Allen's AI2, for Price in $200m range*. GeekWire. https://oreil.ly/HgaxC

35 2020년 10월부터 텐서플로 양자화 인식 훈련은 실제로 더 낮은 비트의 가중치로 모델을 훈련하지 않지만, 훈련 후 양자화에 사용할 통계치를 수집합니다.

를 사용하면 각 매개변수에 더 적은 메모리를 사용하므로 동일한 하드웨어에서 더 큰 모델을 훈련할 수 있습니다.

최근에는 대부분의 최신 훈련 하드웨어의 지원으로 저정밀도 훈련이 점점 인기를 끌고 있습니다. 엔비디아는 혼합 정밀도 훈련을 지원하는 처리 장치인 텐서 코어$^{Tensor\ Core}$를 도입했습니다.[36] 구글 TPU$^{Tensor\ Processing\ Units}$는 '클라우드 TPU 고성능의 비결'이라고 칭한 Bfloat16^{16-bit} $^{Brain\ Floating\ Point\ Format}$을 사용한 훈련을 지원합니다.[37] 고정 소수점 훈련은 아직 아직 대중적이지는 않지만 매우 좋은 성과를 거두고 있습니다.[38]

고정 소수점 추론은 업계 표준이 됐습니다. 일부 에지 디바이스는 고정 소수점 추론만 지원합니다. 온디바이스 ML 추론에 인기 있는 프레임워크인 구글 텐서플로 라이트$^{TensorFlow\ Lite}$, 페이스북 파이토치 모바일$^{PyTorch\ Mobile}$, 엔비디아 텐서RT^{TensorRT}는 몇 줄의 코드로 사후 훈련 양자화를 무료로 제공합니다.

사례 연구

로블록스^{Roblox}의 흥미로운 사례 연구는 프로덕션에서 모델을 최적화하는 방법을 이해하는 데 도움이됩니다. 연구에서는 CPU에서 요청을 매일 10억 개 이상 처리하도록 BERT를 스케일링했습니다.[39] 로블록스의 많은 NLP 서비스는 [그림 7-10]과 같이 20밀리초 미만 레이턴시로 초당 2만 5,000건 이상 추론을 처리해야 했습니다. 서비스들은 고정 길이 입력값$^{fixed\ shape\ input}$을 지원하는 대형 BERT 모델을 베이스라인으로 시작했습니다(1번 시나리오). 이후 BERT 모델을

---

36 필자가 작성한 블로그 글을 참조하기 바랍니다.
Huyen, C., Gadde, R., Noroozi, V., Li, J., Lavrukhin, V., Ginsburg, B., Kuchaiev, O., & Gitman, I. (2022, October 2018). *Mixed precision training for NLP and speech recognition with openseq2seq.* NVIDIA Technical Blog. https://oreil. ly/WDT1I

37 Wang, S., & Kanwar, P. (2019, August 23). *BFLOAT16: The secret to high performance on cloud tpus.* Google Cloud Blog. https://oreil.ly/ZG5p0

38 Hubara, I., Courbariaux, M., Soudry, D., El-Yaniv, R., & Bengio, Y. (2016, September 22). Quantized neural networks: Training neural networks with low precision weights and Activations. *arXiv.* https://arxiv.org/ abs/1609.07061
Jacob, B., Kligys, S., Chen, B., Zhu, M., Tang, M., Howard, A., Adam, H., & Kalenichenko, D. (2017, December 15). Quantization and training of neural networks for efficient integer-arithmetic-only inference. *arXiv.* https://oreil.ly/ sUuMT

39 Le, Q. N., & Kaehler, K. (2020, August 28). *How we scaled Bert to serve 1+ billion daily requests on cpus.* Medium. https://medium.com/@quocnle/how-we-scaled-bert-to-serve-1-billion-daily-requests-on-cpus- d99be090db26

DistilBERT로 대체하고(2번 시나리오) 고정 형상 입력값을 동적 길이 입력값dynamic shape input 으로 대체하고(3번 시나리오) 마지막에는 양자화를 수행했습니다(4번 시나리오).

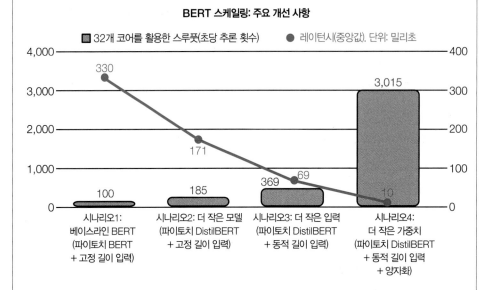

그림 7-10 다양한 모델 압축 방식으로 레이턴시 개선하기(출처: 레 등이 작성한 논문의 이미지를 각색함)

성능은 양자화에서 가장 크게 향상됐습니다. 32비트 부동 소수점 수를 8비트 정수로 변환하면 레이턴시가 7배 감소하고 스루풋이 8배 증가합니다.

이러한 기법들은 레이턴시를 개선할 가능성이 매우 높습니다. 다만 각 시나리오에서 성능 향상 후 결괏값의 품질 변화에 대한 언급이 없다는 점을 감안하기 바랍니다.

7.4 클라우드와 에지에서의 머신러닝

모델 계산을 클라우드와 에지 중 어디에서 수행할지도 고려해야 합니다. 클라우드에서 계산을 수행함은 클라우드(퍼블릭 클라우드든 프라이빗 클라우드든)에서 많은 계산이 수행됨을 의미합니다. 에지에서 계산을 수행함은 소비자 디바이스(에지 디바이스라고도 함), 예컨대 브라우저, 휴대 전화, 노트북, 스마트워치, 자동차, 보안 카메라, 로봇, 임베디드 장치, FPGA^Field Programmable Gate Array 및 ASIC^Application-Specific Integrated Circuit에서 많은 계산이 수행됨을 의미합니다.

가장 쉬운 방법은 AWS나 GCP 같은 관리형 클라우드 서비스로 모델을 패키징하고 배포하는 것입니다. 많은 기업이 ML을 시작할 때 클라우드 서비스로 배포합니다. 클라우드 서비스들은 기업이 ML 모델을 프로덕션에 쉽게 배포하도록 해주죠.

다만 클라우드 배포에는 단점도 많습니다. 첫째는 비용입니다. ML 모델은 많은 연산을 필요로 하므로 비용이 많이 듭니다. 2018년에 이미 핀터레스트, 인포어^Infor, 인튜잇^Intuit을 비롯한 대기업은 클라우드 비용으로 매년 수억 달러를 지출하고 있었습니다.[40] 중소기업은 매년 5만 달러에서 200만 달러를 지출하며[41] 스타트업이라면 클라우드 서비스를 잘못 다뤘다가 파산까지 갈 수 있습니다.[42]

클라우드 비용이 증가함에 따라 점점 더 많은 기업이 에지 디바이스에서 컴퓨팅을 수행할 방법을 찾고 있습니다. 계산을 에지에서 많이 수행할수록 클라우드 컴퓨팅이 덜 필요해 서버 비용이 적게 들기 때문이죠.

에지 컴퓨팅은 비용 측면 외에도 많은 특장점이 있습니다. 첫째는 클라우드 컴퓨팅이 불가능한 곳에서 애플리케이션을 실행한다는 점입니다. 모델이 퍼블릭 클라우드에 있다면 데이터와 클라우드 간 데이터 전송에 안정적인 인터넷 연결이 필요하지만, 에지 컴퓨팅을 사용하면 시골이나 개발 도상국처럼 인터넷 연결이 없거나 불안정한 상황에도 모델이 작동합니다. 필자는 엄격한 인터넷 금지 정책을 시행하는 여러 기업 및 조직과 협업한 경험이 있는데, 이러한 정책은 어떤 애플리케이션이든 인터넷 연결에 의존해서는 안 된다는 의미입니다.

둘째, 모델이 이미 소비자의 디바이스에 있으면 네트워크 레이턴시에 대한 우려가 줄어듭니다. 네트워크를 통해 데이터를 전송해야 하는 경우(클라우드에 있는 모델에 입력 데이터를 전

---

40 Efrati, A., & McLaughlin, K. (2019, February 25). *As AWS use soars, companies surprised by Cloud Bills*. The Information. https://oreil.ly/H9ans
Bauer, M. (2020). *How much does Netflix pay Amazon Web Services each month?* Quora. https://oreil.ly/HtrBk

41 *2021 State Of Cloud Costs Survey*. Anodot. (n.d.). https://oreil.ly/5ZlJK

42 *Burnt $72K testing firebase and Cloud Run and almost went bankrupt: Hacker News*. Hackernews. (2020, December 10). https://oreil.ly/vsHHC
How to burn the most money with a single click in azure: Hacker news. Hackernews. (2020, March 29). https://oreil.ly/QvCiI
10.1.1절 '퍼블릭 클라우드 vs. 프라이빗 데이터 센터'에서는 기업이 높은 클라우드 요금에 어떻게 대응하는지 자세히 논의합니다.

송해 예측을 수행하고 사용자에게 예측 결괏값 전송), 일부 유스 케이스가 불가능해집니다. 많은 사례에서 네트워크 레이턴시가 추론 레이턴시보다 더 큰 병목입니다. 예를 들어, 레스넷-50$^{ResNet-50}$의 추론 레이턴시를 30밀리초에서 20밀리초로 줄일 수 있지만, 네트워크 레이턴시는 사용자 위치와 서비스에 따라 최대 몇 초까지 증가할 수 있습니다.

에지에 모델을 배치하는 것은 민감한 사용자 데이터를 처리할 때도 매력적입니다. ML 모델이 클라우드에 있으면 시스템이 네트워크를 통해 사용자 데이터를 보내야 하므로 보안에 취약합니다. 클라우드 컴퓨팅을 사용하면 종종 많은 사용자 데이터를 동일한 장소에 저장하게 되며, 따라서 클라우드 데이터 침해는 많은 사람에게 영향을 미칠 수 있습니다. 시큐리티 매거진$^{Security\ Magazine}$에서는 "지난 18개월 동안 기업의 거의 80%가 클라우드 데이터 침해를 경험했습니다."[43]라고 썼습니다.

에지 컴퓨팅은 개인정보보호법$^{General\ Data\ Protection\ Regulation}$(GDPR)과 같은 사용자 데이터 전송 또는 저장 방법에 대한 규정을 준수하기 용이합니다. 다만 에지 컴퓨팅이 개인 정보 보호 문제를 경감하기는 해도 완전히 제거되지는 않습니다. 경우에 따라 공격자가 사용자 데이터를 훔치기 더 쉬울 때도 있습니다. 예컨대 디바이스를 그냥 가져가버릴 수 있죠.

모델 계산을 에지로 이동하려면 에지 디바이스가 계산을 처리할 수 있을 만큼 강력해야 하고, ML 모델을 저장하고 메모리에 올리기에 충분한 메모리가 있어야 하며, 배터리가 충분하거나 적절한 시간 동안 애플리케이션에 전원을 공급할 수 있는 에너지원에 연결돼야 합니다. BERT를 예로 들면, 휴대 전화에서 전체 크기의 BERT를 실행하면 배터리가 매우 빨리 소모됩니다.

이렇듯 에지 컴퓨팅이 클라우드 컴퓨팅에 비해 많은 이점을 지니므로 기업들은 앞다퉈 다양한 ML 유스 케이스에 최적화된 에지 디바이스를 개발하고 있습니다. 구글, 애플, 테슬라를 비롯한 기존 업체들은 모두 자체 칩을 만들 계획을 발표했습니다. 한편 ML 하드웨어 스타트업들은 더 나은 AI 칩을 개발하기 위해 수십억 달러를 투자받았습니다.[44] 2025년까지 전 세계적으로 활성화된 에지 디바이스가 300억 개를 넘을 것으로 예상됩니다.[45]

---

43 *Nearly 80% of companies experienced a cloud data breach in past 18 months.* Security Magazine RSS. (2020, June 5). https://oreil.ly/gA1am

44 스탠퍼드 강의 'CS 329S: 머신러닝 시스템 설계' #8 Deployment-Prediction(2022)의 53번째 슬라이드를 참조하기 바랍니다 (*https://oreil.ly/cXTou*).

45 *Internet of Things (IoT) and non-IoT active device connections worldwide from 2010 to 2025.* Statista. (2020, November). https://oreil.ly/BChLN

ML 모델을 실행할 하드웨어는 종류가 매우 많습니다. 그렇다면 임의의 하드웨어에서 모델을 효율적으로 실행하려면 어떻게 해야 할까요? 이어지는 절에서 모델을 특정 하드웨어 백엔드에서 실행하기 위해 컴파일하고 최적화하는 방법을 알아봅니다. 이 과정에서 중간 표현Intermediate Representation(IR)과 컴파일러를 비롯해 에지에서 모델을 처리할 때 접하는 중요한 개념을 소개합니다.[46]

7.4.1 에지 디바이스용 모델 컴파일 및 최적화

특정 프레임워크, 예컨대 텐서플로나 파이토치로 빌드한 모델이 하드웨어 백엔드에서 실행되려면 하드웨어 공급업체에서 해당 프레임워크를 지원해야 합니다. 한 가지 예로, TPU는 2018년 2월에 공개됐지만 파이토치는 2020년 9월에야 TPU를 지원하기 시작했습니다. 그 전에는 TPU를 사용하려면 TPU가 지원하는 프레임워크를 사용해야 했죠.

하드웨어 백엔드에서 프레임워크에 대한 지원을 제공하는 것은 엔지어니어링 노력이 많이 들기에 시간이 걸립니다. ML 워크로드에서 하드웨어 백엔드로 매핑하려면 해당 하드웨어의 설계를 이해하고 활용할 줄 알아야 하는데, 하드웨어 백엔드에 따라 메모리 레이아웃과 계산 기본 단위가 다릅니다(그림 7-11).

---

46 옮긴이_ AWS의 완전 관리형 모델 컴파일 서비스인 아마존 세이지메이커 네오(Amazon SageMaker Neo)(*https://aws.amazon.com/ko/sagemaker/neo*)는 간단한 API 호출로 별도의 인프라 설정이나 과금 없이 타깃 디바이스(에지 디바이스, 클라우드 인스턴스)에 적합한 모델을 컴파일합니다. 계산 그래프(computational graph) 제너레이터에서는 머신러닝 플랫폼(텐서플로, 텐서플로 라이트, 파이토치, MXNet, ONNX, XGBoost)에서 훈련된 모델을 로드한 후 다양한 그래프 최적화 기법을 적용해 최적화된 계산 그래프를 생성합니다. 그리고 IR을 통해 타깃 디바이스의 OS와 하드웨어 플랫폼에 맞게 딥러닝 런타임에서 모델을 실행 가능한 형태로 자동으로 변환합니다.

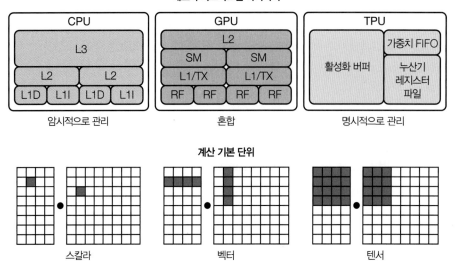

그림 7-11 CPU, GPU, TPU에 따른 다양한 계산 기본 단위와 메모리 레이아웃(출처: 첸 등이 작성한 논문의 이미지[47]를 각색함)

예를 들어, CPU는 계산 기본 단위가 수치(스칼라)였고 GPU는 1차원 벡터였던 반면, TPU는 2차원 벡터(텐서)였습니다.[48] 1차원 벡터의 합성곱 연산자를 수행하는 일은 2차원 벡터와 매우 다릅니다. 마찬가지로, CPU, GPU, TPU를 효율적으로 사용하려면 서로 다른 L1, L2, L3 레이아웃과 버퍼 크기를 고려해야 합니다.

이러한 어려움 때문에 프레임워크 개발자는 소수의 서버급 하드웨어 지원에만 집중하는 경향이 있으며, 하드웨어 공급업체는 일부 프레임워크에만 자체 커널 라이브러리를 제공하는 경향이 있습니다. ML 모델을 신규 하드웨어에 배포하려면 상당한 수작업이 필요합니다.

그렇다면 모든 신규 하드웨어 백엔드를 위한 새로운 컴파일러와 라이브러리를 직접 개발하는 대신 프레임워크와 플랫폼을 연결할 중개자middleman를 만들면 어떨까요? 프레임워크 개발자는 모든 하드웨어 유형을 지원할 필요 없이 프레임워크 코드를 이 중개자로 변환하기만 하면 됩니다. 그리고 하드웨어 공급업체는 여러 프레임워크가 아니라 중개자 하나만 지원하면 됩니다.

....

47 Chen, T., Moreau, T., Jiang, Z., Zheng, L., Yan, E., Cowan, M., Shen, H., Wang, L., Hu, Y., Ceze, L., Guestrin, C., & Krishnamurthy, A. (2018, February 12). TVM: An automated end-to-end optimizing compiler for Deep Learning. *arXiv*. https://oreil.ly/vGnkW
48 오늘날 많은 CPU에 벡터 명령들이 있으며 일부 GPU에는 2차원 텐서 코어가 있습니다.

이러한 '중개자'를 중간 표현(IR)이라고 합니다. IR은 컴파일러 작동 방식의 핵심에 있습니다. 모델의 원래 코드에서 컴파일러는 하드웨어 백엔드에 네이티브 코드를 생성하기 전에 일련의 고수준 및 저수준 IR을 생성합니다. 그렇게 함으로써, [그림 7-12]와 같이 해당 하드웨어 백엔드에서 실행하도록 합니다.

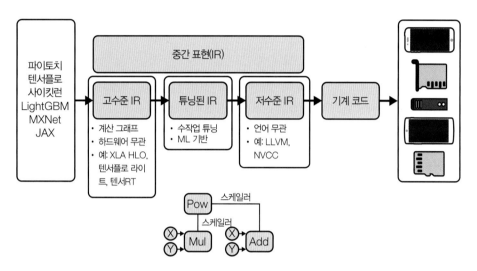

그림 7-12 원래 모델 코드와 (주어진 하드웨어 백엔드에서 실행되는) 기계 코드 사이에 일련의 고수준 및 저수준 IR이 생성됩니다.

이 프로세스는 고수준의 프레임워크 코드를 저수준의 하드웨어 네이티브 코드로 '낮춘다'는 의미로 로어링lowering이라고도 합니다. 프레임워크 코드와 네이티브 코드 간에 일대일 매핑을 하는 것은 아니므로 번역이라고 할 수는 없습니다.

고수준 IR은 일반적으로 ML 모델의 계산 그래프입니다. 계산 그래프는 계산 실행 순서를 설명하는 그래프로, 관심이 있다면 파이토치[49]와 텐서플로[50]의 계산 그래프에 대한 내용을 참조하기 바랍니다.

49 *https://oreil.ly/who8P*

50 *https://oreil.ly/O8qR9*

모델 최적화

선택한 하드웨어에서 모델을 실행하기 위해 코드를 '낮추'고 나면 성능 문제가 발생할 수 있습니다. 생성된 기계 코드는 하드웨어 백엔드에서 실행될 수 있지만 효율적으로 실행되지는 않을 수 있습니다. 코드가 데이터 지역성과 하드웨어 캐시를 활용하지 않거나 코드 속도를 향상하는 벡터나 병렬 작업 등 고급 기능을 활용하지 않을 수 있죠.

일반적인 ML 워크플로는 많은 프레임워크와 라이브러리로 구성됩니다. 예를 들어, 판다스, 다스크Dask 혹은 레이로 데이터에서 피처를 추출하고 넘파이로 벡터화를 수행합니다. 허깅페이스 트랜스포머 같은 사전 훈련된 모델로 피처를 생성한 다음 사이킷런, 텐서플로, LightGBM 등 다양한 프레임워크로 구축된 모델 앙상블을 사용해 예측을 수행합니다.

프레임워크 내 개별 함수들은 최적화돼도 프레임워크 전반에 걸친 최적화는 거의 혹은 전혀 수행되지 않을 수 있습니다. 계산을 위해 이러한 함수들 간에 데이터를 나이브하게 이동시키면 전체 워크플로에 엄청난 속도 저하를 초래합니다.[51] 스탠퍼드 DAWN 연구소에서 수행한 연구에 따르면 넘파이, 판다스 및 텐서플로를 사용하는 일반 ML 워크로드는 수동으로 최적화된 코드에 비해 단일 스레드에서 23배 느리게 실행됩니다.[52]

많은 회사에서 데이터 과학자와 ML 엔지니어가 개발하는 모델은 개발 단계에서는 제대로 작동하는 것처럼 보입니다. 그런데 배포하고 나면 너무 느려져 회사에서는 모델을 하드웨어에 맞춰 최적화하기 위해 최적화 엔지니어를 고용합니다. 한 가지 예로, AI 스타트업 미씩Mythic의 최적화 엔지니어 직무 기술서는 다음과 같습니다.

> AI 엔지니어링 팀의 최적화 엔지니어는 하드웨어에 최적화된 AI 알고리즘과 모델을 개발하고 하드웨어 및 컴파일러 팀에 지침을 제공합니다.
>
> AI 엔지니어링 팀은 다음 작업을 수행해 미씩에 큰 영향을 미칩니다.
>
> - 양자화 및 강건한 AI 재훈련 도구 개발
> - 신경망의 적응성을 활용하는 컴파일러의 새로운 기능 조사

---

51 옮긴이_ 첨언하자면 모델 추론을 위해 입력 데이터를 받아서 순전파(forward pass)로 전파하는 계산 과정에서 사용하는 개별 함수에 입력할 데이터를 있는 그대로 전달하면, 전체 워크플로의 속도가 크게 저하될 수 있습니다.

52 Palkar, S., Thomas, J., Narayanan, D., Thaker, P., Palamuttam, R., Negi, P., Shanbhag, A., Schwarzkopf, M., Pirk, H., Amarasinghe, S., Madden, S., & Zaharia, M. (2018). Evaluating end-to-end optimization for data analytics applications in Weld. *Proceedings of the VLDB Endowment, 11*(9): 1002 – 1015. https://oreil.ly/ErUlo

- 하드웨어 제품에 최적화된 새로운 신경망 개발
- 내부 및 외부 고객과 상호 작용해 개발 요구 사항 충족

최적화 엔지니어는 ML과 하드웨어 아키텍처 양쪽에 대한 전문 지식을 갖춰야 합니다. 따라서 구하기 어렵고 고용 비용도 높죠. 이때 최적화 컴파일러, 즉 코드까지 최적화하는 컴파일러가 대안이 됩니다. 모델 최적화 과정을 자동화할 수 있죠. 컴파일러는 ML 모델 코드를 기계 코드로 낮추는 과정에서 ML 모델의 계산 그래프와 모델을 구성하는 연산자(합성곱, 루프, 교차 엔트로피 등)를 보고 속도를 높일 방법을 찾습니다.

ML 모델을 최적화하는 방법은 로컬과 전역으로 두 가지입니다. 로컬 최적화는 모델의 연산자 또는 연산자 집합을 최적화하며 전역 최적화는 전체 계산 그래프를 엔드-투-엔드end-to-end로 최적화합니다.

모델 속도를 높이는 표준 로컬 최적화 기법들은 보통 작업을 병렬화하거나 칩의 메모리 액세스를 줄입니다. 일반적인 기법 네 가지는 다음과 같습니다.

벡터화(Vectorization)

루프나 중첩 루프가 있는 경우 한 번에 한 항목씩 실행하는 대신 메모리에서 인접한 여러 요소를 동시에 실행해 데이터 I/O로 인한 레이턴시를 줄입니다.

병렬화(Parallelization)

입력 배열(혹은 n차원 배열)이 주어지면 이를 독립적인 작업 청크로 나눠, 각 청크가 개별적으로 수행될 수 있도록 합니다.

루프 타일링(Loop tiling)

루프에서 데이터 액세스 순서를 변경해 하드웨어의 메모리 레이아웃과 캐시를 활용합니다.[53] 이 방법은 하드웨어에 따라 다른데, CPU에서 좋은 액세스 패턴은 GPU에서는 좋은 액세스 패턴이 아니기 때문입니다.

---

53 루프 타일링에 대한 시각화는 콜팩스 리서치(Colfax Research)의 프레젠테이션 '캐시 및 메모리 액세스(Access to Caches and Memory)' 33번째 슬라이드를 참조하기 바랍니다(*https://oreil.ly/7ipWQ*). 해당 프레젠테이션은 '인텔 아키텍처를 위한 프로그래밍 및 최적화: 핸즈온 워크숍 시리즈'의 10번째 세션이며 전체 시리즈는 *https://oreil.ly/hT1g4*에 있습니다.

연산자 융합(Operator fusion)

중복 메모리 액세스를 방지하기 위해 여러 연산자를 하나로 통합합니다. 예를 들어, 한 배열에 두 작업을 수행하려면 해당 배열에 루프가 두 개 필요하지만 융합된 경우에는 하나가 됩니다. [그림 7-13]은 연산자 융합 예시를 나타냅니다.

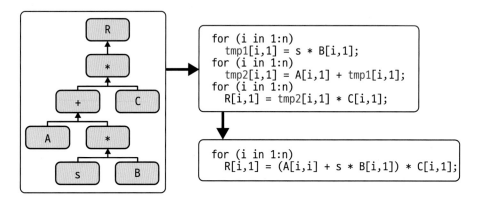

그림 7-13 연산자 융합 예시(출처: 마티아스 보엠의 이미지[54]를 각색함)

속도를 훨씬 크게 향상하려면 계산 그래프의 상위 수준 구조를 활용해야 합니다. 예를 들어, [그림 7-14]와 같이 계산 그래프가 있는 합성곱 신경망은 메모리 액세스를 줄이고 모델 속도를 높이기 위해 수직 혹은 수평으로 융합됩니다.

---

54 Boehm, M. (2019, April 5). *Architecture of ML systems 04 Operator Fusion and Runtime Adaptation*. Github. https://oreil.ly/py43J

그래프 최적화

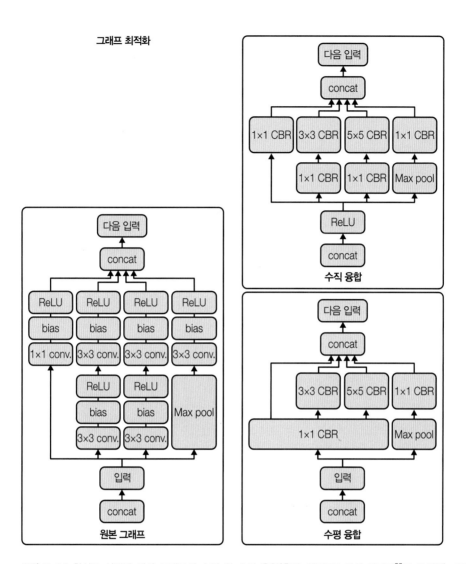

그림 7-14 합성곱 신경망 계산 그래프의 수직 및 수평 융합(출처: 텐서RT 팀의 이미지[55]를 각색함). CBR은 'convolution, bias, ReLU'를 의미합니다.

55 Prasanna, S., Kashinkunti, P., & Milletari, F. (2017, December 4). *TensorRT 3: Faster tensorflow inference and Volta Support*. NVIDIA Technical Blog. https://oreil.ly/d9h98

머신러닝을 사용해 머신러닝 모델 최적화하기

앞서 살펴본 합성곱 신경망의 수직 및 수평 융합에서 알 수 있듯, 주어진 계산 그래프를 다양한 방법으로 실행할 수 있습니다. 예를 들어, 세 연산자 A, B, C가 주어지면 A를 B와 융합하거나, B를 C와 융합하거나 A, B, C를 모두 융합할 수 있습니다.

전통적으로 프레임워크 및 하드웨어 공급업체에서는 경험을 바탕으로 모델의 계산 그래프를 가장 잘 실행하는 방법에 대한 휴리스틱을 생각해내는 최적화 엔지니어를 고용합니다. 예를 들어, 엔비디아에는 DGX A100 서버에서 레스넷-50을 아주 빠르게 실행하는 방법에 주력하는 엔지니어 혹은 팀이 있습니다.[56]

다만 수작업으로 만든 휴리스틱에는 몇 가지 단점이 있습니다. 첫째, 비최적nonoptimal입니다. 엔지니어가 생각해낸 휴리스틱이 최선의 해결책이라는 보장은 없습니다. 둘째, 비적응적nonadaptive입니다. 신규 프레임워크나 신규 하드웨어 아키텍처에서 프로세스를 반복하려면 엄청난 공을 들여야 합니다.

모델 최적화는 계산 그래프를 구성하는 연산자에 의존합니다. 합성곱 신경망 최적화는 순환 신경망 최적화와 다르고, 순환 신경망 최적화는 트랜스포머 최적화와 다릅니다. 엔비디아나 구글 같은 하드웨어 공급업체는 레스넷-50, BERT 같은 인기 모델을 하드웨어에 최적화하는 데 집중합니다. 그런데 여러분이 ML 연구자로서 신규 모델 아키텍처를 생각해낸다면 어떻게 될까요? 하드웨어 공급업체에서 채택하고 최적화하기에 앞서 직접 최적화해 속도가 빠르다는 것을 보여줘야 합니다.

좋은 휴리스틱을 생각해내기 어렵다면 한 가지 방법이 있습니다. 가능한 모든 방법으로 계산 그래프를 실행해보고 실행에 필요한 시간을 기록한 다음 가장 좋은 방법을 선택하는 것이죠. 다만 가능한 경로 조합이 매우 많으므로 전체 경로를 탐색하기는 힘듭니다. 다행히도 ML은 난해한 문제에 대한 솔루션을 잘 근사화합니다. ML로 검색 공간을 좁힘으로써 많은 경로를 탐색할 필요가 없고, 경로가 얼마나 걸릴지 예측해 전체 계산 그래프 실행이 완료될 때까지 기다릴 필요가 없다면 어떨까요?

---

56 이는 MLPerf 결과와 같은 벤치마킹 결과를 맹신하면 안 되는 이유이기도 합니다. 어떤 유명한 모델이 특정 유형의 하드웨어에서 매우 빠르게 실행된다 하더라도 임의의 모델이 동일 하드웨어에서 매우 빠르게 실행되지는 않습니다. 유명한 모델이 지나치게 최적화된 것일 수 있습니다.

계산 그래프를 통과하는 경로가 실행되는 데 걸리는 시간을 추정하기는 어렵습니다. 그래프에 대해 많은 가정을 해야 하기 때문입니다. 그래프의 작은 부분에 대한 분석에 집중하는 편이 훨씬 쉽습니다.

GPU에서 파이토치를 사용한다면 torch.backends.cudnn.benchmark=True를 봤을 겁니다. 이를 True로 설정하면 cuDNN 자동 튜닝autotune이 활성화됩니다. cuDNN 자동 튜닝은 미리 결정된 옵션 집합을 검색해 합성곱 연산자를 실행한 다음 가장 빠른 방법을 선택합니다. cuDNN 자동 튜닝은 효율적이지만 합성곱 연산자에만 작동합니다. 그보다 훨씬 일반적인 솔루션은 오픈 소스 컴파일러 스택 TVM[57]의 일부인 autoTVM입니다. autoTVM은 연산자뿐 아니라 부분 그래프와 함께 작동하므로 검색 공간이 훨씬 더 복잡합니다. autoTVM의 작동 방식은 매우 복잡하지만 간단히 요약하면 다음과 같습니다.

1. 계산 그래프를 부분 그래프로 나눕니다.
2. 각 부분 그래프의 크기를 예측합니다.
3. 각 부분 그래프에 대해 가능한 최상의 경로를 검색하는 시간을 할당합니다.
4. 각 부분 그래프를 함께 실행해 전체 그래프를 실행하는 가장 좋은 경로를 연결합니다.

autoTVM은 각 경로를 실행하는 데 실제로 걸리는 시간을 측정합니다. 이는 향후 경로가 얼마나 걸릴지 예측하기 위해 비용 모델을 훈련하는 데 그라운드 트루스를 제공합니다. 이 접근법의 장점은 모델이 런타임 중 생성된 데이터로 훈련되므로 어떤 유형의 하드웨어에서 실행되든 적응한다는 점입니다. 단점은 비용 모델이 개선되기 시작하는 데 시간이 더 많이 걸린다는 점입니다. [그림 7-15]는 엔비디아 TITAN X에서 수행한 레스넷-18 모델[58]에 대해 autoTVM이 cuDNN 대비 성능을 얼마나 향상하는지 보여줍니다.

ML 기반 컴파일러는 결과는 인상적이지만 속도가 느리다는 단점이 있습니다. 가능한 경로를 모두 살펴보고 가장 최적화된 경로를 찾기 때문이죠. ML 모델이 복잡하다면 이 과정에 몇 시간에서 며칠까지도 걸립니다. 다만 이는 일회성 작업이며, 최적화 검색 결과를 캐시해 기존 모델을 최적화하는 데 사용하거나 향후 추가 개선 시에 시작점으로 사용할 수 있습니다. 즉, 하드웨어 백엔드 하나에 대해 모델을 한 번 최적화한 다음 하드웨어 유형이 동일한 여러 디바이스

---

57 옮긴이_ 타깃 하드웨어에 따라, 그 백엔드에 맞게 그래프 레벨 최적화와 연산자 레벨 최적화를 동시에 제공하는 엔드-투-엔드 컴파일러입니다.

58 옮긴이_ 원서에는 레스넷-50으로 기재돼 있지만 논문은 레스넷-18입니다.

에서 사용하는 것입니다. 이러한 최적화는 프로덕션용 모델과 추론을 실행할 타깃 하드웨어가 있을 때 이상적입니다.

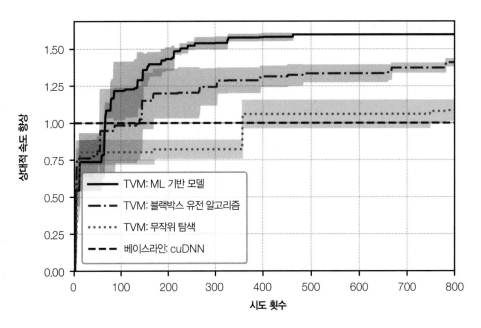

그림 7-15 엔비디아 TITAN X의 레스넷-18 모델에 대한 autoTVM의 cuDNN 대비 속도 향상. autoTVM이 cuDNN을 능가하기까지 약 70회 시도합니다(출처: 첸 등[59]).

7.4.2 브라우저에서의 머신러닝

지금까지 컴파일러가 특정 하드웨어 백엔드에서 머신 네이티브 코드 실행 모델을 생성하는 데 어떻게 도움이 되는지 알아봤습니다. 한편 브라우저에서 실행함으로써 어떤 하드웨어 백엔드에서든 실행 가능한 코드를 생성할 수도 있습니다. 모델을 브라우저에서 실행할 수 있다면 해당 브라우저를 지원하는 모든 기기(맥북, 크롬북, 아이폰, 안드로이드 휴대 전화 등)에서 실행 가능합니다. 기기에 어떤 칩이 들어 있는지는 신경 쓰지 않아도 됩니다. 애플이 인텔 칩에서 ARM 칩으로 바꾼다고 해도 문제가 되지 않죠.

---

59 Chen et al. (2018). TVM: An automated end-to-end optimizing compiler for Deep Learning.

브라우저에 대해 이야기할 때 자바스크립트를 떠올리는 사람이 많습니다. TensorFlow.js, 시냅틱^{Synaptic}, brain.js 같은 도구는 모델을 자바스크립트로 컴파일하는 데 도움이 됩니다. 하지만 자바스크립트는 느릴뿐더러 데이터 피처 추출과 같은 복잡한 로직에는 프로그래밍 언어로서의 기능이 제한적입니다.

보다 유망한 접근 방식으로 웹어셈블리^{WebAssembly}(WASM)가 있습니다. WASM은 다양한 언어로 작성된 프로그램을 웹 브라우저상에서 실행하도록 해주는 개방형 표준입니다. 사이킷런, 파이토치, 텐서플로 등 프레임워크에서 모델을 빌드하고 특정 하드웨어에서 실행되도록 컴파일하는 대신 모델을 WASM으로 컴파일합니다. 그러면 자바스크립트와 함께 사용하는 실행 파일을 얻게 됩니다.

WASM은 지난 몇 년간 필자가 본 기술 동향 중에서 손에 꼽게 흥미롭습니다. 성능이 뛰어나고 사용하기 쉬우며 생태계는 가파르게 성장하고 있죠.[60] 2021년 9월 기준으로 전 세계 기기 중 93%에서 지원됩니다.[61]

WASM의 주요 단점은 브라우저에서 실행돼 속도가 느리다는 점입니다. 이미 자바스크립트보다는 훨씬 빠르지만 iOS나 안드로이드 앱 호환 기기에서 네이티브 코드를 실행하는 것과 비교하면 여전히 느립니다.

논문 「Not So Fast: Analyzing the Performance of WebAssembly vs. Native Code」에 따르면 WASM으로 컴파일된 애플리케이션은 네이티브 애플리케이션보다 평균 45%(파이어폭스)에서 55%(크롬)까지 느리게 실행됩니다.[62]

---

60 Wasmerio. (n.d.). *Wasmerio/Wasmer: 🚀 the leading WebAssembly runtime supporting Wasi and Emscripten.* GitHub. https://oreil.ly/dTRxr

Mbasso. (n.d.). *Mbasso/awesome-WASM: 😎 curated list of awesome things regarding webassembly (WASM) ecosystem.* GitHub. https://oreil.ly/hIIFb

61 *WebAssembly: Can I use... support tables for HTML5, CSS3, etc.* canisue.com. (n.d.). https://oreil.ly/sll05

62 Jangda, A. Powers, B., Berger, E. D., & Guha, A. (2019). Not So Fast: Analyzing the Performance of WebAssembly vs. Native Code. *USENIX.* https://oreil.ly/uVzrX

7.5 정리

축하합니다. 이 책에서 가장 기술적인 장 중 하나를 마쳤습니다! 기술적이라고 하는 이유는 ML 모델 배포는 ML 난제가 아닌 엔지니어링 난제이기 때문입니다.

온라인 예측과 배치 예측, 에지에서의 ML과 클라우드에서의 ML을 비교해 모델을 배포하는 다양한 방법을 알아봤습니다. 각 방법에는 고유한 이슈가 있습니다. 온라인 예측을 사용하면 모델이 사용자의 선호도 변경에 더 잘 반응하지만 추론 레이턴시라는 문제가 있습니다. 배치 예측은 모델이 예측을 생성하는 데 너무 오래 걸릴 때 해결책이 되지만 모델 유연성이 떨어진다는 문제가 있습니다.

마찬가지로 클라우드에서 추론을 수행한다면 설정하기는 쉽지만 네트워크 레이턴시와 클라우드 비용이 커지면 실용성이 떨어집니다. 에지에서 추론을 수행하려면 충분한 연산 성능, 메모리 및 배터리를 갖춘 에지 디바이스가 필요합니다.

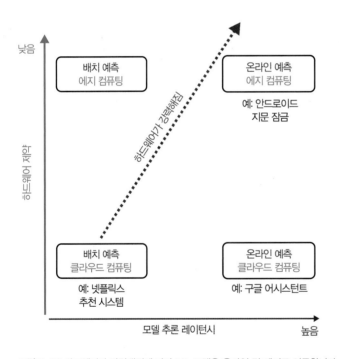

그림 7-16 하드웨어가 강력해짐에 따라 ML 모델은 온라인 및 에지로 이동합니다.

다만 필자는 이러한 문제가 대부분 ML 모델이 실행되는 하드웨어의 제한에서 비롯된다고 생각합니다. 하드웨어가 더 강력해지고 ML에 최적화됨에 따라 ML 시스템은 온디바이스의 온라인 예측으로 전환될 것이라고 믿습니다(그림 7-16).

필자는 과거에는 모델을 배포한 후에 ML 프로젝트가 완료됐다고 생각했지만 그것은 심각한 착각이었습니다. 이 장에서는 모델 배포 후에도 중요한 프로세스가 많이 남았음을 분명히 보이고자 했습니다. 모델을 개발 환경에서 프로덕션 환경으로 이동하면 완전히 새로운 문제가 발생합니다. 첫 번째는 모델을 프로덕션 상태로 유지하는 문제입니다. 다음 장에서는 모델이 언제 프로덕션에서 실패하는지, 모델을 지속적으로 모니터링해 문제를 감지하고 신속하게 해결하는 방법은 무엇인지 알아봅니다.

## CHAPTER 8

데이터 분포 시프트와 모니터링

많은 분들이 공감할 만한 이야기를 하나 소개하겠습니다. 약 2년 전 어느 회사 경영자는 식료품 품목당 다음 주에 필요한 개수를 예측하고 그에 따라 품목을 재입고하기 위해 컨설팅 회사를 고용해 ML 모델을 개발했습니다. 모델을 개발하는 데 6개월이 걸렸죠. 회사는 컨설팅 회사에서 전달받은 모델을 배포했고 성능에 매우 만족했습니다. 그리고는 투자자들에게 회사가 AI 기반이라고 대대적으로 홍보했습니다.

그런데 1년 후 모델 성능 수치가 급감했습니다. 일부 품목에 대한 수요가 계속 과대평가돼 잉여 품목이 생겼고 결국 폐기 처분해야 했습니다. 동시에 일부 품목에 대한 수요는 계속 과소평가돼 판매에 손실이 생겼죠.[1] 처음에는 재고 관리 팀에서 모델 예측을 수작업으로 변경하면서 발견한 오작동 패턴을 수정했지만 결국 예측이 너무 나빠져 더는 사용하지 못할 지경이었습니다. 남은 선택지는 세 가지였습니다. 같은 컨설팅 회사에 막대한 금액을 지불해 모델을 업데이트하거나, 다른 컨설팅 회사를 고용하거나(이미 진행한 내역부터 따라잡아야 하므로 돈이 더 많이 들겠지만) 향후 모델을 유지 관리할 사내 팀을 고용해야 했죠.

회사는 이 경험으로 중요한 교훈을 어렵사리 배웠습니다. 모델 배포가 프로세스의 끝이 아니라는 점입니다. 이는 업계에서 시행착오가 계속 발생하고 있는 매우 중요한 교훈입니다. 모델 성능은 프로덕션 환경에서 시간에 따라 저하됩니다. 모델 배포 후에도 이슈를 탐지하기 위해 성능을 지속적으로 모니터링해야 하며 발생한 이슈를 수정하는 업데이트를 계속 배포해야 합니다.

---

1   이는 재고 예측에서 상당히 일반적인 패턴입니다. 유진 옌은 '잘 알려지지 않은 머신러닝 배포 후 여섯 가지 과제'(*https://oreil.ly/p1yCd*)라는 글에서 비슷한 이야기로 퇴행성 피드백 루프 문제를 설명했습니다.

8장과 9장에서는 프로덕션 환경에서 모델을 유지 관리하기 위한 필수 항목을 다룹니다. 8장에서는 먼저 개발 중에 뛰어난 성능을 보인 ML 모델이 프로덕션 환경에서 실패하는 이유를 살펴봅니다. 그리고 까다로운 문제인 데이터 분포 시프트shift를 살펴봅니다. 이는 프로덕션 환경의 데이터 분포가 훈련하는 동안 모델에 노출된 데이터 분포와 다르거나 괴리가 점차 커질 때 발생하는데, 프로덕션 환경에서 동작하는 ML 모델 대부분에 영향을 미칠 만큼 만연합니다. 이어서 분포 시프트를 모니터링하는 방법을 알아본 뒤 9장에서는 데이터 분포 시프트에 적응하기 위해 프로덕션 환경에서 모델을 지속적으로 업데이트하는 방법을 다룹니다.

8.1 머신러닝 시스템 장애 원인

ML 시스템 장애가 무엇을 의미하는지 간략히 알아봅시다. 장애는 시스템에 대한 기대치가 한 가지 이상 어긋날 때 일어납니다. 전통적인 소프트웨어에서는 주로 시스템 운영에 대한 기대치, 즉 시스템 로직이 레이턴시와 스루풋 같은 운영 지표의 기대 범위 안에서 실행되는지가 중요합니다.

ML 시스템에서는 운영 지표와 ML 성능 지표 모두 신경 써야 합니다. 예를 들어, 영어-프랑스어 기계 번역 시스템은 운영상 기대치가 무엇일까요? 바로 영어 문장을 입력하면 시스템이 레이턴시 1초 안에 프랑스어 번역문을 출력해내는 것입니다. 그리고 ML 성능상 기대치는 출력 중 99%는 주어진 영어 문장을 정확히 번역한 문장이어야 한다는 점입니다.

시스템에 영어 문장을 입력했는데 번역문 출력이 없다면 첫 번째 기대치를 어기므로 시스템 장애입니다.

출력한 번역이 정확하지 않다고 해서 반드시 시스템 장애는 아닙니다. 정확도 기대치는 약간의 오차를 허용합니다. 하지만 서로 다른 영어 문장을 시스템에 연달아 입력하는데 계속해서 잘못된 번역문이 나온다면 두 번째 기대치를 어기므로 시스템 장애입니다.

운영상 기대치를 어기는 문제는 감지하기가 보다 쉽습니다. 보통 시간 초과, 웹 페이지의 404 오류, 메모리 부족 오류, 세그멘테이션 결함 등 운영 중단을 수반하기 때문이죠. 반면에 ML 성능상 기대치를 어기는 문제는 프로덕션 환경에서 ML 모델 성능을 측정하고 모니터링해야 하므로 감지하기가 보다 어렵습니다. 영어-프랑스어 기계 번역 시스템 예시에서 올바른 번역문이 무엇인지 모른다면 출력된 번역문 중 99%가 옳은지 그른지 판단하기 어렵습니다. 사용자가 구글 번역의 번역문이 오역임을 인지하지 못해 안타깝게도 오역을 사용하는 사례는 셀 수 없이 많습니다. 이러한 이유로 ML 시스템은 종종 조용히 실패fail silently한다고 이야기합니다.

프로덕션 환경에서 ML 시스템 장애를 효과적으로 탐지하고 수정하려면 개발 중에 잘 작동하는 모델이 프로덕션 환경에서는 왜 실패하는지 이해해야 합니다. 소프트웨어 시스템 장애와 ML 한정 장애라는 두 가지 유형을 살펴봅시다.

8.1.1 소프트웨어 시스템 장애

소프트웨어 시스템 장애는 ML에 속하지 않는 시스템에서 발생하는 장애입니다. 다음은 몇 가지 예입니다.

의존성 장애

시스템이 의존성을 갖는 소프트웨어 패키지 혹은 코드베이스에 중단이 발생해 시스템이 중단되는 경우입니다. 서드 파티가 의존성을 유지 관리할 때 흔히 발생하며, 의존성을 유지 관리하는 서드 파티가 더 이상 존재하지 않는 경우 특히 자주 발생합니다.[2]

배포 실패

배포 오류로 인한 실패입니다. 예를 들어, 모델의 현재 버전 대신 실수로 이전 버전 바이너리를 배포하거나 시스템에 특정 파일을 읽거나 쓰는 권한이 없는 경우입니다.

하드웨어 오류

CPU나 GPU처럼 모델 배포에 사용하는 하드웨어가 제대로 작동하지 않는 경우입니다. 예를 들어, 사용하는 CPU가 과열돼 고장 날 수 있습니다.[3]

---

[2] 많은 기업에서 스타트업 제품을 선뜻 선택하지 못하고 오픈 소스 소프트웨어를 선호하는 이유입니다. 사용 중인 제품을 제작자가 더 이상 유지 관리하지 않을 때, 해당 제품이 오픈 소스라면 적어도 코드베이스에 접근해 직접 관리할 수 있습니다.

[3] 우주선(cosmic ray) 때문에 하드웨어가 고장 날 수 있습니다.
Soft error. Wikipedia. (2022, July 19). https://oreil.ly/4cvNg

다운타임 또는 충돌

시스템 구성 요소가 다른 곳에 있는 서버, 예컨대 AWS나 호스팅 서비스에서 실행되는 경우 해당 서버가 다운되면 시스템도 따라서 다운됩니다.

몇몇 오류가 ML에 속하지 않는다고 해서 ML 엔지니어가 그것을 이해할 필요조차 없는 건 아닙니다. 2020년 구글의 두 ML 엔지니어인 다니엘 파파시안Daniel Papasian과 토드 언더우드Todd Underwood는 구글의 대규모 ML 파이프라인이 중단된 사례 96건을 조사했습니다. 원인을 파악하기 위해 지난 15년간의 데이터를 검토한 결과 장애 96건 중 60건이 ML과 직접 관련이 없음을 알게 됐습니다.[4] 문제는 대부분 분산 시스템과 관련되거나(워크플로 스케줄러나 오케스트레이터에 문제가 생긴 경우) 데이터 파이프라인과 관련됐죠(여러 소스에서 온 데이터를 잘못 결합하거나 부적절한 데이터 구조를 사용한 경우).

소프트웨어 시스템 장애를 해결하려면 ML 기술이 아니라 전통적인 소프트웨어 엔지니어링 기술이 필요합니다. ML 시스템 배포에도 전통적인 소프트웨어 엔지니어링 기술이 중요한 만큼 ML 엔지니어링은 보통 ML이 아닌 엔지니어링에 중점을 둡니다.[5] 자세한 내용은 이 책의 범위를 벗어나므로, 소프트웨어 엔지니어링 관점에서 ML 시스템을 안정적으로 만드는 방법에 관심이 있다면 『신뢰도 높은 머신러닝Reliable Machine Learning』(오라일리, 2022)을 강력히 추천합니다.

소프트웨어 시스템 장애가 만연한 이유는 업계에서 ML 도입이 아직 초기 단계이고, 따라서 ML 프로덕션 환경을 위한 도구가 한정적이며 아직 모범 사례가 잘 개발되거나 표준화되지 않았기 때문입니다. 그러나 ML 프로덕션 환경을 위한 도구와 모범 사례가 늘어남에 따라 소프트웨어 시스템 장애 비율이 감소하고 ML 한정 장애의 비율이 증가할 것이라고 믿을 만합니다.

8.1.2 머신러닝 한정 장애

ML 한정 장애는 ML 시스템과 관련된 장애입니다. 예를 들어, 데이터 수집과 처리에 문제가 있을 때, 하이퍼파라미터에 문제가 있을 때, 추론 파이프라인의 변경 사항이 학습 파이프라인에 제대로 복사되지 않았을 때(혹은 그 반대), 데이터 분포 시프트로 모델 성능이 시간에 따라 저

---

4 USENIX. (2020). *OpML '20 – How ML Breaks: A Decade of Outages for One Large ML Pipeline* [Video].
ML이 아닌 영역의 장애 또한 간접적으로 ML에 기인한 것일 수 있습니다. 예를 들어, 서버는 ML이 아닌 시스템에서도 충돌하지만 ML 시스템은 보통 연산 성능이 더 많이 필요하므로 더 잦은 충돌을 유발할 수 있습니다.

5 필자 경력의 최고 전성기는 일론 머스크가 필자 의견에 동의했을 때라고 할 수 있습니다(https://oreil.ly/mBseG).

하될 때, 에지 케이스, 퇴행성 피드백 루프 등이 있습니다.

이 장에서는 ML 한정 장애를 해결하는 데 중점을 둡니다. ML 한정 장애는 전체 장애에서 차지하는 비중은 낮지만 탐지하거나 수정하기 어렵고 ML 시스템이 온전히 사용되지 못하게 하므로 ML이 아닌 영역의 장애보다 훨씬 더 위험합니다. 지난 4장에서는 데이터 문제를, 6장에서는 하이퍼파라미터 조정을, 7장에서는 훈련과 추론을 위해 개별 파이프라인 두 개를 보유하는 일의 위험을 다뤘습니다. 이 장에서는 모델 배포 후에 발생하는, 새롭지만 매우 흔한 세 가지 문제, 즉 프로덕션 데이터가 훈련 데이터와 다른 경우, 에지 케이스edge case와 퇴행성 피드백 루프degenerate feedback loop를 알아봅니다.

프로덕션 환경 데이터가 훈련 데이터와 다른 경우

ML 모델을 훈련 데이터로 학습함은 모델이 훈련 데이터에 내재된 분포를 학습한 후에 그 학습된 분포를 통해 훈련 중 본 적 없는 데이터에 대해 정확한 예측값을 만들어냄을 의미합니다. 8.2절 '데이터 분포 시프트'에서는 이것이 수학적으로 어떤 의미인지 알아봅니다. 모델이 본 적 없는 데이터에 대해 정확한 예측값을 만들어낸다면 이 모델이 '본 적 없는 데이터에도 충분히 일반화'됐다고 얘기합니다.[6] 개발 중 모델 평가에 사용하는 테스트 데이터는 본 적 없는 데이터여야 하며 이에 대한 모델 성능은 모델이 얼마나 잘 일반화될지 가늠하게 해줍니다.

ML 교과 과정에서 먼저 배우는 것 중 하나는 훈련 데이터와 본 적 없는 데이터가 유사한 분포에서 나와야 한다는 점입니다. 즉, 본 적 없는 데이터를 훈련 데이터 분포와 동일한 **정상 분포**stationary distribution에서 추출했다고 가정합니다. 본 적 없는 데이터를 다른 분포에서 추출하면 모델이 제대로 일반화되지 않을 수 있습니다.[7]

이 가정은 대개 올바르지 않은데, 그 이유는 두 가지입니다. 첫째, 실제 데이터에 내재된 분포는 훈련 데이터에 내재된 분포와 같지 않을 수 있습니다. 훈련 데이터셋이 모델이 프로덕션 환경에서 접할 데이터를 정확하게 표현하도록 큐레이팅하기는 매우 어렵습니다.[8] 현실 데이터는

---

6   대면 학술회의가 유행하던 시절 필자는 연구자들이 누구의 모델이 더 잘 일반화되는지 논쟁하는 것을 자주 들었습니다. 그들 사이에서 "제 모델이 당신의 모델보다 더 잘 일반화됩니다"라는 말은 가장 큰 자랑인 셈이죠.

7   Sugiyama, M., & Kawanabe, M. (2012). *Machine learning in non-stationary environments introduction to covariate shift adaptation*. The MIT Press.

8   Mcquaid, J. (2021, October 15). *Limits to growth: Can ai's voracious appetite for data be tamed?* Undark Magazine. https://oreil.ly/LSjVD

다면적이고 많은 경우에 변형이 무한에 가까운 반면 훈련 데이터는 유한하고 데이터셋 생성과 처리에 사용할 수 있는 시간, 연산과 인적 자원에 의해 제한됩니다. 또 4장에서 이야기했듯 다양한 종류의 선택이나 샘플링 편향이 존재하며, 따라서 현실 데이터가 훈련 데이터와 매우 달라집니다. 이러한 데이터 분포의 차이는 다른 유형의 이모티콘 인코딩을 사용하는 현실 데이터처럼 매우 사소한 것에 기인할 수 있습니다. 이러한 유형의 차이는 **훈련-서빙 편향**train-serving skew이라는 흔한 장애 모드를 야기하는데, 이는 모델이 개발 시에는 훌륭하지만 배포 후 성능은 그다지 좋지 않은 현상입니다.

둘째, 현실 세계는 정상성stationarity을 갖지 않습니다. 모든 것은 변하며 데이터 분포는 시프트합니다. 2019년에 사람들이 중국의 도시인 우한을 검색하는 동기는 여행 정보를 얻기 위함이었겠지만 코로나19 이후 검색 동기는 아마 코로나19의 발원지를 알고 싶어서일 것입니다. 또 다른 흔한 장애 모드는 모델이 처음 배포될 때는 훌륭하게 작동하지만 시간에 따라 데이터 분포가 변하면서 성능이 저하되는 것입니다.

데이터 시프트를 유발하는 예시로 코로나19 사례를 들면 사람들은 데이터 시프트가 비정상적인 이벤트 때문에 발생한다고 생각하기 쉽습니다. 즉, 자주 발생하지 않는다고 생각하죠. 하지만 데이터 시프트는 항상, 갑자기, 점진적으로 혹은 계절성을 띠며 발생합니다. 특정 이벤트 때문에 갑자기 발생하는 예시로는 기존 경쟁자가 가격 정책을 변경해서 이에 대응하기 위해 가격 예측을 업데이트해야 하는 경우나, 새로운 지역에서 제품을 출시하거나 유명인이 제품을 언급해 신규 사용자가 급증하는 경우가 있습니다. 점진적으로 발생하는 예시는 사회 규범, 문화, 언어, 트렌드, 산업과 같이 시간에 따라 변화하는 경우이며, 계절적 변화 때문에 발생하는 예시로는 사람들이 승차 공유를 따뜻한 봄보다 춥고 눈 내리는 겨울에 요청할 가능성이 더 높은 것을 들 수 있습니다.

모니터링 대시보드에서 데이터 시프트처럼 보이는 것들은 사실 대부분 내부 오류[9]입니다. 그 원인은 ML 시스템의 복잡성과 잘못된 배포 관행입니다. 구체적인 예로, 데이터 파이프라인의 버그, 잘못 입력된 결측값, 훈련과 추론 시 추출한 피처 간의 불일치, 잘못된 데이터 하위 집합의 통계를 적용해 표준화한 피처, 잘못된 모델 버전 또는 사용자 행동을 바꾸게 강제한 앱 인터페이스상 버그 등이 원인이 될 수 있습니다.

---

9 한 모니터링 서비스 회사 최고 기술 책임자(CTO)는 자신의 서비스에 포착된 드리프트 중 80%가 사람에 기인한 오류 때문에 발생한다고 추정했습니다.

이 장애 모드는 거의 모든 ML 모델에 영향을 미칩니다. 8.2절 '데이터 분포 시프트'에서 자세히 알아봅니다.

에지 케이스

어떤 자율 주행 자동차가 99.99% 확률로 안전하게 운행하지만 나머지 0.01% 확률로 영구적인 장애를 입거나 심하면 사망에 이르게 되는, 심각한 사고를 일으킬 가능성이 있다고 상상해봅시다.[10] 자율 주행 차를 사용할 건가요?

아니라고 답하는 분들도 있을 겁니다. ML 모델이 대부분 잘 작동하더라도 낮은 확률로 장애가 발생해 치명적인 결과를 유발한다면 모델 사용 자체가 어려워집니다. 따라서 주요 자율 주행 자동차 회사들은 시스템이 에지 케이스에서 잘 작동하도록 하는 데 최선을 다하고 있습니다.[11]

에지 케이스란 너무 극단적이어서 모델이 치명적인 실수를 하게 되는 데이터 샘플을 말합니다. 에지 케이스는 보통 동일한 분포에서 나온 데이터 샘플이지만, 모델이 잘 작동하지 않는 데이터 샘플 수가 급증했다면 내재된 데이터의 분포가 시프트하지 않았나 의심해볼 수 있습니다.

에지 케이스가 배포된 ML 시스템을 망가뜨리는 사례로 종종 자율 주행 자동차를 이야기합니다. 자율 주행 자동차 외에도 의료 진단, 교통관제, e-디스커버리[12] 등 안전이 중요한 모든 애플리케이션이 이러한 사례에 해당합니다. 안전이 중요하지 않은 애플리케이션도 마찬가지입니다. 예컨대 고객 서비스 챗봇이 문의에 대개 합리적으로 응답하지만 때로는 엄청나게 인종 차별적이거나 성차별적인 내용을 내뱉는다고 생각해봅시다. 어떤 회사도 브랜드 이미지에 좋지 않은 이 챗봇을 사용하지 않겠죠.

---

10 이는 자율 주행 자동차가 일반 운전자보다 조금 더 안전함을 의미합니다. 2019년 기준으로 운전면허가 있는 운전자 10만 명당 교통사고 관련 사망자 비율은 15.8명, 즉 0.0158%였습니다.
Carlier, M. (2022, August 1). *Fatality rate per 100,000 licensed drivers in the U.S. from 1990 to 2020*. Statista. https://oreil.ly/w3wYh

11 Brooks, R. (2017, June 17). *Edge Cases for Self Driving Cars*. Rodney Brooks. https://oreil.ly/Nyp4F
Eliot, L. (2021, July 13). *Whether Those Endless Edge or Corner Cases Are the Long-Tail Doom for AI Self-Driving Cars*. Forbes. https://oreil.ly/L2Sbp
McAllister, K. (2021, March 25). *Self-Driving Cars Will Be Shaped by Simulated, Location Data*. Protocol. https://oreil.ly/tu8hs

12 e-디스커버리 혹은 전자 디스커버리는 소송, 정부 조사 또는 정보 자유법에 따른 요청 등 법적 절차에서 검색되는 정보가 전자 형식인 증거 개시 제도를 의미합니다(*https://oreil.ly/KCets*).

에지 케이스와 이상치

에지 케이스와 이상치의 차이점이 무엇일까요? 에지 케이스의 구성 요소에 대한 정의는 분야에 따라 다릅니다. ML은 최근에야 프로덕션 환경에 도입되기 시작했으므로 에지 케이스가 계속 발견되고 있습니다. 따라서 용어 정의에 논란의 여지가 있죠.

이 책에서 이상치란 다른 데이터 포인트와 성질이 크게 다른 데이터 포인트 데이터를 의미합니다. 한편 에지 케이스는 성능을 의미하며, 한 가지 예는 다른 데이터 포인트보다 모델 성능이 크게 뒤떨어지는 데이터 포인트입니다. 이상치 또한 모델 성능이 비정상적으로 저조한 원인이 될 수 있으므로 에지 케이스에 포함되기도 합니다. 다만 모든 이상치가 에지 케이스는 아닙니다. 예를 들어, 고속 도로를 무단 횡단하는 사람은 이상치이지만, 자율 주행 자동차가 그 사람을 정확하게 탐지하고 그에 대한 반응을 적절하게 판단할 수 있다면 에지 케이스가 아닙니다.

[그림 8-1]과 같이 모델 개발 중에 이상치가 모델 성능에 부정적인 영향을 미치기도 합니다. 많은 경우 모델이 더 나은 결정 경계를 학습하고 본 적 없는 데이터에 더 잘 일반화되도록 이상치를 제거하곤 합니다. 하지만 일반적으로 추론 과정에서는 다른 질의문과 성격이 크게 다른 질의문을 제거하거나 무시할 수 없습니다. 이를 변환하는 방법은 있습니다. 예를 들어, 구글 검색에 '머신러닌'을 입력하면 '머신러닝'을 의미하는지 묻는 메시지가 나옵니다. 그러나 완전히 예상하지 못한 입력에도 잘 작동하는 모델을 개발하고 싶을 겁니다.

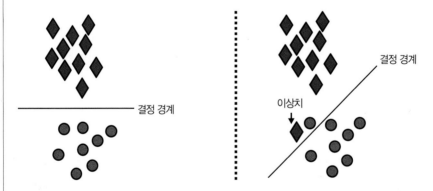

그림 8-1 왼쪽은 이상치가 없을 때의 결정 경계이고 오른쪽은 이상치가 하나 있을 때의 결정 경계입니다. 오른쪽 결정 경계는 왼쪽 결정 경계와 매우 다르고 덜 정확할 겁니다.

퇴행성 피드백 루프

4.2.2절 '자연 레이블'에서 피드백 루프를 알아봤습니다. 피드백 루프는 예측값을 제시한 다음 예측값에 대한 피드백이 되돌아올 때까지 걸리는 시간을 의미합니다. 피드백은 자연 레이블을 추출해 모델 성능을 평가하고 다음번 훈련을 반복하는 데 사용 가능합니다.

퇴행성 피드백 루프degenerate feedback loop는 예측 자체가 피드백에 영향을 미치고, 이 피드백이 모델의 다음번 반복 학습에 영향을 미칠 때 발생합니다. 좀 더 공식적인 언어로 말하자면, 퇴행성 피드백 루프는 시스템 출력을 시스템의 미래 입력을 생성하는 데 사용할 때 발생하며, 이것은 시스템의 미래 출력에 다시금 영향을 미칩니다. ML에서 시스템의 예측은 사용자가 시스템과 상호 작용하는 방식에 영향을 미칩니다. 시스템과 사용자의 상호 작용은 때때로 같은 시스템에 대한 훈련 데이터로 사용되므로 퇴행성 피드백 루프가 발생하면서 의도하지 않은 결과를 초래할 수 있습니다. 퇴행성 피드백 루프는 추천 시스템과 광고 클릭률 예측 등 사용자에게서 획득한 자연 레이블이 존재하는 작업에서 특히 흔합니다.

예시로 사용자가 좋아할 만한 노래를 추천하는 시스템을 개발한다고 가정해봅시다. 시스템에서 순위가 높은 노래가 사용자에게 먼저 보입니다. 가장 먼저 보이므로 사용자가 더 많이 클릭하게 되고, 따라서 시스템은 이 추천 항목이 적절하다고 확신하게 됩니다. 처음에는 두 곡 A와 B의 순위가 미세하게 달랐고 A가 좀 더 높은 순위에 있었기에 추천 목록에서 좀 더 상단에 보여줬습니다. 이에 따라 사용자는 A를 더 많이 클릭하게 되고 시스템에서 A의 순위가 더 올라가게 됩니다. 조금 지나면 A는 B보다 순위가 훨씬 높아집니다.[13] 퇴행성 피드백 루프는 인기 있는 영화, 도서 또는 음악이 점점 더 인기를 얻는 이유를 설명하는 한 가지 요소입니다. 프로덕션 환경에서는 이런 현상이 발생하는 시나리오가 매우 보편적이며 많이 연구돼왔습니다. 이 현상은 '노출 편향', '인기도 편향', '필터 거품', 때로는 '에코 체임버' 등 다양한 용어로 불립니다.

퇴행성 피드백 루프의 위험성을 확실히 각인시키는 예시가 있습니다. 이력서를 기반으로 지원자가 특정 직무에 적합한지 예측하기 위해 이력서 심사 모델을 개발한다고 가정해봅시다. 피처 X가 자격 충족 여부를 정확하게 예측하므로 모델은 피처 X의 값 유무로 이력서를 추천합니다. X를 '스탠퍼드 졸업', '구글에서 근무', '남성' 같은 피처라고 생각할 수 있습니다. 채용 담당자는 모델에서 이력서를 추천한 사람만 면접합니다. 즉, 피처 X를 갖는 지원자만 면접하고 채용하게

---

13 Jiang, R., Chiappa, S., Lattimore, T., György, A., & Kohli, P. (2019). Degenerate Feedback Loops in Recommender Systems. *arXiv*. https://oreil.ly/b9G7o

됩니다. 따라서 모델은 다시 피처 X에 더 높은 가중치를 부여하게 됩니다.[14] 5장에서 이야기했 듯 모델에 대한 각 피처의 중요도를 측정하는 식으로 모델이 예측을 수행하는 방식에 대해 가 시성을 확보할 수 있습니다. 이는 피처 X에 대한 편향을 감지하는 데 큰 도움이 됩니다.

사람이 관여하지 않는다면 퇴행성 피드백 루프로 인해 모델이 최적 성능에 못 미치는 상태로 계속 동작하게 됩니다. 최악의 경우 피처 X가 없는 후보에 대해 편향을 갖는 등 데이터에 존재 하는 편향이 영속화되고 확대됩니다.

퇴행성 피드백 루프 감지

퇴행성 피드백 루프가 이렇게 치명적인데, 시스템의 피드백 루프가 퇴행성인지 아닌지 어떻게 알 수 있을까요? 시스템이 오프라인일 때는 퇴행성 피드백 루프를 감지하기 어렵습니다. 퇴행 성 루프는 사용자 피드백으로 인해 발생하는데 시스템이 온라인 상태가 되기 전까지는, 즉 사 용자에게 배포되기 전까지는 사용자가 존재하지 않기 때문입니다.

추천 시스템에서는 시스템이 오프라인일 때도 시스템 출력 인기도의 다양성을 측정해 퇴행성 피드백 루프를 감지할 수 있습니다. 항목의 인기도는 과거에 상호 작용(예: 열람, 좋아요, 구 매 등)이 일어난 횟수를 기반으로 측정합니다. 모든 항목의 인기도는 롱테일 분포를 따릅니 다. 소수 항목만 다수 사용자와 상호 작용이 발생하고 대부분 항목은 상호 작용이 거의 발생하 지 않습니다. 논문「Goodbye Pareto Principle, Hello Long Tail: The Effect of Search Costs on the Concentration of Product Sales」에서 제안한 **롱테일 항목**long-tail item의 **총체 적 다양성**aggregate diversity과 **평균 적용 범위**average coverage라든가, 「Blockbuster Culture's Next Rise or Fall: The Impact of Recommender Systems on Sales Diversity」와「Managing Popularity Bias in Recommender Systems with Personalized Re-ranking」에 나오는 다양한 지표들은 추천 시스템 출력의 다양성을 측정하는 데 도움이 될 수 있습니다.[15] 낮은 점 수는 시스템 출력이 단조로움을 의미하며, 이는 인기도 편향으로 인해 발생할 수 있습니다.

---

14 이는 '생존 편향'과 관련이 있습니다.

15 Brynjolfsson, E., Hu, Y., & Simester, D. (2011). Goodbye Pareto Principle, Hello Long Tail: The Effect of Search Costs on the Concentration of Product Sales. *Management Science*, *57*(8): 1373-1386. https://oreil.ly/tGhHi
Fleder, D., & Hosanagar, K. (2009). Blockbuster Culture's Next Rise or Fall: The Impact of Recommender Systems on Sales Diversity. *Management Science*, *55*(5). https://oreil.ly/Zwkh8
Abdollahpouri, H., Burke, R., & Mobasher, B. (2019, January 22). Managing Popularity Bias in Recommender Systems with Personalized Re-ranking. *arXiv*. https://oreil.ly/jgYLr

2021년 논문 「Beyond NDCG: Behavioral Testing of Recommender Systems with RecList」는 한발 더 나아가 인기도 대비 적중률 측정을 제안했습니다. 먼저 인기도에 따라 항목을 버킷으로 나눕니다. 예를 들어, 버킷 1은 100회 미만 상호 작용한 항목으로 구성하고 버킷 2는 100회 이상 1,000회 미만 상호 작용한 항목으로 구성합니다. 그리고 각 버킷에 대한 추천 시스템의 예측 정확도를 측정합니다. 추천 시스템이 인기가 덜한 항목보다 인기 있는 항목을 추천할 때 예측 정확도가 훨씬 높았다면 인기도 편향이 발생했을 가능성이 높습니다.[16] 시스템이 프로덕션 단계에 있고 시간에 따라 예측이 점점 더 단조로워진다면 퇴행성 피드백 루프 문제가 발생한 것입니다.

퇴행성 피드백 루프 교정

퇴행성 피드백 루프는 흔한 문제이므로 교정 방법도 많습니다. 이 장에서는 두 가지 방법을 알아볼 텐데, 첫 번째는 무작위화를 사용하는 것이고 두 번째는 위치 피처를 사용하는 것입니다.

앞서 이야기했듯 퇴행성 피드백 루프로 인해 시간에 따라 시스템 출력이 점차 단조로워질 수 있습니다. 예측에 무작위화를 도입하면 이런 단조로움을 줄일 수 있습니다. 예를 들어, 추천 시스템에서 사용자에게 순위가 높은 항목만 보여주는 대신 무작위 항목을 보여주고 그에 대한 사용자 피드백을 받아서 항목의 실제 경쟁력을 결정합니다. 틱톡은 이 접근법을 따릅니다. 각 신규 동영상은 초기 트래픽 풀에 무작위로 배정됩니다(최대 수백 회 노출). 이 트래픽 풀로 각 동영상의 편향 없는 경쟁력을 평가해 더 큰 트래픽 풀로 이동할지 혹은 관련 없는 영상으로 지정할지 결정합니다.[17]

무작위화는 다양성을 개선하는 한편 사용자 경험을 저하합니다.[18] 제품이 항목을 계속 무작위로 보여주면 사용자는 해당 제품에 대한 흥미를 완전히 잃을 수 있습니다. 9.2.5절 '밴딧'의 '탐색 전략으로서의 상황적 밴딧'에서 논의하는 지능적인 탐색 전략은 허용 가능한 예측 정확도 손실 폭을 정해놓고 그 안에서 항목 다양성을 높이는 데 큰 도움이 될 수 있습니다. 논문 「Recommendations as Treatments: Debiasing Learning and Evaluation」에서는 작은

---

16 Chia, P. J., Tagliabue, J., Bianchi, F., He, C., & Ko, B. (2021, November 18). Beyond NDCG: Behavioral Testing of Recommender Systems with RecList. *arXiv*. https://oreil.ly/7GfHk

17 Wang, C. (2020, June 7). *Why TikTok Made Its Users So Obsessive? The AI Algorithm That Got You Hooked.* Towards Data Science. https://oreil.ly/J7nJ9

18 Adomavicius, G., & Kwon, Y. (2012, May). Improving Aggregate Recommendation Diversity Using Ranking–Based Techniques. *IEEE Transactions on Knowledge and Data Engineering, 24*(5): 896–911. https://oreil.ly/0JjUV

규모의 무작위화와 인과 추론 기술을 사용해 각 노래의 편향되지 않은, 본래 가치를 추정해내는 방법을 제시합니다.[19] 논문은 해당 알고리즘이 기존 추천 시스템을 다소 교정해 창작자들에 대한 편향 없는 추천을 제공해줌을 보였습니다.

앞서 이야기했듯 퇴행성 피드백 루프는 예측에 대한 사용자 피드백으로 인해 발생하며, 예측에 대한 사용자 피드백은 보이는 위치에 따라 편향됩니다. 사용자에게 노래를 다섯 개씩 추천하는 추천 시스템 예시를 생각해보면, 최상단 추천곡은 나머지 네 곡에 비해 클릭 가능성이 훨씬 높습니다.

예측값이 보여지는 위치가 피드백에 어떤 식으로든 영향을 미치는 경우 위치 피처를 사용해 위치 정보를 인코딩할 수 있습니다. **위치 피처**positional feature는 숫자(예: 위치가 1, 2, 3, …) 혹은 부울(예: 예측값이 첫 번째 위치에 보이는지 여부)입니다. 위치 피처는 5장에서 언급한 '위치 임베딩'과 다르다는 점을 주의하기 바랍니다.

간단한 예시로 위치 피처 사용법을 살펴봅시다. 모델을 훈련할 때 [표 8-1]과 같이 훈련 데이터에 '최상단 추천 여부'를 피처로 추가합니다. 이 피처를 통해 모델은 최상단 추천 여부가 클릭 여부에 얼마나 영향을 미치는지 알 수 있습니다.

표 8-1 퇴행성 피드백 루프를 완화하기 위해 훈련 데이터에 위치 피처를 추가합니다.

ID	노래	장르	연도	아티스트	사용자	최상단 추천 여부	클릭 여부
1	섈로Shallow	팝	2020	레이디 가가	listenr32	아니오	아니오
2	굿 바이브Good Vibe	펑크	2019	펑크 오버로드	listenr32	아니오	아니오
3	비트 잇Beat it	락	1989	마이클 잭슨	fancypants	아니오	아니오
4	인 블룸In Bloom	락	1991	너바나	fancypants	예	예
5	섈로Shallow	팝	2020	레이디 가가	listenr32	예	예

추론할 때는 노래가 추천되는 위치에 상관없이 사용자가 노래를 클릭할지 예측하는 것이 목표이므로 최상단 위치 피처 값을 '아니오'로 설정합니다. 그리고 사용자마다 여러 곡들에 대한 모델 예측값을 보고 각 노래를 보여줄 순서를 결정합니다.

....

19 Schnabel, T., Swaminathan, A., Singh, A., Chandak, N., & Joachims, T. (2016, February 17). Recommendations as Treatments: Debiasing Learning and Evaluation. arXiv. https://oreil.ly/oDPSK

이것은 단순한 예시이며 퇴행성 피드백 루프를 방지하기에 충분하지 않을 수 있습니다. 보다 정교한 해결 방법은 두 가지 모델을 사용하는 것입니다. 첫 번째 모델은 추천이 보이는 위치를 고려해 사용자가 추천을 살펴보고 선택을 고려할 확률을 예측합니다. 그리고 두 번째 모델은 사용자가 살펴보고 선택을 고려한 항목을 최종적으로 클릭할 확률을 예측합니다. 두 번째 모델은 위치와 전혀 관련이 없습니다.

8.2 데이터 분포 시프트

이전 절에서 ML 시스템 장애의 일반적인 원인을 논의했습니다. 이 절에서는 데이터 분포 시프트, 줄여서 데이터 시프트라고 부르는 보다 까다로운 장애 원인을 다룹니다. 데이터 분포 시프트는 지도 학습에서 모델이 동작하는 데이터가 시간에 따라 변하는 현상으로, 이에 따라 모델 예측도 시간이 지날수록 덜 정확해집니다. 모델이 훈련된 데이터의 분포를 **원본 분포**source distribution라고 하며 모델이 추론을 실행하는 데이터의 분포를 **대상 분포**target distribution라고 합니다.

데이터 분포 시프트에 대한 논의는 최근 몇 년 사이 ML 도입이 증가하면서 보편화됐지만, 데이터로 학습한 시스템에서의 데이터 분포 시프트는 이미 1986년에 연구됐습니다.[20] 2008년 MIT 출판사에서 발행한 『머신러닝에서의 데이터셋 시프트Dataset Shift in Machine Learning』는 데이터셋 분포 시프트를 다룹니다.

8.2.1 데이터 분포 시프트 유형

데이터 분포 시프트는 종종 개념 드리프트concept drift, 공변량 시프트covariance shift, 때때로 레이블 시프트label shift와 동일한 의미로 사용되지만, 이 세 가지 개념은 데이터 시프트의 하위 유형입니다. 다양한 데이터 시프트 유형에 대한 논의는 상당히 수학적이며 대부분은 연구하는 입장에 한해 유용한 내용입니다. 데이터 시프트를 감지하고 해결하는 효율적인 알고리즘을 개발하려면 시프트 원인을 이해해야 합니다. 프로덕션 환경에서 분포 시프트가 발생하면 데이터 과학자는 보통 어떤 유형의 시프트인지 궁금해하지 않습니다. 그보다는 변화를 처리하기 위해 어떤

---

20 Schlimmer, J. C., & Granger, R. H. Jr. (1986). Incremental Learning from Noisy Data. *Machine Learning*, 1(3): 317–354. https://oreil.ly/FxFQi

행동을 취해야 할지가 주 관심사죠. 이 절 내용이 너무 깊다고 생각하면 다음 절 '일반적인 데이터 분포 시프트'로 건너뛰어도 됩니다.

개념 드리프트, 공변량 시프트와 레이블 시프트가 무엇을 의미하는지 이해하려면 먼저 몇 가지 수학적 표기법을 정의해야 합니다. 모델에 대한 입력을 X, 출력을 Y라고 합시다. 지도 학습에서 훈련 데이터는 결합 분포 $P(X, Y)$의 샘플 집합으로 볼 수 있으며 ML은 일반적으로 $P(Y \mid X)$를 모델링합니다. 이 결합 분포 $P(X, Y)$는 두 가지 방식으로 분해됩니다.

- $P(X, Y) = P(Y \mid X)P(X)$
- $P(X, Y) = P(X \mid Y)P(Y)$

$P(Y \mid X)$는 입력이 주어졌을 때 출력의 조건부 확률을 나타냅니다. 예를 들어, 이메일 내용이 주어졌을 때 이메일이 스팸일 확률입니다. $P(X)$는 입력의 확률 밀도 함수를 나타내며 $P(Y)$는 출력의 확률 밀도 함수를 나타냅니다. 공변량 시프트, 레이블 시프트, 개념 드리프트는 다음과 같이 정의합니다.

공변량 시프트(Covariate shift)

$P(X)$가 변하지만 $P(Y \mid X)$는 동일하게 유지됩니다. 첫 번째 분해식에 해당합니다.

레이블 시프트(Label shift)

$P(Y)$가 변하지만 $P(X \mid Y)$는 동일하게 유지됩니다. 두 번째 분해식에 해당합니다.

개념 드리프트(Concept drift)

$P(Y \mid X)$가 변하지만 $P(X)$는 동일하게 유지됩니다. 첫 번째 분해식에 해당합니다.[21]

혼란스럽더라도 당황하지 않아도 됩니다. 이어서 예시를 통해 차이점을 살펴봅시다.

---

21 두 번째 분해식에서 $P(X \mid Y)$가 변하지만 $P(Y)$는 동일하게 유지되는 경우는 어떨까요? 필자는 이 설정에 대한 연구를 접한 적이 없습니다. 데이터 시프트가 전문 분야인 연구원 두 명에게 물었더니 그들은 해당 설정이 연구하기에는 너무 어려울 거라고 답했습니다.

공변량 시프트

공변량 시프트는 많이 연구된 데이터 분포 시프트 유형 중 하나입니다.[22] 통계학에서 공변량은 주어진 통계적 시행 결과에 영향을 미칠 수 있지만 직접적인 관심 대상은 아닌 독립 변수입니다. 예를 들어, 지리적인 위치가 주택 가격에 미치는 영향을 확인하기 위해 실험한다고 가정해 봅시다. 직접적인 관심사는 주택 가격이라는 변수이고, 넓이라는 변수는 가격에 영향을 미치므로 공변량인 셈입니다. 지도 학습에서는 레이블이 직접적인 관심 변수이고 입력 피처는 공변량 변수입니다.

수학적으로, 공변량 시프트는 $P(X)$가 변하지만 $P(Y \mid X)$는 동일하게 유지되는 경우입니다. 즉, 입력의 분포는 변하지만 입력이 주어졌을 때 출력의 조건부 확률은 동일하게 유지됩니다.

예시로 유방암을 감지하는 작업을 가정해봅시다. 여성이 40세 이상이면 유방암에 걸릴 확률이 더 높습니다.[23] 따라서 입력 변수는 '나이'입니다. 추론 데이터보다 훈련 데이터에 40세 이상 여성이 더 많다면 훈련 및 추론 데이터의 입력 분포가 상이합니다. 하지만 연령이 정해진 데이터 포인트, 예컨대 40세 이상인 데이터 포인트가 유방암에 걸릴 확률은 일정합니다. 따라서 $P(Y \mid X)$, 즉 40세 이상이 유방암에 걸릴 확률은 같습니다.

모델 개발 시 데이터 선택 프로세스에 내재된 편향 때문에 공변량 시프트가 발생할 수 있습니다. 이 편향이 생기는 이유는 특정 클래스의 샘플을 수집하기가 어렵기 때문입니다. 예를 들어, 유방암을 연구하기 위해 여성들이 주로 유방암 검사를 받으러 가는 병원에서 데이터를 얻었다고 가정해봅시다. 40세 이상이면 검진을 권유받으므로 병원 데이터의 대부분은 40세 이상 여성일 것입니다. 이러한 이유로 공변량 시프트는 샘플 선택 편향 문제와 밀접하게 관련됩니다.[24]

공변량 시프트는 모델이 좀 더 쉽게 학습할 수 있도록 훈련 데이터를 인위적으로 변경할 때 발생하기도 합니다. 4장에서 논의한 바와 같이 ML 모델 학습은 불균형 데이터셋에서 더 어렵습니다. 따라서 드물게 발생하는 클래스에 대해 더 많은 샘플을 수집하거나 모델이 드문 클래스를 더 잘 학습하도록 해당 클래스에 대한 데이터를 오버샘플링하기도 하죠.

22 Kouw, W. M., & Loog, M. (2018, December 31). An Introduction to Domain Adaptation and Transfer Learning. *arXiv*. https://oreil.ly/VKSVP

23 *Breast Cancer Risk in American Women*. National Cancer Institute. (n.d.). https://oreil.ly/BFP3U

24 Gretton, A., Smola, A., Huang, J., Schmittfull, M., Borgwardt, K., & Schölkopf, B. (2009). Covariate Shift by Kernel Mean Matching. *Journal of Machine Learning Research*. https://oreil.ly/s49MI

공변량 시프트는 모델 학습 프로세스, 특히 능동적 학습 프로세스 때문에 생기기도 합니다. 4장에서 학습했듯 능동적 학습의 정의는 모델을 훈련할 샘플을 무작위로 선택하는 대신 휴리스틱에 따라 해당 모델에 가장 유용한 샘플을 선택하는 방법입니다. 즉, 훈련 입력 분포가 실제 입력 분포와 다르게 학습 프로세스에 의해 변경되면서 공변량 시프트가 의도치 않게 동반됩니다.[25]

프로덕션 환경에서 공변량 시프트는 일반적으로 환경 혹은 애플리케이션 사용 방식이 크게 변함에 따라 발생합니다. 예를 들어, 모델이 무료 사용자가 유료 사용자로 전환할 가능성을 예측한다고 가정해봅시다. 사용자의 소득 수준이 피처입니다. 그런데 최근 회사의 마케팅 부서는 현재보다 더 소득이 높은 사용자를 끌어들이는 캠페인을 시작했습니다. 이에 따라 모델 입력 분포가 변하지만, 소득이 동일할 때 사용자의 전환 확률은 여전히 동일합니다.

실제 입력 분포가 훈련 입력 분포와 어떻게 다를지 미리 알 수 있다면 **중요도 가중치 조정**importance weighting과 같은 기술로 현실 데이터에 대해 잘 작동하도록 모델을 훈련할 수 있습니다. 중요도 가중치 조정은 두 단계로 구성됩니다. 실제 입력 분포와 학습 입력 분포 간의 밀도 함수 비율을 추정한 다음, 이 비율에 따라 학습 데이터에 가중치를 부여하고 이 가중치 데이터로 ML 모델을 학습합니다.[26]

그러나 현실에서는 분포가 어떻게 변할지 미리 알 수 없습니다. 따라서 모델을 새로운 미지의 분포에 강건하도록 선제적으로 학습시키는 일은 매우 어렵습니다. 모델이 데이터 분포 전반에 걸쳐 변하지 않는 잠재 변수 표현을 학습하게 하려는 연구가 있었지만[27] 업계에서 이러한 방식은 널리 사용되지 않는 것으로 보입니다.

레이블 시프트

레이블 시프트는 $P(Y)$가 변하지만 $P(X|Y)$가 동일하게 유지되는 경우를 말하며 사전 시프트, 사전 확률 시프트, 목표 시프트라고도 합니다. 출력 분포가 변하지만 주어진 출력에 대한 입력

25 Sugiyama, M., & Kawanabe, M. (2012). *Machine learning in non-stationary environments introduction to covariate shift adaptation*. The MIT Press.

26 Fang, T., Lu, N., Niu, G., & Sugiyama, M. (2020). Rethinking Importance Weighting for Deep Learning under Distribution Shift. *NeurIPS Proceedings 2020*. https://oreil.ly/GzJ1r
Gretton et al. (2009). Covariate Shift by Kernel Mean Matching.

27 Zhao, H., Tachet Des Combes, R., Zhang, K., & Gordon, G. (2019). On Learning Invariant Representations for Domain Adaptation. *Proceedings of Machine Learning Research*, 97: 7523–7532. https://oreil.ly/ZxYWD

분포는 동일하게 유지되는 경우로 생각하면 됩니다.

앞서 살펴본 공변량 시프트는 입력 분포가 변하는 경우임을 기억하기 바랍니다. 입력 분포가 변하면 출력 분포도 변해 공변량 시프트와 레이블 시프트가 동시에 발생합니다. 공변량 시프트에 대한 유방암 예시에서 40세 이상 여성이 추론 데이터보다 훈련 데이터에 더 많아 양성 레이블 비율이 훈련 과정에서 더 높습니다. 하지만 훈련 데이터에서 유방암에 걸린 사람 A를 무작위로 선택하고, 테스트 데이터에서 유방암에 걸린 사람 B를 무작위로 선택한다면 A와 B가 40세 이상일 확률은 동일합니다. 따라서 $P(Y)$, 즉 유방암에 걸린 사람이 40세 이상일 확률은 동일합니다. 따라서 이는 레이블 시프트에 해당하기도 합니다.

하지만 공변량 시프트가 반드시 레이블 시프트를 동반하는 것은 아닙니다. 또 다른 예로, 여성이 유방암에 걸릴 확률을 줄여주는 예방약이 있다고 가정해봅시다. 확률 $P(X)$는 모든 연령대의 여성에 대해 감소하므로 공변량 시프트에 해당하지 않습니다. 하지만 유방암에 걸린 사람의 경우 연령 분포가 동일하게 유지되므로 이것은 여전히 레이블 시프트에 해당합니다.

레이블 시프트는 공변량 시프트와 밀접하게 관련되므로 모델이 감지하고 레이블 시프트에 맞게 조정하는 방법은 공변량 시프트 시의 조정 방식과 비슷합니다. 이 장 뒷부분에서 더 자세히 논의합니다.

개념 드리프트

사후 시프트posterior shift라고도 하는 개념 드리프트concept drift는 입력 분포가 동일하게 유지되지만 정해진 입력에 대한 출력의 조건부 분포가 변하는 경우입니다. '동일한 입력, 상이한 출력'으로 생각하면 됩니다. 예를 들어, 주택 관련 피처를 기반으로 주택 가격을 예측하는 모델을 가정해봅시다. 샌프란시스코에 있는 침실 3개짜리 아파트는 코로나19 이전 200만 달러였지만 코로나19 초기에는 많은 사람이 샌프란시스코를 떠나 150만 달러에 불과했습니다.

많은 경우 개념 드리프트는 주기적이거나 계절적입니다. 예를 들어, 승차 공유 가격은 주중과 주말 사이 변동하고 항공권 가격은 휴가철에 올라갑니다. 기업들은 주기적, 계절적 드리프트를 처리하기 위해 여러 모델을 사용하기도 합니다. 예를 들어, 승차 공유 서비스에서 주중 가격을 예측하는 모델과 주말 가격을 예측하는 모델이 각각 따로일 수 있죠.

8.2.2 일반적인 데이터 분포 시프트

학계에서는 잘 연구되지 않았지만 현실에서 모델 성능을 저하할 수 있는 몇 가지 변화 유형이 있습니다.

하나는 피처 변화feature change입니다. 신규 피처가 추가되거나, 이전 피처가 제거되거나, 피처 값의 가능한 범위가 변한 경우입니다.[28] 예를 들어, 모델이 '연령' 피처에 연 단위를 사용하다가 이제는 월 단위를 사용한다면 해당 피처 값의 범위가 변하게 됩니다. 한번은 필자가 속한 팀에서 파이프라인 버그로 인해 피처 값이 모두 NaN('not a number'의 줄임말)이 돼 모델 성능이 급락한 걸 발견한 적이 있습니다.

레이블 스키마 변화label schema change는 Y 값의 가능한 범위가 변하는 경우입니다. 레이블 시프트의 경우 $P(Y)$는 변하지만 $P(X|Y)$는 그대로 유지됩니다. 반면 레이블 스키마가 변하면 $P(Y)$와 $P(X|Y)$가 모두 변하게 됩니다. 스키마는 데이터 구조를 설명하므로 특정 작업에 대한 레이블 스키마는 해당 작업의 레이블 구조를 설명합니다. 예를 들어, {'양성': 0, '음성': 1}과 같이 각 클래스를 정숫값에 대응시키는 딕셔너리는 스키마입니다.

회귀 작업의 경우 레이블 값의 가능한 범위가 변하면서 레이블 스키마 변화가 발생할 수 있습니다. 개인 신용 점수를 예측하는 모델을 예로 들면, 신용 점수가 300에서 850 사이로 나오는 시스템을 사용하다가 250에서 900 사이로 나오는 새로운 시스템으로 바꿀 수도 있습니다.

분류 작업의 경우 신규 클래스로 인해 레이블 스키마 변화가 발생할 수 있습니다. 예를 들어, 질병 진단 모델을 구축하고 있는데 진단해야 할 새로운 질병이 생겼다고 가정해봅시다. 클래스 구분이 너무 구식이거나 세분화가 더 필요할 수도 있습니다. 혹은 여러분이 재직 중인 회사의 브랜드를 언급하는 트윗을 대상으로 감성 분석을 하는 모델을 담당한다고 가정해봅시다. 원래 모델은 긍정, 부정, 중립 등 세 가지 클래스만 예측했는데 마케팅 부서에서 성난 트윗이 가장 위험하다는 걸 깨닫게 됩니다. 따라서 부정이라는 클래스를 슬픔과 분노라는 두 클래스로 세분화하고, 이제 클래스는 세 개가 아니라 네 개가 됩니다. 클래스 수가 변하면 모델 구조가 변할수 있으며[29] 데이터를 다시 레이블링하고 모델을 처음부터 재학습해야 할 수도 있습니다. 레이블 스키마 변화는 제품이나 문서에 대한 범주화 같은 고차원 카디널리티 작업(클래스가 많은

---

28 $P(X)$와 $P(Y|X)$가 모두 변하는 경우라고 생각하면 됩니다.

29 분류 과제에 대한 마지막 레이어로 소프트맥스를 사용하는 신경망의 경우 해당 소프트맥스 레이어의 차원은 [잠재 유닛 개수 × 클래스 개수]입니다. 클래스 개수가 변하면 소프트맥스 레이어의 매개변수 개수도 변합니다.

작업)에서 특히 흔하게 발생합니다.

한 번에 한 가지 유형의 시프트만 발생한다는 법은 없습니다. 모델에 여러 유형의 드리프트가 한꺼번에 발생하면 처리하기가 훨씬 더 까다롭습니다.

8.2.3 데이터 분포 시프트 감지

데이터 분포 시프트는 모델 성능이 저하될 때만 문제가 됩니다. 따라서 첫 번째 아이디어는 프로덕션 환경에서 모델의 정확도 관련 지표(정확도, F1 점수, 재현율, AUC-ROC 등)를 모니터링하면서 변화를 확인하는 것입니다. 여기서 '변화'는 일반적으로 '감소'를 의미하지만 특별한 까닭 없이 모델의 정확도가 갑자기 오르거나 크게 변동한다면 조사해보고 싶을 겁니다.

정확도 관련 지표는 모델의 예측값을 그라운드 트루스 레이블과 비교하는 식으로 계산합니다.[30] 모델 개발 중에는 레이블을 이용할 수 있지만 프로덕션 환경에서 레이블은 항상 이용 가능한 것이 아니며, 이용 가능하더라도 4.2.2절 '자연 레이블'에서 이야기했듯 보통 지연 입수됩니다. 합리적인 시간 안에 레이블을 이용할 수 있다면 모델 성능에 대한 가시성을 확보하는 데 큰 도움이 됩니다.

그라운드 트루스 레이블이 사용 불가하거나 너무 지연돼 유용하지 않다면 대신 관심 있는 다른 분포를 모니터링할 수 있습니다. 관심 있는 분포는 입력 분포 $P(X)$, 레이블 분포 $P(Y)$, 조건부 확률 분포인 $P(X \mid Y)$와 $P(Y \mid X)$입니다.

입력 분포를 모니터링하기 위해 그라운드 트루스 레이블 Y를 알 필요는 없지만 레이블 분포와 두 조건부 분포[31]를 모니터링하려면 Y를 알아야 합니다. 연구자들은 대상 분포로부터 레이블 없이 레이블 시프트를 파악하고 감지하려고 노력해왔습니다. 한 가지 사례는 블랙박스 시프트 추정[32]입니다. 하지만 업계 내 대부분의 드리프트 감지 방법은 입력 분포, 특히 피처 분포의 변화를 감지하는 데 중점을 둡니다.

---

30 비지도 학습 방법을 사용한다면 그라운드 트루스 레이블이 필요하지 않지만 오늘날 대부분의 애플리케이션은 지도 학습입니다.

31 옮긴이_ 여기서 두 조건부 분포는 $P(Y|X)$와 $P(X|Y)$를 의미합니다.

32 Lipton, Z. C., Wang, Y.-X., & Smola, A. (2018). Detecting and correcting for label shift with black box predictors. *arXiv*. https://oreil.ly/4rKh7

통계적 방법

많은 회사에서 두 분포가 동일한지 파악하는 데 사용하는 방법은 단순히 최소, 최대, 평균, 중앙값, 분산, 다양한 분위수(예: 5번째, 25번째, 75번째, 95번째 분위수), 왜도, 첨도 같은 통계량을 비교하는 것입니다. 예를 들어, 추론하는 동안 피처의 중앙값과 분산을 계산하고 훈련하는 동안 계산한 지표와 비교해봅니다. 2021년 10월부터 텐서플로 익스텐디드TensorFlow Extended의 내장 데이터 검증 도구[33] 또한 요약 통계량만을 이용해서 훈련 데이터와 서빙 데이터 간의 괴리 또는 서로 다른 날짜의 훈련 데이터 간 시프트를 감지합니다. 분석을 시작하기에는 괜찮지만 보통 이러한 지표들만으로는 충분하지 않습니다.[34] 평균, 중앙값, 분산은 그것들이 요약 값으로 유용한 분포에 한해서 유용합니다. 이러한 지표가 크게 다르다면 추론 시 분포가 훈련 시 분포에서 상당히 시프트했을 수 있습니다. 한편 지표가 유사하더라도 시프트가 없으리라는 보장은 없습니다.

보다 정교한 방법은 2-표본 가설 검정, 줄여서 2-표본 검정을 사용해 두 모집단(두 데이터셋) 간의 차이가 통계적으로 유의한지 확인하는 방법입니다. 통계적으로 유의한 차이의 경우 이것이 샘플링으로 인한 산포 때문에 발생한 무작위 변동일 가능성은 매우 낮습니다. 따라서 이 차이의 원인은 두 모집단이 서로 다른 분포에서 발생했기 때문입니다. 어제 데이터를 원천 모집단으로, 오늘 데이터를 대상 모집단으로 뒀을 때 통계적으로 다르다면 내재된 데이터 분포가 어제와 오늘 사이 시프트했을 가능성이 높습니다.

주의할 점은 차이가 통계적으로 유의하더라도 실용적으로는 의미가 크지 않을 수 있다는 점입니다. 한편 상대적으로 적은 샘플에서 차이가 감지됐다면 아마 심각한 차이일 거라고 생각하는 것도 괜찮은 휴리스틱입니다. 반대로 감지하는 데 샘플이 엄청나게 많이 필요하다면 그 차이는 크게 걱정할 가치가 없다고 판단할 수 있죠.

기본 2-표본 검정은 KS 또는 KS 검정이라고도 하는 콜모고로프-스미르노프Kolmogorov-Smirnov 검정입니다.[35] 이는 비모수 통계 검정이므로 내재 분포에 대한 어떠한 매개변수도 필요하지 않습니다. 즉, 내재 분포에 대한 가정을 두지 않아 모든 분포에 적용 가능합니다. 다만 KS 테스트

---

33 *https://oreil.ly/knwm0*

34 하멜 후사인(Hamel Husain)은 2022년 스탠퍼드 강의 'CS 329S: 머신러닝 시스템 설계'(*https://oreil.ly/Y9hAW*)에서 텐서플로 익스텐디드의 괴리 감지 방식이 왜 좋지 않은지 훌륭하게 설명했습니다. 유튜브에서 영상(*https://oreil.ly/ivxbQ*)을 볼 수 있습니다.

35 Chakravarti, I. M., Laha, R. G., & Roy, J. (1967). *Handbook of Methods of Applied Statistics, vol. 1: Techniques of Computation, Descriptive Methods, and Statistical Inference*. New York: Wiley.

의 주요 단점은 1차원 데이터에만 적용할 수 있다는 점입니다. 모델의 예측과 레이블이 1차원(스칼라 숫자)이면 KS 검정은 레이블 또는 예측 시프트를 감지하는 데 유용합니다. 하지만 고차원 데이터에는 작동하지 않으며 피처는 주로 고차원입니다.[36] KS 검정은 연산 비용이 높고 오탐지 경고를 너무 많이 생성할 수 있습니다.[37]

또 다른 검정 방법으로 최소 제곱 밀도 함수 차이 추정 방법[38] 기반의 알고리즘인 최소 제곱 밀도 함수 차이Least-Squares Density Difference 검정이 있습니다. 그리고 최대 평균 불일치Maximum Mean Discrepancy(MMD),[39] 다변량 2-표본 검정을 위한 커널 기반 기법과 그 변종인 학습된 커널 MMDLearned Kernel MMD[40]가 있습니다. MMD는 연구자들 사이에서는 인기가 있지만 이 책을 쓰는 시점 기준으로 업계에서 MMD를 사용하는 회사를 본 적은 없습니다. 알리바이 디텍트Alibi Detect[41]는 [그림 8-2]와 같이 다양한 드리프트 감지 알고리즘을 구현한 훌륭한 오픈 소스 패키지입니다.

2-표본 검정은 고차원 데이터보다 저차원 데이터에서 더 잘 작동할 때가 많으므로 2-표본 검정을 수행하기 전에 데이터의 차원을 줄이는 편이 좋습니다.[42]

---

36 Feigelson, E., & Babu, G. J. (n.d.). Beware the Kolmogorov–Smirnov Test! *Center for Astrostatistics, Penn State University*. https://oreil.ly/7AHcT

37 Breck, E., Zinkevich, M., Polyzotis, N., Whang, S., & Roy, S. (2019). Data Validation for Machine Learning. *Proceedings of SysML*. https://oreil.ly/xoneh

38 Bu, L., Alippi, C., & Zhao, D. (2018). A pdf–Free Change Detection Test Based on Density Difference Estimation. *IEEE Transactions on Neural Networks and Learning Systems*, 29(2): 324 – 334. https://oreil.ly/RD8Uy
　저자는 이 방법이 다차원 입력에 대해 잘 작동한다고 주장합니다.

39 Gretton et al. (2012). https://oreil.ly/KzUuw

40 Liu et al. (2020). https://oreil.ly/C5dXl

41 깃허브: *https://oreil.ly/162tf*

42 Rabanser, S., Günnemann, S., & Lipton, Z. C. (2018, October 29). Failing Loudly: An Empirical Study of Methods for Detecting Dataset Shift. *arXiv*. https://oreil.ly/HxAwV

탐지 모델	표 형식	이미지	시계열	텍스트	범주형 피처	온라인	피처 수준
콜모고로프–스미르노프	✓	✓		✓	✓		✓
크래머–폰 미제스	✓	✓				✓	✓
피셔의 정확 검정	✓				✓	✓	✓
최대 평균 불일치 (MMD)	✓	✓		✓	✓	✓	
학습된 커널 MMD	✓	✓		✓	✓		
상황 인식 MMD	✓	✓	✓	✓	✓		
최소 제곱 밀도 함수 차이(LSDD)	✓	✓		✓	✓	✓	
카이 제곱	✓				✓		✓
혼합 유형의 표 형식 데이터	✓				✓		✓
분류 모델	✓	✓	✓	✓	✓		
스팟-더-디프	✓	✓	✓	✓	✓		✓
분류 모델 불확실성	✓	✓	✓	✓	✓		
회귀 모델 불확실성	✓	✓	✓	✓	✓		

그림 8-2 알리바이 디텍트에 의해 구현된 드리프트 감지 알고리즘의 일부(출처: 해당 프로젝트의 깃허브 저장소)

시프트를 감지하기 위한 시간 척도 윈도

모든 시프트 유형이 동일하지는 않습니다. 어떤 것들은 다른 것에 비해 찾아내기 어렵죠. 예를 들어, 변화는 서로 다른 속도로 발생하며 갑작스러운 변화는 느리고 점진적인 변화보다 감지하기 쉽습니다.[43] 시프트는 공간과 시간이라는 두 가지 차원에서도 발생할 수 있습니다. 공간적 시프트는 접속 지점이 달라짐에 따라 발생하는 시프트로, 예컨대 애플리케이션에 새로운 사용자 집단이 생기거나 애플리케이션이 이제 다른 유형의 디바이스에 제공되는 경우가 있습니다. 시간적 시프트는 시간이 지남에 따라 발생하는 시프트입니다. 시간적 시프트를 감지하는 일반적인 접근법은 ML 애플리케이션에 대한 입력 데이터를 시계열 데이터로 처리하는 것입니다.[44]

시간 척도 윈도는 시간적 시프트를 다룰 때 데이터를 살펴보는 기준으로, 우리가 감지할 수 있

43 Baena–García, M., del Campo–Ávila, J., Fidalgo, R., Bifet, A., Gavaldà, R., & Morales–Bueno, R. (2006). Early Drift Detection Method. https://oreil.ly/Dnv0s

44 Ramanan, N., Tahmasbi, R., Sayer, M., Jung, D., Hemachandran, S., & Coelho Jr., C. N. (2021, October 12). Real-time Drift Detection on Time–series Data. *arXiv*. https://oreil.ly/xmdqW

는 시프트 수준에 영향을 미칩니다. 예를 들어, 데이터에 주 단위 주기가 있다면 일주일 미만의 시간 척도는 해당 주기를 감지하지 못합니다. [그림 8-3]에서, 9일부터 14일까지의 데이터를 원본 분포로 사용하면 15일 차는 마치 시프트한 것처럼 보이지만 1일부터 14일까지의 데이터를 원본 분포로 사용하면 15일 차의 모든 데이터 포인트는 원본과 동일한 분포에서 생성된 것처럼 보입니다. 예시에서 알 수 있듯 계절적인 변화로 인해 시프트가 교란되면 시간적 시프트를 감지하기 어렵습니다.

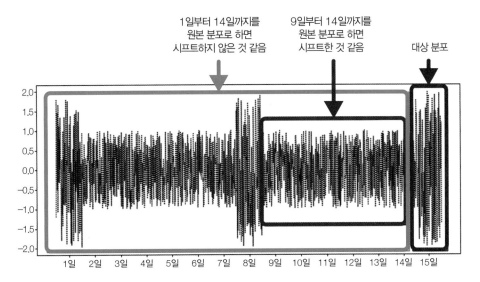

그림 8-3 분포가 시간에 따라 드리프트됐는지는 지정한 시간 척도 윈도에 따라 다릅니다.

시간에 따른 실행 통계를 계산할 때 **누적 통계**cumulative statistics와 **슬라이딩 통계**sliding statistics를 구별해야 합니다. 슬라이딩 통계는 단일 시간 척도 윈도(예: 한 시간) 내에서 계산하며 누적 통계는 더 많은 데이터로 지속 업데이트합니다. 즉, 각 시간 척도 윈도의 시작 지점마다 슬라이딩 정확도는 재설정되지만 누적 슬라이딩 정확도는 재설정되지 않습니다. 누적 통계에는 이전 창 정보가 포함되므로 특정 기간에 발생한 사건을 파악하기 어려울 수 있습니다. [그림 8-4]는 16시에서 18시 사이에 갑자기 정확도가 떨어지는 현상이 누적 정확도에서는 왜 잘 드러나지 않는지 보여줍니다.

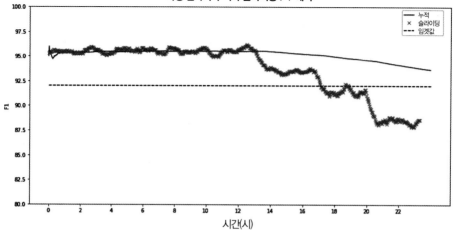

그림 8-4 누적 정확도에는 16시에서 18시 사이에 갑자기 정확도가 떨어지는 현상이 잘 드러나지 않습니다(출처: 메이드 위드 ML^MadeWithML의 이미지[45]를 각색함).

시간 영역의 데이터를 다루는 일은 훨씬 더 복잡하며, 시계열 분해 등 시계열 분석 기술에 대한 지식이 필요하므로 이 책의 범위를 벗어납니다. 시계열 분해에 관심이 있다면 리프트^Lyft 엔지니어링의 훌륭한 사례 연구[46]를 참고하기 바랍니다. 이 연구에서는 시장의 계절성을 처리하기 위해 시계열 데이터 분해를 수행합니다.

현재 많은 회사에서 훈련 데이터 분포를 기본 분포로 사용하며 특정 세분화 수준, 예컨대 시간별, 일별로 프로덕션 데이터 분포를 모니터링합니다.[47] 시간 척도 윈도가 작을수록 데이터 분포의 변화를 더 빨리 감지할 수 있습니다. 다만 윈도가 너무 작으면 [그림 8-3]과 같이 시프트에 대한 오탐지 경보로 이어질 수 있죠.

일부 플랫폼, 특히 모니터링같이 실시간 데이터 분석을 처리하는 플랫폼은 병합 연산을 제공하는데, 이 기능으로 크기가 작은 시간 척도 윈도에 대한 통계를 병합해 크기가 큰 시간 척도 윈도에 대한 통계를 생성할 수 있습니다. 예를 들어, 관심 대상 데이터 통계를 시간별로 계산한 다음 각 시간별 통계 값 모음을 일별 보기 기준으로 병합합니다.

---

45 *https://oreil.ly/viegx*
46 Graveleau, M. (2018, November 14). *How to deal with the seasonality of a market?* Medium. https://oreil.ly/zi1kk
47 필자는 아주 작은 단위 수준까지 처리할 수 있는 솔루션을 개발하고 있습니다.

보다 발전한 모니터링 플랫폼은 전체 통계를 자동으로 분석하는 근본 원인 분석root cause analysis(RCA) 기능을 시도합니다. 시간 시프트 크기를 다양하게 적용해 데이터 변화가 발생한 시간 윈도를 정확히 감지합니다.[48]

8.2.4 데이터 분포 시프트 해결

기업이 데이터 시프트를 해결하는 방식은 해당 기업의 ML 인프라가 얼마나 잘 구성돼 있는지에 달려 있습니다. 스펙트럼 한쪽 끝에는 ML을 도입한 지 얼마 안 된 기업들이 있습니다. ML 모델을 프로덕션 환경에 적용하는 작업이 한창이므로 아직 데이터 시프트가 중요한 시점에 도달하지 않았죠. 하지만 어느 시점(아마도 3개월이나 6개월 후)이 되면 초기에 배포한 모델에 득보다 실이 더 많음을 깨닫게 됩니다. 이때는 모델을 시프트한 분포에 맞게 조정하거나 다른 솔루션으로 교체해야 합니다.

한편 많은 기업은 데이터 시프트가 불가피하다고 생각하고, 따라서 시프트한 정도와 상관없이 한 달에 한 번, 일주일에 한 번 또는 하루에 한 번 주기적으로 모델을 재훈련합니다. 모델을 재훈련하는 최적 빈도는 중요한 결정 사항임에도 많은 기업에서 실험 데이터 대신 직감을 바탕으로 결정합니다.[49] 재훈련 빈도는 9장에서 자세히 다룹니다.

모델이 프로덕션 환경의 새로운 분포에서 잘 작동하도록 하는 세 가지 주요 접근법이 있습니다. 첫 번째는 현재 학계의 주류를 차지하는 접근법으로, 대규모 데이터셋으로 모델을 훈련하는 방법입니다. 이 방식은 훈련 데이터셋이 충분히 크다면 통합적인 분포, 즉 프로덕션 환경에서 모델이 마주할 모든 데이터 포인트를 가진 분포를 학습할 수 있을 거라고 기대합니다.

두 번째 접근법은 새로운 레이블을 요구하지 않으면서 훈련된 모델을 대상 분포에 적응시키는 방법으로, 연구자 사이에서 인기는 덜합니다. 2013년 논문 「Domain Adaptation under Target and Conditional Shift」[50]에서는 대상 분포의 레이블을 사용하지 않고 공변량 시프트와 레이블 시프트 모두에 대한 모델 예측값을 수정하기 위해 조건부와 주변 분포의 커

---

48 이 팁을 MLOps 디스코드 서버에 공유한 고쿠 모한다스(Goku Mohandas)에게 감사합니다.

49 이 책의 초기 검토자 이한충(Han-chung Lee)이 지적했듯 이는 규모가 작은 회사에서 모델에 대한 데이터를 충분히 가지고 있지 않아서이기도 합니다. 데이터가 많지 않을 때는 불충분한 데이터에 체계를 과적합시키기보다 시간에 따라 체계를 조정해나가는 편이 좋습니다.

50 Zhang, K., Schölkopf, B., Muandet, K., & Wang, Z. (2013). Domain Adaptation under Target and Conditional Shift. *In Proceedings of the 30th International Conference on Machine Learning.* https://oreil.ly/C123l

널 임베딩과 함께 인과적 해석을 사용했습니다. 이와 유사하게 2020년 논문 「On Learning Invariant Representations for Domain Adaptation」[51]에서는 도메인 불변의 표현 학습, 즉 변하는 분포에서 변하지 않는 데이터 표현을 학습하는 비지도 도메인 적응 기법을 제안했습니다. 하지만 이 영역은 연구가 많이 이뤄지지 않았으며 업계에서도 널리 도입되지 않았습니다.[52]

세 번째 접근법은 대상 분포에서 레이블이 지정된 데이터를 가져와 모델을 재훈련하는 방법으로, 오늘날 업계에서 흔히 수행됩니다. 하지만 모델을 재훈련하는 일은 그렇게 간단하지 않습니다. 재훈련은 이전 데이터와 신규 데이터 모두를 합쳐 모델을 처음부터 다시 훈련하거나 신규 데이터로 기존 모델 훈련을 이어나가는 일을 의미합니다. 후자를 미세 조정이라고도 합니다.

모델을 재훈련할 때 두 가지를 결정해야 합니다. 첫째, 모델을 처음부터 훈련할지(무상태 재훈련) 혹은 마지막 체크포인트에서 이어서 훈련할지(상태 유지 훈련) 결정합니다. 둘째, 사용할 데이터, 예컨대 지난 24시간, 지난주, 지난 6개월 또는 데이터가 드리프트를 시작한 시점의 데이터 중 선택합니다. 어떤 재훈련 전략이 가장 적합한지 판단하기 위해 실험을 수행해야 할 수도 있습니다.[53]

이 책에서는 '재훈련'은 처음부터 하는 훈련과 미세 조정 모두를 지칭합니다. 재훈련 전략은 다음 장에서 자세히 알아봅니다.

데이터 시프트 관련 논문을 많이 읽었다면 도메인 적응과 전이 학습이 데이터 시프트와 함께 언급되는 걸 종종 봤을 겁니다. 분포를 도메인으로 간주하면, 모델을 새로운 분포에 어떻게 적응시킬지에 대한 고민은 모델을 상이한 도메인에 어떻게 적응시킬지에 대한 고민과 유사합니다.

이와 유사하게 결합 분포 $P(X, Y)$ 학습을 수행해야 할 작업으로 간주하면, 모델을 훈련이 이뤄진 한쪽 결합 분포에서 다른 쪽 결합 분포로 적응시키는 것은 전이 학습의 한 형태로 구조화할 수 있습니다. 4장에서 이야기했듯 전이 학습은 특정 작업을 위해 개발한 모델을 두 번째 작업의 모델에 대한 시작점으로 재사용하는 방법을 말합니다. 차이점은 전이 학습을 사용할 때

51 Zhao, H., Tachet Des Combes, R., Zhang, K., & Gordon, G. (2020). On Learning Invariant Representations for Domain Adaptation. *Proceedings of Machine Learning Research*, 97: 7523–7532. https://oreil.ly/W78hH

52 Lipton, Z. C., Wang, Y.-X., & Smola, A. (2018, February 12). Detecting and Correcting for Label Shift with Black Box Predictors. *arXiv*. https://oreil.ly/zKSlj

53 일부 모니터링 공급업체는 자사 솔루션으로 모델을 재훈련해야 하는 시기뿐 아니라 어떤 데이터로 재훈련해야 하는지도 감지할 수 있다고 주장합니다. 단 이러한 주장의 타당성을 확인할 수 없었습니다.

두 번째 작업을 위해 기본 모델을 처음부터 재훈련하지는 않는다는 점입니다. 반면에 모델을 새로운 분포에 적응시키려면 모델을 처음부터 다시 훈련해야 할 때도 있습니다.

데이터 분포 시프트 문제를 꼭 시프트가 발생하고 나서 해결하라는 법은 없습니다. 시스템 자체를 시프트에 더욱 강건하게 설계할 수 있습니다. 시스템은 다양한 피처를 사용하며 각 피처는 서로 다른 속도로 시프트합니다. 사용자가 앱을 다운로드할지 예측하는 모델을 개발한다고 가정해봅시다. 앱 스토어에서 순위가 높으면 앱이 더 많이 다운로드되는 경향이 있으므로 앱 순위를 피처로 사용한다고 합시다. 하지만 앱 순위는 매우 빠르게 변합니다. 대신 각 앱의 순위를 상위 10위, 11위에서 100위 사이, 101위에서 1,000위 사이, 1,001위에서 10,000위 사이 등 보다 일반적인 범주로 묶을 수 있습니다. 앱의 범주는 훨씬 느리게 변할 수 있지만 동시에 사용자가 앱을 다운로드할지에 대한 예측력은 떨어질 수 있습니다. 모델 피처를 선택할 때는 이렇게 피처 성능과 안정성 사이의 균형을 고려해야 합니다.

시스템이 시프트에 더 쉽게 적응하도록 설계할 수도 있습니다. 예를 들어, 주택 가격은 애리조나 시골 지역보다 샌프란시스코 같은 주요 도시에서 훨씬 더 빨리 변합니다. 따라서 애리조나에 서비스하는 주택 가격 예측 모델은 샌프란시스코에 서비스하는 모델에 비해 자주 업데이트할 필요가 없습니다. 동일 모델로 양쪽 시장에 서비스하려면 양쪽 데이터를 사용해 샌프란시스코에서 요구하는 속도로 모델을 업데이트해야 합니다. 반면에 시장마다 별개의 모델을 사용한다면 필요시에만 개별 모델을 업데이트하면 됩니다.

다음 절로 넘어가기 전에, 프로덕션 환경의 모델에 발생하는 성능 저하 문제에 반드시 ML 솔루션이 필요하지는 않음을 기억하기 바랍니다. 오늘날 많은 ML 장애는 여전히 사람의 실수로 인해 발생합니다. 모델 장애가 사람의 실수로 인해 발생했다면 먼저 해당 오류를 찾아 수정해야 합니다. 데이터 시프트는 감지하기도 어렵지만 원인을 파악하기는 훨씬 더 어려울 수 있습니다.

8.3 모니터링과 관찰 가능성

많은 회사에서 ML 시스템에 여러 문제가 발생할 수 있다는 사실을 깨닫고 프로덕션 환경 ML 시스템에 대한 모니터링과 관찰 가능성observability에 투자하기 시작했습니다.

모니터링과 관찰 가능성은 때때로 같은 의미로 사용되지만 엄연히 다릅니다. 모니터링은 문제가 발생했을 때 판단에 도움이 될 수 있는 다양한 지표를 추적, 측정, 기록하는 작업을 말합니다. 관찰 가능성은 시스템에 대한 가시성을 제공하는 방식으로 시스템을 설정하는 것을 의미하며, 이때 가시성은 무엇이 잘못됐는지 조사하는 데 도움이 됩니다. 이런 식으로 시스템을 설정하는 프로세스를 '인스트루먼테이션'이라고도 합니다. 인스트루먼테이션의 예로 함수에 타이머 추가하기, 피처의 NaN 개수 세기, 시스템을 통해 입력이 변환되는 방식 추적하기, 비정상적으로 긴 입력과 같이 비정상적인 이벤트 로깅하기 등이 있습니다. 관찰 가능성은 모니터링의 일부를 구성합니다. 일정 수준의 관찰 가능성 없이는 모니터링이 불가능하죠.

모니터링에서 가장 중요한 것은 지표입니다. ML 시스템도 소프트웨어 시스템이므로 모니터링해야 하는 최우선 순위 지표는 운영 지표입니다. 운영 지표는 시스템 상태를 전달하도록 설계됐으며 일반적으로 시스템이 실행되는 네트워크, 시스템이 실행되는 머신, 시스템이 실행하는 애플리케이션 등 세 수준으로 나뉩니다. 운영 지표의 예로는 레이턴시, 스루풋, 모델이 지난 1분, 1시간, 1일 동안 수신한 예측 요청 수, 200대의 오류 코드로 반환되는 요청의 비율, CPU/GPU 사용률, 메모리 활용률 등이 있습니다. ML 모델이 아무리 좋아도 시스템이 다운되면 아무도 이용할 수 없습니다.

예를 들어봅시다. 프로덕션 환경 소프트웨어 시스템의 매우 중요한 특성으로 가용성이 있습니다. 가용성은 사용자에게 합리적인 성능을 제공하는 시스템의 사용 가능한 시간이 얼마인지를 의미합니다. 이 특성은 **업타임**^{uptime}, 즉 시스템이 가동된 시간에 대한 백분율로 측정됩니다. 시스템 가동 여부를 결정하는 조건은 서비스 수준 목표^{service level objective}(SLO) 또는 서비스 수준 계약^{service level agreement}(SLA)에 정의돼 있습니다. 예를 들어, SLA에 레이턴시 중앙값이 200밀리초 미만이고 99번째 백분위수가 2초 미만이 될 때 서비스가 가동되는 것으로 간주하게끔 정할 수 있습니다.

서비스 제공자는 보장 가동 시간(예: 전체 시간 중 99.99%)을 미리 정한 SLA로 제공할 수 있으며 이것이 충족되지 않으면 고객에게 환불을 제공합니다. 예를 들어, 2021년 10월 기준 AWS EC2 서비스는 최소 99.99%라는 월간 가동 시간 비율을 제공하며, 월간 가동 시간 비율이 이보다 낮으면 향후 EC2 결제에 사용 가능한 서비스 크레딧으로 되돌려줍니다.[54] 99.99%라는 월간 가동 시간은 서비스가 한 달에 기껏해야 4분 조금 넘게 다운될 수 있음을 의미하며

---

54 *Amazon Compute Service Level Agreement*. Amazon Web Services. Last updated August 24, 2021. https://oreil.ly/5bjx9

99.999%는 한 달에 단 26초만 다운될 수 있음을 의미합니다.

한편 ML 시스템에서 시스템 상태란 시스템 가동 시간 이상의 의미로 확장됩니다. 예를 들어, ML 시스템이 작동하지만 예측값이 엉망이라면 사용자는 만족스럽지 않겠죠. 모니터링해야 하는 지표로 ML 모델의 상태를 알려주는 ML 관련 지표가 있습니다.

8.3.1 머신러닝 관련 지표

ML 관련 지표 중에는 모니터링해야 하는 네 가지 아티팩트로 모델 정확도 관련 지표, 예측값, 피처, 원시 입력값이 있습니다. 각각은 [그림 8-5]와 같이 ML 시스템 파이프라인의 서로 다른 네 단계에서 생성됩니다. 아티팩트가 파이프라인의 각 단계를 더 많이 통과했을수록 변환이 더 많이 이뤄진 것이며, 따라서 해당 아티팩트의 변화는 그러한 변환 중 하나 이상의 오류로 발생했을 가능성이 높습니다. 한편 아티팩트가 더 많이 변환될수록 더 구조화되고 실제 관심 대상인 지표에 더 가까우므로 모니터링이 더 쉬워집니다. 이어서 각 아티팩트를 살펴봅시다.

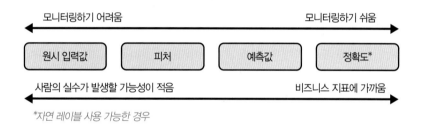

그림 8-5 아티팩트가 더 많이 변환될수록 변환 중 하나 이상의 오류로 인해 변화가 발생했을 가능성이 높습니다.

정확도 관련 지표 모니터링

시스템이 예측에 대한 사용자 피드백(클릭, 숨기기, 구매, 찬성, 반대, 즐겨찾기, 북마크, 공유 등)을 수신하면 반드시 이를 기록하고 추적해야 합니다. 일부 피드백으로 자연 레이블을 추론하고, 이것으로 모델의 정확도 관련 지표를 계산할 수 있습니다. 정확도 관련 지표는 모델 성능 저하 여부를 확인하는 데 가장 직접적으로 도움이 되는 지표입니다.

피드백은 자연 레이블을 직접 추론하는 데 사용하기 어렵더라도 ML 모델 성능의 변화를 감지하는 데 사용할 수 있습니다. 예를 들어, 사용자에게 다음에 볼 유튜브 동영상을 추천하는 시스템을 개발한다고 가정해봅시다. 사용자가 추천 동영상을 클릭하는지(클릭률)와 더불어 사용자가 해당 동영상을 시청한 시간과 시청을 완료했는지(완료율)를 추적합니다. 시간에 따라 클릭률은 동일하게 유지되지만 완료율이 떨어진다면 추천 시스템 성능이 저하되는 중일 수 있습니다.[55]

사용자 피드백을 수집하도록 시스템을 설계할 수도 있습니다. 예를 들어, 구글 번역에는 사용자가 출력된 번역문에 찬성하거나 반대할 수 있는 옵션이 있습니다(그림 8-6). 시스템이 받는 반대표 수가 갑자기 증가했다면 문제가 발생했을 수 있습니다. 이러한 반대표는 레이블링 작업 과정에 사용합니다. 반대표를 받은 샘플에 대해 인간 전문가가 새로운 번역문을 만들고, 이를 모델의 다음번 훈련에 투입하는 식이죠.

그림 8-6 구글 번역에서는 사용자가 출력된 번역문에 찬성하거나 반대할 수 있습니다. 투표 결과는 번역 모델 품질을 평가하고 레이블링 프로세스를 이끌어나가는 데 사용됩니다.

예측값 모니터링

예측값 아티팩트는 가장 일반적인 모니터링 대상입니다. 회귀 작업에서 각 예측값은 연속 값(예: 주택의 예측 가격)이며 분류 작업에서 각 예측은 예측된 범주에 해당하는 이산 값입니다. 각 예측값은 보통 숫자(저차원)에 불과하므로 시각화하기 쉬우며 요약 통계량을 계산하거나 해석하기도 쉽습니다.

분포 시프트 감지를 위해 예측값을 모니터링하기도 합니다. 예측값은 차원이 낮아 2-표본 검정을 수행하기도 보다 쉽습니다. 예측 분포 시프트는 입력 분포 시프트에 대한 프락시이기도 합니다. 입력과 출력을 연결하는 함수가 변하지 않는다고 가정한다면, 즉 모델 가중치와 편향

---

55 완료율을 최적화할 지표로 사용하면 추천 시스템이 짧은 동영상에 편향될 수 있으니 주의하기 바랍니다.

값이 변하지 않는다면 예측 분포의 변화는 일반적으로 내재된 입력 분포의 변화를 의미합니다.

예측값으로 '아니요'가 비정상적으로 계속 나오는 등 이상한 일이 발생하는지 모니터링하기도 합니다. 4.2.2절 '자연 레이블'에서 이야기했듯 예측과 그라운드 트루스 레이블 사이에 지연이 길게 발생할 수 있습니다. 정확도 관련 지표의 변화는 며칠 혹은 몇 주 동안 불명확할 수 있지만 10분 동안 모두 '아니요'로 예측하는 모델은 즉시 감지될 수 있겠죠.

피처 모니터링

업계의 ML 모니터링 솔루션은 모델 입력으로 사용하는 피처와 원시 입력값에서 최종 피처로의 중간 변환이라는 두 측면에서 피처 변화를 추적하는 데 주안점을 둡니다. 피처 모니터링이 상당히 매력적인 이유는 원시 입력 데이터와 비교하면 피처는 사전에 정의한 스키마에 따라 잘 구조화돼 있기 때문입니다. 피처 모니터링의 첫 번째 단계는 피처 검증feature validation입니다. 즉, 피처가 기대하는 스키마를 잘 따르는지 확인합니다. 스키마는 일반적으로 훈련 데이터에서 혹은 상식선에서 생성됩니다. 프로덕션 환경에서 이러한 기대치가 어긋난다면 내재 분포에 이동이 발생했을 수 있습니다. 다음은 특정 피처에 대해 확인해볼 수 있는 몇 가지 사항입니다.

- 피처의 최솟값, 최댓값 혹은 중앙값이 허용 가능한 범위 내에 있는가?
- 피처 값이 정규 표현식 형식을 만족하는가?
- 모든 피처 값이 미리 정의된 집합에 속하는가?
- 두 피처 값 간에 상정한 대소 관계를 만족하는가?

피처는 종종 테이블 형태로 구성되므로(각 열은 피처를 나타내고 각 행은 데이터 샘플을 나타냄) 피처 검증을 테이블 테스트 혹은 테이블 검증이라고도 하며, 데이터에 대한 단위 테스트라고 부르는 사람들도 있습니다. 기본 피처 검증을 수행하는 데 도움이 되는 다양한 오픈 소스 라이브러리가 있으며 가장 많이 사용하는 두 가지는 그레이트 익스펙테이션즈[56]와 AWS에서 제공하는 디큐Deequ[57, 58]입니다.

---

56 깃허브: https://oreil.ly/vBa35

57 깃허브: https://oreil.ly/OWoIB

58 옮긴이_ 세이지메이커 모델 모니터(model monitor)는 디큐가 내장된 컨테이너를 제공해 피처 모니터링을 보다 쉽게 수행할 수 있습니다. 훈련 데이터셋으로부터 스키마 제약 조건과 통계치(평균, 표준 편차, 쿨백-라이블러 발산 등)로 베이스라인을 구성하고, 모델 추론 시 실시간으로 베이스라인과 비교하면서 데이터 품질을 확인할 수 있습니다. 자세한 내용은 가이드(https://aws.amazon.com/sagemaker/model-monitor)를 참조하기 바랍니다.

```
테이블 형상
• expect_column_to_exist
• expect_table_columns_to_match_ordered_list
• expect_table_columns_to_match_set
• expect_table_row_count_to_be_between
• expect_table_row_count_to_equal
• expect_table_row_count_to_equal_other_table

결측값, (중복이 없는) 유일한 값과 자료형
• expect_column_values_to_be_unique
• expect_column_values_to_not_be_null
• expect_column_values_to_be_null
• expect_column_values_to_be_of_type
• expect_column_values_to_be_in_type_list
```

```
expect_column_values_to_be_between(
    column="room_temp",
    min_value=60,
    max_value=75,
    mostly=.95
)
```

→ 해당 열 값들은 최소 95% 확률로 60과 75 사이에 위치해야 합니다.

주의: 값 중 5% 이상이 정해진 범위 밖에 위치합니다.

그림 8-7 그레이트 익스펙테이션즈에 내장된 피처 검증 기능 일부와 그 사용법(출처: 그레이트 익스펙테이션즈 깃허브 저장소의 자료를 각색함).

기본 피처 검증 외에도 2-표본 검정을 사용해 피처 혹은 피처 집합의 내재 분포가 시프트했는지 감지할 수 있습니다. 피처 혹은 피처 집합은 보통 고차원이므로 검정을 수행하기 전에 차원을 줄여야 합니다. 그렇지 않으면 검정 효율성이 떨어집니다.

피처 모니터링을 수행할 때 네 가지 주요 문제가 있습니다.

1. 회사에서 운영하는 프로덕션 환경 모델이 수백 개일 수 있으며 각 모델은 보통 피처를 수백 개 사용합니다.

요약 통계량을 계산하는 등 간단한 작업이더라도 매시간 모든 피처에 대해 수행한다면 필요 연산량뿐 아니라 메모리 사용 측면에서도 비용이 높습니다. 너무 많은 지표를 추적, 즉 지속적으로 계산하면 시스템 속도가 느려지고 사용자가 경험하는 레이턴시가 증가하며 시스템 이상을 감지하는 데 걸리는 시간 또한 늘어납니다.

2. 추적 기능은 디버깅에는 유용하지만 모델 성능 저하를 감지하는 데는 그다지 유용하지 않습니다.

크기가 작은 분포 시프트는 치명적인 장애를 야기할 수 있지만 실제로 개별 피처의 사소한 변화는 모델 성능에 전혀 영향을 미치지 않습니다. 피처 분포는 항상 변하며 변화의 대부분은 대체로 무해합니다.[59] 피처가 드리프트된 것처럼 보일 때마다 경고를 받는다면 곧 경고의 양에 압도되고 대부분이 위양성임을 깨닫게 됩니다. 이에 따라 모니터링 팀이 '경보 피로', 즉 경고가 너무 자주 발생해 주의를 기울이지 않게 되는 현상을 겪을 수 있죠. 피처 모니터링에서 중요한 문제는 어떤 피처 시프트가 중요하고 중요하지 않은지 결정하는 일입니다.

3. 피처 추출은 종종 다양한 서비스(예: 빅쿼리, 스노우플레이크)에서 다양한 라이브러리(예: 판다스, 스파크)를 사용해 다양한 단계(예: 결측값 채우기, 표준화)에서 이뤄집니다.

피처 추출 프로세스에 대한 입력으로 관계형 데이터베이스가, 출력으로 넘파이 배열이 있을 수 있습니다. 피처에서 유해한 변화를 감지하더라도 이 변화가 내재하는 입력 분포의 변화로 인한 것인지 혹은 여러 처리 단계 중 발생한 하나 이상의 오류로 인한 것인지 감지 자체가 불가능할 수 있습니다.

4. 피처가 따르는 스키마가 시간에 따라 바뀔 수 있습니다.

스키마 버전을 지정하고 각 피처를 기대 스키마에 매핑할 방법이 없다면, 보고된 경고의 원인은 데이터 변화가 아니라 스키마가 불일치해서일 수 있습니다.

이러한 우려가 있음에도 피처 모니터링은 중요합니다. 피처 공간의 변화는 ML 시스템 상태를 이해하는 데 매우 유용한 신호가 됩니다. 우려 사항을 고려해보면 적합한 피처 모니터링 솔루션을 선택하는 데 큰 도움이 될 겁니다.

원시 입력 모니터링

앞서 이야기했듯 피처 변화는 데이터 변화가 아니라 처리 단계의 문제로 인해 발생하기도 합니다. 그렇다면 원시 입력이 처리되기 전에 모니터링하면 어떨까요? 원시 입력 데이터는 소스, 구조, 형식이 다양하므로 모니터링하기 쉽지 않습니다. 오늘날 많은 ML 워크플로 설정 방식상 ML 엔지니어는 원시 입력 데이터에 직접 접근할 수 없습니다. 원시 입력 데이터는 데이터를 처리해 데이터 웨어하우스 같은 곳으로 이동하는 데이터 플랫폼 팀이 관리하는 경우가 많죠.

59 Rabanser, S., Günnemann, S., & Lipton, Z. C. (2019, October 28). Failing loudly: An empirical study of methods for detecting dataset shift. arXiv. https://arxiv.org/abs/1810.11953

ML 엔지니어는 데이터가 이미 부분적으로 처리된 데이터 웨어하우스에서만 데이터를 질의할 수 있습니다. 원시 입력 모니터링은 데이터 과학 팀이나 ML 팀이 아닌 데이터 플랫폼 팀이 담당하는 경우가 많으므로 이 책에서는 다루지 않습니다.

지금까지 다양한 모니터링 지표를 살펴봤습니다. 지표에는 소프트웨어 시스템에 일반적으로 사용되는 운영 지표부터 ML 모델 상태를 추적하는 데 유용한 ML 관련 지표에 이르기까지 다양한 유형이 있습니다. 이어서 지표 모니터링에 사용할 수 있는 도구 상자를 알아봅니다.

8.3.2 모니터링 도구

복잡한 시스템에 대한 지표를 측정, 추적, 해석하기는 쉽지 않으며 엔지니어는 모니터링에 다양한 도구를 활용합니다. 업계에서는 일반적으로 지표, 로그, 추적 등 세 가지를 모니터링의 큰 기둥으로 여깁니다. 하지만 필자는 셋을 구별하기가 모호하다고 생각합니다. 모니터링 시스템을 개발하는 사람 관점에서 만들어진 것 같습니다. 추적은 로그의 한 형태이고 지표는 로그에서 계산할 수 있습니다. 여기서는 모니터링 시스템 '사용자' 관점으로 도구 집합을 살펴봅시다. 도구 집합에는 로그, 대시보드, 경고가 있습니다.

로그

전통적인 소프트웨어 시스템은 로그를 사용해 런타임에 발생한 이벤트를 기록합니다. 이벤트란 발생한 시점 혹은 그 이후에 디버깅과 분석 목적으로 시스템 개발자가 관심을 가질 만한 모든 것을 말합니다. 예시로는 컨테이너 구동이 시작된 시점, 필요한 메모리 양, 함수가 호출된 시점, 함수가 실행을 완료한 시점, 함수가 호출하는 다른 함수, 함수 입출력 등이 있습니다. 충돌, 스택 추적, 오류 코드 또한 로깅합니다. 이안 말패스Ian Malpass는 "변화하는 모든 것이 우리의 추적 대상입니다."[60]라고 이야기합니다. 아직 변하지 않은 항목도 나중에 변할 때를 대비해 추적하죠.

로그 양은 매우 빠르게, 매우 커질 수 있습니다. 예를 들어, 2019년 데이팅 앱 바두Badoo는 하루에 이벤트 200억 건을 처리했습니다.[61] 문제가 발생하면 원인으로 추정되는 이벤트들에 대

60 Malpass, I. (2011, February 15). *Measure anything, measure everything.* Etsy. https://oreil.ly/3KF1K

61 Morgan, A. (2019, August 9). *Data Engineering in Badoo: Handling 20 billion events per day.* InfoQ. https://oreil.ly/qnnuV

해 로그를 검색해야 합니다. 이 과정은 마치 모래사장에서 바늘을 찾는 일처럼 느껴지죠.

소프트웨어 배포 초창기에는 애플리케이션을 단일 서비스로 구성했습니다. 어떤 사건이 발생하면 담당자는 그 사건이 어디에서 일어났는지 바로 알 수 있었죠. 반면에 오늘날 시스템은 컨테이너, 스케줄러, 마이크로서비스, 다중 언어 지속성polyglot persistence, 메시 라우팅mesh routing, 임시 오토 스케일링 인스턴스, 서버리스 람다Lambda 기능 등 다양한 구성 요소로 이뤄집니다. 요청은 전송된 후 응답이 수신될 때까지 20~30회 서로 통신을 수행할 수 있습니다. 사건 발생을 감지하는 일보다 문제가 어느 지점인지 찾아내는 일이 더 어렵습니다.[62]

따라서 이벤트를 로깅할 때는 가능한 한 나중에 찾아내기 쉽도록 합니다. 마이크로서비스 아키텍처를 사용하는 방식을 **분산 추적**distributed tracing이라고 합니다. 각 프로세스에 고유한 ID를 부여해 문제가 발생했을 때 오류 메시지에 해당 ID가 (바라건대) 포함되도록 합니다. 이를 통해 관련 로그 메시지를 검색할 수 있죠. 그리고 이벤트마다 나중에 필요할 수 있는 모든 메타데이터(발생 시간, 발생한 서비스, 호출된 함수, 프로세스 관련 사용자 등)를 기록해둡니다.

로그가 너무 커지고 관리하기가 어려워지면서 기업에서 로그를 관리하고 분석하는 데 유용한 도구가 다양하게 개발됐습니다. 로그 관리 시장의 규모는 2021년 23억 달러로 추정되며 2026년에는 41억 달러로 성장할 것으로 예상됩니다.[63]

기록된 이벤트 수십억 건을 수작업으로 분석하기는 불가능하므로 많은 회사에서 ML을 사용해 로그를 분석합니다. 한 가지 ML 유스 케이스는 시스템에서 비정상적인 이벤트를 탐지하는 이상 탐지입니다. 보다 정교한 모델은 각 이벤트를 일반, 비정상, 예외, 오류, 치명적 오류 등 우선순위 측면에서 분류하기도 합니다.

또 다른 ML 유스 케이스는 서비스에 장애가 발생했을 때 유관 서비스에서 영향받을 확률을 계산하는 것입니다. 시스템이 사이버 공격을 받을 때 특히 유용하죠.

많은 기업에서 로그를 배치 처리합니다. 해당 시나리오의 경우 로그를 대량 수집한 다음 주기적으로 SQL로 질의해 특정 이벤트를 찾거나 스파크, 하둡 또는 하이브 클러스터 내의 배치 프로세스를 사용해 로그를 처리합니다. 이렇게 하면 분산 맵리듀스 프로세스를 활용해 스루풋을 늘릴 수 있어 로그 처리가 효율적입니다. 다만 이 방법은 로그를 정기적으로 처리하는 형태이

62 Majors, C. (2019, August 6). *Observability – a 3-year retrospective*. The New Stack. https://oreil.ly/Logby
63 *Log management market size, share and global market forecast to 2026*. MarketsandMarkets. (2021). https://oreil.ly/q0xgh

며 로그에서 이상 현상이 발생하는 즉시 발견하려면 이벤트가 로깅되는 동시에 처리될 수 있어야 합니다. 이러면 로그 처리는 스트림 처리 문제가 되죠.[64] 카프카나 아마존 키네시스Amazon Kinesis 같은 실시간 전송을 사용해 이벤트가 로깅되는 즉시 전송합니다. 특정한 특성을 지닌 이벤트를 실시간으로 검색하려면 KSQL이나 플링크Flink SQL과 같은 스트리밍 SQL 엔진을 활용합니다.

대시보드

백문이불여일견이라고 합니다. 숫자만 보면 의미를 파악하기 힘들지만 그래프로 시각화하면 숫자 사이 관계를 알게 되는 경우가 있습니다. 따라서 지표를 시각화하는 대시보드는 모니터링에 필수입니다.

대시보드의 또 다른 용도는 엔지니어가 아닌 사람도 모니터링하도록 해주는 것입니다. 모니터링은 시스템 개발자뿐 아니라 제품 관리자, 비즈니스 개발자를 비롯해 엔지니어링 직군이 아닌 모든 이해관계자에게 필요합니다.

그래프는 지표를 이해하는 데 유용하지만 그래프 외에 경험과 통계적 지식 또한 필요합니다. [그림 8-8]의 두 그래프를 봅시다. 그래프에서 분명한 점은 손실 값이 많이 변동한다는 것뿐입니다. 두 그래프 중 하나에 분포 시프트가 발생했다고 해도 어느 것인지 알기 쉽지 않습니다. 흔들리는 선이 의미하는 바를 이해하는 일보다 흔들리는 선을 표시하는 그래프를 그리는 것이 훨씬 쉽습니다.

---

64 스트림 처리에 익숙하지 않다면 3.6절 '배치 처리 vs. 스트림 처리'를 참조하기 바랍니다.

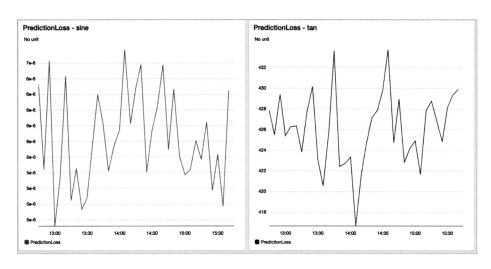

그림 8-8 그래프는 숫자를 이해하는 데 유용하지만 그래프만으로 충분하지 않습니다.

대시보드상 지표가 과도하게 많으면 **부패한 대시보드**^{dashboard rot}라는 현상으로 역효과가 날 수 있습니다. 특정 작업에 필요한 상위 수준 정보를 보여주기 위해서는 올바른 지표를 선택하거나 하위 수준 지표를 추상화하는 작업이 중요합니다.

경고

모니터링 시스템에서 의심스러운 무언가를 감지했다면 적절한 대상에게 경고를 보내야 합니다. 경고는 다음 세 가지 구성 요소로 이뤄집니다.

경고 정책

> 경고가 발생할 조건을 지정합니다. 지표가 임곗값을 넘어설 때 경고를 생성할 수 있으며, 이때 특정 기간을 설정할 수도 있습니다. 예를 들어, 모델 정확도가 90% 미만이거나 HTTP 응답 레이턴시가 10분 이상이면 알림을 받습니다.

알림 채널

> 조건이 충족되면 알림을 받을 사람을 지정합니다. 알림은 여러분이 사용하는 모니터링 서비스, 예컨대 아마존 클라우드워치^{CloudWatch}나 GCP 클라우드 모니터링^{Cloud Monitoring} 등에 표시되지만 모니터링 서비스를 사용하지 않더라도 책임자에게 연락할 필요가 있

습니다. 예를 들어, 경고가 mlops-monitoring@[회사 이메일 도메인]과 같은 이메일 주소로 전송되도록 구성하거나, #mlops-monitoring과 같은 슬랙Slack 채널 또는 페이저듀티PagerDuty에 게시합니다.

경고 설명

경고를 받은 사람이 무슨 일이 일어나고 있는지 이해하는 데 도움을 줍니다. 설명은 다음과 같이 가능한 한 상세해야 합니다.

```
## 추천 모델 정확도 90% 미만
${timestamp}: 이 경고는 ${service-name} 서비스에서 발생했습니다.
```

경고를 받을 대상에 따라 경고 처리에 도움이 될 만한 반복 수행 절차와 작업 모음인 완화 지침 또는 런북[65]을 제공할 필요가 있습니다.

앞서 논의했듯 경보 피로alert fatigue는 실제로 발생하는 현상입니다. 경보 피로는 사기를 꺾을 수도 있습니다. 아무도 본인 책임 밖의 일 때문에 한밤중에 일어나고 싶지 않을 겁니다. 또한 사소한 경고에 계속 노출되면 사람들이 중요한 경고에 둔감해질 수 있다는 점에서 몹시 위험합니다. 중요한 경고만 될 수 있도록 조건을 의미 있게 설정하는 것이 중요합니다.

8.3.3 관찰 가능성

2010년대 중반부터 업계에서는 '모니터링' 대신 '관찰 가능성'이라는 용어를 사용하기 시작했습니다. 모니터링은 시스템 내부 상태와 출력 간의 관계에 특별한 가정을 두지 않습니다. 시스템 외부 출력을 모니터링해서 시스템 내부에 문제가 '언제' 발생했는지 파악할 뿐이며, 외부 출력이 문제가 '무엇'인지 파악하는 데 도움이 된다는 보장은 없습니다.

소프트웨어 배포 초창기에는 시스템이 단순해 외부 출력만 모니터링해도 유지 관리에 충분할 정도였습니다. 시스템 구성 요소도 많지 않았고 한 팀에서 코드베이스 전체를 제어했죠. 문제가 발생하면 시스템을 변경해서 문제를 테스트하고 파악할 수 있었습니다.

---

65 *https://oreil.ly/vgLR8*

하지만 소프트웨어 시스템은 지난 10년 사이 훨씬 복잡해졌습니다. 오늘날 소프트웨어 시스템은 다양한 구성 요소로 이뤄지며, 그중 다수는 다른 회사에서 운영되는 서비스입니다(클라우드 네이티브 서비스 등). 따라서 한 팀에서 시스템 내부 구성 요소를 전부 제어하기 어렵고 문제가 발생했을 때 시스템을 분해해가며 원인을 알아낼 수 없습니다. 내부에서 무슨 일이 일어나고 있는지 파악하기 위해 시스템의 외부 출력에 의존해야 하죠.

관찰 가능성은 이 문제를 해결하는 데 사용하는 용어입니다. 제어 이론에서 파생된 개념으로, '런타임에 시스템에서 수집한 [출력]을 사용해 소프트웨어의 복잡한 동작을 이해하는 데 더 나은 가시성을 제공'함을 의미합니다.[66]

원격 측정

런타임에 수집한 시스템 출력을 원격 측정telemetry이라고도 합니다. 원격 측정이라는 용어 또한 지난 10년 사이 소프트웨어 모니터링 업계에 등장했는데, '원격'을 의미하는 그리스 어원 'tele'와 '측정하다'를 의미하는 'metron'에서 유래했습니다. 따라서 원격 측정은 말 그대로 '멀리 떨어져서 상태를 재는 일'을 의미합니다. 모니터링 맥락에서는 클라우드 서비스나 고객 디바이스에서 실행되는 애플리케이션처럼 원격 구성 요소에서 수집된 로그와 지표를 뜻합니다.

다시 말해, 관찰 가능성은 기존 모니터링보다 더 강력한 가정에 기반합니다. 시스템 내부 상태는 외부 출력에 대한 지식으로 추론할 수 있다고 상정합니다. 내부 상태란 '현재 GPU 사용률'과 같은 현재 상태일 수도 있고 '전일 GPU 평균 사용률'과 같은 과거 상태일 수도 있습니다.

관찰 가능한 시스템에 문제가 발생하면 추가로 코딩하는 일 없이 시스템 로그와 지표만 보고도 무엇이 잘못됐는지 파악할 수 있습니다. 관찰 가능성이란 시스템 런타임에 대한 충분한 정보를 수집하고 분석하는 방식으로 시스템을 계측하는 것입니다.

모니터링의 중심은 지표이며 지표는 일반적으로 집계aggregation를 통해 산출됩니다. 관찰 가능성을 통해 보다 세분화된 지표를 사용할 수 있으므로 모델 성능이 언제 저하되는지뿐 아니라 입력 중 어떤 유형에서, 어느 사용자 하위 그룹에서, 어느 기간에 저하되는지도 알 수 있습니다. 예를 들어, 다음 요구 조건을 해결하기 위해 로그에 질의할 수 있어야 합니다. '지난 1시간

---

66 Karumuri, S., Solleza, F., Zdonik, S., & Tatbul, N. (2020, December). Towards Observability Data Management at Scale. *ACM SIGMOD Record* 49(4): 18–23. https://oreil.ly/oS5hn

동안 모델 A가 잘못된 예측값을 반환한 사용자를 모두 우편 번호별로 그룹화해 나타내라', '지난 10분 동안 발생한 요청의 이상치를 나타내라' 혹은 '주어진 입력에 대한 중간 출력값을 모두 나타내라' 등이 있죠. 시스템 출력을 태그와 기타 식별 키워드를 사용해 로깅하면 나중에 출력을 데이터의 서로 다른 차원에 따라 슬라이싱하거나 격자로 추출해낼 수 있습니다.

ML에서 관찰 가능성은 해석 가능성을 포함합니다. 해석 가능성은 ML 모델이 작동하는 방식을 이해하는 데 도움이 되며 관찰 가능성은 ML 모델을 비롯한 전체 ML 시스템이 작동하는 방식을 이해하는데 도움이 됩니다. 예를 들어, 지난 1시간 동안 모델 성능이 저하된 경우 1시간 동안 이뤄진 모든 잘못된 예측값에 가장 크게 기여한 피처를 해석할 수 있으면 시스템에서 문제가 발생한 부분과 수정 방법을 파악하는 데 유용할 겁니다.[67]

이 절에서는 모니터링할 데이터, 추적할 지표, 모니터링과 관찰 가능성을 위한 다양한 도구 등 모니터링의 여러 측면을 논의했습니다. 모니터링은 강력한 개념이지만 본질적으로 수동적인 작업입니다. 감지하기 위해서는 변화가 발생하기를 기다려야 하죠. 모니터링은 문제를 찾아내는 데 도움이 되지만 그것을 수정해주지는 않습니다. 다음 장에서는 변화를 해결하기 위해 모델을 업데이트하는 데 도움이 되는 '적극적인' 패러다임인 연속 학습을 소개합니다.

8.4 정리

이 장은 전체 11장 중에서 가장 쓰기 어려운 장이었습니다. 프로덕션 환경에서 ML 시스템에 장애가 어떻게, 왜 발생하는지 이해하는 일이 중요함에도 이를 다루는 자료가 극히 제한적이었기 때문입니다. 보통 연구가 프로덕션을 앞선다고 생각하지만, 이 영역에서는 연구가 프로덕션을 따라잡으려고 애쓰고 있습니다.

이 장에서는 장애를 소프트웨어 시스템 장애(ML과 관련되지 않은 시스템에서 발생하는 장애)와 ML 관련 장애라는 두 가지 유형으로 구분했습니다. 오늘날 ML 장애는 대부분 ML과 관련이 없지만 MLOps를 중심으로 한 도구와 인프라가 발전함에 따라 상황은 바뀔 수 있습니다.

ML 관련 장애의 세 가지 주요 원인, 즉 훈련 데이터와 상이한 프로덕션 환경 데이터, 에지 케이스, 퇴행성 피드백 루프를 알아봤습니다. 앞선 두 원인은 데이터와 관련된 반면 마지막 원인

---

67 5.4.1절 '피처 중요도'를 참조하기 바랍니다.

은 시스템 출력 시스템 입력에 영향을 줄 때 발생하므로 시스템 설계와 관련이 있습니다.

이어서 최근 몇 년 사이 큰 관심을 모은 장애 유형인 데이터 분포 시프트를 다루면서 공변량 시프트, 레이블 시프트, 개념 드리프트라는 세 가지 시프트 유형을 살펴봤습니다. 분포 시프트에 대한 연구는 ML 연구의 하위 분야로 성장하고 있지만 아직 표준화된 내러티브가 정해지지 않아 논문마다 같은 현상을 다른 이름으로 부릅니다. 여전히 많은 연구가 분포가 시프트하는 방식을 미리 알고 있거나 원본 분포와 대상 분포 모두에 대한 데이터 레이블이 있다는 가정을 기반으로 이뤄지지만, 실제로는 미래 데이터가 어떻게 될지 알 수 없으며 새로운 데이터 레이블을 얻는 일은 비용이 높고 오래 걸리거나 불가능할 수 있습니다.

변화를 감지하려면 배포된 시스템을 모니터링해야 합니다. 모니터링은 ML뿐 아니라 프로덕션 환경에 있는 모든 소프트웨어 엔지니어링 시스템에 중요합니다. 데브옵스 분야에서 최대한 많이 배워와야 하는 ML 영역이기도 하죠.

모니터링에서 가장 중요한 것은 지표입니다. 모니터링할 지표에는 레이턴시, 스루풋, CPU 사용률 등 모든 소프트웨어 시스템에서 모니터링해야 하는 운영 지표와 ML 관련 지표 등이 있습니다. 모니터링은 정확도 관련 지표, 예측값, 피처 및 원시 입력값에 적용 가능합니다.

모니터링이 어려운 이유는 지표 연산 비용이 저렴하더라도 지표를 이해하기는 간단하지 않기 때문입니다. 대시보드를 구축해 그래프를 표시하기는 쉽지만 그래프가 드리프트 징후를 나타내는지, 드리프트가 있다면 그 원인이 내재된 데이터 분포의 변화인지 혹은 파이프라인의 오류인지 이해하는 일은 훨씬 어렵습니다. 숫자와 그래프를 이해하려면 통계를 이해해야 합니다.

프로덕션 환경에서 모델 성능 저하를 감지하는 일이 첫 번째이고, 그다음 단계는 시스템을 변하는 환경에 적응시키는 일입니다. 9장에서 자세히 알아봅시다.

## CHAPTER 9

연속 학습과 프로덕션 테스트

8장에서는 ML 시스템이 프로덕션에서 실패하는 다양한 사례와 원인을 논의했습니다. 특히 데이터 분포 시프트에 초점을 맞췄는데, 이는 연구자와 실무자 모두에게 많은 논의를 불러일으킨 까다로운 문제입니다. 이어서 데이터 분포 시프트를 감지하기 위한 여러 모니터링 기술과 도구를 알아봤습니다.

이 장에서도 논의를 이어갑니다. 데이터 분포 시프트에 모델을 적응시키려면 어떻게 해야 할까요? 답은 ML 모델을 지속적으로 업데이트하는 것입니다. 이 장에서는 먼저 연속 학습이 무엇이며 어떤 난제가 있는지 알아봅니다(스포일러: 연속 학습은 주로 인프라 문제입니다). 그리고 연속 학습을 현실화하기 위한 4단계 계획을 세웁니다.

이어서 모델을 얼마나 자주 재훈련해야 하는지 알아봅니다. 모델을 원하는 만큼 자주 업데이트하도록 인프라를 설정한 후에는 재훈련 빈도를 고려해야 합니다. 재훈련 빈도는 필자가 지금까지 만난 ML 엔지니어 중 대다수가 질문했던 주제이기도 합니다.

모델이 변화하는 환경에 적응하도록 재훈련했다면, 이를 고정 테스트 세트에서 평가하는 것만으로는 충분하지 않습니다. 따라서 어렵지만 꼭 필요한 개념인 프로덕션 테스트를 다룹니다. 이 프로세스는 프로덕션에서 라이브 데이터로 시스템을 테스트하는 방법으로, 업데이트된 모델이 파괴적인 결과 없이 제대로 작동하는지 확인합니다.

이 장 주제는 이전 장과 밀접하게 연결됩니다. 프로덕션 테스트는 모니터링과 상호 보완적이죠. 모니터링이 사용 중인 모델의 결괏값을 수동으로 추적하는 일이라면, 프로덕션 테스트는 모델을 평가하기 위해 결괏값을 생성할 모델을 능동적으로 선택하는 일입니다. 프로덕션에서 모니터링과 테스트의 목표는 모델 성능을 이해하고 업데이트 시기를 파악하는 것입니다. 그리고 연속 학습의 목표는 업데이트를 안전하고 효율적으로 자동화하는 것입니다. 모니터링과 연속 학습을 통해 변화하는 환경에 대해 유지보수적이고 적응적인 ML 시스템을 설계할 수 있죠.

이 장은 필자가 가장 들뜬 마음으로 작성한 장인 만큼 여러분도 흥미를 가지게 되길 바랍니다.

9.1 연속 학습

많은 분들이 '연속 학습'이라는 말을 들으면 모델이 프로덕션에서 들어오는 모든 샘플로 스스로를 업데이트하는 훈련 패러다임을 생각합니다. 하지만 실제로 그렇게 하는 기업은 거의 없습니다. 첫째, 모델이 신경망이라면 모든 입력 샘플로 학습하면 파괴적 망각catastrophic forgetting에 취약해집니다. 파괴적 망각은 신경망이 새로운 정보를 학습할 때 이전에 학습한 정보를 갑자기 그리고 완전히 잊어버리는 경향을 말합니다.[1,2]

둘째, 훈련 비용이 더 많이 듭니다. 오늘날 하드웨어 백엔드는 대부분 배치 처리를 위해 설계됐으므로 샘플을 하나씩 처리하면 연산 성능이 크게 낭비되고 데이터 병렬 처리를 활용할 수 없기 때문이죠.

프로덕션에서 연속 학습을 사용하는 회사는 모델을 마이크로 배치로 업데이트합니다. 예를 들어, 데이터 포인트 512개마다 혹은 1,024개마다 기존 모델을 업데이트합니다. 각 마이크로 배치의 최적 샘플 개수는 작업에 따라 다릅니다.

업데이트된 모델은 평가가 완료될 때까지 배포해서는 안 됩니다. 즉, 기존 모델을 직접 변경해서는 안 됩니다. 대신 기존 모델의 복제본을 생성해 신규 데이터로 업데이트하고, 업데이트된 복제본이 더 낫다고 판명될 때만 기존 모델을 업데이트된 복제본으로 교체합니다. 기존 모델을

---

1 Serrà, J., Surís, D., Miron, M., & Karatzoglou, A. (2018, January 4). Overcoming Catastrophic Forgetting with Hard Attention to the Task. arXiv. https://oreil.ly/P95EZ

2 옮긴이_ 파괴적 망각은 신경망의 고질적인 단점으로, 특히 전이 학습에서 두드러집니다. 예를 들어, 이미지넷의 1000개 클래스를 분류하는 딥러닝 모델이 개와 고양이를 분류하는 모델로 미세 조정됐을 때, 개와 고양이는 잘 분류하지만 기존에 잘 분류되던 클래스들은 분류하지 못하죠. 이를 피하기 위해 다양한 방법이 연구되고 있습니다. 대표적인 예로는 한 번에 모든 레이어를 미세 조정하는 대신 출력에 가장 가까운 계층부터 모델 가중치를 점진적으로 고정 해제해 미세 조정을 수행하거나, 멀티 태스크 훈련 기법을 적용하는 방법이 있습니다. 최근에는 초거대 모델로 이를 개선했지만 훈련하는 데 너무 높은 비용과 연산 자원이 발생합니다.

챔피언champion 모델, 업데이트된 복제 모델을 도전자challenger라고 합니다. [그림 9-1]은 이 과정을 간결하게 나타낸 그림입니다.[3] 실제로 회사에는 동시에 여러 도전자 모델이 있으며 실패한 도전자 모델을 다루는 과정은 단순 폐기보다 훨씬 정교합니다.

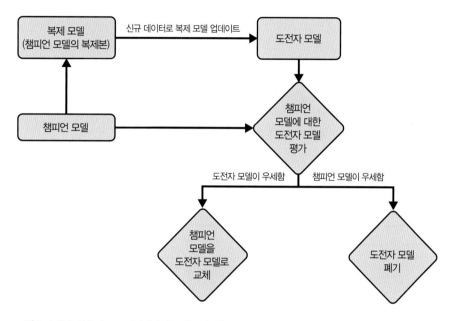

그림 9-1 연속 학습이 프로덕션에서 작동하는 방식을 간결하게 나타낸 그림. 실제로 실패한 도전자 모델을 다루는 과정은 단순히 폐기하는 것보다 훨씬 복잡합니다.

그럼에도 '연속 학습'이라는 용어는 모델을 매우 자주(예: 5분마다 혹은 10분마다) 업데이트하는 것을 떠올리게 합니다. 많은 사람이 대부분의 회사에서 모델을 자주 업데이트할 필요가 없다고 주장하며 그 이유는 두 가지입니다. 첫째, 재훈련 일정이 타당할 만큼 충분한 트래픽, 즉 충분한 신규 데이터가 없기 때문입니다. 둘째, 모델 성능이 그렇게 빨리 떨어지지는 않기 때문입니다. 필자는 이 의견에 동의합니다. 재훈련 일정을 일주일에서 하루로 변경해도 수익이 나지 않고 더 많은 오버헤드가 발생한다면 모델을 자주 업데이트할 필요가 없습니다.

---

3   옮긴이_ 챔피언-도전자 구조에서 유의할 점은 챔피언 모델이 SOTA(State-of-the-Art)일 필요가 전혀 없다는 점입니다. 베이스라인 역할만 할 수 있다면 충분하므로(예: 로지스틱 회귀) 처음부터 복잡한 모델을 적용하기보다 간단한 모델부터 시작하기를 권장합니다.

9.1.1 무상태 재훈련 vs. 상태 유지 훈련

연속 학습은 재훈련 빈도가 아니라 모델 재훈련 방식과 관련 있습니다. 대부분의 회사는 **무상
태 재훈련**stateless retraining을 수행해 모델이 매번 처음부터 훈련됩니다. 연속 학습은 **상태 유지 훈
련**stateful training을 허용함을 의미하며 모델은 신규 데이터로 훈련을 지속합니다.[4] 상태 유지 훈
련은 미세 조정fine-tuning 혹은 증분 훈련incremental training이라고도 합니다. [그림 9-2]는 무상태
재훈련과 상태 유지 훈련의 차이점을 나타냅니다.

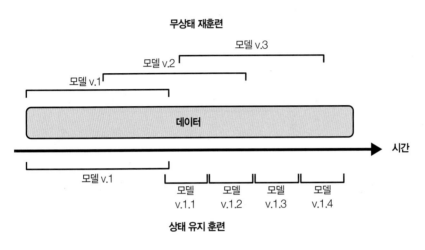

그림 9-2 무상태 재훈련과 상태 유지 훈련의 차이점

상태 유지 훈련을 사용하면 더 적은 데이터로 모델을 업데이트합니다. 모델을 처음부터 훈련하
려면 동일한 모델을 미세 조정할 때보다 데이터가 훨씬 많이 필요합니다. 예를 들어, 모델을 처
음부터 다시 훈련하려면 지난 3개월 데이터를 모두 사용해야 할 수 있지만 어제 체크포인트에
서 모델을 미세 조정하려면 마지막 날 데이터만 사용하면 됩니다.

그럽허브는 상태 유지 훈련을 하면 모델이 더 빠르게 수렴하며 필요한 연산 비용도 훨씬 적음
을 발견했습니다. 일일 무상태 재훈련에서 일일 상태 유지 훈련으로 전환하자 훈련 연산 비용
이 45분의 1로 감소하고 구매율purchase-through rate이 20% 증가했습니다.[5]

상태 유지 훈련을 하면 데이터를 완전히 저장하는 일을 피할 수 있는데, 사람들은 이 점을 종종

---

4 여기에는 재훈련이 없으므로 '상태 유지 재훈련'이 아닌 '상태 유지 훈련'입니다. 모델은 마지막 상태에서 훈련을 계속합니다.

5 Egg, A. (2021, July 15). Online Learning for Recommendations at Grubhub. *arXiv.* https://oreil.ly/FBBUw

간과합니다. 기존 무상태 재훈련에서 데이터 샘플은 모델을 여러 번 반복 훈련하는 동안 재사용되며, 이는 데이터를 저장해야 함을 의미합니다. 그런데 저장이 항상 가능하지는 않습니다. 특히 개인 정보 보호 요구 사항이 엄격한 데이터라면 더욱 그렇죠. 한편 상태 유지 훈련 패러다임에서는 각 모델 업데이트가 신규 데이터로만 훈련되므로 [그림 9-2]와 같이 한 데이터 샘플은 훈련에 한 번만 사용됩니다. 즉, 데이터를 영구 스토리지에 저장할 필요 없이 모델 훈련이 이뤄지므로 데이터 개인 정보 보호에 대한 우려를 많이 덜 수 있죠. 하지만 오늘날 기업들은 온라인에서 수행하는 모든 행위를 추적하는 관행을 따라 데이터 폐기를 꺼리기에 이 점이 간과되고 있습니다.

상태 유지 훈련이 대량의 데이터로 처음부터 훈련하지 않는다는 의미가 아닙니다. 즉, 신규 데이터로 미세 조정만을 수행하지는 않습니다. 상태 유지 훈련을 가장 성공적으로 적용한 기업에서도 종종 모델을 교정하기 위해 대량의 데이터로 처음부터 모델을 훈련합니다. 혹은 상태 유지 훈련과 병행해 모델을 처음부터 훈련하고 파라미터 서버parameter server 같은 기술을 사용해 업데이트된 두 모델을 결합하기도 합니다.[6]

인프라가 무상태 재훈련과 상태 유지 훈련을 모두 허용하도록 설정되면 훈련 빈도는 쉽게 조정할 수 있습니다. 예를 들어, 한 시간에 한 번, 하루에 한 번 혹은 분포 시프트가 감지될 때마다 모델을 업데이트합니다. 최적의 재훈련 일정을 찾는 방법은 9.1.5절 '모델 업데이트 빈도'에서 알아봅니다.

연속 학습은 데이터 과학자나 ML 엔지니어가 모델을 처음부터 훈련하든 미세 조정하든 관계없이 필요할 때마다 업데이트하고, 이 업데이트를 신속하게 배포하는 방식으로 인프라를 설정하는 것입니다.

상태 유지 훈련은 멋진 개념이지만, 모델에 신규 피처나 다른 레이어를 추가하고 싶다면 어떻게 작동할까요? 여기에 답하려면 두 가지 모델 업데이트 유형을 구별해야 합니다.

- 모델 반복(Model iteration): 기존 모델 아키텍처에 새로운 피처가 추가되거나 모델 아키텍처가 변경됩니다.
- 데이터 반복(Data iteration): 모델 아키텍처와 피처는 동일하게 유지되지만 신규 데이터로 모델을 갱신합니다.

---

6 Li, M., Zhou, L., Yang, Z., Li, A., Xia, F., Andersen, D. G., & Smola, A. (2013). Parameter Server for Distributed Machine Learning. *NIPS Workshop on Big Learning*. https://oreil.ly/xMmru

오늘날 상태 유지 훈련은 대부분 데이터 반복에 적용됩니다. 모델 아키텍처를 변경하거나 새로운 피처를 추가하려면 모델을 처음부터 훈련해야 하기 때문이죠. 모델 반복의 경우 구글의 'knowledge transfer'[7]와 오픈AI의 model surgery[8] 같은 기법을 사용해 처음부터 훈련을 우회할 수 있다는 연구 결과가 있습니다. 오픈AI에서는 "Surgery는 선택 프로세스 후에 훈련된 가중치를 한 네트워크에서 다른 네트워크로 전송합니다. 이 프로세스는 모델에서 어떤 부분이 변경되지 않으며 어떤 부분을 다시 초기화해야 하는지 결정하기 위함입니다."라고 이야기합니다. 여러 대규모 연구소에서 이를 실험했지만 필자는 산업계에서의 명확한 결과를 접한 적은 없습니다.

애매한 용어

'온라인 학습'이라고 하면 보통 '온라인 교육education'을 떠올리므로 필자는 온라인 학습 대신 연속 학습continual learning이라는 용어를 사용합니다. 구글에 '온라인 학습'을 검색하면 온라인 강의에 대한 결과가 가장 많이 나올 겁니다.

어떤 사람들은 '온라인 학습'이라는 용어로 '모델이 들어오는 신규 샘플로 학습'하는 특정 상황을 지칭합니다. 이러한 상황에는 연속 학습이 온라인 학습의 일반화입니다.

필자는 또한 'continuous learning' 대신 'continual learning'이라는 용어를 사용합니다.[9] 'continuous learning'은 모델이 들어오는 샘플로 지속적으로 학습하는 체제를 의미하는 반면 'continual learning'에서는 학습이 일련의 배치 혹은 마이크로 배치로 수행됩니다.

'continuous learning'은 때때로 ML의 지속적인 제공continuous delivery(CD)을 지칭하는 데 사용되는데, CD는 'continual learning'과 밀접한 관련이 있습니다. 'continuous learning'은 기업이 ML 모델의 반복 주기를 가속화하는 데 도움이 되기 때문이죠. 다만 차이점은 이러한 의미로 사용될 때, 'continuous learning'은 CD를 위한 파이프라인 설정에 대한 데브옵스 관점인 반면, 'continual learning'은 ML 관점에서 사용된다는 점입니다.

---

7 Chen, T., Goodfellow, I., & Shlens, J. (2016) Net2Net: Accelerating learning via knowledge transfer. *arXiv*. https://oreil.ly/Ip0GB

8 Raiman, J., Zhang, S., & Dennison, C. (2020). Neural network surgery with sets. *arXiv*. https://oreil.ly/SU0F1

9 옮긴이_ 이 부분은 용어를 원문 그대로 표기했습니다. 'continuous learning'과 'continual learning'은 미묘한 의미 차이가 있지만 직역하면 모두 연속(지속) 학습이 되기 때문입니다.

이렇듯 'continuous learning'이라는 용어는 모호하므로 필자는 커뮤니티에서 이 용어를 아예 멀리하기를 바랍니다.

9.1.2 연속 학습의 필요성

앞서 이야기했듯 연속 학습은 모델을 업데이트하고 변경 사항을 원하는 만큼 빠르게 배포할 수 있도록 인프라를 설정하는 것입니다. 그런데 모델을 원하는 만큼 빠르게 업데이트하는 기능이 왜 필요할까요?

연속 학습의 첫 번째 유스 케이스는 데이터 분포 시프트, 특히 갑자기 발생하는 시프트에 대처하는 일입니다. 리프트 같은 승차 공유 서비스의 가격 결정 모델을 구축한다고 가정해봅시다.[10] 특정 지역은 역사적으로 목요일 저녁에 운행 수요가 적고, 따라서 모델이 낮은 운행 가격을 예측해 운전자가 운행을 선호하지 않습니다. 그런데 이번 목요일 저녁은 동네에 큰 행사가 있어 운행 수요가 급증했다고 가정해봅시다. 모델이 이러한 변화에 빠르게 대응할 수 있다면 높은 운행 가격을 예측하고 동네로 더 많은 운전자를 동원하겠지만, 반대로 충분히 빠르게 대응할 수 없다면 어떨까요? 탑승자는 승차하기 위해 오랫동안 기다려야 하며, 이는 부정적인 사용자 경험을 유발합니다. 심지어 탑승자가 경쟁사 앱으로 전환해 수익을 잃을 수도 있습니다.

연속 학습의 또 다른 유스 케이스는 희귀한 사건[rare event]에 적응하는 것입니다. 아마존 같은 전자 상거래 웹사이트에서 일한다고 가정해봅시다. 블랙 프라이데이는 1년에 단 한 번 열리는 중요한 쇼핑 이벤트입니다. 하지만 이번 블랙 프라이데이 기간의 고객 행동을 정확하게 예측할 수 있도록 모델에 대한 과거 데이터를 충분히 수집할 방법은 없습니다. 성능을 향상하려면 모델이 하루 종일 신규 데이터로 훈련해야 하죠. 2019년 알리바바는 스트림 처리 프레임워크인 아파치 플링크의 개발을 주도하는 데이터 아티산[Data Artisans] 팀을 1억 300만 달러에 인수했고, 팀은 플링크를 ML 유스 케이스에 적응시키는 데 도움을 줬습니다.[11] 주요 유스 케이스는 미국

---

10 이러한 문제를 동적 가격 책정(dynamic pricing)이라고도 합니다.

11 Russell, J. (2019, January 8). *Alibaba acquires German big data startup data artisans for $103M*. TechCrunch. https://oreil.ly/4tf5c
이 책의 초기 검토자는 인수의 주요 목표가 다른 빅테크 기업에 비해 작은 알리바바의 오픈 소스 풋프린트를 늘리는 것일 수도 있다고 언급했습니다.

의 블랙 프라이데이와 유사한 중국 쇼핑 이벤트인 광군제Singles Day에 더 좋은 추천을 수행하는 것이었죠.

오늘날 ML 프로덕션의 주요 난제인 **지속 콜드 스타트**continuous cold start 문제에는 연속 학습이 도움이 됩니다. 콜드 스타트 문제는 모델이 과거 데이터 없이 신규 사용자를 예측해야 할 때 발생합니다. 예를 들어, 추천 시스템에서 사용자에게 다음에 감상할 영화를 추천하려면 사용자가 이전에 감상한 영화 이력을 알아야 하는 경우가 많습니다. 그런데 이때 사용자가 신규 사용자라면 영화를 감상한 기록이 없으므로 현재 사이트에서 가장 인기 있는 영화같이 일반적인 추천 리스트를 생성해야 합니다.[12]

지속 콜드 스타트는 콜드 스타트 문제를 일반화한 것으로,[13] 신규 사용자뿐 아니라 기존 사용자에게도 발생합니다. 예를 들어, 기존 사용자가 노트북에서 휴대 전화로 전환하는데 휴대 전화에서 동작이 노트북에서와 달라서 발생합니다. 혹은 사용자가 로그인하지 않아서도 발생합니다. 뉴스 사이트에서는 대부분 로그인하지 않고도 기사를 읽을 수 있죠.

또 다른 예로, 어떤 사용자가 서비스를 오랫동안 방문하지 않아 서비스가 보유한 사용자의 과거 데이터가 오래됐을 때 발생합니다. 예를 들어, 사람들은 대부분 호텔과 항공편을 1년에 몇 번만 예약합니다. 전자 상거래 웹사이트에 검색 엔진과 추천 시스템을 제공하는 회사인 코베오에 따르면 전자 상거래 사이트 고객의 70% 이상이 1년에 3회 미만 사이트를 방문하는 것은 일반적입니다.[14]

모델이 충분히 빠르게 조정되지 않으면 사용자 관련 추천 사항을 다음번 모델 업데이트까지 제공할 수 없습니다. 그때쯤이면 사용자들은 자신과 관련된 아이템을 찾지 못해 이미 서비스를 떠난 뒤일 수 있죠.

모델을 사용자 방문 세션 내에서 각 사용자에 맞게 조정할 수 있다면 모델은 사용자가 처음 방문했을 때도 정확하고 관련 있는 예측을 수행할 겁니다. 예를 들어, 틱톡은 연속 학습을 성공적으로 적용해 몇 분 안에 추천 시스템을 각 사용자에 맞게 조정합니다. 앱을 다운로드하고 동영

---

12 마찬가지로 모델이 아직 시청 이력과 피드백이 없는 새 영화를 언제 추천해야 할지 알아내도록 하는 문제 또한 난제입니다.

13 Bernardi, L., Kamps, J., Kiseleva, J., & Müller, M. J. I. (2015, August 5). The Continuous Cold Start Problem in e-Commerce Recommender Systems. *arXiv*. https://oreil.ly/GWUyD

14 Tagliabue, J., Greco, C., Roy, J.-F., Yu, B., Chia, P. J., Bianchi, F., & Cassani, G. (2021, April 19). SIGIR 2021 E-Commerce Workshop Data Challenge. *arXiv*. https://oreil.ly/8QxmS

상 몇 개만 보면 틱톡 알고리즘이 다음에 보고 싶은 것을 높은 정확도로 예측합니다.[15] 필자는 모두가 틱톡만큼 중독성 있는 콘텐츠를 만들기 위해 노력해야 한다고 생각하지는 않습니다. 다만 이것은 연속 학습이 강력한 예측 잠재력을 발휘할 수 있음을 보여주죠.

"왜 연속 학습이 필요한가요?"라는 질문은 "왜 연속 학습이 아닌가요?"로 바꿔 말해야 합니다. 연속 학습은 배치 학습의 상위 개념입니다. 전통적인 배치 학습이 할 수 있는 모든 것을 하기 때문이죠. 게다가 연속 학습은 배치 학습만으로는 불가능한 유스 케이스에도 적용이 가능합니다.

연속 학습을 세팅하고 수행하는 데 드는 노력과 비용이 배치 학습과 동일하다면 연속 학습을 수행하지 않을 이유가 없습니다. 하지만 이 책을 쓰는 현재도 연속 학습을 세팅하는 데는 여전히 어려움이 많습니다. 하지만 연속 학습을 위한 MLOps 도구가 성숙하고 있으며, 이는 머지않은 미래에 배치 학습만큼 쉽게 연속 학습을 설정할 수 있음을 의미합니다. 이어서 연속 학습의 어려움을 알아봅시다.

9.1.3 연속 학습의 난제

연속 학습은 유스 케이스가 많으며 여러 기업에서 성공적으로 적용되고 있습니다. 하지만 여전히 많은 난제가 있습니다. 주요 난제인 신규 데이터 액세스, 평가, 알고리즘을 살펴봅시다.

신규 데이터 액세스 난제

첫 번째 난제는 신규 데이터를 확보하는 일입니다. 매시간 모델을 업데이트하려면 매시간 새로운 데이터가 필요하죠. 현재 많은 기업이 신규 훈련 데이터를 데이터 웨어하우스에서 가져옵니다. 데이터 웨어하우스에서 데이터를 가져오는 속도는 신규 데이터가 데이터 웨어하우스에 저장되는 속도에 따라 다릅니다. 특히 데이터 소스가 여러 개면 속도가 느려질 수 있습니다. 대안으로는 데이터를 데이터 웨어하우스에 저장하기 전에 가져오도록 허용하는 방법이 있습니다. 예를 들어, [그림 9-3]과 같이 애플리케이션에서 데이터 웨어하우스로 데이터를 전송하는 카프카나 키네시스 같은 실시간 전송에서 직접 가져옵니다.[16]

---

15 Wang. (2020). Why TikTok Made Its Users So obsessive? The AI Algorithm That Got You Hooked.
16 3.5.3절 '실시간 전송을 통한 데이터 전달'을 참조하기 바랍니다.

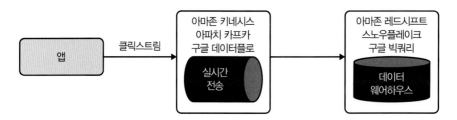

그림 9-3 데이터 웨어하우스에 저장되기 전에 실시간 전송에서 직접 데이터를 가져오면 최신 데이터에 액세스할 수 있습니다.

신규 데이터를 가져오는 것만으로는 충분하지 않습니다. 오늘날 모델이 대부분 그렇듯 모델 업데이트를 위해 레이블링된 데이터가 필요한 경우 신규 데이터도 레이블링해야 합니다. 많은 애플리케이션에서 데이터를 레이블링하는 속도는 모델 업데이트 속도에 병목 현상을 일으킵니다.

연속 학습에 가장 적합한 작업은 짧은 피드백 루프로 자연 레이블을 얻을 수 있는 작업입니다. 예시로는 동적 가격 책정(예상 수요 및 가용성에 기반함), 도착 시간 추정, 주가 예측, 광고 클릭률 예측 및 트윗, 노래, 짧은 영상, 기사 등 온라인 콘텐츠에 대한 추천 시스템이 있습니다.

하지만 이러한 자연 레이블은 일반적으로 곧바로 레이블로 생성되지 않고 사용자들의 행동 데이터를 기반으로 시스템의 로그와 함께 조합해 생성되며, 이를 레이블로 추출해야 합니다. 예를 들어, 전자 상거래 웹사이트를 운영한다고 가정해봅시다. 애플리케이션은 오후 10시 33분에 사용자 A가 ID가 32345인 제품을 클릭했다고 등록합니다. 시스템은 이 제품 ID가 해당 사용자에게 추천된 적이 있는지 확인하기 위해 로그를 다시 조사해야 하며, 추천 이력이 있다면 추천한 쿼리가 무엇인지 확인해야 합니다. 이런 식으로 시스템은 해당 쿼리를 해당 추천 사항과 매치하고, 해당 추천 사항을 좋은 추천 사항으로 레이블링합니다(그림 9-4).

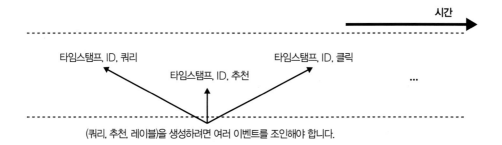

그림 9-4 사용자 피드백에서 레이블을 추출하는 프로세스의 단순화

레이블을 추출하기 위해 로그를 다시 살펴보는 프로세스를 레이블 계산[label computation]이라고 합니다. 로그가 늘어날수록 비용이 높습니다. 레이블 계산은 배치 처리로 수행할 수 있습니다. 예를 들어, 배치 작업을 실행해 로그에서 한 번에 모든 레이블을 추출하기 전에 먼저 로그가 데이터 웨어하우스에 저장되기를 기다립니다. 하지만 앞서 이야기했듯 이는 데이터가 저장될 때까지 기다렸다가 다음 배치 작업이 실행될 때까지 또 기다려야 한다는 뜻이죠. 보다 빠른 접근법은 스트림 처리를 활용해 실시간 전송에서 직접 레이블을 추출하는 방법입니다.[17]

레이블링 속도가 모델링 개발 반복에 병목 현상을 일으키는 경우, 레이블링 프로세스를 개선하는 방법이 많습니다. 예를 들어, 스노클[Snorkel] 같은 프로그래밍 방식 레이블링 도구를 활용해 사람의 개입을 최소화하면서 빠르게 레이블을 생성하는 방법이 있습니다. 크라우드소싱된 레이블을 활용해 신규 데이터에 빠르게 레이블링할 수도 있습니다.

스트리밍 도구는 아직 초기 단계이므로 효율적인 스트리밍 우선 인프라, 즉 최신 데이터에 액세스하고 실시간 전송에서 빠른 레이블을 추출하기 위한 인프라를 설계하는 일은 엔지니어링 집약적이고 비용이 높습니다. 좋은 소식은 스트리밍 관련 도구가 빠르게 성장하고 있다는 것이죠. 카프카를 기반으로 구축된 플랫폼인 컨플루언트[Confluent]는 2021년 10월 기준으로 160억 달러 규모 회사입니다. 2020년 말 스노우플레이크는 스트리밍에 주력하는 팀을 만들었습니다.[18] 2021년 9월 기준으로 머터리얼라이즈[Materialise]는 스트리밍 SQL 데이터베이스를 개발하기 위해 1억 달러를 투자받았습니다.[19] 스트리밍 관련 도구가 성숙함에 따라 기업이 ML을 위한 스트리밍 우선 인프라를 개발하는 일이 훨씬 용이해지고 비용도 낮아질 겁니다.

평가 난제

연속 학습의 가장 큰 난제는 모델을 지속적으로 업데이트하기 위해 함수를 작성하는 것이 아닙니다. 이는 단지 스크립트를 작성하면 손쉽게 해결되죠. 가장 큰 난제는 해당 업데이트가 모델을 배포하기에 충분한 수준인지 확인하는 일입니다. 지난 장에서는 ML 시스템이 어떻게 프로덕션에서 파괴적 실패를 일으키는지 논의했습니다. 수백만 명의 소수 집단이 부당하게 대출을

---

17 3.6절 '배치 처리 vs. 스트림 처리'를 참조하기 바랍니다.

18 Akidau, T. (2020, October 26). *Snowflake Streaming: Now Hiring! Help Design and Build the Future of Big Data and Stream Processing*. Snowflake blog. https://oreil.ly/Knh2Y

19 Narayan, A. (2021, September 30). *Materialize Raises a $60M Series C, Bringing Total Funding to Over $100M*. Materialize. https://oreil.ly/dqxRb

거부당하기도 하고 운전자가 자동 조종 장치autopilot를 너무 신뢰한 나머지 치명적인 충돌 사고에 연루되기도 하죠.[20]

연속 학습은 이러한 파괴적 실패의 리스크를 증폭합니다. 첫째, 모델을 자주 업데이트할수록 업데이트가 실패할 기회가 더 많아집니다.

둘째, 연속 학습은 모델을 조정된 조작coordinated manipulation과 적대적 공격에 더 취약하게 만듭니다. 모델이 실제 데이터를 사용해 온라인으로 학습하는 경우, 사용자의 악의적인 데이터 입력으로 인해 모델이 잘못된 것을 학습하는 문제가 발생할 수 있습니다. 2016년 마이크로소프트에서 출시한 챗봇 테이Tay는 트위터에 있는 '캐주얼하고 장난스러운 대화'를 통해 학습합니다. 테이가 출시되자마자 트위터 트롤들은 챗봇에 인종 차별적 발언과 여성 혐오 발언을 트윗하기 시작했습니다. 챗봇은 곧 선동적이고 공격적인 트윗을 게시하기 시작했고, 결국 마이크로소프트는 출시 16시간 만에 챗봇을 종료했습니다.[21]

이와 유사하거나 더 나쁜 사고를 방지하려면, 많은 사용자에게 업데이트를 배포하기에 앞서 각 모델 업데이트를 철저히 테스트해 성능과 안전성을 확인해야 합니다. 6장에서 모델 오프라인 평가를 알아봤으니 이 장에서는 온라인 평가, 즉 프로덕션에서 테스트하는 방법을 알아봅니다.

연속 학습을 위한 평가 파이프라인을 설계할 때, 평가에는 시간이 걸리며 이는 모델 업데이트 빈도에 또 다른 병목 현상이 된다는 점을 명심하기 바랍니다. 예를 들어, 필자가 함께 일했던 대형 온라인 결제 회사에는 이상 거래를 감지하는 ML 시스템이 있습니다.[22] 이상 거래 패턴은 빠르게 변하므로 회사에서는 변화하는 패턴에 적응하도록 시스템을 빠르게 업데이트하려고 합니다. 신규 모델은 기존 모델과 A/B 테스트를 거치기 전에는 배포할 수 없습니다. 그런데 해당 작업 데이터 레이블의 불균형 때문에, 대부분의 트랜잭션은 이상 거래가 아니므로 어떤 모델이 더 나은지 정확히 평가하는 데는 약 2주가 걸립니다.[23] 따라서 해당 회사에서는 시스템을 2주에 한 번만 업데이트하죠.

---

20 Brooks, K. J. (2019, November 15). *Disparity in Home Lending Costs Minorities Millions, Researchers Find.* CBS News. https://oreil.ly/SpZ1N
Brown, L. (2021, May 16). *Tesla Driver Killed in Crash Posted Videos Driving Without His Hands on the Wheel.* New York Post. https://oreil.ly/uku9S
A Tesla Driver Is Charged in a Crash Involving Autopilot That Killed 2 People. NPR. (2022, January 18). https://oreil.ly/WWaRA

21 Vincent, J. (2016, May 24). *Twitter Taught Microsoft's Friendly AI Chatbot to Be a Racist Asshole in Less Than a Day.* The Verge. https://oreil.ly/NJEVF

22 이 회사의 이상 거래 탐지 시스템은 여러 ML 모델로 구성됩니다.

23 9.2.5절 '밴딧'에서는 A/B 테스트에 대한 보다 데이터 효율적인 대안으로 밴딧을 적용하는 방법을 알아봅니다.

알고리즘 난제

알고리즘 난제는 신규 데이터 난제와 평가 난제에 비해 가벼운 문제입니다. 알고리즘은 특정 알고리즘과 특정 훈련 빈도에만 영향을 미치기 때문이죠. 정확히 말하면, 매우 빠르게(예: 매 시간) 업데이트하고자 하는 행렬 기반 모델과 트리 기반 모델에만 영향을 줍니다.

두 가지 모델을 봅시다. 하나는 신경망이고 하나는 협업 필터링collaborative filtering 모델과 같은 행렬 기반 모델입니다. 협업 필터링 모델은 사용자–아이템 행렬user-item matrix과 차원 축소 기술을 사용합니다.

신경망 모델은 임의 크기의 데이터 배치로 업데이트할 수 있으며 심지어 단 하나의 데이터 샘플로도 업데이트 단계를 수행할 수 있습니다. 반면에 협업 필터링 모델을 업데이트하려면 차원 축소를 수행하기에 앞서 전체 데이터셋을 사용해 사용자–아이템 행렬을 구축해야 합니다. 물론 신규 데이터 샘플로 행렬을 업데이트할 때마다 행렬에 차원 축소를 적용할 수 있지만, 행렬이 크면 차원 축소 단계가 너무 느려 자주 수행하기에는 비용이 높습니다. 따라서 부분 데이터셋으로 학습하는 경우에는 협업 필터링 모델보다 신경망 모델이 더 적합합니다.[24]

연속 학습 패러다임에는 행렬 기반 모델이나 트리 기반 모델보다 신경망 같은 모델을 적용하는 편이 훨씬 쉽습니다. 물론 증분 데이터로 학습하는 트리 기반 모델도 있습니다. 호에프딩 트리Hoeffding Tree[25]와 그 변형인 호에프딩 윈도 트리Hoeffding Window Tree 및 호에프딩 적응 트리Hoeffding Adaptive Tree가 있죠.[26] 다만 이 모델들은 아직 널리 사용되지는 않습니다.

학습 알고리즘뿐 아니라 피처 추출 코드도 부분 데이터셋과 함께 작동해야 합니다. 5.2.2절 '스케일링'에서 이야기했듯 최솟값, 최댓값, 중앙값, 분산과 같은 통계량을 사용해 피처를 확장해야 하는 경우가 많습니다. 이러한 통계량을 계산하려면 전체 데이터셋을 살펴봐야 할 때가 많습니다. 다만 모델이 한 번에 작은 데이터 부분 집합만 본다면 이론상 데이터의 각 부분 집합

---

24 어떤 사람들은 이를 '부분 정보를 사용한 학습'이라고 부르지만 부분 정보로 학습하는 것은 다른 의미입니다. 다음 논문을 참조하기 바랍니다.
Gonen, A., Rosenbaum, D., Eldar, Y. C., & Shalev-Shwartz, S. (2016). *Subspace learning with partial information.* Journal of Machine Learning Research. https://oreil.ly/OuJvG

25 옮긴이_ 확률 이론에 기반을 둔 의사 결정 트리의 스트리밍 확장으로, VFDT(Very Fast Decision Tree)라고도 합니다.

26 Domingos, P., & Hulten, G. (2000). Mining high-speed data streams. *Proceedings of the Sixth ACM SIGKDD International Conference on Knowledge Discovery and Data Mining*: 71–80. https://doi.org/10.1145/347090.347107
Bifet, A., & Gavaldà, R. (2009). Adaptive learning from evolving data streams. *Advances in Intelligent Data Analysis VIII*. https://oreil.ly/XlMpl

에 대한 통계량을 계산할 수 있습니다. 하지만 이는 통계량이 부분 집합에 따라 크게 다름을 의미하죠. 한 부분 집합으로 계산한 통계량은 다른 부분 집합과 크게 다르므로, 한 부분 집합으로 훈련한 모델을 다른 부분 집합으로 일반화하기가 어렵습니다.

서로 다른 부분 집합 간에 통계량을 안정적으로 유지하려면 통계를 온라인으로 계산하는 편이 좋습니다. 모든 데이터의 평균이나 분산을 한 번에 사용하는 대신 신규 데이터를 볼 때마다 통계량을 점진적으로 계산하거나 근사합니다. 논문 「Optimal Quantile Approximation in Streams」[27]에서는 이러한 알고리즘을 설명합니다. 오늘날 인기 있는 프레임워크들에서는 구간 통계running statistics를 계산하는 기능을 일부 제공합니다. 예를 들어, 사이킷런의 StandardScaler에는 구간 통계과 함께 피처 스케일러를 사용하는 `partial_fit` 메서드가 있습니다. 다만 프레임워크의 내장 메서드는 속도가 느리며 구간 통계를 폭넓게 지원하지 않습니다.[28]

9.1.4 연속 학습의 네 단계

지금까지 연속 학습이 무엇이고 왜 중요하며 어떤 난제가 있는지 알아봤습니다. 이어서 이러한 난제를 극복하고 연속 학습을 수행하는 방법을 살펴봅시다. 이 책을 쓰는 시점 기준, 기업들은 처음부터 연속 학습으로 시작하지 않습니다. 연속 학습으로 전환하는 과정은 다음처럼 네 단계로 이뤄집니다. 각 단계에서 어떤 일이 일어나며 다음 단계로 이동할 때 어떤 요구 사항이 있는지 알아봅시다.

1단계: 수동 무상태 재훈련

ML 팀은 초기에는 가능한 한 많은 비즈니스 문제를 해결하기 위해 ML 모델 개발에 주력하곤 합니다. 예를 들어, 전자 상거래 웹사이트 회사에서는 다음 네 가지 모델을 차례로 개발합니다.

---

27 Karnin, Z., Lang, K., & Liberty, E. (2016, March 17). Optimal Quantile Approximation in Streams. *arXiv*. https://oreil.ly/bUu4H

28 옮긴이_ `partial_fit`은 실무에서 종종 사용됩니다. 모델을 처음부터 다시 훈련할 필요 없이 일부 데이터로 훈련하는 증분 훈련에 적용 가능하며, 전체 데이터셋이 너무 커서 메모리에 모두 담을 수 없을 때도 유용합니다. `SGDClassifier`, `MiniBatchKMeans`, `BernoulliNB`, `MultinomialNB` 등의 클래스에 구현돼 있으며 자세한 내용은 사이킷런 공식 문서(*https://scikit-learn.org/0.15/modules/scaling_strategies.html*)를 참조하기 바랍니다.

1. 이상 거래를 탐지하는 모델

2. 사용자에게 관련 상품을 추천하는 모델

3. 판매자가 시스템을 악용하는지 예측하는 모델

4. 주문 건을 배송하는 데 걸리는 시간을 예측하는 모델

이 단계에서는 ML 팀이 신규 모델 개발에 집중하므로 기존 모델을 업데이트하는 일은 뒷전입니다. 다음 두 가지가 충족될 때만 기존 모델을 업데이트하죠. 첫째로 모델 성능이 가져오는 득보다 실이 크고, 둘째로 팀에서 모델을 업데이트할 시간이 있을 때입니다. 업데이트 주기는 모델마다 다릅니다. 예를 들어, 어떤 모델은 6개월에 한 번 업데이트되고 어떤 모델은 분기마다 업데이트됩니다. 한편 1년 동안 방치된 채 전혀 업데이트되지 않는 모델도 있죠.

모델 업데이트 프로세스는 수동이며 임시방편적ad-hoc입니다. 누군가는(일반적으로 데이터 엔지니어가) 데이터 웨어하우스에 신규 데이터를 쿼리합니다. 또 다른 사람이 이 신규 데이터를 정제하고, 데이터에서 피처를 추출하고, 이전 데이터와 신규 데이터 모두를 사용해 처음부터 모델을 재훈련한 다음 업데이트된 모델을 이진 포맷으로 내보냅니다. 그러면 또 다른 사람이 해당 이진 포맷을 사용해 업데이트된 모델을 배포합니다. 종종 데이터, 피처, 모델 로직을 캡슐화하는 코드가 재훈련 과정에서 변경되며, 변경 사항이 프로덕션에 복제되지 않아 추적하기 어려운 버그가 발생하기도 합니다.

이 과정이 남 일 같지 않다면, 여러분은 혼자가 아닙니다. 기술 산업에 속하지 않는 대다수 기업, 예컨대 ML을 도입한 지 3년 미만이고 ML 플랫폼 팀이 없는 기업들이 이 단계에 있습니다.[29]

2단계: 자동 재훈련

몇 년 후 ML 팀에서는 모델 몇 개를 배포하는 데 성공했고, 이 모델들은 명백한 문제를 대부분 해결합니다. 프로덕션에 적용된 모델은 5개에서 10개 사이입니다. 이때부터는 새로운 모델을 개발하기보다 기존 모델을 유지하고 개선하는 일이 우선입니다. 1단계에서 언급한 임시방편적이고 수동적인 업데이트 프로세스는 무시하기에는 너무 큰 골칫거리가 됐습니다. 따라서 팀에서는 모든 재훈련 단계를 자동으로 실행하는 스크립트를 작성하기로 했습니다. 작성한 스크립트는 스파크 같은 배치 프로세스를 사용해 주기적으로 실행됩니다.

....

29 ML 플랫폼은 10.4절 '머신러닝 플랫폼'에서 다룹니다.

어느 정도 성숙한 ML 인프라를 갖춘 기업들은 대부분 이 단계에 있습니다. 일부 정교한 기업에서는 최적의 재훈련 빈도를 결정하기 위해 실험을 실행하지만 대부분은 재훈련 빈도를 실무자의 직감을 기반으로 설정합니다. 예를 들어, "하루에 한 번 정도가 적당한 것 같아요." 또는 "매일 밤 유휴 컴퓨팅이 있을 때 재훈련 프로세스를 시작하죠."와 같은 식이죠.

재훈련 프로세스를 자동화하는 스크립트를 생성할 때는 시스템 내에 있는 각 모델마다 필요한 재훈련 일정이 다르다는 점을 고려해야 합니다. 예를 들어, 추천 시스템이 두 가지 모델로 구성돼 있다고 가정해봅시다. 하나는 모든 제품에 대한 임베딩을 생성하는 모델이고 하나는 주어진 쿼리로 각 제품의 관련성에 대한 순위를 매기는 랭킹 모델입니다. 임베딩 모델은 순위 모델보다 훨씬 낮은 빈도로 재훈련합니다. 제품 특성은 그렇게 자주 바뀌지 않으므로 임베딩은 일주일에 한 번 재훈련하지만[30] 랭킹 모델은 하루에 한 번 재훈련해야 할 수도 있습니다.

모델 간에 종속성이 있으면 자동화 스크립트가 훨씬 복잡해집니다. 예를 들어, 랭킹 모델은 임베딩에 따라 달라지므로 임베딩이 변경되면 랭킹 모델도 업데이트해야 하죠.

요구 사항

프로덕션에 적용된 ML 모델이 있는 회사라면 자동 재훈련에 필요한 인프라를 대부분 보유하고 있을 겁니다. 이 단계의 실행 가능성은 스크립트 작성의 실행 가능성을 중심으로 하며, 이때 스크립트는 워크플로를 자동화하고, 다음 작업을 자동으로 수행하도록 인프라를 구성합니다.

1. 데이터를 가져옵니다.
2. 필요시 데이터를 다운샘플링하거나 업샘플링합니다.
3. 피처를 추출합니다.
4. 레이블링 작업과 그에 대한 처리를 수행해 훈련 데이터를 생성합니다.
5. 훈련 과정을 시작합니다.
6. 새로 훈련한 모델을 평가합니다.
7. 모델을 배포합니다.

스크립트를 작성하는 데 걸리는 시간은 스크립트 작성자의 역량을 비롯한 여러 요인에 따릅니다. 일반적으로 이 스크립트의 실행 가능성에 영향을 미치는 주요 요소 세 가지는 스케줄러,

---

30 매일 신규 아이템이 많이 생긴다면 임베딩 모델을 더 자주 훈련해야 할 수 있습니다.

데이터, 모델 스토어입니다.

첫 번째 요소인 스케줄러는 기본적으로 작업 스케줄링을 처리하는 도구입니다(10.3.1절 '크론, 스케줄러, 오케스트레이터'에서 다룹니다). 아직 스케줄러가 없다면 이를 설정하는 데 시간이 필요합니다. 반면에 에어플로^{Airflow}나 아고^{Argo} 같은 스케줄러가 이미 있다면 스크립트를 연결하기가 그리 어렵지 않을 겁니다.

두 번째 요소는 데이터의 가용성과 접근성입니다. 데이터를 데이터 웨어하우스에 직접 수집해야 하나요? 여러 조직의 데이터를 결합해야 하나요? 처음부터 많은 피처를 추출해야 하나요? 데이터 레이블링도 해야 하나요? '예'라고 답하는 질문이 많을수록 스크립트를 설정하는 데 드는 시간이 많습니다. 스티치 픽스의 ML 및 데이터 플랫폼 관리자인 스테판 크라브지크^{Stefan} ^{Krawczyk}는 사람들이 대부분 여기에 시간을 쏟는다고 생각합니다.

세 번째 요소는 모델 스토어입니다. 모델 스토어로 모델을 재현하는 데 필요한 모든 아티팩트를 자동으로 버전화하고 저장합니다. 가장 간단한 모델 스토어는 구조화된 방식으로 직렬화된 모델 개체^{blob}를 저장하는 S3 버킷일 겁니다. 다만 S3 같은 개체 스토리지는 아티팩트 버전 관리에 좋지 않으며 사람이 읽을 수 없습니다. 따라서 관리형 서비스인 아마존 세이지메이커나 오픈 소스인 데이터브릭스 ML플로같이 보다 성숙한 모델 스토어가 필요합니다.[31] 10.4.2절 '모델 스토어'에서는 모델 스토어가 무엇인지 살펴보고 다양한 모델 스토어를 평가해봅니다.

피처 재사용(Log and wait)

모델을 업데이트하기 위해 신규 데이터에서 훈련 데이터를 생성할 때, 신규 데이터는 이미 예측 서비스를 거쳤다는 점을 기억하기 바랍니다. 예측 서비스는 이미 신규 데이터에서 예측용 모델에 입력할 피처를 추출했습니다.[32] 어떤 회사들은 추출된 피처를 모델 재훈련에 재사용해 계산

---

31 옮긴이_ 아마존 세이지메이커에서는 모델 레지스트리(model registry)라는 완전 관리형 모델 스토어를 지원합니다. 모델 레지스트리는 모델의 버전 관리, 메타데이터, 모델 배포 승인 및 거부가 용이하며 교차 계정(cross account) 등록을 지원하므로 중앙화가 가능합니다. 자세한 내용은 AWS 개발자 가이드(*https://docs.aws.amazon.com/sagemaker/latest/dg/model-registry.html*)를 참조하기 바랍니다.

32 옮긴이_ 결국은 피처 데이터를 파이프라인의 어느 시점에서 저장할지에 대한 문제입니다. 기존에는 원시 데이터에 가까운 지점에서 저장했기에, 훈련 데이터를 만들려고 하면 그 원시 데이터에 피처 제너레이션이나 프로세싱을 적용해서 계산하는 경우가 대부분이었습니다. 이 경우에는 다양한 이유로 인해(예: 네트워크 지연) 실제 온라인 프로덕션 모델이 바라보는 피처들과 차이가 생기게 되고, 이것이 훈련–서빙 편향의 주된 원인 중 하나입니다. 따라서 최근에는 피처 파이프라인의 가장 마지막 단인, 온라인 모델에 들어가기 직전 시점에서 피처 데이터를 저장하려고 합니다. 그렇게 하면 훈련–서빙 편향을 줄일 수 있고, 훈련 반복(iteration)이 훨씬 빨라지기도 합니다. 그리고 과거 7일간 클릭 건수, 과거 6개월간 클릭 건수 같은 피처를 실시간으로 계산해야 하고 실시간 정보가 의미 있는 차이를 만드는 경

비용을 절약하고 예측과 훈련 간의 일관성을 갖게 합니다. 이 접근법을 'log and wait'라고 합니다. 이는 훈련-서빙 편향을 줄이는 고전적 접근법입니다(8.1.2절 '머신러닝 한정 장애'의 '프로덕션 환경 데이터가 훈련 데이터와 다른 경우'를 참조하기 바랍니다).

'log and wait'는 아직 대중적인 접근법은 아니지만 점점 대중화되고 있습니다. 페어Faire의 데이터 과학자 샘 케니Sam Kenny가 작성한 훌륭한 블로그 글[33]에서는 'log and wait' 접근법의 장단점을 다룹니다.

3단계: 자동 상태 유지 훈련

2단계에서는 모델을 재훈련할 때 매번 처음부터 모델을 훈련합니다(무상태 재훈련). 따라서 재훈련 비용이 높으며 재훈련 빈도가 높다면 특히 비용이 많이 듭니다. 여러분은 9.1.1절 '무상태 재훈련 vs. 상태 유지 훈련'을 읽고 상태 유지 훈련을 수행하기로 결정했습니다. 마지막 날 데이터만으로 훈련을 지속할 수 있는데 굳이 지난 3개월 데이터로 매일 훈련할 필요가 있을까요?

따라서 이 단계에서는 자동 업데이트 스크립트를 재구성합니다. 모델 업데이트가 시작되면 현재 체크포인트에 대한 훈련을 계속하기에 앞서 이전 체크포인트를 찾아 메모리에 올립니다.

요구 사항

이 단계에서 가장 필요한 것은 사고방식 변화입니다. 보통 모델을 처음부터 훈련하는 것이 일반적이라고 생각하는데, 이는 많은 기업에서 데이터 과학자가 매번 처음부터 모델을 훈련하고 엔지니어에게 전달해 배포하는 데 너무 익숙해졌기 때문입니다. 상태 유지 훈련이 가능하도록 인프라를 설정하는 것은 고려하지 않죠.

우에는 각 이벤트에 대한 타임스탬프 피처를 추가해 피처 값의 컷오프 시간을 선택할 수 있는 훈련 데이터셋을 구축하기도 합니다. 이러한 프로세스를 'point-in-time'이라고 하며 피스트(Feast)나 세이지메이커 피처 스토어 같은 피처 스토어 서비스를 통해 구축할 수 있지만, 모든 타임스탬프에 대한 피처를 적재해야 하므로 특정 시점에서의(예: 온라인 모델에 들어가기 직전 시점) 피처를 저장하는 'log and wait' 방식도 같이 검토하는 것이 좋습니다. 'point-in-time'에 대한 자세한 내용은 다음 링크들을 참조하기 바랍니다.

링크 1: *https://docs.feast.dev/getting-started/concepts/feature-retrieval*

링크 2: *https://aws.amazon.com/blogs/machine-learning/build-accurate-ml-training-datasets-using-point-in-time-queries-with-amazon-sagemaker-feature-store-and-apache-spark*

33 Kenny, S. (2021, November 4). *Building Faire's new marketplace ranking infrastructure*. Medium. https://oreil.ly/AxFnJ

일단 상태 유지 훈련에 전념하면 업데이트 스크립트를 재구성하는 일은 간단합니다. 이 단계에서 가장 필요한 것은 데이터 및 모델 계보lineage를 추적할 방법입니다. 먼저 모델 버전 1.0을 업로드한다고 상상해봅시다. 이 모델을 신규 데이터로 업데이트해 모델 버전 1.1을 생성하고, 마찬가지로 업데이트해 모델 1.2를 생성합니다. 이제 또 다른 모델을 업로드하고 모델 버전 2.0이라고 부릅니다. 이 모델을 신규 데이터로 업데이트해 모델 버전 2.1을 생성합니다. 이런 식으로 모델 버전 3.32, 모델 버전 2.11, 모델 버전 1.64 등 다양한 모델 버전이 생성됩니다. 모델을 재현하고 디버깅하기 위해서는 모델이 시간에 따라 어떻게 발전하는지, 어떤 모델이 기본 모델로 사용됐는지, 업데이트에 어떤 데이터를 사용했는지 알고 싶을 겁니다. 필자가 아는 한 기존 모델 스토어에는 모델 계보 기능이 없으므로 사내에서 솔루션을 구축해야 합니다.[34]

9.1.3절 '연속 학습의 난제'의 '신규 데이터 액세스 난제'에서 이야기했듯 데이터 웨어하우스 대신 실시간 전송에서 데이터를 가져오려는데 스트리밍 인프라가 충분히 성숙하지 않았다면 스트리밍 파이프라인을 변경해야 합니다.

4단계: 연속 학습

3단계에서는 모델이 개발자가 설정한 일정에 따라 계속 업데이트됩니다. 최적의 일정은 찾기가 간단하지 않으며 상황에 따라 달라집니다. 예를 들어, 지난주에는 시장에 별다른 일이 없어 모델 성능이 그렇게 빨리 떨어지지 않았더라도 이번 주에 많은 이벤트가 발생한다면 모델 성능이 훨씬 빨리 떨어지고 훨씬 더 빠른 재훈련 일정이 필요합니다.

따라서 업데이트 일정을 고정하는 대신 데이터 분포가 변하고 모델 성능이 떨어질 때마다 모델이 자동으로 업데이트되도록 합니다.

최종 목표는 연속 학습과 에지 배포를 결합할 때입니다. 기본 모델을 휴대 전화, 시계, 드론 등 신규 디바이스에 배포한다고 가정해봅시다. 디바이스에 있는 모델은 중앙 집중식 서버와 동기화할 필요 없이 환경에 따라 지속적으로 업데이트하고 적응합니다. 물론 중앙 집중식 서버 비용도 발생하지 않죠. 게다가 디바이스와 클라우드 간에 데이터를 주고받을 필요가 없으므로 데이터 보안 및 개인 정보 보호 기능이 향상됩니다.

---

34 **옮긴이_** 이 책을 번역하는 시점 기준, 모델 계보 기능을 지원하는 여러 도구와 서비스가 새로 출시되거나 개선되고 있습니다(예: 아마존 세이지메이커, 웨이츠 앤 바이어시스, 데이터로봇 등). 모델 계보를 지원하는 도구와 서비스에 관한 가이드는 *https://neptune.ai/blog/tools-for-ml-model-governance-provenance-lineage*를 참조하기 바랍니다.

요구 사항

3단계에서 4단계로 넘어가는 과정은 험난합니다. 먼저 모델 업데이트를 트리거하는 메커니즘이 필요합니다. 트리거는 다음과 같습니다.

- 시간 기반: 예컨대 5분마다 업데이트합니다.
- 성능 기반: 예컨대 모델 성능이 떨어질 때마다 업데이트합니다.
- 볼륨 기반: 예컨대 레이블링된 데이터 총량이 5% 증가할 때마다 업데이트합니다.
- 드리프트 기반: 예컨대 주요 데이터 분포 시프트가 감지될 때마다 업데이트합니다.

이 트리거 메커니즘이 작동하려면 견고한 모니터링 솔루션이 필요합니다. 8.3절 '모니터링과 관찰 가능성'에서 이야기했듯 어려운 부분은 드리프트를 감지하는 일이 아니라 어느 드리프트가 중요한지 결정하는 일입니다. 모니터링 솔루션에서 오탐지가 많이 발생한다면 모델이 필요 이상으로 자주 업데이트됩니다.

모델 업데이트를 지속적으로 평가하려면 견고한 파이프라인이 필요합니다. 모델 업데이트 함수를 작성하는 것은 3단계와 크게 다르지 않습니다. 어려운 부분은 업데이트된 모델이 제대로 작동하는지 확인하는 일이죠. 9.2절 '프로덕션에서 테스트하기'에서는 다양한 테스트 기법을 살펴봅니다.

9.1.5 모델 업데이트 빈도

모델을 신속하게 업데이트하기 위한 인프라를 설정했다면, 이번에는 회사 형태나 규모와 상관없이 ML 엔지니어를 괴롭히는 질문이 등장합니다. 모델을 얼마나 자주 업데이트해야 할까요? 질문에 답하기에 앞서 모델을 신규 데이터로 업데이트했을 때 성능이 얼마나 향상되는지 파악해야 합니다. 성능이 크게 향상될수록 더 자주 재훈련해야 합니다.

신규 데이터의 가치

업데이트가 모델 성능을 얼마나 향상하는지 파악하면 업데이트 빈도를 결정하는 문제가 훨씬 쉬워집니다. 예를 들어, 모델을 매월 재훈련하다가 매주 재훈련하면 성능이 얼마나 향상될까요? 매일 재훈련하면 또 어떨까요? 사람들은 데이터 분포가 시프트하니 최신 데이터가 더 좋다고 하는데 얼마만큼 더 좋을까요?

성능 향상을 파악하는 한 가지 방법은 과거 여러 시간대의 데이터로 모델을 훈련하고 현재 시점 데이터로 평가해 성능이 어떻게 변하는지 확인하는 것입니다. 2020년 데이터가 있다고 가정해봅시다. 신규 데이터의 가치를 측정하기 위해 2020년 1월부터 6월까지의 데이터로 모델 A를 훈련하고, 4월부터 9월까지의 데이터로 모델 B를 훈련하고, 6월부터 11월까지의 데이터로 모델 C를 훈련합니다. 그리고 [그림 9-5]와 같이 12월 데이터로 각 모델을 테스트합니다. 모델별 성능 차이를 통해 모델이 최신 데이터를 통해 얻는 성능 향상을 파악합니다. 3개월 전 데이터로 훈련된 모델이 1개월 전 데이터로 훈련된 모델보다 훨씬 나쁘다면 모델을 3개월보다는 자주 재훈련해야겠죠.

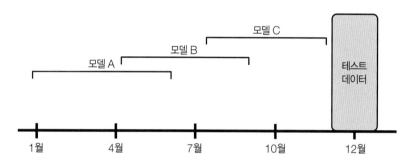

그림 9-5 최신 데이터를 통해 얻는 성능 향상을 파악하려면, 과거 여러 시간대의 데이터로 모델을 훈련하고 현재 시점 데이터를 테스트해 성능이 어떻게 변하는지 확인합니다.

이 간단한 예시는 신규 데이터 실험이 어떻게 작동하는지 보여줍니다. 실제로는 실험을 훨씬 세분화해 몇 달이 아니라 몇 주, 며칠, 심지어 몇 시간 또는 몇 분 안에 실행할 수도 있습니다. 2014년 페이스북은 광고 클릭률 예측과 관련해 유사한 실험을 수행해, 주간 재훈련에서 일일 재훈련으로 전환하면 모델 손실이 1% 줄어든다는 사실을 발견했습니다.[35] 이는 페이스북에 상당한 성능 향상으로, 재훈련 파이프라인 주기를 매주에서 매일로 전환하는 결과로 이어졌죠. 오늘날은 온라인 콘텐츠가 훨씬 다양하고 사용자의 관심도 훨씬 빠르게 변한다는 점을 고려하면 광고 클릭률에 대한 신규 데이터의 가치는 보다 높다고 예상할 수 있습니다. 정교한 ML 인프라를 갖춘 회사는 재훈련 파이프라인 주기를 몇 분 단위로 전환할 만큼 충분한 성능 향상을

---

35 He, X., Pan, J., Jin, O., Xu, T., Liu, B., Xu, T., Shi, Y., Atallah, A., Herbrich, R., Bowers, S., & Candela, J. Q. (2014, August). Practical Lessons from Predicting Clicks on Ads at Facebook. *ADKDD '14: Proceedings of the Eighth International Workshop on Data Mining for Online Advertising*: 1–9. https://oreil.ly/oS16J

발견했습니다.[36]

모델 반복 vs. 데이터 반복

이 장 앞부분에서는 모든 모델 업데이트가 동일하지 않다고 언급했으며 모델 반복(기존 모델 아키텍처에 신규 피처를 추가하거나 모델 아키텍처를 변경함)과 데이터 반복(모델 아키텍처와 피처는 동일하지만 모델을 신규 데이터로 갱신함)을 구별했습니다. 모델 업데이트 빈도 외에 어떤 종류의 모델 업데이트를 수행해야 하는지도 궁금할 겁니다.

이론상 두 가지 유형을 모두 수행할 수 있으며, 실제로는 때때로 두 가지 업데이트를 모두 수행해야 합니다. 다만 한 가지 접근법에 자원을 많이 사용할수록 다른 접근법에 사용할 수 있는 자원은 줄어듭니다.

데이터 반복으로도 성능이 크게 향상되지 않는다면 더 나은 모델을 찾는 데 자원을 사용해야 합니다. 반면에 더 나은 아키텍처를 찾기 위해 연산 자원을 100배 사용하는데 성능이 단 1%만 향상되는 한편, 지난 3시간 데이터로 동일 모델을 업데이트하기 위해 연산 자원을 1배만 사용하고 성능이 똑같이 1% 향상된다면 어떨까요? 이때는 데이터를 반복하는 편이 좋습니다.

아마도 가까운 미래에 우리는 어떤 상황에서 어떤 접근법이 잘 통할지 더 이론적으로 이해하게 될 겁니다(이는 연구 요청call for research 신호입니다). 하지만 현재로서는 어떤 책도 특정 작업의 특정 모델에 어떤 접근법이 더 잘 맞는지에 대한 답을 줄 수 없습니다. 이를 알아내려면 실험을 수행해야 합니다.

모델 업데이트 빈도에 대한 질문은 대답하기 어려운 문제이지만 이 절 내용이 도움이 됐으면 합니다. 인프라가 초기 단계이고 모델 업데이트 프로세스가 수동인데다 느리다면 답은 '가능한 한 자주 업데이트하기'입니다.

한편 인프라가 성숙하고 모델 업데이트 프로세스가 부분적으로 자동화됨에 따라 모델 업데이트는 몇 시간 만에 완료될 수 있습니다. 따라서 모델 업데이트 주기는 최신 데이터를 통해 성능이 얼마나 향상되는지에 따라 다릅니다. 모델에 대한 신규 데이터의 가치를 정량화하기 위해 실험을 수행하는 것이 중요합니다.

....

36 Flink Forward. (2020). *Machine learning with Flink in weibo – Qian Yu* [Video].

9.2 프로덕션에서 테스트하기

책 전반에 걸쳐 충분히 평가하지 않은 모델 배포의 위험을 논의했습니다. 모델을 충분히 평가하려면 먼저 오프라인 평가(6장 참조)와 온라인 평가를 혼합해야 합니다. 왜 오프라인 평가만으로 충분하지 않을까요? 이를 이해하기 위해 오프라인 평가의 주요 테스트 유형인 테스트 분할test split과 백테스트backtest를 살펴봅시다.

첫 번째로 떠오를 만한 모델 평가 유형은 테스트 분할입니다. 6장에서 이야기했듯 오프라인에서 모델을 평가하는 데 사용하는 고전적인 유형이죠. 테스트 분할은 일반적으로 정적이며, 정적이어야만 합니다. 여러 모델을 비교하기 위해 신뢰된 벤치마크를 수행하려면 테스트 세트가 동일해야 하죠. 두 모델을 서로 다른 세트에서 테스트하면 그 결과를 비교하기 어렵습니다.

한편 모델을 신규 데이터 분포에 맞게 업데이트하는 경우 신규 모델을 이전 분포의 테스트 분할에서 평가하는 것으로는 충분하지 않습니다. 데이터가 최신일수록 현재 분포에서 추출될 가능성이 더 높다고 가정할 때, 한 가지 아이디어는 액세스할 수 있는 가장 최근 데이터로 모델을 테스트하는 것입니다. 따라서 직전 일자의 데이터로 모델을 업데이트한 후 직전 1시간의 데이터로 모델을 테스트합니다(직전 1시간의 데이터가 업데이트에 사용된 데이터에 포함되지 않았다고 가정합니다). 과거 특정 기간의 데이터로 예측 모델을 테스트하는 방법을 **백테스트**라고 합니다.[37]

백테스트가 정적 테스트 분할을 대체하기에 충분한지 궁금할 텐데, 그렇지는 않습니다. 데이터 파이프라인에 문제가 발생해 최근 1시간 데이터 중 일부가 손상된 경우, 이 최근 1시간 데이터만으로 모델을 평가하는 것으로는 충분하지 않기 때문입니다.

백테스트를 사용하더라도 새너티 체크sanity check[38]를 통해 반복적으로 사용해 잘 파악된, (대개는) 신뢰하는 정적 테스트 세트로 모델을 평가해야 합니다.

데이터 분포는 시간에 따라 변화할 수 있으므로, 모델이 지난 시간의 데이터로 잘 작동한다고 해서 향후 데이터로도 계속해서 잘 작동한다는 의미는 아닙니다. 모델이 프로덕션 환경에서 잘 작동하는지 알 수 있는 유일한 방법은 모델 배포입니다. 이는 매우 번거롭지만 필수적인 개념,

---

37 옮긴이_ 백테스트는 과거의 특정 시점부터 훈련 데이터셋 크기를 현 시점까지 늘리는 확장 윈도(expanding window) 방식과 훈련 데이터셋 크기를 유지하면서 타임스탬프를 슬라이드하는 슬라이딩 윈도(sliding window) 방식이 있습니다.

38 옮긴이_ 어려운 용어 같아 보이지만 간단합니다. 어떤 결과가 이치에 맞는지를 다양한 방법(실험, 디버깅, 유닛 테스트 등)으로 재점검한다는 의미입니다. 자세한 정의는 위키백과(https://en.wikipedia.org/wiki/Sanity_check)를 참조하기 바랍니다.

즉 프로덕션 테스트로 이어지죠. 프로덕션 테스트를 두려워할 필요는 없습니다. 프로덕션에서 모델을 (대개) 안전하게 평가하는 데 도움이 되는 기술들이 있습니다. 이 절에서는 섀도 배포, A/B 테스트, 카나리 배포, 인터리빙 실험interleaving experiment, 밴딧bandit을 알아봅니다.

9.2.1 섀도 배포

섀도 배포shadow deployment는 모델 혹은 소프트웨어 업데이트를 배포하는 가장 안전한 방법이며 다음과 같이 작동합니다.

1. 기존 모델과 병렬로 후보 모델을 배포합니다.
2. 들어오는 요청을 두 모델로 라우팅해 예측하되 기존 모델의 예측 결과만 사용자에게 제공합니다.
3. 분석을 위해 새 모델의 예측 결과를 기록합니다.
4. 새 모델의 예측 결과가 만족스러울 때만 기존 모델을 새 모델로 교체합니다.

이처럼 새 모델의 예측 결과가 만족스러운지 확인하기 전까지는 예측 결과를 사용자에게 제공하지 않습니다. 따라서 새 모델이 튀는 작업을 수행할 위험도가 적어도 기존 모델보다는 높지 않습니다. 다만 이 기술은 비용이 높아 항상 유리하지는 않습니다. 시스템이 생성하는 예측 개수가 두 배이므로 추론 연산 비용도 보통 두 배 증가하죠.

9.2.2 A/B 테스트

A/B 테스트는 한 객체object의 두 가지 변형variant을 비교하는 방법으로, 일반적으로 두 변형에 대한 응답을 테스트하고 둘 중 어느 것이 더 효과적인지 결정합니다. ML에서는 기존 모델이 하나의 변형이고 후보 모델(최근 업데이트된 모델)이 또 다른 변형입니다. A/B 테스트를 사용해 사전 정의된 몇 가지 지표에 따라 어떤 모델이 더 나은지 판단합니다.

A/B 테스트는 2017년 기준 마이크로소프트나 구글 같은 회사에서 연간 1만 건 이상 수행할 정도로 널리 보급됐습니다.[39] ML 엔지니어들은 프로덕션에서 ML 모델을 평가하는 방법으로 A/B 테스트를 첫 번째로 꼽습니다. A/B 테스트는 다음과 같이 작동합니다.

---

[39] Kohavi, R., & Thomke, S. (2017). *The Surprising Power of Online Experiments*. Harvard Business Review. https://oreil.ly/OHfj0

1. 기존 모델과 함께 후보 모델을 배포합니다.

2. 트래픽 중 일정 비율은 새 모델로 라우팅하고 나머지 트래픽은 기존 모델로 라우팅합니다. 일반적으로 두 변형이 동시에 예측 트래픽을 처리하지만 때때로 한 모델의 예측 결과가 다른 모델의 예측 결과에 영향을 미치기도 합니다. 예를 들어, 승차 공유의 동적 가격 책정에서 모델의 예측 가격은 가용한 운전자 및 탑승자 수에 영향을 미치며, 이는 차례로 다른 모델의 예측에 영향을 미칩니다. 이럴 때는 변형을 번갈아 실행해야 합니다. 예를 들어, 하루는 모델 A를 서빙하고 다음 날은 모델 B를 서빙합니다.

3. 두 모델의 예측 결과와 사용자 피드백(있다면)을 모니터링하고 분석해 두 모델의 성능 차이가 통계적으로 유의한지 확인합니다.

A/B 테스트를 올바르게 수행하려면 많은 것을 고려해야 하는데 이 책에서는 그중 중요한 두 가지를 알아봅니다. 첫째, A/B 테스트는 무작위 실험으로 구성됩니다. 각 모델로 라우팅되는 트래픽은 무작위여야 하며 그렇지 않으면 테스트 결과는 무효가 됩니다. 예를 들어, 트래픽을 두 모델로 라우팅하는 방식에 선택 편향이 있다고 가정해봅시다. 모델 A에 노출된 사용자는 일반적으로 휴대 전화를 사용하고 모델 B에 노출된 사용자는 일반적으로 데스크톱을 사용합니다. 모델 A의 정확도가 모델 B보다 높다면 그 이유가 모델 A가 모델 B보다 우수해서인지 혹은 '휴대 전화 사용'이 예측 품질에 영향을 미쳐서인지 알 수 없습니다.

둘째, A/B 테스트 결과가 충분한 신뢰도를 얻으려면 테스트가 실행되는 샘플 개수가 충분해야 합니다. A/B 테스트에 필요한 샘플 개수를 계산하는 데는 매우 복잡한 방안들이 있으니 자세한 내용은 A/B 테스트에 대한 책을 참조하기를 권합니다.

요점은 A/B 테스트 결과가 한 모델이 다른 모델보다 낫고 그 차이가 통계적으로 유의미함을 보여준다면 둘 중 어느 모델이 실제로 나은지 결정할 수 있다는 점입니다. A/B 테스트는 통계적 유의성을 측정하기 위해 2-표본 검정 같은 통계적 가설 테스트를 사용합니다. 8장에서는 분포 시프트 탐지에 사용하는 2-표본 검정을 살펴봤습니다. 2-표본 검정은 두 모집단 간의 차이가 통계적으로 유의한지 확인하는 검정 방법입니다. 분포 시프트 유스 케이스에서, 통계적 차이가 두 모집단이 서로 다른 분포에서 왔음을 시사한다면 이는 원래 분포가 시프트했다는 의미입니다. A/B 테스트 유스 케이스에서 통계적 차이는 한 변형이 다른 변형보다 우수함을 보여주기에 충분한 증거를 수집했음을 의미합니다.

통계적 중요성은 유용하지만 완벽하지는 않습니다. 예를 들어, 2-표본 검정을 실행해 p-value가 p=0.05 혹은 5%로 모델 A가 모델 B보다 낫다는 결과를 얻었고, 통계적 유의성을 p≤0.5로 정의한다고 가정해봅시다. 즉, 동일한 A/B 테스트 실험을 여러 번 실행하면 그중

95%(100-5=95)는 A가 B보다 우수하고, 나머지 5%는 B가 A보다 우수합니다. 따라서 결과가 통계적으로 유의하더라도 실험을 다시 실행하면 다른 모델을 선택하게 될 가능성이 있죠.

A/B 테스트 결과가 통계적으로 유의하지 않더라도 A/B 테스트가 실패한 것은 아닙니다. 많은 샘플로 A/B 테스트를 실행했는데 두 모델의 차이가 통계적으로 유의하지 않다면, 두 모델 간에 큰 차이가 없을 수 있으며 두 모델 중 어느 것을 사용해도 괜찮습니다.

ML에서 중요한 요소인 A/B 테스트와 기타 통계 개념을 자세히 알고 싶다면 론 코하비[Ron Kohavi]의 책 『A/B 테스트』(에이콘출판, 2022)와 마이클 바버[Michael Barber]의 블로그[40]를 읽어보기를 추천합니다.

프로덕션 환경에 후보 모델이 하나가 아닌 여러 개일 때가 많습니다. 변형을 2개 이상 사용해 A/B 테스트를 수행할 수 있습니다. 즉, A/B/C 테스트나 A/B/C/D 테스트를 수행할 수 있죠.

9.2.3 카나리 배포

카나리 배포[Canary Release]는 신규 소프트웨어 버전을 프로덕션 환경에 도입할 때 위험을 줄이는 기술로, 변경 사항을 전체 인프라에 롤아웃해 모든 사용자가 사용하도록 하기 전에 소수의 사용자에게 천천히 롤아웃합니다.[41] ML 배포 맥락에서 카나리 배포는 다음과 같이 작동합니다.

1. 기존 모델과 함께 후보 모델을 배포합니다. 후보 모델을 카나리라고 합니다.
2. 일부 트래픽은 후보 모델로 라우팅합니다.
3. 성능이 만족스러우면 후보 모델에 라우팅하는 트래픽을 늘립니다. 성능이 만족스럽지 않다면 카나리를 중단하고 모든 트래픽을 기존 모델로 다시 라우팅합니다.
4. 카나리가 모든 트래픽을 처리하거나(후보 모델이 기존 모델을 대체함) 카나리가 중단되면 중지합니다.

후보 모델 성능은 관심 있는 지표를 기준으로 기존 모델 성능과 비교해 측정됩니다. 후보 모델의 주요 지표가 크게 저하되면 카나리 배포가 중단되고 모든 트래픽이 기존 모델로 라우팅됩니다.

카나리 배포는 A/B 테스트와 설정이 유사해 A/B 테스트를 수행하는 데 적용할 수 있습니다. 다만 A/B 테스트 없이도 카나리 분석을 수행할 수 있습니다. 예를 들어, 트래픽을 각 모델로

---

40 *https://oreil.ly/JdVA0*

41 Sato, D. (2014, June 25). *CanaryRelease*. MartinFowler.com. https://oreil.ly/YtKJE

라우팅하기 위해 무작위화할 필요가 없습니다. 그럴듯한 시나리오 한 가지는 후보 모델을 모두에게 롤아웃하기 전에 덜 중요한 시장에 먼저 롤아웃하는 것입니다.

업계에서 카나리 배포를 어떻게 사용하는지 궁금하다면 넷플릭스와 구글에서 공동으로 기고한 블로그 글[42]을 참조하기 바랍니다. 해당 글은 기업에서 자동화된 카나리 분석을 사용하는 방식과 관련 플랫폼 카옌타Kayenta[43]를 설명합니다.

9.2.4 인터리빙 실험

두 추천 시스템 A와 B 중 어느 것이 나은지 평가한다고 해봅시다. 각 모델은 사용자가 좋아할 만한 아이템을 10개씩 추천합니다. A/B 테스트를 수행하기 위해 사용자를 두 그룹으로 분리합니다. 한 그룹은 A에 노출되고 다른 그룹은 B에 노출되며, 각 사용자는 한 모델의 추천 사항에 노출됩니다.

사용자를 한 가지 모델의 추천 사항에 노출하는 대신, 두 모델의 추천 사항에 노출하고 어느 모델의 추천 사항을 클릭하는지 확인하면 어떨까요? 이것이 2002년에 토르스텐 요아킴스Thorsten Joachims가 검색 순위 문제에 관해 제안한 인터리빙 실험의 아이디어입니다.[44] 넷플릭스는 실험을 통해 인터리빙이 "기존 A/B 테스트에 비해 훨씬 적은 샘플로 최상의 알고리즘을 안정적으로 식별한다"는 것을 발견했습니다.[45]

[그림 9-6]은 인터리빙 실험이 A/B 테스트와 어떻게 다른지 보여줍니다. A/B 테스트에서는 리텐션과 스트리밍 같은 핵심 지표를 측정하고 두 그룹 간의 결과를 비교합니다. 한편 인터리빙에서는 실제 사용자 선호도(넷플릭스 예시에서는 영상 시청 시간 점유율)를 측정해 두 알고리즘을 비교합니다. 인터리빙 결과는 사용자 선호도에 따라 결정되지만, 사용자 선호도가 더 나은 핵심 지표로 이어진다는 보장은 없습니다.

---

42 *https://oreil.ly/QfBrn*

43 깃허브: *https://github.com/spinnaker/kayenta*

44 Joachims, T. (2002). Optimizing search engines using Clickthrough Data. *Proceedings of the Eighth ACM SIGKDD International Conference on Knowledge Discovery and Data Mining*. https://oreil.ly/XnH5G

45 Parks, J. Aurisset, J., & Ramm, M. (2017, November 29). *Innovating Faster on Personalization Algorithms at Netflix Using Interleaving*. Netflix Technology Blog. https://oreil.ly/InvDY

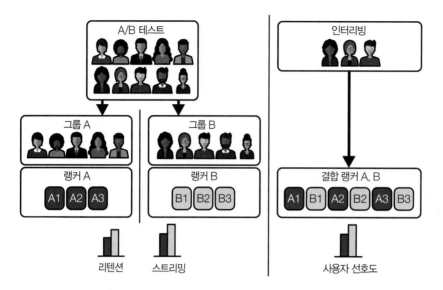

그림 9-6 인터리빙과 A/B 테스트의 차이점(출처: 파크스 등의 이미지를 각색함)[46]

사용자에게 여러 모델의 추천 사항을 표시할 때 추천 사항의 위치가 클릭 여부에 영향을 미친 다는 점에 유의해야 합니다. 예를 들어, 사용자는 아래쪽에 있는 추천 사항보다 위쪽에 있는 추천 사항을 클릭할 가능성이 훨씬 높습니다. 인터리빙으로 유효한 결과를 얻으려면 특정 위치 추천 사항이 A에서 생성될 가능성과 B에서 생성될 가능성이 동등해야 합니다. 이를 보장하기 위해 사용하는 한 가지 방법은, 스포츠의 드래프트 프로세스를 모방하는 팀-드래프트 인터리 빙team-draft interleaving입니다. 각 추천 위치마다 A 혹은 B를 동일한 확률로 무작위로 선택하고, 선택된 모델은 아직 선택되지 않은 최상위 추천 사항을 선택합니다.[47] [그림 9-7]은 팀-드래 프트 방법이 어떻게 작동하는지 보여줍니다.

---

46 옮긴이_ 랭커(ranker)는 A/B 테스트 결과를 기준으로 각 그룹의 상대적인 우위를 나타내는 지표를 의미합니다. 일반적으로 가설 검정을 통해 두 그룹 간에 통계적으로 유의미한 차이가 있음이 입증되면, 해당 차이를 랭킹으로 표시해 그룹 A와 B의 성과를 비교할 수 있습니다. 결합 랭커(combined ranker)는 A 그룹과 B 그룹의 순위를 독립적으로 비교하는 대신 각 그룹에서 얻은 랭커를 결합함으로써 전체 순위를 결정하는 방식을 의미합니다.

47 Chapelle, O., Joachims, T., Radlinski, F., & Yue, Y. (2012, February). Large-Scale Validation and Analysis of Interleaved Search Evaluation. *ACM Transactions on Information Systems 30*(1): 6. https://oreil.ly/IccvK

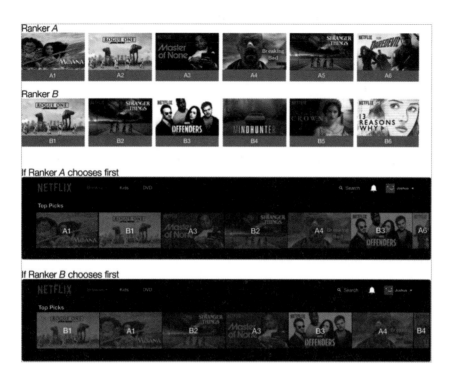

그림 9-7 팀-드래프트를 사용해 두 가지 랭킹 알고리즘으로 생성한 영상 추천 사항을 인터리빙합니다(출처: 파크스 등[48]).

9.2.5 밴딧

밴딧[bandit] 알고리즘은 도박에서 유래했습니다. 카지노에는 지급액이 각기 다른 여러 슬롯머신이 있습니다. 슬롯머신은 원 암드 밴딧[one-armed bandit]이라고도 하므로 그 이름을 따왔습니다. 어느 슬롯머신이 가장 높은 보상을 주는지는 모릅니다. 따라서 여러 번 실험을 통해 슬롯머신의 보상을 최대화하는 동시에 어떤 슬롯머신이 가장 좋은지 알아냅니다. 멀티 암드 밴딧[multi-armed bandit]은 활용[exploitation](과거에 보상을 가장 많이 준 슬롯머신 선택)과 탐색[exploration](향후 보상을 더 많이 줄 수 있는 다른 슬롯머신 선택) 사이에서 균형을 맞추는 알고리즘입니다.

현재 프로덕션에서 모델 테스트에 사용하는 표준 방법은 A/B 테스트입니다. A/B 테스트를 사

---

48 Parks et al. (2017). Innovating Faster on Personalization Algorithms.

용하면 예측을 위해 트래픽을 각 모델에 무작위로 라우팅하고, 시행이 끝나면 어느 모델이 더 잘 작동하는지 측정합니다. A/B 테스트는 무상태stateless 테스트라고 불리는데, 테스트 중간 과정에서 성능을 고려하지 않고 각 모델로 트래픽을 라우팅하기 때문입니다. A/B 테스트는 배치 예측으로도 수행할 수 있습니다.

평가할 모델이 여러 개일 때 각 모델은 보상(예: 예측 정확도)을 모르는 슬롯머신처럼 생각할 수 있습니다. 밴딧을 사용하면 예측을 위해 트래픽을 각 모델로 라우팅해 최상의 모델을 결정하는 동시에, 사용자에 대한 예측 정확도를 최대화하는 방법을 결정합니다. 밴딧은 상태 유지입니다. 요청을 모델로 라우팅하기 전에 모든 모델의 현재 성능을 계산해야 하죠. 이때 다음 세 가지가 필요합니다.

- 모델이 온라인 예측을 수행할 수 있어야 합니다.
- 짧은 피드백 루프가 바람직합니다. 즉, 예측이 좋은지 아닌지에 대한 피드백을 받아야 합니다. 추천 사항처럼 사용자 피드백으로 레이블을 결정하는 작업이 보통 이에 해당됩니다. 사용자가 추천 사항을 클릭하면 그것이 좋은 것으로 간주됩니다. 피드백 루프가 짧으면 각 모델의 보상을 빠르게 업데이트할 수 있습니다.
- 피드백을 수집하고, 각 모델 성능을 계산 및 추적하고, 현재 성능을 기반으로 다른 모델에 예측 요청을 라우팅하는 메커니즘이 필요합니다.

밴딧은 학계 연구를 통해 A/B 테스트보다 훨씬 더 데이터 효율적인 것으로 나타났습니다(많은 경우 밴딧이 최적optimal입니다). 밴딧은 어떤 모델이 가장 좋은지 결정하는 데 필요한 데이터가 적으며 트래픽을 더 나은 모델로 더 빨리 라우팅하므로 기회비용을 줄여줍니다. 보다 자세한 내용은 넷플릭스 기술 블로그의 링크드인/넷플릭스/페이스북/드롭박스 발표 자료,[49] 질로우Zillow 기술 블로그 글[50] 그리고 스티치 픽스 기술 블로그 글[51]을 참조하기 바랍니다. 보다 이론적인 내용은 『단단한 강화학습』(제이펍, 2020)[52] 2장을 참조하기 바랍니다.

구글의 그렉 래퍼티Greg Rafferty가 실험한 바에 따르면 A/B 테스트에서는 95%의 신뢰 구간을 얻으려면 샘플이 63만 개 이상 필요했지만, 간단한 밴딧 알고리즘(톰슨 샘플링Thompson Sampling)

---

49 https://oreil.ly/vsKsg
50 https://oreil.ly/A7KkD
51 https://oreil.ly/2LKZd
52 https://oreil.ly/fpR2H

은 1만 2,000개 미만의 샘플로 한 모델이 다른 모델보다 5% 더 우수함을 결정했습니다.[53]

다만 밴딧은 A/B 테스트보다 훨씬 구현하기 어렵습니다. 계산이 필요하며 모델 결과를 추적해야 하기 때문입니다. 따라서 밴딧 알고리즘은 몇몇 빅테크 회사를 제외하고는 업계에서 널리 사용되지 않습니다.

밴딧 알고리즘

멀티 암드 밴딧 문제에 대한 많은 솔루션이 있습니다. 가장 간단한 탐색 알고리즘은 입실론-그리디ε-greedy입니다. 일정 비율(예: 90% 혹은 $\varepsilon=0.9$)의 시간 동안 트래픽을 현재 가장 성능이 좋은 모델로 라우팅하고, 나머지 10%의 시간 동안 트래픽을 무작위로 라우팅합니다. 이는 시스템이 생성하는 각 예측의 90%가 해당 시점의 최적 모델에서 나옴을 의미합니다.

널리 사용되는 탐색 알고리즘으로 톰슨 샘플링과 신뢰 상한Upper Confidence Bound(UCB)이 있습니다. 톰슨 샘플링은 현재 지식이 주어진 상태에서, 이 모델이 최적일 확률로 모델을 선택합니다.[54] 즉, ML 작업에서는 알고리즘이 나머지 모델보다 높은 값(더 나은 성능)을 가질 확률을 기반으로 모델을 선택한다는 의미입니다.[55] 반면에 UCB는 신뢰 상한이 가장 높은 아이템을 선택합니다.[56] 우리는 UCB가 불확실성에도 불구하고 낙관론을 구현optimism in the face of uncertainty[57]하며, 불확실한 아이템에 '불확실성 보너스uncertainty bonus'('탐색 보너스exploration bonus'라고도 함)를 제공한다고 말합니다.

---

53 Rafferty, G. (2020, January 22). *A/B Testing—Is There a Better Way? An Exploration of Multi-Armed Bandits.* Towards Data Science. https://oreil.ly/MsaAK

54 Thompson, W. R. (1933, December). On the Likelihood that One Unknown Probability Exceeds Another in View of the Evidence of Two Samples. *Biometrika 25*(3/4): 285–294. https://oreil.ly/TH1HC

55 옮긴이_ 톰슨 샘플링에 대해 첨언하자면, K개 밴딧의 사전 분포(prior distribution)에서 표본을 샘플링한 이후 최댓값을 가지는 표본의 인덱스를 선택합니다. 사용자 피드백을 기반으로(가능도likelihood) 보상 기댓값의 사후 분포(posterior distribution)를 얻고, 이 사후 분포를 새로운 사전 분포로 대입해 앞 과정을 반복합니다. 이때 켤레 사전 분포(conjugate prior)의 특성을 활용하면 복잡한 계산 필요 없이 동일한 분포에서 모수만 변경해 분포를 업데이트하므로 간편하면서도 훌륭한 성능을 보입니다. 예를 들어, 일반적으로 사용되는 광고 클릭은 사전 분포가 베타 분포(beta distribution)를 따르고 가능도가 베르누이 분포(bernoulli distribution), 즉 광고 클릭 여부를 따를 때, 사후 분포는 베타 분포를 따릅니다. 이러한 조건에서 베타 분포는 켤레 사전 분포이므로 K개 광고에서 노출된 광고 중 클릭된 광고 인덱스에 해당하는 베타 분포의 모수와 클릭되지 않은 광고 인덱스에 해당하는 베타 분포의 모수만 업데이트하면 됩니다.

56 Auer, P. (2002, November). Using Confidence Bounds for Exploitation–Exploration Trade-offs. *Journal of Machine Learning Research 3*: 397–422. https://oreil.ly/vp9ml

57 옮긴이_ 강화 학습에서 자주 등장하는 용어로 불확실한 경우에는 낙관적으로 생각한다는 의미입니다. 쉽게 예를 들자면, 초기 시행 시 어떤 슬롯머신의 보상이 적더라도 미래 시점에서는 결국 더 많은 보상을 받는다고 낙관하기에 이 슬롯머신을 포기하지 않고 당기는 것입니다.

탐색 전략으로서의 컨텍스트 밴딧

모델 평가를 위한 밴딧이 각 모델의 보상(예측 정확도)을 결정한다면, 컨텍스트 밴딧은 각 행동action의 보상을 결정합니다. 추천 및 광고에서 행동은 사용자에게 보여줄 아이템 및 광고이며 사용자가 클릭할 확률이 얼마나 되는지에 따라 보상이 결정됩니다. 컨텍스트 밴딧은 다른 밴딧과 마찬가지로 모델의 데이터 효율성을 향상하는 놀라운 기술입니다.

> **WARNING** 어떤 사람들은 모델 평가를 위한 밴딧 또한 '컨텍스트 밴딧'이라고 부릅니다. 혼란을 방지하기 위해 이 책에서 '컨텍스트 밴딧'은 예측의 보상을 결정하기 위한 탐색 전략을 의미합니다.

추천할 아이템이 1,000개인 추천 시스템을 구축한다고 가정해봅시다. 이는 1,000개 암드 밴딧 문제가 됩니다. 매번 사용자에게 가장 관련성이 높은 상위 10개 아이템만 추천해야 한다고 가정합니다. 밴딧 관점에서 보면 최고의 무기 10개를 선택해야 하죠. 표시된 아이템은 사용자 클릭 여부로 추론한 사용자 피드백을 받습니다. 다만 나머지 990개 아이템에 대한 피드백은 받지 않습니다. 이를 **부분 피드백**partial feedback 문제 혹은 **밴딧 피드백**bandit feedback이라고 합니다. 컨텍스트 밴딧을 밴딧 피드백의 분류 문제로 생각할 수도 있습니다.

사용자가 아이템을 클릭할 때마다 이 아이템이 가치 점수 1점을 얻는다고 가정해봅시다. 아이템의 가치 점수가 0점이면 아이템이 사용자에게 표시되지 않았거나, 표시됐지만 클릭되지 않았기 때문입니다. 사용자에게 가장 가치가 높은 아이템을 보여주고자 하지만, 가장 가치가 높은 아이템만 계속 보여주면 같은 인기 아이템을 계속 추천하게 되며, 한 번도 보여주지 않은 아이템은 가치 점수가 0점에 머물게 됩니다.

컨텍스트 밴딧 알고리즘은 사용자가 좋아할 아이템을 보여주는 것과 피드백을 원하는 아이템을 보여주는 것 사이에서 균형을 유지하는 데 도움이 됩니다.[58] 이는 많은 독자가 강화 학습에서 접한 탐색-활용 트레이드오프와 동일합니다. 컨텍스트 밴딧은 '원-샷one-shot' 강화 학습 문제라고도 합니다.[59] 강화 학습에서는 보상을 받기 전에 일련의 행동을 수행해야 하지만, 컨텍

---

58 Li, L., Chu, W., Langford, J., & Schapire, R. E. (2010, February 28). A Contextual-Bandit Approach to Personalized News Article Recommendation. *arXiv*. https://oreil.ly/uaWHm

59 위키백과에 따르면 멀티 암드 밴딧은 탐색-활용 트레이드오프 딜레마를 보여주는 고전적인 강화 학습 문제입니다(https://oreil.ly/ySjwo). 멀티 암드 밴딧은 슬롯머신('원 암드 밴딧'이라고도 함)이 줄지어 늘어선 곳에 서 있는 도박꾼의 모습에서 유래했습니다. 도박꾼은 어떤 기계를 플레이할지, 각 기계를 어떤 순서로 몇 번 플레이할지, 같은 기계로 계속 플레이할지 아니면 다른 기계를 시도해볼지 결정해야 하죠.

스트 밴딧은 행동 직후에 밴딧의 피드백을 받습니다. 예를 들어, 광고를 추천한 후 사용자가 해당 추천을 클릭했는지에 대한 피드백을 받습니다.

컨텍스트 밴딧은 오랫동안 연구됐으며 모델 성능을 크게 향상하는 것으로 나타났습니다(트위터[60], 구글 리포트[61]를 참조하기 바랍니다). 하지만 탐색 전략은 ML 모델 아키텍처에 따라(예컨대 의사 결정 트리인지 신경망인지에 따라) 달라지므로 컨텍스트 밴딧은 모델 밴딧보다 훨씬 구현하기 더 어렵습니다. 컨텍스트 밴딧을 딥러닝에 결합하는 데 관심이 있다면 트위터 팀에서 작성한 훌륭한 논문 「Deep Bayesian Bandits: Exploring in Online Personalized Recommendations」[62]를 참조하기 바랍니다.

이 절을 마무리하기 전에 한 가지 강조하고 싶은 것이 있습니다. 지금까지 ML 모델을 위한 여러 테스트 유형을 살펴봤지만 좋은 평가 파이프라인이라면 실행할 테스트뿐 아니라 해당 테스트를 실행할 사용자도 고려해야 합니다. ML에서 평가 프로세스는 종종 데이터 과학자가 실행합니다. 즉, 모델을 개발한 사람이 평가 또한 담당하죠. 데이터 과학자는 자신이 선호하는 테스트 세트를 사용해 임시로 신규 모델을 평가하는 경향이 있습니다. 첫째, 이 프로세스는 편향으로 가득 차 있습니다. 데이터 과학자는 모델에 대해 사용자의 대부분이 갖고 있지 않은 컨텍스트를 가지고 있습니다. 따라서 모델을 사용자와 같은 방식으로 사용하지 않을 가능성이 높죠. 둘째, 프로세스의 임시방편적ad hoc 특성은 결과가 가변적임을 의미합니다. 데이터 과학자가 일련의 테스트를 수행해 모델 A가 모델 B보다 낫다고 하더라도 다른 데이터 과학자는 결과를 다르게 보고할 수 있죠.

프로덕션 환경에서 모델 품질을 보장할 방법이 부족하기에 많은 모델이 배포 후 실패하며, 따라서 모델을 배포할 때 데이터 과학자의 불안이 커지게 됩니다. 이 문제를 완화하려면 각 팀에서 모델 평가 방법에 대한 명확한 파이프라인을 개략적으로 설명하는 것이 중요합니다(예: 실행할 테스트, 실행 순서, 다음 단계로 넘어가려면 통과해야 하는 임곗값). 더 나아가서 파이프라인을 자동화해야 하며 모델 업데이트가 있을 때마다 시작되도록 해야 합니다. 전통적인 소프트웨어 엔지니어링을 위한 지속적 통합/지속적 배포(CI/CD) 프로세스와 유사하게 결과를 보고하고 검토해야 합니다. 좋은 평가 프로세스에는 어떤 테스트를 실행할지뿐 아니라 누가 실행

60 *https://oreil.ly/EqjmB*

61 *https://oreil.ly/ipMxd*

62 Guo, D., Ktena, S. I., Huszar, F., Myana, P. K., Shi, W., & Tejani, A. (2020). Deep Bayesian Bandits: Exploring in online personalized recommendations. *arXiv.* https://oreil.ly/Uv03p

해야 하는지도 포함된다는 점을 반드시 이해해야 합니다.

9.3 정리

이 장에서 다룬 주제는 가장 흥미롭지만 탐구되지 않은 주제라고 생각합니다. 바로 변화하는 데이터 분포에 적응하기 위해 프로덕션 환경에서 모델을 지속적으로 업데이트하는 방법이죠. 기업이 연속 학습을 위해 인프라를 현대화하는 과정에서 수행하는 네 가지 단계, 즉 수동 훈련, 자동 재훈련, 자동 상태 유지 훈련, 무상태 연속 학습을 논의했습니다.

이어서 ML 엔지니어를 괴롭히는 문제인 모델 업데이트 빈도를 다뤘습니다. 신규 데이터가 모델에 얼마나 가치 있는지 고려해야 하며 모델 반복과 데이터 반복 간의 균형을 맞춰야 합니다.

7장에서 논의한 온라인 예측과 유사하게 연속 학습에는 성숙한 스트리밍 인프라가 필요합니다. 연속 학습의 훈련 부분은 배치 단위로 수행할 수 있지만 온라인 평가 부분은 스트리밍이 필요합니다. 많은 엔지니어가 스트리밍이 어렵고 비용이 높다고 걱정합니다. 3년 전만 해도 사실이었지만 이제는 스트리밍 기술이 크게 성숙했습니다. 스파크 스트리밍, 스노우플레이크 스트리밍, 머티리얼라이즈Materialize, 디코더블Decodable, 벡터라이즈Vectorize를 비롯해 점점 더 많은 기업에서 스트리밍을 쉽게 적용하도록 돕는 솔루션을 제공하고 있습니다.

연속 학습은 ML 고유 문제지만 대체로 인프라 솔루션이 필요합니다. 반복 주기를 단축하고 신규 모델 업데이트의 오류를 신속하게 감지하려면 인프라를 올바르게 설정해야 합니다. 그리고 이를 위해서는 데이터 과학 및 ML 팀과 플랫폼 팀이 협업해야 합니다. 다음 장에서는 ML 인프라를 논의합니다.

## CHAPTER 10

MLOps를 위한 인프라와 도구

4장에서 6장까지는 ML 시스템 개발과 관련된 로직을 알아봤습니다. 7장에서 9장까지는 ML 시스템을 배포, 모니터링하고 지속적으로 업데이트할 때 고려해야 할 사항을 살펴봤습니다. 지금까지는 ML 실무자가 로직을 구현하고 고려 사항을 수행하는 데 필요한 도구와 인프라에 접근하기 쉽다고 가정했습니다. 하지만 현실은 다릅니다. 많은 데이터 과학자는 ML 시스템을 개선하려면 무엇을 해야 하는지는 알지만 그것을 지원하는 인프라가 제대로 설정돼 있지 않아 진행에 어려움을 겪죠.

ML 시스템은 복잡합니다. 시스템이 복잡할수록 인프라에서 발생하는 편익 또한 큽니다. 인프라를 올바르게 설정하면 프로세스를 자동화해 전문 지식과 엔지니어링 공수를 줄일 수 있습니다. 이는 결과적으로 ML 애플리케이션 개발과 제공 속도를 높이고 버그가 존재하는 영역을 줄이며 새로운 유스 케이스를 만들어냅니다. 반면에 잘못 설정하면 인프라는 사용하기 어려워지고 교체하는 데 비용이 많이 들게 됩니다. 이 장에서는 ML 시스템에 적합한 인프라를 설정하는 방법을 알아봅니다.

본론으로 들어가기에 앞서 주의할 점은 회사마다 인프라 요구 사항이 다르다는 점입니다. 각 회사에 필요한 인프라는 개발하는 애플리케이션의 개수와 전문성 수준에 따라 다릅니다. 스펙트럼 한쪽 끝에는 일시적인 비즈니스 분석에 ML을 사용하는 회사가 있습니다. 예컨대 분기별 계획을 발표하기 위해 내년 신규 사용자 수를 예측하는 데 ML을 사용하기도 하죠. 이러한 회사는 인프라에 크게 투자할 필요 없이 주피터 노트북, 파이썬, 판다스 등 기본적인 도구만 사용합니다. 간단한 ML 유스 케이스 하나만 있는 경우에도 인프라가 크게 필요하지 않습니다. 친구들에게 보여줄 객체 탐지 안드로이드 앱처럼 말이죠. 텐서플로 라이트 같은 안드로이드 호환 ML 프레임워크만 있으면 됩니다.

스펙트럼 반대편 회사에서는 특수한 요구 사항이 있는 애플리케이션을 만듭니다. 예를 들어, 자율 주행 자동차는 정확도와 레이턴시에 대한 요구 사항이 있습니다. 알고리즘은 밀리초 이내로 응답해야 하며 잘못된 예측은 심각한 사고를 일으킬 수 있으므로 정확도가 완벽에 가까워야 합니다. 마찬가지로 구글 검색은 검색어를 초당 6만 3,000개, 즉 시간당 2억 3,400만 개 소화해야 합니다. 이는 대부분 회사에서 처리하지 않을 양으로, 매우 특수한 요구 사항입니다.[1] 이처럼 요구 사항이 특수하다면 고도로 전문화된 자체 인프라를 개발해야 합니다. 구글은 검색을 위해 내부 인프라의 상당 부분을 개발했습니다. 테슬라나 웨이모 같은 자율 주행 자동차 회사도 마찬가지입니다.[2] 전문화된 인프라 중 일부가 나중에 공개돼 다른 회사에 채택되는 일은 보편적입니다. 예를 들어, 구글은 내부 클라우드 인프라를 대중 상대로 확장해 구글 클라우드 플랫폼을 만들었습니다.

스펙트럼 중간에 있는 회사에서는 ML을 합리적인 규모로 사용해 이상 거래 탐지 모델, 가격 최적화 모델, 고객 이탈 예측 모델, 추천 시스템 등 일반적인 애플리케이션을 만듭니다. '합리적인 규모'란 데이터를 하루에 기가바이트나 테라바이트 단위로 처리함을 뜻합니다. 이러한 기업의 데이터 과학 팀에는 엔지니어가 10명에서 수백 명까지 있습니다.[3] 20명으로 구성된 스타트업부터 질로우Zillow 같은 회사까지, 많은 회사가 이 규모에 해당하며 FAAAM은 해당하지 않습니다.[4] 예를 들어, 2018년 우버는 하루 동안 데이터 레이크에 수십 테라바이트 데이터를 추가한 반면 질로우의 가장 큰 데이터셋 용량은 하루에 비압축으로 2테라바이트 정도였습니다.[5]

---

1 Shah, K. (2020, May 11). This Is What Makes *SEO Important for Every Business*. Entrepreneur India. https://oreil.ly/teQIX

2 테슬라의 ML용 컴퓨팅 인프라를 살짝 엿보려면 '2021 테슬라 AI 데이' 녹화본을 참조하기 바랍니다.
Tesla. (2021, August 19). *Tesla AI day 2021* [Video]. YouTube. https://oreil.ly/etH9C

3 '합리적인 규모'의 정의는 야코포 탈리아부에(Jacopo Tagliabue)가 작성한 논문을 참조하기 바랍니다.
Tagliabue, J. (2021, July 15). You Do Not Need a Bigger Boat: Recommendations at Reasonable Scale in a (Mostly) Serverless and Open Stack. *arXiv*. https://oreil.ly/YNRZQ
합리적인 규모에 대한 자세한 내용은 시로 그레코(Ciro Grecco)가 작성한 글을 참조하기 바랍니다.
Greco, C. (2021, October 23). *ML and MLops at a reasonable scale*. Medium. https://oreil.ly/goPrb

4 FAAAM은 페이스북, 애플, 아마존, 알파벳, 마이크로소프트의 첫 글자를 딴 줄임말입니다.

5 Shiftehfar, R. (2018, October 17). *Uber's Big Data Platform: 100+ Petabytes with Minute Latency*. Uber Engineering. https://oreil.ly/6Ykd3
Krishnamurthi, K. (April 6, 2018). *Building a Big Data Pipeline to Process Clickstream Data*. Zillow. https://oreil.ly/SGmNe

2014년 페이스북은 하루에 4페타바이트 데이터를 생성했습니다.[6]

스펙트럼 중간에 있는 회사들은 일반화된 ML 인프라가 주는 혜택을 누립니다(그림 10-1). 이러한 인프라는 점차 표준화되고 있죠. 이 책에서는 대다수 ML 애플리케이션을 위한 합리적인 규모의 인프라를 중심으로 살펴봅니다.

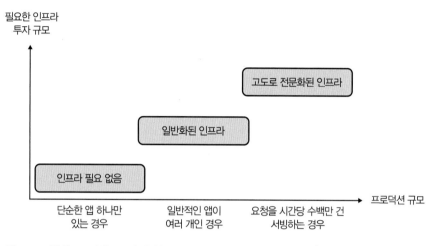

그림 10-1 다양한 프로덕션 규모의 기업을 위한 인프라 요구 사항

필요에 맞게 올바른 인프라를 구축하려면 인프라가 무엇을 의미하며 무엇으로 구성되는지 정확히 이해해야 합니다. 위키백과에 따르면 물리적 세계에서 인프라란 "가정과 기업의 지속 가능한 기능을 지원하는 기본 시설과 시스템의 집합"입니다.[7] ML 세계에서 인프라란 ML 시스템의 개발과 유지 관리를 지원하는 기본 시설의 집합입니다. '기본 시설'이 무엇인지는 이 장 앞부분에서 이야기했듯 회사마다 다릅니다. 이 절에서는 다음 네 가지 레이어를 살펴봅니다.

스토리지와 컴퓨팅

스토리지 레이어에서는 데이터가 수집되고 저장되며, 컴퓨팅 레이어는 모델 훈련, 피처 연산, 피처 생성 등 ML 워크로드를 실행하는 데 필요한 연산 자원을 제공합니다.

6 Bronson, N., & Wiener, J. (2014, October 21). *Facebook's Top Open Data Problems*. Meta. https://oreil.ly/p6QjX
7 *Infrastructure*. Wikipedia. (n.d.). https://oreil.ly/Yalk8

자원 관리

자원 관리는 사용 가능한 연산 자원을 최대한 활용할 수 있도록 워크로드 일정을 수립하고 오케스트레이션하는 도구로 구성됩니다. 이 범주에 속하는 도구의 예로는 에어플로Airflow, 쿠브플로Kubeflow, 메타플로Metaflow가 있습니다.

ML 플랫폼

ML 플랫폼은 모델 스토어, 피처 스토어, 모니터링 도구 같은 ML 애플리케이션 개발을 위한 도구를 제공합니다. 이 범주에 속하는 도구의 예로는 세이지메이커와 ML플로가 있습니다.

개발 환경

개발 환경은 일반적으로 코드가 작성되고 실험이 실행되는 곳입니다. 코드는 버전 관리 및 테스트가 수행돼야 하며 실험은 추적돼야 합니다.

[그림 10-2]는 네 가지 레이어를 보여줍니다. 데이터와 연산은 ML 프로젝트에 반드시 필요한 필수 자원이므로 스토리지와 컴퓨팅 레이어는 ML을 적용하려는 모든 회사의 인프라 기반을 형성합니다. 이 레이어는 데이터 과학자에게 가장 추상적인 것이기도 합니다. 설명하기 가장 간단한 이 레이어를 먼저 알아봅시다.

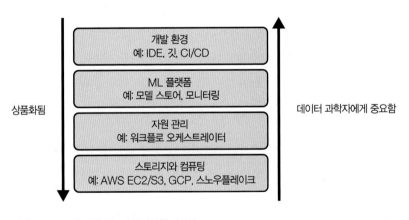

그림 10-2 ML을 위한 인프라의 다양한 레이어

개발 환경은 데이터 과학자가 매일 상호 작용해야 하는 대상이므로 가장 덜 추상적입니다. 이 범주를 먼저 알아본 후 데이터 과학자 사이에서 논쟁의 여지가 있는 주제인 자원 관리를 알아봅니다. 데이터 과학자가 자원 관리 레이어를 꼭 알아야 하는지에 관해서는 여전히 논란이 있습니다. 마지막으로는 ML 플랫폼을 알아봅니다. 이는 비교적 새로운 개념이며 각 구성 요소는 아직 성숙한 형태가 아닙니다. ML 플랫폼은 회사의 선행 투자가 필요하지만 제대로 수행된다면 비즈니스 유스 케이스 전반에 걸쳐 데이터 과학자의 업무가 보다 수월해지도록 합니다.

두 회사가 인프라 요구 사항은 동일하더라도 인프라 구축 및 구매에 관한 의사 결정에 어떻게 접근하는지에 따라, 즉 무엇을 직접 구축하고 무엇을 다른 회사에서 구매하는지에 따라 결과로 만들어지는 인프라는 매우 다를 수 있습니다. 10.5절 '구축 vs. 구매'에서는 두 접근법에 관한 의사 결정을 논의하고, 표준화되고 통합된 ML 인프라 추상화에 대한 바람 또한 논의합니다.

시작해봅시다!

10.1 스토리지와 컴퓨팅

ML 시스템은 대량의 데이터로 작동하며 이 데이터는 어딘가에 저장돼야 합니다. 스토리지 레이어는 데이터가 수집되고 저장되는 곳으로, 가장 단순한 형태는 하드 드라이브 디스크 (HDD)나 솔리드 스테이트 디스크(SSD)입니다. 스토리지 레이어는 한곳에 있을 수도 있고 (예컨대 모든 데이터가 아마존 S3이나 스노우플레이크에 있는 경우) 다양한 위치에 분산돼 있을 수도 있습니다.[8] 스토리지 레이어는 프라이빗 데이터 센터의 온프레미스에 있을 수도 있고 클라우드에 있을 수도 있죠. 과거에는 기업이 자체 스토리지 레이어를 관리하려고 노력했지만 지난 10년 동안에는 스토리지 레이어가 대부분 상품화되고 클라우드로 이동했습니다. 데이터 스토리지는 매우 저렴해져 대부분의 회사에서 거의 비용 지출 없이 보유한 데이터를 모두 저장합니다.[9] 3장에서 데이터 레이어를 깊이 있게 다뤘으니 이 절에서는 컴퓨팅 레이어에 중점을 둡니다.

컴퓨팅 레이어는 회사가 접근할 수 있는 모든 연산 자원과 그 사용법을 결정하는 메커니즘입

---

8 어떤 회사에서는 데이터를 아마존 레드시프트와 GCP 빅쿼리에 분산했는데, 그 회사 엔지니어는 이런 구조 때문에 무척 힘들어했습니다.

9 데이터 시스템은 3장에서 논의했으니 여기서는 데이터 스토리지만 논의합니다.

니다. 사용 가능한 연산 자원의 양은 워크로드 확장성을 결정합니다. 컴퓨팅 레이어는 어떤 작업을 실행하는 엔진으로 볼 수 있으며 가장 단순한 형태는 모든 연산을 수행하는 단일 CPU 코어 혹은 GPU 코어입니다. 가장 흔한 형태는 AWS 일래스틱 컴퓨트 클라우드Elastic Compute Cloud(EC2)나 GCP와 같이 클라우드 공급업체가 관리하는 클라우드 컴퓨팅입니다.

컴퓨팅 레이어를 보통 더 작은 연산 유닛으로 분할할 수 있으며, 유닛들을 동시에 사용할 수 있습니다. 예를 들어, CPU 코어는 동시 스레드 두 개를 지원하며 각 스레드는 자체 작업을 실행하는 연산 유닛으로 사용됩니다. 반대로 여러 CPU 코어를 결합해 더 큰 작업을 실행하기 위한 더 큰 연산 유닛을 형성할 수도 있죠. AWS 스텝 펑션Step Functions이나 GCP 클라우드 런Cloud Run과 같이 특정 단기 작업을 위한 연산 유닛을 생성할 수 있습니다. 이 유닛은 작업이 완료되면 제거됩니다. 연산 유닛은 가상 머신처럼 보다 '영구적으로', 즉 작업에 얽매이지 않도록 생성할 수도 있습니다. 보다 영구적인 연산 유닛을 '인스턴스'라고도 합니다.

하지만 컴퓨팅 레이어가 항상 스레드나 코어를 연산 유닛으로 사용하지는 않습니다. 코어 개념을 추상화해 다른 연산 유닛을 사용하는 컴퓨팅 레이어도 있습니다. 예를 들어, 스파크와 레이 같은 연산 엔진은 '작업Job'을 유닛으로 사용하며 쿠버네티스는 컨테이너에 대한 래퍼, 즉 '포드Pod'를 배포 가능한 형태의 가장 작은 유닛으로 사용합니다. 포드 하나에 여러 컨테이너가 있을 수 있지만 동일한 포드에서 서로 다른 컨테이너를 독립적으로 시작하거나 중지할 수는 없습니다.

작업을 실행하려면 먼저 필요한 데이터를 연산 유닛 메모리에 적재한 다음 해당 데이터에서 필요한 연산(덧셈, 곱셈, 나눗셈, 합성곱 등)을 실행해야 합니다. 예를 들어, 두 배열을 더하려면 먼저 둘을 메모리에 적재한 다음 덧셈을 수행해야 합니다. 연산 유닛에 두 배열을 적재할 만큼 충분한 메모리가 없고 메모리 부족 연산을 처리해주는 알고리즘이 없다면 작업은 불가능합니다. 따라서 연산 유닛을 특징지을 때는 주로 메모리 크기와 작업 실행 속도라는 두 가지 지표를 사용합니다.

메모리 지표는 기가바이트 같은 단위로 지정하며 평가는 대개 단순합니다. 메모리가 8기가바이트인 연산 유닛은 메모리가 2기가바이트인 연산 유닛보다 더 많은 데이터를 메모리에서 처리할 수 있으며 보통 더 비쌉니다.[10,11] 일부 회사에서는 연산 유닛의 메모리 크기뿐 아니라 데이터를 메모리 안팎으로 적재하는 속도 또한 중요시합니다. 따라서 일부 클라우드 공급업체는 인스턴스가 '고대역high bandwidth 메모리'를 갖추고 있다고 광고하거나 인스턴스의 I/O 대역폭을 지정할 수 있게 합니다.

작업 속도는 좀 더 논쟁의 여지가 있습니다. 가장 일반적인 지표는 초당 부동 소수점 연산floating point operations per second(FLOPS)입니다. 이름에서 나타내듯 이 지표는 연산 유닛이 초당 실행 가능한 부동 소수점 작업 수를 의미합니다. 하드웨어 공급업체에서 GPU, TPU 또는 IPU(지능형 처리 장치)가 teraFLOPS(1조 FLOPS) 등 엄청난 수의 FLOPS를 갖췄다고 광고하는 모습을 볼 수 있을 겁니다.

하지만 이 지표는 논쟁의 여지가 있습니다. 첫째, 회사에 따라 무엇을 작업으로 간주할지가 서로 다를 수 있습니다. 예를 들어, 머신이 두 작업을 하나로 융합하고 이 융합한 작업을 실행한다면[12] 이것은 한 번으로 간주해야 할까요 혹은 두 번으로 간주해야 할까요? 둘째, 연산 유닛이 1조 FLOPS를 처리할 수 있다고 해서 1조 FLOPS 속도로 작업을 실행할 수 있다는 뜻은 아닙니다. 작업에서 수행할 수 있는 FLOPS 수와 연산 유닛이 처리할 수 있는 FLOP 수의 비율을 사용률이라고 합니다.[13] 예를 들어, 인스턴스가 100만 FLOP를 수행할 수 있는데 작업이 30만 FLOPS로 실행된다면 사용률은 30%입니다. 물론 사용률은 높을수록 좋지만 100%를 달성하기는 거의 불가능합니다. 하드웨어 백엔드와 애플리케이션에 따라 50% 정도의 사용률은 좋은 것으로도, 나쁜 것으로도 간주할 수 있습니다. 그리고 사용률은 다음 작업을 수행하기 위해 메모리에 데이터를 얼마나 빨리 적재할 수 있는지에 따라서도 달라집니다. 따라서 I/O 대역폭이 중요하죠.[14]

새로운 연산 유닛을 평가할 때는 해당 연산 유닛이 일반 워크로드를 수행하는 데 걸리는 시간

---

10 이 책을 쓰는 시점 기준 ML 워크로드에는 일반적으로 4기가바이트에서 8기가바이트 사이의 메모리가 필요합니다. 16기가바이트 메모리라면 대부분의 ML 워크로드를 처리하기에 충분합니다.

11 옮긴이_ 원문 각주의 주장과는 달리 ML 워크로드 내 모델 훈련은 16기가바이트 메모리로 부족한 경우가 많습니다. 따라서 이를 위한 다양한 기법, 예컨대 자동 혼합 정밀도(automatic mixed precision), 경사 누적(gradient accumulation), 활성화 체크포인팅(activation checkpointing), CPU 오프로딩(offloading), NVMe 오프로딩과 모델 병렬화 및 샤드 데이터 병렬화(sharded data parallelism)를 활용하고 있습니다.

12 7.4.1절 '에지 디바이스용 모델 컴파일 및 최적화'의 '모델 최적화'에서 설명하는 연산자 융합을 참조하기 바랍니다.

13 *What Is FLOP/s and Is It a Good Measure of Performance?* Stack Overflow. (2011). https://oreil.ly/M8jPP

14 FLOPS와 대역폭 그리고 이 두 가지를 딥러닝 모델에 맞게 최적화하는 방법에 관심이 있다면 다음 글을 참조하기 바랍니다. He, H. (n.d.). *Making Deep Learning go Brrrr From First Principles*. https://oreil.ly/zvVFB

을 평가하는 것이 중요합니다. 예를 들어, MLPerf[15] 벤치마크는 하드웨어 벤더에서 하드웨어 성능을 측정하는 데 널리 사용됩니다. 이미지넷 데이터셋에서 레스넷-50 모델을 훈련하거나 BERT 대형 모델을 사용해 SQuAD 데이터셋에 대한 예측을 생성하는 데 걸리는 시간을 보여줍니다.

FLOPS에 대해 고민하는 것은 그다지 유용하지 않으므로, 많은 사람이 연산 성능을 평가할 때 간단히 연산 유닛이 가진 코어 개수만 살펴봅니다. 예를 들어, CPU 코어 4개와 8기가바이트 메모리를 가진 인스턴스를 사용할 수 있죠. AWS는 가상 CPU를 의미하는 vCPU 개념을 사용한다는 점을 유의하기 바랍니다. 이는 실용적인 목적하에 물리적 코어의 절반 정도로 생각할 수 있습니다.[16] [그림 10-3]은 AWS EC2와 GCP에서 제공하는 가속화된 컴퓨팅 인스턴스가 제공하는 코어 개수와 메모리 크기를 나타냅니다.

AWS의 GPU 인스턴스 유형 (p3/p4)					GCP의 TPU 인스턴스 유형		
인스턴스	GPU 개수	CPU 개수	메모리 (GiB)	GPU메모리 (GiB)	TPU 유형(v2)	TPU 코어 개수	총 메모리
p3.2xlarge	1 (V100)	8	61	16	v2-8	8	64GiB
p3.8xlarge	4	32	244	64	v2-32	32	256GiB
p3.16xlarge	8	64	488	128	v2-128	128	1TiB
p3dn.24xlarge	8	96	768	256	v2-256	256	2TiB
p4d.24xlarge	8 (A100)	96	1152	320	v2-512	512	4TiB
p4de.24xlarge	8	96	1152	640	v3-8	8	128GiB

그림 10-3 2023년 2월 기준 AWS와 GCP에서 사용 가능한 GPU, TPU 인스턴스 예시(출처: AWS와 GCP 웹사이트)[17]

---

15 *https://oreil.ly/XuVka*

16 아마존에 따르면 EC2 인스턴스는 다중 스레드를 지원해 단일 CPU 코어에서 여러 스레드를 동시에 실행할 수 있습니다. 각 스레드는 인스턴스에서 가상 CPU(vCPU)로 표시됩니다. 인스턴스에는 기본 CPU 코어 개수가 있으며, 이는 인스턴스 유형에 따라 다릅니다. 예를 들어, m5.xlarge 인스턴스 유형은 기본적으로 CPU 코어 2개가 있으며 코어당 스레드는 2개입니다. 총 vCPU는 4개입니다. *Optimize CPU Options*, Amazon Web Services (n.d.), https://oreil.ly/eeOtd

17 옮긴이_ 원문은 2023년 2월 기준이지만, 한국어판 출간 시점 기준으로 수정했습니다.
p3 인스턴스는 엔비디아 V100 GPU가 내장돼 있고 p4 인스턴스는 엔비디아 A100 GPU가 내장돼 있습니다.
GPU, TPU 외에도 AWS는 자체 개발한 전용 가속칩인 뉴런코어가 내장된 인스턴스를 보유하고 있습니다. 1세대 뉴런코어 NeuronCore-v1가 내장된 1세대 AWS 인퍼런시아(inferentia) 인스턴스(Inf1)는 딥러닝 추론을 GPU 인스턴스보다 훨씬 저렴한 비용으로 수행하며, 2세대 뉴런코어NeuronCore-v2가 내장된 2세대 인퍼런시아 인스턴스(Inf2)는 초거대 모델의 분산 추론을 지원합니다. 2세대 뉴런코어가 내장된 AWS 트레이니엄(trainium) 인스턴스(Trn1)는 초거대 모델의 분산 훈련을 GPU 인스턴스보다 훨씬 저렴한 비용으로 수행하고 BERT 기반 모델에 대해 더 빠른 훈련 시간을 제공합니다. 보다 자세한 내용은 AWS 공식 웹사이트를

10.1.1 퍼블릭 클라우드 vs. 프라이빗 데이터 센터

컴퓨팅 레이어는 데이터 스토리지와 마찬가지로 대부분 상품화돼 있습니다. 즉, 기업에서 스토리지와 컴퓨팅을 위해 데이터 센터를 자체적으로 만드는 대신, AWS나 애저 같은 클라우드 공급업체에 사용한 연산량만큼 비용을 지불하면 됩니다. 클라우드 컴퓨팅을 사용하면 기업에서 컴퓨팅 레이어를 크게 걱정할 필요 없이 개발을 매우 쉽게 시작할 수 있습니다. 이는 워크로드 크기가 유동적인 회사에게 특히 매력적입니다. 예를 들어, 워크로드에 연중 딱 하루만 1,000개의 CPU 코어가 필요하고 나머지는 10개만 필요하다고 생각해봅시다. 자체 데이터 센터를 구축한다면 CPU 코어 1,000개에 해당하는 비용을 선불로 지불해야 합니다. 반면에 클라우드 컴퓨팅을 사용하면 연중 하루만 1,000개에 해당하는 비용을 지불하고 나머지는 10개에 해당하는 비용을 지불하면 됩니다. 필요에 따라 연산 자원을 추가하거나 인스턴스를 종료할 수 있어 편리하죠. 대부분의 클라우드 공급업체는 자동으로 이를 수행해 엔지니어링 운영에 대한 오버헤드를 줄여줍니다. 이는 ML에 특히나 유용한데, 데이터 과학 워크로드는 급증하는 경향이 있기 때문입니다. 데이터 과학자는 개발 중 몇 주 동안 여러 번의 실험을 실행하는 경향이 있으며 이때 엄청난 연산 성능이 필요합니다. 추후 프로덕션 환경에서는 워크로드 크기가 보다 일관되게 유지됩니다.

클라우드 컴퓨팅은 탄력적이지만 마술은 아닙니다. 실제로 무한한 연산 자원은 없습니다. 대부분의 클라우드 공급업체는 한 번에 사용할 수 있는 연산 자원에 제한을 둡니다.[18] 일부 제한은 별도 요청을 통해 상향할 수 있습니다. 예를 들어, 이 책을 쓰는 시점 기준 AWS EC2 중 가장 규모가 큰 인스턴스는 vCPU 128개와 거의 4테라바이트 메모리를 갖춘 X1e입니다.[19] 연산 자원이 많다고 해서 항상 사용하기 쉬운 것은 아닙니다. 특히 비용을 절약하기 위해 스팟 인스턴스로 작업해야 하는 경우에는 더욱 쉽지 않습니다.[20,21]

참조하기 바랍니다.
링크 1: *https://aws.amazon.com/ko/machine-learning/inferentia*
링크 2: *https://aws.amazon.com/ko/machine-learning/trainium*

18 *https://oreil.ly/TzUOv*

19 *https://oreil.ly/29lsT*

20 온디맨드 인스턴스가 요청 즉시 사용할 수 있는 인스턴스인 반면 스팟 인스턴스는 아무도 사용하지 않을 때 사용할 수 있는 인스턴스입니다. 클라우드 공급업체는 스팟 인스턴스를 온디맨드 인스턴스에 비해 할인된 가격으로 제공하곤 합니다.

21 옮긴이_ 스팟 인스턴스가 더 저렴한 이유는 클라우드 공급업체가 사용하지 않는 예비 컴퓨팅 인스턴스 자원을 다른 고객에게 할당함으로써 추가 수익을 얻을 수 있기 때문입니다. 스팟 인스턴스 가격은 해당 컴퓨팅 인스턴스에 대한 시장 수요에 따라 결정되지만, 기본적으로는 온디맨드 인스턴스보다 훨씬 저렴합니다. 다만 스팟 인스턴스는 여유 컴퓨팅 용량이 있을 때만 사용할 수 있으므로 해당 컴퓨팅에 대한 수요가 증가하면 클라우드 공급업체에 의해 중단될 수 있습니다. 중단하기 전 중단 경고 공지가 제공되고 일정 유예 시간(AWS의 경우 2분)이 주어지기에 스팟 인스턴스를 사용하는 분들은 이에 대한 대처를 해야 합니다.

클라우드가 탄력적이고 사용하기 편리하다는 점 때문에 점점 더 많은 기업이 스토리지와 컴퓨팅 레이어를 자체적으로 구축하고 유지 관리하는 대신 클라우드를 선택하고 있습니다. 시너지 리서치 그룹^{Synergy Research Group} 연구에 따르면 2020년 클라우드 인프라 서비스에 대한 기업 지출은 35% 증가해 거의 1,300억 달러에 달했습니다. 반면에 데이터 센터에 대한 기업 지출은 6% 감소해 900억 달러 미만으로 떨어졌습니다.[22] [그림 10-4]는 이를 그래프로 보여줍니다.

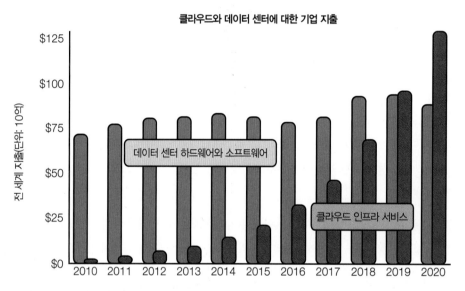

그림 10-4 2020년 클라우드 인프라 서비스에 대한 지출은 35% 증가한 반면 데이터 센터에 대한 지출은 6% 감소했습니다(출처: 시너지 리서치 그룹의 이미지를 각색함).

기업이 클라우드를 활용하는 초기에는 스토리지와 컴퓨팅 레이어를 직접 구축할 때보다 수익이 더 높은 경향이 있지만 기업이 성장함에 따라 수익 방어가 어려워집니다. 벤처 캐피털 회사 a16z에서 조사한 바에 따르면 퍼블릭 소프트웨어 회사들의 클라우드 지출은 회사 매출에서 약 50%를 차지합니다.[23]

높은 클라우드 비용으로 인해 기업들은 워크로드를 자체 데이터 센터로 다시 옮기기 시작했습

---

22 *2020 – the year that cloud service revenues finally dwarfed enterprise spending on data centers.* Synergy Research Group. (2021, March 18). https://oreil.ly/uPx94

23 Wang, S., & Casado, M. (n.d.). *The Cost of Cloud, a Trillion Dollar Paradox.* a16z. https://oreil.ly/3nWU3

니다. 이를 '클라우드 송환repatriation'이라고 합니다. 2018년 드롭박스에서 제출한 S−1 서류[24]에 따르면, 드롭박스는 기업 공개 전 2년 동안 인프라 최적화를 통해 7,500만 달러를 절약했습니다. 그중 상당 부분은 워크로드를 퍼블릭 클라우드에서 자체 데이터 센터로 이전하는 데 기인했죠. 클라우드 비용이 높은 것이 데이터 스토리지 사업을 하는 드롭박스만의 문제일까요? 아닙니다. 앞서 언급한 a16z의 분석에서는 "현재 클라우드 인프라를 활용하는 상위 50개 퍼블릭 소프트웨어 회사의 경우, 자체 인프라를 돌릴 때와 비교하면 클라우드가 마진에 미치는 영향으로 인해 약 1,000억 달러 시장 가치가 훼손됐다"고 추정했습니다.[25]

클라우드를 시작하기는 쉬워도 벗어나기는 어렵습니다. 클라우드 송환에는 상품과 엔지니어링 양쪽에 대해 결코 적지 않은 선행 투자가 필요합니다. 점점 더 많은 기업이 하이브리드 접근 방식을 따르고 있습니다. 워크로드의 대부분을 클라우드에 유지하면서 데이터 센터에 대한 투자를 천천히 늘리는 것이죠.

멀티클라우드 전략

기업이 단일 클라우드 공급업체에 대한 의존을 줄이는 또 다른 방법은 멀티클라우드 전략입니다. 즉, 워크로드를 여러 클라우드 공급업체에 분산합니다.[26] 이를 통해 기업은 시스템이 여러 클라우드와 호환될 수 있도록 설계해 벤더에 락인lock-in되지 않고, 즉 단일 클라우드 공급업체가 제공하는 서비스에 얽매이지 않고 최상의 비용 효율적인 기술을 활용할 수 있습니다. 2019년 가트너 연구에 따르면 조직의 81%가 둘 이상의 퍼블릭 클라우드 공급업체와 협력하고 있습니다.[27] 필자가 본 ML 워크로드의 일반적인 패턴은 GCP나 애저에서 훈련을 수행하고 AWS에서 배포하는 것입니다.

멀티클라우드 전략은 보통 의사 결정에 따라 발생하는 일은 아닙니다. 이 책의 초기 검토자인 조시 윌스는 "제정신이 박힌 사람이라면 멀티클라우드를 안 쓰죠."라고 말했습니다. 클라우드 간에 데이터를 이동하고 워크로드를 오케스트레이션하는 일은 매우 어렵습니다.

멀티클라우드는 종종 조직의 서로 다른 부분들이 독립적으로 운영되고 각 부분이 자체적으로 클라우드 선택에 대한 결정을 내리면서 발생합니다.

---

24 *https://oreil.ly/zRm9j*
25 Wang, S., et al. (n.d.). *The Cost of Cloud, a Trillion Dollar Paradox.*
26 Goasduff, L. (2019, May 7). *Why Organizations Choose a Multicloud Strategy.* Gartner. https://oreil.ly/ZiqzQ
27 Goasduff. (2019). *Why Organizations Choose a Multicloud Strategy.*

기업 인수 후에도 멀티클라우드가 발생할 수 있는데, 예컨대 인수된 팀은 인수한 조직과 다른 클라우드를 사용하고 있고 마이그레이션이 아직 수행되지 않은 경우가 있습니다.

필자는 전략적 투자로 인해 멀티클라우드가 발생하는 일을 종종 봤습니다. 마이크로소프트와 구글은 스타트업 생태계에서 큰 투자자입니다. 이전에는 AWS를 사용하던 여러 회사들이 마이크로소프트와 구글에게 투자를 받고 나서 애저와 GCP로 이전했습니다.

10.2 개발 환경

ML 엔지니어는 개발 환경에서 코드를 작성하고 실험을 수행하며, 성능이 가장 우수한 모델이 배포되고 새로운 모델이 평가되는 프로덕션 환경과 상호 작용합니다. 개발 환경은 IDE(통합 개발 환경), 버전 관리와 CI/CD라는 구성 요소로 이뤄집니다.

매일 코드를 작성하는 데이터 과학자 혹은 ML 엔지니어라면 이러한 도구가 매우 친숙할 겁니다. 이야기할 거리가 무엇이 있나 싶을 수도 있죠. 경험상 기술 회사들은 대부분 개발 환경을 심각하게 과소 평가하며 충분히 투자하지 않습니다. 빌 툴로스는 자신의 책 『효과적인 데이터 과학 인프라Effective Data Science Infrastructure』에 "얼마나 많은 회사가 맞춤 조정된, 확장 가능한 프로덕션 환경의 인프라를 갖췄는지 알면 깜짝 놀랄 겁니다. 하지만 코드를 개발, 디버깅, 테스트하는 방법에 대한 문제는 체계 없이 해결합니다."[28]라고 썼습니다.

툴로스는 "인프라의 한 부분만 제대로 구축할 시간이 주어진다면 데이터 과학자를 위한 개발 환경을 만들라"고 제안했습니다. 개발 환경은 엔지니어가 작업하는 곳이므로 개발 환경이 개선되면 엔지니어링 생산성 또한 개선됩니다.

이 절에서는 먼저 개발 환경의 여러 구성 요소를 알아봅니다. 이어서 개발 환경의 표준화를 논의한 뒤 컨테이너를 사용해 개발 환경의 변경 사항을 프로덕션 환경으로 가져오는 방법을 알아봅니다.

---

28 Tuulos, V. (2022). *Effective data science infrastructure*. Manning.

10.2.1 개발 환경 설정

개발 환경을 설정할 때는 엔지니어의 작업이 수월하게 진행되도록 돕는 모든 도구를 포함해야 합니다. 버전 관리 도구 또한 포함해야 하죠. 이 글을 쓰는 시점 기준 기업들은 코드 버전 관리를 위해 깃을, 데이터 버전 관리를 위해 DVC$^{Data\ Version\ Control}$를, 개발 중 실험 추적을 위해 웨이츠 앤 바이어시스$^{Weights\ \&\ Biases}$ 또는 Comet.ml을, 배포 시 모델 아티팩트 추적을 위해 ML 플로^{MLflow} 같은 도구들을 적당히 모아서 ML 워크플로의 버전을 관리합니다. 클레이풋AI는 모든 ML 워크플로를 한곳에 모아 버전을 매기고 추적할 수 있는 플랫폼을 만들고 있습니다. 버전 관리는 모든 소프트웨어 엔지니어링 프로젝트에서 중요하지만 ML 프로젝트에서는 특히 변경될 수 있는 항목(코드, 매개변수, 데이터 자체 등)이 많고 이전 실행을 추후 재현하기 위해 추적해야 하므로 더욱 중요합니다. 이에 관해서는 6.1.3절 '실험 추적과 버전 관리'에서 다뤘습니다.

개발 환경을 설정할 때, 코드를 스테이징 또는 프로덕션 환경으로 푸시하기 전에 테스트하기 위한 CI/CD 테스트 스위트를 함께 설정해야 합니다. CI/CD 테스트 스위트를 오케스트레이션하는 도구로는 깃허브 액션즈$^{Github\ Actions}$와 서클CI^{CircleCI}가 있습니다. CI/CD는 소프트웨어 엔지니어링 문제이므로 이 책의 범위를 벗어납니다. 여기서는 엔지니어가 코드를 작성하는 곳, 즉 IDE에 중점을 둡니다.

IDE

IDE는 코드를 작성하는 편집기이며 보통 여러 프로그래밍 언어를 지원합니다. VS 코드나 빔^{Vim} 같은 기본 앱도 있고 브라우저 기반 IDE도 있습니다. 예를 들어, AWS 클라우드9$^{AWS\ Cloud9}$는 브라우저에서 실행됩니다.

많은 데이터 과학자가 IDE뿐 아니라 주피터 노트북이나 구글 코랩 같은 노트북에서도 코드를 작성합니다.[29] 노트북은 단순히 코드를 작성하는 장소가 아닙니다. 이미지, 플롯, 멋진 표 형식 데이터 등 임의의 아티팩트를 포함할 수 있어 노트북은 탐색적 자료 분석, 모델 훈련 결과 분석 작업에 매우 유용합니다.

노트북에는 상태 유지^{statefulness}라는 좋은 속성이 있습니다. 즉, 실행이 끝나도 상태 정보를 유

---

29 이 책을 쓰는 시점 기준 구글 코랩은 사용자에게 무료 GPU를 제공합니다.

지합니다. 프로그램이 도중에 실패하면 처음부터 다시 실행하지 않고 실패한 단계부터 실행할 수 있습니다. 따라서 적재 시간이 오래 걸릴 수 있는 대규모 데이터셋을 처리할 때 특히 유용하죠. 노트북을 사용하면 데이터를 한 번만 적재하면 됩니다. 노트북은 이 데이터를 메모리에 유지하므로 코드를 실행할 때마다 적재할 필요가 없습니다. [그림 10-5]와 같이 노트북의 4단계에서 코드가 실패하면 프로그램을 처음부터 다시 시작하지 않고 4단계만 다시 실행하면 됩니다.

```
In [1]:  import pandas as pd

In [2]:  fname = "large-dataset.csv"

In [3]:  df = pd.read_csv(fname)

In [4]:  features = df["Timestamp", "Cost"]
         -----------------------------------------------------------------------
         KeyError                                  Traceback (most recent call last)
         ~/miniconda3/envs/stove39/lib/python3.9/site-packages/pandas/core/indexes/base.py
         ance)
            3360                try:
         -> 3361                    return self._engine.get_loc(casted_key)
            3362                except KeyError as err:
```

그림 10-5 주피터 노트북에서 4단계가 실패하면 1~4단계를 다시 실행하지 않고 4단계만 재실행하면 됩니다.

상태 유지 속성은 양날의 검입니다. 셀을 순서대로 실행하지 않을 수 있기 때문입니다. 예를 들어, 일반 스크립트에서 셀4는 셀3 다음에 실행되고 셀3은 셀2 다음에 실행돼야 하지만 노트북에서는 셀을 2, 3, 4 또는 4, 3, 2 순서로 실행할 수 있습니다. 셀을 실행하는 순서에 대한 지침이 노트북에 제공되지 않는 한 노트북의 재현성은 유지하기 더욱 까다롭습니다. 이러한 어려움을 크리스 알본Chris Albon의 농담이 잘 담아내고 있습니다(그림 10-6).

번역: 내 주피터 노트북 셀의 실행 순서를 설명하고 있는 나

그림 10-6 노트북의 상태 유지 속성 때문에 셀이 순서대로 실행되지 않을 수 있으므로 노트북의 재현성은 유지하기가 한층 더 어렵습니다.

노트북은 데이터 탐색과 실험에 매우 유용해 데이터 과학자와 ML에 없어서는 안 될 도구가 됐습니다. 일부 회사에서는 노트북이 데이터 과학 인프라의 중심이기도 합니다. 넷플릭스의 중요한 블로그 글 '인터랙티브를 넘어서: 넷플릭스의 노트북 혁신'에는 노트북을 더욱 강력하게 만드는 데 사용할 수 있는 인프라 도구 목록이 있습니다.[30] 목록에는 페이퍼밀Papermill[31]과 커뮤터Commuter[32]가 포함됩니다.

- 페이퍼밀: 서로 다른 매개변수 집합으로 여러 노트북을 생성하기 위한 도구. 예를 들어, 서로 다른 매개변수 집합이 적용된 실험 여러 개를 동시에 실행하려는 경우에 사용합니다. 여러 노트북에서 지표를 요약하는 데도 도움이 됩니다.

- 커뮤터: 조직 내에서 노트북을 보여주고, 검색하고, 공유하는 데 사용하는 노트북 허브.

노트북 경험 개선을 목표로 하는 또 다른 흥미로운 프로젝트로 nbdev[33]가 있습니다. 주피터 노트북 위에 덧붙여 사용하는 라이브러리로, 문서와 테스트를 동일한 위치에 작성하도록 권장합니다.

---

30 Ufford, M., Pacer, M., Seal, M., & Kelley, K. (2018, August 16). *Beyond Interactive: Notebook Innovation at Netflix*. Netflix Technology Blog. https://oreil.ly/EHvAe

31 깃허브: *https://oreil.ly/569ot*

32 깃허브: *https://oreil.ly/dFlYV*

33 *https://nbdev.fast.ai*

10.2.2 개발 환경 표준화

개발 환경에 대한 첫 번째 준칙은 표준화돼야 한다는 점입니다. 회사 전체는 아니더라도 최소한 팀 내부에서는 개발 환경이 표준화돼야 합니다. 개발 환경을 표준화한다는 것이 무엇이며 왜 필요할까요? 한 가지 일화를 봅시다.

필자의 스타트업 초창기에는 구성원들이 각자 자신의 컴퓨터로 작업했습니다. 새로운 팀 구성원이 가상 환경을 신규 생성할 때 실행하는 배시bash 파일이 있었는데, 이 파일은 콘다Conda를 사용하고 코드를 실행하는 데 필요한 패키지들을 설치해줬습니다. 필요한 패키지 목록은 새로운 패키지를 사용할 때마다 계속 덧붙여 만든 오래된 requirements.txt 파일이었는데, 때때로 귀찮아서 패키지 이름(예: torch)만 추가하고 패키지 버전(예: torch==1.10.0+cpu)은 지정하지 않은 경우가 있었습니다. 종종 신규 풀 요청pull request이 필자의 컴퓨터에서는 잘 실행됐지만 다른 동료의 컴퓨터에서는 실행되지 않았고,[34] 곧 이러한 현상이 동일한 패키지의 서로 다른 버전을 사용해서 발생한다는 걸 알아챘습니다. 이를 해결하기 위해 requirements.txt 파일에 새로운 패키지를 추가할 때는 반드시 패키지 이름과 버전과 함께 명시하기로 했고, 따라서 쓸데없는 골칫거리를 상당수 없앨 수 있었습니다.

한번은 일부 실행에만 발생하는 이상한 버그가 발생했습니다. 동료에게 조사해달라고 요청했지만 버그를 재현할 수 없었습니다. 필자는 버그가 가끔 발생하니 확인하려면 코드를 20회 정도 실행해야 할 수도 있다고 이야기했고, 동료는 코드를 20회 실행했지만 아무것도 찾아내지 못했습니다. 각자 가진 패키지를 비교해봐도 모든 것이 일치했습니다. 몇 시간에 걸친 좌절 끝에 이 문제가 파이썬 버전 3.8 또는 이전 버전에서만 발생하는 동시성 문제라는 사실을 알아냈습니다. 필자는 파이썬 3.8을 사용했고 동료는 파이썬 3.9를 사용해 동료에게는 버그가 발생하지 않았던 겁니다. 이후에는 모두가 반드시 동일한 파이썬 버전을 사용하기로 결정했고, 따라서 골칫거리가 좀 더 줄어들었습니다.

그러던 어느 날 동료가 새 노트북 컴퓨터를 받았습니다. 당시 새로 나온 M1 칩이 탑재된 맥북이었죠. 동료는 새로운 노트북에서 기존 설정 단계를 똑같이 밟으려고 애썼지만 난관에 부딪혔습니다. M1 칩은 새로 나온 것이었고 도커를 비롯해 팀에서 사용하는 도구 중 일부는 아직 M1 칩에서 제대로 동작하지 않았던 겁니다. 동료가 하루 종일 환경 설정에 난항을 겪는 모습을 보고 필자의 팀은 클라우드 개발 환경으로 이동하기로 결정했습니다. 즉, 여전히 가상 환경과 도

---

34 익숙하지 않은 분들을 위해 설명하자면, 신규 풀 요청이란 코드베이스에 추가되는 새로운 코드 조각으로 생각할 수 있습니다.

구, 패키지를 표준화하지만 이제 모든 사람이 클라우드 공급업체에서 제공하는 동일한 유형의 시스템에서 가상 환경과 도구, 패키지를 사용하게 됩니다.

클라우드 개발 환경을 사용하는 경우 AWS 클라우드9[35] (내장 노트북이 없음)나 아마존 세이지메이커 스튜디오Amazon Sagemaker Studio[36] (호스팅된 주피터랩이 제공됨)와 같이 클라우드 IDE와 함께 제공되는 클라우드 개발 환경을 사용할 수 있습니다. 이 책을 쓰는 시점에는 아마존 세이지메이커 스튜디오가 클라우드9보다 널리 사용됩니다. 다만 클라우드 IDE를 사용하는 엔지니어는 대부분 클라우드 인스턴스에 빔 등 원하는 IDE를 설치해 사용합니다.

훨씬 더 많이 사용하는 방법은 클라우드 개발 환경을 로컬 IDE와 함께 사용하는 것입니다. 예를 들어, 컴퓨터에 설치된 VS 코드를 사용하고 시큐어 셸Secure Shell (SSH)과 같은 보안 프로토콜을 사용해 로컬 IDE를 클라우드 환경에 연결합니다.

도구와 패키지를 표준화해야 한다는 데는 대체로 동의하지만 일부 회사는 IDE 표준화에 주저합니다. 엔지니어는 특정 IDE를 선호할 수 있으며 일부는 선택한 IDE를 지키려고 노력하기에[37] 모두가 동일한 IDE를 사용하도록 하기는 어렵습니다. 다만 지난 몇 년간 몇몇 IDE가 특히 인기를 끌었는데, 그중 VS 코드는 클라우드 개발 인스턴스와 통합하기 쉬워 좋은 선택지입니다.

필자의 스타트업은 클라우드 개발 환경으로 깃허브 코드스페이스Github Codespaces[38]를 선택했지만 SSH를 통해 연결할 수 있는 AWS EC2나 GCP 인스턴스도 좋은 선택입니다. 필자의 팀 또한 여느 회사와 마찬가지로 클라우드 환경으로 이전하기 전 비용을 걱정했습니다. 사용하지 않는 인스턴스를 깜박하고 종료하지 않아 비용이 계속 청구되면 어떻게 해야 할까요? 이런 걱정은 두 가지 이유로 사라졌습니다. 첫째, 깃허브 코드스페이스 같은 도구는 30분 동안 활동이 없으면 인스턴스를 자동으로 종료합니다. 둘째, 일부 인스턴스는 매우 저렴합니다. 예를 들어, vCPU 4개와 8기가바이트 메모리가 장착된 AWS 인스턴스의 비용은 시간당 약 0.1달러이며, 종료하지 않는다고 해도 1개월에 약 73달러 수준입니다. 엔지니어링에 들어가는 시간 비용이 크므로 클라우드 개발 환경이 한 달에 몇 시간이라도 절약해준다면 많은 회사에서 선택할 만한 가치가 있습니다.

---

35 *https://oreil.ly/xFEZx*

36 *https://oreil.ly/m1yFZ*

37 빔과 이맥스(Emacs)에 대한 10년간의 열띤 논쟁을 다룬 '편집기 전쟁'(*https://oreil.ly/O0kqJ*)을 참조하기 바랍니다.

38 *https://oreil.ly/bQdUW*

로컬 개발 환경에서 클라우드 개발 환경으로 이동하면 많은 이점을 추가로 얻을 수 있습니다. 첫째, IT 지원이 훨씬 쉬워집니다. 한 가지 유형의 클라우드 인스턴스만 지원하는 것이 아니라 서로 다른 로컬 시스템 1,000개를 지원해야 한다고 상상해보세요. 둘째, 원격 작업이 편리해집니다. 어떤 컴퓨터에서든 SSH를 통해 개발 환경에 접속할 수 있습니다. 셋째, 클라우드 개발 환경이 보안에 도움이 될 수 있습니다. 예를 들어, 직원이 노트북 컴퓨터를 도난당했을 때 해당 노트북의 클라우드 인스턴스에 대한 접근 권한을 취소하면 도둑이 코드베이스와 기밀 정보에 접근하지 못하게 됩니다. 물론 일부 기업은 보안 문제 때문에 클라우드 개발 환경으로 이전하기를 꺼립니다. 예를 들어, 클라우드에 코드나 데이터를 보관하지 않으려고 하죠.

넷째, 개발 환경을 클라우드에 두면 개발 환경과 프로덕션 환경 간의 차이를 줄일 수 있습니다. 이는 클라우드에서 프로덕션 환경을 운영하는 회사에 가장 큰 이점이 됩니다. 프로덕션 환경이 클라우드에 있다면 개발 환경도 클라우드로 가져오는 건 자연스러운 일입니다.

때때로 회사는 이점뿐 아니라 필요에 따라 개발 환경을 클라우드로 이동합니다. 데이터를 로컬 컴퓨터에 다운로드하거나 저장할 수 없는 유스 케이스라면, 데이터에 접근하는 유일한 방법은 (올바른 권한을 가졌다면) S3에서 데이터를 읽을 수 있는 클라우드 노트북(세이지메이커 스튜디오)을 통하는 방식뿐입니다.

물론 클라우드 개발 환경이 모든 회사에 적합하지는 않습니다. 비용과 보안을 비롯한 문제가 있죠. 클라우드 개발 환경을 설정하려면 초기 투자가 필요하며, 데이터 과학자에게 클라우드에 대한 보안 연결 설정, 보안 규정 준수, 낭비되는 클라우드 사용 방지 등 클라우드 사용 관행 전반을 교육해야 합니다. 한편 개발 환경의 표준화는 데이터 과학자의 삶을 보다 윤택하게 해주며 장기적으로 비용을 줄여줍니다.

10.2.3 개발 환경에서 프로덕션 환경으로: 컨테이너

개발 중에는 워크로드가 크게 변동하지 않습니다. 즉, 모델이 요청을 시간당 1,000개 처리하다가 갑자기 100만 개 처리하는 식으로 바뀌지 않습니다. 따라서 일반적으로 작업하는 머신 또는 인스턴스 개수는 고정돼 있습니다(보통 1대입니다).

반면에 프로덕션 서비스는 여러 인스턴스에 분산돼 있을 수 있습니다. 인스턴스 수는 유입되는 워크로드에 따라 수시로 바뀌며, 이는 때때로 예측 불가능합니다. 예를 들어, 어느 날 유명인이 여러분이 만든 신생 앱에 대해 트윗을 날린다면 트래픽이 10배 급증할 수도 있습니다. 필요에 따라 신규 인스턴스를 가동해야 하며, 이러한 인스턴스에 워크로드를 실행하는 데 필요한 도구와 패키지를 설정해줘야 합니다.

이전에는 인스턴스를 직접 가동하고 종료해야 했지만 이제 대부분의 퍼블릭 클라우드 공급업체에서 자동 확장 부분을 처리해줍니다. 다만 여전히 신규 인스턴스 설정 작업은 신경 써야 합니다.

계속 동일한 인스턴스로 작업한다면 종속성을 한 번 설치하고 해당 인스턴스를 원할 때마다 사용하면 됩니다. 프로덕션 환경에서 필요에 따라 인스턴스를 동적 할당하는 경우 환경은 본질적으로 무상태stateless입니다. 워크로드에 신규 인스턴스가 할당되면 사전에 미리 정의한 지침 목록을 사용해 종속성을 설치해야 합니다.

여기서 질문이 생깁니다. 신규 인스턴스에서 환경을 어떻게 재생성할까요? 도커Docker로 가장 유명한 컨테이너 기술은 이 질문에 답하기 위해 만들어졌습니다. 도커를 사용하면 도커파일Dockerfile을 생성하게 되는데, 여기에는 모델 실행 환경을 재생성하는 방법에 관한 단계별 지침(패키지 설치, 사전 훈련된 모델 다운로드, 환경 변수 설정, 폴더 탐색 등)이 담겨 있습니다. 이 지침을 통해 하드웨어 어디에서나 코드를 실행할 수 있습니다.

도커의 핵심 개념 두 가지는 이미지와 컨테이너입니다. 도커파일의 지침이 모두 실행되고 나면 도커 이미지가 만들어지고, 도커 이미지를 실행하면 도커 컨테이너가 반환됩니다. 도커파일은 도커 이미지라는 틀을 제조하는 레시피로 볼 수 있습니다. 이 틀을 사용해 실행되는 인스턴스를 여러 개 찍어낼 수 있습니다. 각각이 도커 컨테이너입니다.

도커 이미지는 밑바닥부터 혹은 다른 도커 이미지로부터 빌드할 수 있습니다. 예를 들어, 엔비디아는 GPU용 텐서플로를 최적화하는 데 필요한 모든 라이브러리와 텐서플로가 포함된 도커 이미지를 제공합니다. GPU에서 텐서플로를 실행하는 애플리케이션을 개발하는 경우 해당 도커 이미지를 기본으로 사용하고, 이 기본 이미지 위로 애플리케이션에 한정된 종속성을 설치하는 전략이 있습니다.

컨테이너 레지스트리는 도커 이미지를 공유하거나, 다른 사람이 만든 이미지를 찾아 공개적으로 혹은 조직 내부 사람들과 공유할 수 있는 장소입니다. 흔히 사용되는 컨테이너 레지스트리로 도커 허브Docker Hub와 일래스틱 컨테이너 레지스트리Elastic Container Registry(AWS ECR)가 있습니다.

다음은 지침을 실행하는 간단한 도커파일입니다. 이 예시는 도커파일이 보통 어떻게 동작하는 지 보여주기 위한 것이며 실행되지 않을 수 있습니다.

1. 최신 파이토치 기본 이미지를 다운로드합니다.

2. 깃허브에서 엔비디아의 에이펙스apex 저장소를 복제하고 새로 생성된 apex 폴더로 이동해 에이펙스를 설치합니다.

3. fancy-nlp-project를 작업 디렉터리로 설정합니다.

4. 깃허브에서 허깅페이스의 트랜스포머 저장소를 복제하고 새로 생성된 transformers 폴더로 이동해 트 랜스포머를 설치합니다.

```
FROM pytorch/pytorch:latest
RUN git clone https://github.com/NVIDIA/apex
 RUN cd apex && \
    python3 setup.py install && \
    pip install -v --no-cache-dir --global-option ="--cpp_ext" \
    --global-option ="--cuda_ext"./

WORKDIR /fancy-nlp-project
RUN git clone https://github.com/huggingface/transformers.git && \
    cd transformers && \
    python3 -m pip install --no-cache-dir .
```

애플리케이션이 작업을 수행하는 동안 컨테이너가 두 개 이상 필요할 수 있습니다. 예를 들어, 프로젝트가 실행 속도는 빠르지만 메모리 사용량이 큰 피처 생성 코드와 실행 속도는 느리지만 메모리 사용량이 적은 모델 학습 코드로 이뤄져 있다고 가정해봅시다. 동일한 GPU 인스턴스 에서 두 코드를 모두 실행하려면 메모리가 매우 높은 GPU 인스턴스가 필요하며 이는 비용이 매우 비쌀 수 있습니다. 한편 CPU 인스턴스에서 피처 생성 코드를 실행하고 GPU 인스턴스에 서 모델 학습 코드를 실행하는 방법도 있습니다. 이때는 피처 생성을 위한 컨테이너 하나와 학 습을 위한 컨테이너 하나가 필요합니다.

파이프라인의 여러 단계 간에 종속성이 충돌할 때도 서로 다른 컨테이너가 필요할 수 있습니 다. 예를 들어, 피처 생성 코드에는 넘파이 0.8이 필요하지만 모델에는 넘파이 1.0이 필요한 경우가 있죠.

마이크로서비스 100개가 있고 각 마이크로서비스에 자체 컨테이너가 필요한 경우 컨테이너

100개가 동시에 실행될 수 있습니다. 컨테이너 100개를 수동으로 빌드, 실행, 자원 할당 및 중지하는 일은 매우 번거롭습니다. 여러 컨테이너를 관리하는 데 도움이 되는 도구를 컨테이너 오케스트레이션이라고 합니다. 도커 컴포즈Docker Compose는 단일 호스트에서 컨테이너를 관리할 수 있는 경량 컨테이너 오케스트레이터입니다.

다만 각 컨테이너가 자체 호스트에서 실행될 수 있으며 이때 도커 컴포즈는 한계가 있습니다. 쿠버네티스(K8s)는 바로 이것을 위한 도구입니다. K8s는 컨테이너 간에 통신하고 자원을 공유하는 네트워크를 만들어줍니다. 더 많은 연산 및 메모리가 필요하면 더 많은 인스턴스에서 컨테이너를 가동하고, 더 이상 필요하지 않으면 컨테이너를 종료하면 됩니다. K8s는 시스템의 고가용성을 유지하는 데도 도움이 됩니다.

K8s는 2010년대에 매우 빠르게 성장한 기술입니다. 2014년 처음 도입된 이후 오늘날 프로덕션 시스템이 있는 곳이라면 어디서든 볼 수 있죠. K8s에 관해 더 자세히 알고 싶다면 제러미 조던Jeremy Jordan이 작성한 글 '쿠버네티스 개론An introduction to Kubernetes'[39]을 참조하기 바랍니다. 다만 K8s는 데이터 과학자에게 친화적인 도구가 아니며, K8s에 대한 직접적인 접근 없이 데이터 과학 워크로드를 다룰 방법에 대해 많은 논의가 있었습니다.[40] 다음 절에서 K8s를 좀 더 자세히 알아봅니다.

10.3 자원 관리

클라우드가 생겨나기 전에는 스토리지와 연산 능력은 유한한 성질의 것이었습니다(자체 데이터 센터를 유지 관리하는 회사에서는 현재도 마찬가지입니다). 당시 자원 관리는 제한된 자원을 최대한 활용하는 방법에 초점을 맞췄죠. 한 애플리케이션에 사용하는 자원이 증가함은 다른 애플리케이션에 사용하는 자원이 감소함을 의미했고, 엔지니어링 시간이 더 걸리더라도 자원 활용을 극대화하기 위해 복잡한 로직을 도입해야 했습니다.

---

39 *https://oreil.ly/QLAC3*

40 Huyen, C. (2021, September 13). *Why Data Scientists Shouldn't Need to Know Kubernetes*. Chip Huyen. https://huyenchip.com/2021/09/13/data-science-infrastructure.html
Conway, N., & Hershey, D. (2020, November 30). *Data Scientists Don't Care About Kubernetes*. Determined AI. https://oreil.ly/FFDQW
I Am Developer. [@amdevloper]. (2021, June 26). *I barely understand my own feelings how am I supposed to understand kubernetes*. [Tweet]. Twitter. https://oreil.ly/T2eQE

반면에 스토리지와 연산 자원이 훨씬 탄력적인 클라우드 세상에서는 자원 활용도를 극대화하기보다 자원을 비용 효율적으로 사용하는 방법에 초점을 맞춥니다. 한 애플리케이션에 자원을 추가한다고 해서 다른 애플리케이션에 대한 자원이 감소하는 것은 아니므로 할당 문제는 크게 간소화됩니다. 대부분의 기업에서는 한 애플리케이션에 자원을 추가함으로써 비용이 늘어나더라도 추가 매출이나 엔지니어링 시간 절약 같은 이득을 얻는다면 크게 상관하지 않습니다.

현재는 대부분의 경우 엔지니어의 시간이 연산 시간보다 더 가치 있게 여겨집니다. 기업에서는 엔지니어 생산성을 높이는 데 도움이 된다면 더 많은 자원을 사용하더라도 크게 상관하지 않죠. 즉, 기업에서는 워크로드 자동화에 대한 투자를 당연시한다는 의미입니다. 이렇게 하면 워크로드를 수동으로 계획할 때보다 자원 사용의 효율성은 떨어질 수 있지만 엔지니어는 더 높은 가치를 낳는 작업에 집중할 수 있습니다. 문제를 해결하기 위해 인적 자원이 아닌 자원을 더 투입하는 방법(예: 더 많은 연산 능력을 투입)과 인적 자원을 더 투입하는 방법(예: 재설계에 더 많은 엔지니어링 시간을 투입)이 있을 때 보통은 전자를 선호합니다.

이어서 ML 워크플로에 대한 자원을 관리하는 방법을 살펴봅니다. 여기서는 클라우드 기반 자원에 중점을 두지만 프라이빗 데이터 센터에도 같은 아이디어를 적용할 수 있습니다.

10.3.1 크론, 스케줄러, 오케스트레이터

ML 워크플로에는 자원 관리에 영향을 미치는 주요 특성 두 가지, 반복성과 종속성이 있습니다. 이 책에서는 ML 시스템 개발이라는 반복적인 프로세스가 어떤 방식으로 이뤄지는지 자세히 논의했습니다. ML 워크로드 또한 일회성 작업이 아닌 반복적인 작업입니다. 예를 들어, 매주 모델을 훈련하거나 4시간마다 배치 예측값을 새로 생성할 수 있습니다. 이러한 반복 프로세스는 가용 자원을 활용해 원활하고 비용 효율적으로 실행되도록 일정을 수립하고 오케스트레이션할 수 있습니다.

크론cron은 반복 작업이 지정한 시간에 실행되도록 일정을 수립합니다. 사실상 이것이 크론이 수행하는 일의 전부입니다. 미리 정한 시간에 스크립트를 실행하고 작업 성공 여부를 알려줍니다. 실행하는 작업 간의 종속성은 신경 쓰지 않습니다. 크론을 사용해 작업 B 다음에 작업 A를 실행할 수 있지만, A가 성공하면 B를 실행하고 A가 실패하면 C를 실행하는 등의 복잡한 작업은 예약할 수 없습니다.

이는 두 번째 특성인 종속성으로 이어집니다. ML 워크플로의 각 단계는 서로 복잡한 종속성 관계를 갖습니다. 예를 들어, ML 워크플로는 다음처럼 다섯 단계로 구성될 수 있습니다.

1. 데이터 웨어하우스에서 지난주 데이터를 가져옵니다.

2. 가져온 데이터에서 피처를 추출합니다.

3. 추출한 피처로 두 모델 A와 B를 훈련합니다.

4. 테스트 세트에서 A와 B를 비교합니다.

5. A가 나으면 A를 배포하고 B가 나으면 B를 배포합니다.

각 단계는 이전 단계 성공 여부에 따라 달라집니다. 다섯 번째 단계는 조건부 종속성을 갖습니다. 이 단계에서 수행될 작업은 이전 단계 결과에 따라 달라집니다. 여러 단계 간의 실행 순서와 종속성을 그래프로 나타내면 [그림 10-7]과 같습니다.

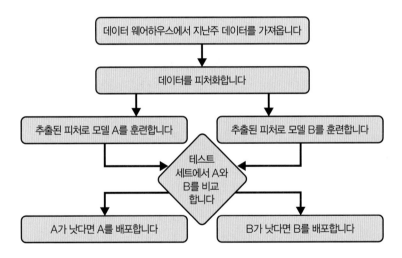

그림 10-7 본질적으로 DAG(방향성 비순환 그래프)인 간단한 ML 워크플로의 실행 순서

알아챈 분도 있겠지만 [그림 10-7]은 DAG, 즉 방향성 비순환 그래프입니다. 단계 간의 종속성을 나타내도록 방향성이 지정돼 있으며 순환을 포함하지 않습니다. 순환을 포함하면 작업 실행이 끝없이 계속되기 때문입니다. DAG는 ML 워크플로뿐 아니라 연산의 워크플로를 나타내는 데 흔히 사용하는 방식입니다. 대부분의 워크플로 관리 도구에서는 DAG 형식으로 워크플로를 지정해줘야 합니다.

스케줄러는 종속성을 처리할 수 있는 크론 프로그램입니다. 워크플로의 DAG를 가져와 그에 맞게 단계별로 일정 예약을 합니다. 예를 들어, 이벤트 기반 트리거를 기준으로 작업을 시작하도록 일정 예약을 할 수 있습니다. 이벤트 X가 발생하면 작업을 시작하는 식으로 말이죠. 스케줄러를 사용하면 작업이 실패할 경우와 성공할 경우 다음에 수행될 작업(예: 작업이 실패했을 때 포기하기 전까지 재시도할 횟수)을 지정할 수 있습니다.

스케줄러는 주로 대기열을 활용해 작업을 추적합니다. 작업을 대기열에 넣고 우선순위를 지정한 뒤 실행에 필요한 자원을 할당합니다. 즉, 스케줄러는 사용 가능한 자원과 각 작업을 실행하는 데 필요한 자원을 인식할 수 있어야 합니다. 필요한 자원은 작업 일정을 수립할 때 선택 사항으로 입력해주거나 스케줄러에서 자체적으로 예상합니다. 예를 들어, 작업에 8기가바이트 메모리와 CPU 2개가 필요하다면, 스케줄러는 관리하는 자원 중에서 8기가바이트 메모리와 CPU 2개를 가진 인스턴스를 찾고, 해당 인스턴스에 다른 작업 실행이 없을 때까지 기다립니다.

다음은 인기 있는 스케줄러 슬럼Slurm으로 작업 일정을 수립하는 방법의 예입니다. 작업명, 작업을 실행할 시간, 작업에 할당할 메모리와 CPU 개수를 지정합니다.

```
#! /bin/bash
#SBATCH -J JobName
#SBATCH --time=11:00:00        # 작업을 시작할 시간
#SBATCH --mem-per-cpu=4096     # CPU당 할당할 메모리(단위: 메가바이트)
#SBATCH --cpus-per-task=4      # 작업당 코어 개수
```

스케줄러는 사용 가능한 자원, 실행할 작업, 각 작업에 필요한 자원에 대한 정보를 가지고 자원 활용도를 최적화해야 합니다. 그런데 사용자가 지정한 자원의 양이 항상 올바르지는 않습니다. 예를 들어, 작업에 4기가바이트 메모리가 필요하다고 지정했지만 실제로 해당 작업에는 3기가바이트만 필요하거나, 피크에만 4기가바이트가 필요하고 그 외에는 1~2기가바이트만 필요할 수 있습니다. 구글의 보그Borg 같은 정교한 스케줄러는 작업에 실제로 필요한 자원의 양을 추정하고 사용하지 않는 자원은 다른 작업을 위해 회수해[41] 자원 활용을 더욱 최적화합니다.

범용적인 스케줄러를 설계하기는 어려운 일입니다. 발생하는 모든 수의 동시 시스템과 워크플

---

41 Verma, A., Pedrosa, L., Korupolu, M., Oppenheimer, D., Tune, E., & Wilkes, J. (2015, April). Large-Scale Cluster Management at Google with Borg. *EuroSys '15: Proceedings of the Tenth European Conference on Computer Systems*: 18. https://oreil.ly/9TeTM

로를 관리할 수 있어야 하기 때문이죠. 스케줄러가 다운되면 해당 스케줄러가 손대는 워크플로가 모두 중단됩니다.

스케줄러의 주요 관심사가 작업을 실행할 **시기**와 실행에 필요한 자원이라면, 오케스트레이터의 주요 관심사는 이러한 자원을 입수할 **장소**입니다. 스케줄러는 DAG, 우선순위 대기열, 사용자 수준의 할당량(즉, 사용자가 주어진 시간에 사용할 수 있는 인스턴스 최대 대수)과 같은 추상화된 작업 유형을 처리합니다. 오케스트레이터는 머신, 인스턴스, 클러스터, 서비스 수준의 그룹화, 복제와 같은 낮은 수준의 추상화 작업을 처리합니다. 오케스트레이터는 가용한 인스턴스 풀보다 더 많은 작업이 존재함을 인지하면 인스턴스 풀의 가용한 인스턴스 대수를 늘립니다. 이를 워크로드를 처리하기 위해 더 많은 컴퓨터를 '프로비저닝'한다고 말합니다. 스케줄러는 정기적인 작업에 자주 사용되는 반면 오케스트레이터는 요청에 응답해야 하는, 장기 실행 서버가 존재하는 서비스에 자주 사용됩니다.

오늘날 가장 잘 알려진 오케스트레이터는 의심할 여지 없이 쿠버네티스입니다(10.2.3절 '개발 환경에서 프로덕션 환경으로: 컨테이너'에서 논의). K8s는 온프레미스에서 사용 가능하며 미니쿠브Minikube를 통해 노트북에서도 사용 가능합니다. 하지만 필자는 K8s 클러스터를 자체 설정하기를 즐기는 사람은 본 적이 없습니다. 대부분 회사는 K8s를 AWS 일래스틱 쿠버네티스 서비스Elastic Kubernetes Service(EKS)나 구글 쿠버네티스 엔진Google Kubernetes Engine(GKE) 등 클라우드 공급업체에서 관리하는 호스팅 서비스를 통해 사용합니다.

스케줄러는 일반적으로 오케스트레이터 위에서 실행되므로 스케줄러와 오케스트레이터를 혼용하는 사람이 많습니다. 슬럼과 구글 보그 같은 스케줄러에는 오케스트레이팅 기능이 일부 있으며 하시코프 노매드HashiCorp Nomad와 K8s 같은 오케스트레이터에는 일정 예약 기능이 일부 있습니다. 다만 스케줄러와 오케스트레이터를 별도로 둘 수 있습니다. 예를 들어, 쿠버네티스 위에서 스파크의 작업 스케줄러를 실행하거나 EKS 위에서 AWS 배치 스케줄러를 실행할 수 있습니다. 하시코프 노매드나 에어플로Airflow, 아고Argo, 프리펙트Prefect, 대그스터Dagster를 비롯한 데이터 과학 관련 오케스트레이터에는 자체 스케줄러가 있습니다.

10.3.2 데이터 과학 워크플로 관리

앞서 스케줄러와 오케스트레이터의 차이점을 알아보고, 워크플로를 실행하는 데 각각을 사용하는 방법을 논의했습니다. 데이터 과학에 특화된 워크플로 관리 도구, 예컨대 에어플로, 아고, 프리펙트, 쿠브플로, 메타플로에 익숙하다면 각 도구가 스케줄러와 오케스트레이터 중 어느 쪽에 해당하는지 궁금할 겁니다. 이 절에서는 해당 주제를 살펴봅니다.

가장 단순한 형태의 워크플로 관리 도구는 워크플로만 관리합니다. 일반적으로 [그림 10-7]과 같이 워크플로를 DAG로 지정할 수 있습니다. 워크플로는 피처화 단계, 모델 훈련 단계, 평가 단계로 구성될 수 있습니다. 워크플로는 코드(파이썬)나 구성 파일(YAML)을 사용해 정의하며 워크플로의 각 단계를 태스크task라고 합니다.

거의 모든 워크플로 관리 도구는 스케줄러와 함께 제공되므로, 개별 작업이 아니라 전체 워크플로에 초점을 맞추는 스케줄러로 볼 수 있습니다. 워크플로가 정의되면 기본 스케줄러는 일반적으로 [그림 10-8]과 같이 워크플로를 실행할 자원을 할당하기 위해 오케스트레이터와 함께 작동됩니다.

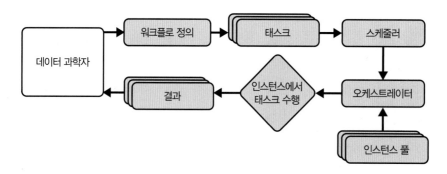

그림 10-8 워크플로가 정의되면 해당 워크플로의 태스크 일정이 예약되고 오케스트레이팅됩니다.

온라인에는 다양한 데이터 과학 워크플로 관리 도구를 비교하는 글이 많습니다. 이 절에서는 가장 일반적인 다섯 가지, 즉 에어플로, 아고, 프리펙트, 쿠브플로, 메타플로를 살펴봅니다. 여기서 목적은 도구를 종합 비교하기보다는 워크플로 관리 도구에 어떤 기능들이 필요할지 개념을 잡아보는 것입니다.

에어비앤비Airbnb에서 개발해 2014년에 출시한 에어플로는 초창기 워크플로 오케스트레이터 중 하나입니다. 에어플로라는 놀라운 태스크 스케줄러에는 방대한 운영자 라이브러리가 함께 제공되며, 이 라이브러리는 에어플로를 다양한 클라우드 공급업체, 데이터베이스, 스토리지와 함께 사용하기 용이하도록 해줍니다. 에어플로는 '코드로서의 설정configuration as code'[42]이라는 원칙의 모범을 보여줍니다. 제작진은 데이터 워크플로가 복잡하므로 YAML이나 기타 선언적 언어 대신 코드(파이썬)를 사용해 정의해야만 한다고 믿었습니다. 다음은 에어플로 깃허브[43]에서 가져온 워크플로의 예입니다.

```python
from datetime import datetime, timedelta

from airflow import DAG
from airflow.operators.bash import BashOperator
from airflow.providers.docker.operators.docker import DockerOperator

dag = DAG(
    'docker_sample',
    default_args={'retries': 1},
    schedule_interval=timedelta(minutes=10),
    start_date=datetime(2021, 1, 1),
    catchup=False,
)

t1 = BashOperator(task_id='print_date', bash_command='date', dag=dag)
t2 = BashOperator(task_id='sleep', bash_command='sleep 5', retries=3, dag=dag)
t3 = DockerOperator(
    docker_url='tcp://localhost:2375',  # Set your docker URL
    command='/bin/sleep 30',
    image='centos:latest',
    network_mode='bridge',
    task_id='docker_op_tester',
    dag=dag,
)

t4 = BashOperator(
    task_id='print_hello',
    bash_command='echo "hello world!!!"',
    dag=dag
)
```

....

42 *https://oreil.ly/aNVdq*

43 옮긴이_ 해당 코드 스니펫은 에어플로 버전 업데이트로 내용이 일부 변경됐습니다. 버전 3.5 기준의 코드는 다음 링크를 참조하기 바랍니다.
https://github.com/apache/airflow/blob/providers-docker/3.5.0/tests/system/providers/docker/example_docker.py

```
t1 >> t2
t1 >> t3
t3 >> t4
```

에어플로는 대부분의 도구보다 먼저 만들어졌기에 타산지석으로 삼을 만한 도구가 없었고 따라서 많은 문제점을 지닙니다. 이는 우버 엔지니어링 블로그 글[44]에서 자세히 설명하며 여기에서는 아이디어 제시를 위해 세 가지 문제점을 살펴봅니다.

첫째, 에어플로는 모놀리식입니다. 즉, 전체 워크플로를 컨테이너 하나로 패키징합니다. 워크플로의 서로 다른 두 단계 간에 요구 사항이 다를 경우 이론적으로 에어플로의 도커오퍼레이터^{DockerOperator}[45]를 사용해 서로 다른 컨테이너를 만들 수 있지만 실제로 그렇게 하기는 쉽지 않습니다.

둘째, 에어플로의 DAG는 사용자 매개변수를 지원하지 않습니다. 즉, 매개변수를 워크플로에 전달할 수 없습니다. 따라서 동일한 모델을 서로 다른 학습률로 실행하려면 서로 다른 워크플로를 만들어야 합니다.

셋째, 에어플로의 DAG는 정적인 형태이므로 런타임 시 필요하더라도 새로운 단계를 자동 생성할 수 없습니다. 예를 들어, 데이터베이스로부터 레코드를 읽어와 처리하는 단계(예: 예측)를 개별적으로 만들고 싶지만 데이터베이스에 얼마나 많은 레코드가 있는지 미리 알지 못한다고 생각해보세요. 에어플로는 그런 일을 처리할 수 없습니다.

아고, 프리펙트 같은 차세대 워크플로 오케스트레이터는 에어플로의 여러 단점을 해결하기 위해 만들어졌습니다.

프리펙트 CEO인 제러마이아 로윈$^{Jeremiah\ Lowin}$은 에어플로의 핵심 기여자입니다. 프리펙트는 마케팅 캠페인 초기에 프리펙트와 에어플로를 샅샅이 비교했습니다.[46] 프리펙트의 워크플로는 사용자 매개변수를 지원하고 동적인 형태로, 에어플로에 비해 매우 크게 개선됐습니다. 그리고 '코드로서의 설정' 원칙을 따르므로 워크플로가 파이썬으로 정의됩니다.

하지만 에어플로와 마찬가지로 프리펙트에서 각 단계의 컨테이너화는 최우선 구현 사항이 아

---

44 *https://www.uber.com/en-KR/blog/managing-data-workflows-at-scale*

45 *https://airflow.apache.org/docs/apache-airflow-providers-docker/stable/_api/airflow/providers/docker/operators/docker/index.html*

46 *https://oreil.ly/E19Pg*

닙니다. 컨테이너에서 각 단계를 실행할 수 있지만 여전히 도커파일을 사용자가 직접 다루면서 생성된 도커를 프리펙트 워크플로에 등록해줘야 합니다.

반면에 아고는 컨테이너 문제를 해결합니다. 아고 워크플로의 모든 단계는 자체 컨테이너에서 실행됩니다. 아고의 워크플로는 YAML로 정의되므로 파일 하나에 각 단계와 요구 사항을 정의할 수 있습니다. 다음 코드는 아고 깃허브[47]에서 가져온 샘플로, 동전 던지기 결과를 표시하는 워크플로를 생성합니다.

```yaml
apiVersion: argoproj.io/v1alpha1
kind: Workflow
metadata:
  generateName: coinflip-
  annotations:
    workflows.argoproj.io/description: |
      이것은 일련의 조건부 단계로 정의된 동전 던지기 예제입니다. 파이썬에서 실행 가능
합니다.
      https://couler-proj.github.io/couler/examples/#coin-flip
spec:
  entrypoint: coinflip
  templates:
  - name: coinflip
    steps:
    - - name: flip-coin
        template: flip-coin
    - - name: heads
        template: heads
        when: "{{steps.flip-coin.outputs.result}} == heads"
      - name: tails
        template: tails
        when: "{{steps.flip-coin.outputs.result}} == tails"

  - name: flip-coin
    script:
      image: python:alpine3.6
      command: [python]
      source: |
        import random
        result = "heads" if random.randint(0,1) == 0 else "tails"
        print(result)
```

---

47 *https://oreil.ly/Su1XX*

```
  - name: heads
    container:
      image: alpine:3.6
      command: [sh, -c]
      args: ["echo \"it was heads\""]

  - name: tails
    container:
      image: alpine:3.6
      command: [sh, -c]
      args: ["echo \"it was tails\""]
```

YAML 파일이 지저분하다는 점을 빼면 아고의 주요 단점은 프로덕션 환경에서 사용하는 K8s 클러스터에서만 실행할 수 있다는 점입니다. 동일한 워크플로를 로컬에서 테스트하려면 미니 쿠브를 사용해 노트북 컴퓨터에서 K8s를 시뮬레이션해야 하는데, 이는 굉장히 난잡할 수 있습니다.

쿠브플로와 메타플로는 일반적으로 에어플로나 아고를 실행하는 데 필요한 인프라 상용구 코드를 추상화해 개발과 프로덕션 환경 양쪽에서 워크플로를 실행하는 데 도움이 됩니다. 데이터 과학자가 로컬 노트북에서 프로덕션 환경의 전체 연산 능력을 사용할 수 있도록 해 데이터 과학자가 개발과 프로덕션 환경 양쪽에서 코드를 동일하게, 효과적으로 사용하도록 해줍니다.

두 도구 모두 일정 예약 기능이 일부 있지만 완전한 스케줄러, 오케스트레이터와 함께 사용하도록 개발됐습니다. 쿠브플로의 구성 요소 중 하나는 아고 위로 구축된 쿠브플로 파이프라인스Kubeflow Pipelines이며 이것은 K8s 위에서 사용 가능합니다. 메타플로는 AWS 배치 혹은 K8s와 함께 사용할 수 있습니다.

두 도구 모두 완전히 사용자 매개변수를 지원하며 동적입니다. 현재 쿠브플로가 좀 더 많이 사용되지만 필자 생각에는 사용자 경험 관점에서 보면 메타플로가 좀 더 우월합니다. 쿠브플로에서는 파이썬으로 워크플로를 정의할 수 있지만 파이썬 워크플로에 연결하기 위해서는 도커파일과 YAML 파일을 작성해 각 구성 요소의 사양(예: 데이터 처리, 학습, 배포)을 지정해줘야 합니다. 쿠브플로는 쿠브플로 상용구 코드를 작성함으로써 다른 도구의 상용구 코드를 추상화하는 데 도움이 됩니다.

메타플로에서 파이썬 데코레이터 @conda를 사용해 각 단계에 대한 요구 사항(필수 라이브러리, 메모리와 연산 요구 사항)을 지정할 수 있으며 메타플로는 이러한 요구 사항 전체를 포함하는 컨테이너를 자동으로 생성합니다. 도커파일이나 YAML 파일에 저장하는 것도 가능합니다.

메타플로를 사용하면 동일한 노트북 및 스크립트를 통해 개발과 프로덕션 환경 양쪽에서 원활하게 작업할 수 있습니다. 로컬 머신에서 크기가 작은 데이터셋으로 실험해볼 수 있으며, 클라우드의 경우 크기가 큰 데이터셋으로 실행할 준비가 되면 @batch 데코레이터를 추가해 AWS 배치[48]로 실행하면 됩니다. 동일한 워크플로의 서로 다른 단계를 별개의 환경에서 실행할 수도 있습니다. 예를 들어, 메모리 공간이 적게 필요한 단계라면 로컬 머신에서 실행하고, 다음 단계에서 메모리 공간이 크게 필요하면 @batch를 추가해 클라우드에서 실행합니다.

```python
# 예: 두 모델의 앙상블을 사용하는 간단한 추천 시스템 예시
# 모델 A는 로컬 머신에서 실행되고 모델 B는 AWS에서 실행됩니다.

class RecSysFlow(FlowSpec):
    @step
    def start(self):
        self.data = load_data()
        self.next(self.fitA, self.fitB)

    # fitA는 fitB와는 다른 버전의 넘파이가 필요합니다.
    @conda(libraries={"scikit-learn":"0.21.1", "numpy":"1.13.0"})
    @step
    def fitA(self):
        self.model = fit(self.data, model="A")
        self.next(self.ensemble)

    @conda(libraries={"numpy":"0.9.8"})
    # 16기가바이트 메모리에 GPU 2개가 필요합니다.
    @batch(gpu=2, memory=16000)
    @step
    def fitB(self):
        self.model = fit(self.data, model="B")
        self.next(self.ensemble)

    @step
    def ensemble(self, inputs):
        self.outputs = (
                (inputs.fitA.model.predict(self.data) +
                 inputs.fitB.model.predict(self.data)) / 2
                for input in inputs
```

---

48 *https://aws.amazon.com/batch*

```
    )
    self.next(self.end)

def end(self):
    print(self.outputs)
```

10.4 머신러닝 플랫폼

한번은 유명 스트리밍 회사의 ML 플랫폼 팀 관리자가 자신의 팀이 어떻게 시작됐는지 들려줬습니다. 그는 원래 추천 시스템 작업을 위해 회사에 합류했고, 추천 시스템을 배포하기 위해 피처 관리, 모델 관리, 모니터링 같은 도구를 구축해야 했습니다. 작년 그의 회사에서는 추천 시스템뿐 아니라 다른 ML 애플리케이션에서도 동일한 도구를 사용할 수 있다는 점을 깨달았습니다. 그리고는 ML 애플리케이션 전반에 걸쳐 공유 인프라를 제공한다는 목표로 ML 플랫폼 팀을 새로 만들었죠. 추천 시스템 팀이 가장 성숙한 도구들을 보유하고 있었기에 해당 도구를 다른 팀에서도 채택했고, 추천 시스템 팀원 중 몇몇은 새롭게 만든 ML 플랫폼 팀에 합류해달라는 제안을 받기도 했습니다.

이 이야기는 2020년 초에 증가하기 시작한 트렌드를 보여줍니다. 회사마다 점점 더 많은 애플리케이션에 ML을 사용함에 따라, 각 애플리케이션에 별도의 도구 집합을 지원하는 대신 여러 애플리케이션에 동일한 도구 집합을 활용함으로써 보다 큰 효용을 얻을 수 있습니다. ML 배포를 위한 이 도구 집합이 ML 플랫폼을 구성합니다.

ML 플랫폼은 비교적 신생 분야이므로 ML 플랫폼의 구성 요소는 회사마다 다릅니다. 심지어 같은 회사 내에서도 계속 논의가 이뤄지고 있죠. 이 절에서는 모델 배포, 모델 스토어, 피처 스토어를 비롯해 ML 플랫폼에서 가장 흔히 보이는 구성 요소에 중점을 둡니다.

이러한 구성 요소의 범주에 따라 도구를 평가하는 일은 유스 케이스마다 다르지만 다만 일반적으로 다음 두 가지 측면을 염두에 둬야 합니다.

도구가 클라우드 공급업체와 함께 작동하는가 혹은 자체 데이터 센터에서 사용 가능한가
컴퓨팅 레이어에서 모델을 실행하고 제공해야 하는데, 보편적인 도구들은 소수의 클라우드 공급업체와 통합돼 실행됩니다. 특정 도구 때문에 클라우드 공급업체를 새로 도입해야 하는 상황은 결코 달갑지 않습니다.

오픈 소스인가 관리형 서비스인가

오픈 소스이면 직접 호스팅할 수 있으며 데이터 보안과 개인 정보 보호를 걱정하지 않아도 됩니다. 다만 자체 호스팅은 유지 관리에 필요한 엔지니어링 시간의 증가를 의미합니다. 관리형 서비스이면 모델과 일부 데이터가 해당 서비스에 올라갈 수 있고, 따라서 특정 규제에 위배될 수 있습니다. 일부 관리형 서비스는 가상 프라이빗 클라우드와 함께 동작하므로 자체 클라우드 클러스터에 시스템을 배포함으로써 규정을 준수할 수 있습니다. 이에 관해서는 10.5절 '구축 vs. 구매'에서 좀 더 자세히 알아봅니다.

첫 번째 구성 요소인 모델 배포부터 살펴봅시다.

10.4.1 모델 배포

모델이 훈련됐으면(바라건대 테스트까지 완료됐으면) 사용자에게 예측값을 제공할 수 있어야 합니다. 7장에서 모델이 예측값을 제공하는 방식인 온라인 예측과 배치 예측을 자세히 알아봤습니다. 모델을 배포하는 가장 간단한 방법은 프로덕션 환경에서 접근 가능한 위치에 모델과 관련 종속성을 푸시한 다음 모델을 엔드포인트를 통해 사용자에게 노출하는 것입니다. 온라인 예측을 수행하는 경우 이 엔드포인트는 모델이 예측값을 생성하도록 유도합니다. 배치 예측을 수행하는 경우 이 엔드포인트는 미리 계산해놓은 예측값을 가져옵니다.

배포 서비스는 모델과 해당 종속성을 프로덕션 환경에 푸시하고 모델을 엔드포인트로 노출하는 데 도움이 됩니다. 배포는 필수불가결하므로 모든 ML 플랫폼 구성 요소 중에서 가장 성숙한 형태이며, 배포를 위한 도구 또한 다양합니다. 주요 클라우드 공급업체들은 모두 배포 도구를 제공합니다. AWS의 세이지메이커,[49] GCP의 버텍스AI,[50] 애저의 애저 ML,[51] 알리바바의

---

49 *https://oreil.ly/S7IR4*
50 *https://oreil.ly/JNnGr*
51 *https://oreil.ly/7deF1*

머신러닝 스튜디오[52] 등이 있습니다. 그리고 ML플로 모델즈,[53] 셀든Seldon[54], 코텍스Cortex[55], 레이 서브Ray Serve[56] 등 많은 신생 기업에서도 모델 배포 도구를 제공합니다.

배포 도구를 살펴볼 때는 해당 도구로 온라인 예측과 배치 예측을 수행하는 게 얼마나 쉬운지 고려해야 합니다. 대부분의 배포 서비스에서는 규모가 작은 온라인 예측이 더 간단하며 배치 예측이 좀 더 어렵습니다.[57] 몇몇 도구를 사용하면 온라인 예측을 위한 요청을 배치 예측과는 다른 형태로 배치 처리할 수 있습니다. 많은 기업에서 온라인 예측과 배치 예측 각각을 위해 별도의 배포 파이프라인을 보유합니다. 예를 들어, 온라인 예측에는 셀든을 사용하고 배치 예측에는 데이터브릭스Databricks를 활용하는 식이죠.

모델 배포 이전에 모델 품질을 보장하는 방법은 좀 더 연구될 필요가 있습니다. 9장에서는 섀도 배포, 카나리 배포, A/B 테스트 등 프로덕션 환경의 테스트를 위한 다양한 기술을 살펴봤습니다. 배포 서비스를 선택할 때는 해당 서비스로 원하는 테스트를 쉽게 수행할 수 있는지 확인해야 합니다.

10.4.2 모델 스토어

많은 회사에서 모델 스토어를 딱히 필요 없는 단순한 기능이라고 생각합니다. 10.4.1절 '모델 배포'에서는 모델을 배포하기 위해 패키징하고 프로덕션 환경에서 접근할 수 있는 위치에 업로드하는 방법을 알아봤습니다. 모델 스토어는 모델을 저장함을 의미하는데, S3 같은 스토리지에 모델을 그냥 업로드해도 되지만 그리 간단한 문제가 아닙니다. 일련의 입력값에 대해 특정 모델의 성능이 하락했다고 생각해봅시다. 이 문제에 대한 경고 알람을 받는 사람은 데브옵스 엔지니어입니다. 데브옵스 엔지니어는 문제를 조사한 뒤 모델을 만든 데이터 과학자에게 알려야겠다고 생각하죠. 그런데 회사에 데이터 과학자가 스무 명 있다면 그중 누구에게 메시지를 보내야 할까요?

---

52 *https://oreil.ly/jzQfg*

53 *https://oreil.ly/tUJz9*

54 *https://www.seldon.io*

55 *https://oreil.ly/UpnsA*

56 *https://oreil.ly/WNEL5*

57 작은 규모로 온라인 예측을 수행하는 경우 페이로드를 가지고 엔드포인트에 접근한 다음 예측값을 응답으로 받아옵니다. 배치 예측의 경우 배치 작업을 설정하고 예측값을 저장해야 합니다.

다행히 올바른 데이터 과학자를 찾아 투입했다고 가정해봅시다. 데이터 과학자는 먼저 문제를 로컬에서 재현하려고 합니다. 해당 모델과 최종 모델을 생성하는 데 사용한 노트북을 아직 가지고 있으므로 노트북을 구동한 다음 문제가 있는 입력값 집합에 대해 모델을 적용해봅니다. 그런데 놀랍게도 모델이 로컬에서 생성하는 출력값은 프로덕션 환경에서 생성된 출력값과 다릅니다. 이러한 불일치가 발생하는 원인은 다양합니다. 다음은 몇 가지 예입니다.

- 현재 프로덕션 환경에서 사용하는 모델은 데이터 과학자가 로컬에 가지고 있는 모델과 같은 것이 아닙니다. 데이터 과학자가 모델 바이너리 파일을 프로덕션 환경에 잘못 업로드했을 수도 있습니다.
- 프로덕션 환경에서 사용하는 모델은 같은 것이지만 적용된 피처 목록이 다릅니다. 데이터 과학자가 코드를 프로덕션 환경으로 푸시하기 전에 로컬에서 다시 빌드하는 것을 잊었을 수도 있습니다.
- 모델은 같은 것이고 피처 목록 또한 같지만 피처화 코드가 옛날 것입니다.
- 모델은 같은 것이고 피처 목록과 피처화 코드 또한 같지만 데이터 처리 파이프라인에 문제가 있습니다.

원인을 모르면 문제를 해결하기가 매우 어렵습니다. 이 간단한 예에서는 담당 데이터 과학자가 모델을 생성하는 데 사용한 코드에 여전히 접근 가능하다고 가정했습니다. 한편 데이터 과학자가 더는 해당 노트북에 접근할 수 없거나, 퇴사했거나 휴가 중이라면 어떻게 해야 할까요?

많은 회사에서 모델을 개체 스토리지에 저장하는 것만으로는 충분하지 않다는 걸 깨달았습니다. 디버깅과 유지 관리 작업을 원활하게 하려면 모델 관련 정보를 가능한 한 많이 추적해야 합니다. 다음은 저장 가능한 여덟 가지 유형의 아티팩트입니다. 이 중 여러 아티팩트가 모델 카드model card[58]에 포함돼야 하는 정보입니다(11.3.2절 '책임 있는 AI의 프레임워크'의 '모델 카드 생성하기'에서 논의합니다).

모델 정의

모델 형상을 만드는 데 필요한 정보입니다(예: 모델이 사용한 손실 함수). 신경망의 경우 은닉 레이어 개수와 각 레이어에 존재하는 매개변수 개수를 포함합니다.

모델 매개변수

모델 매개변수의 실젯값입니다. 이러한 값들을 모델 형상에 결합해 예측 모델을 재생성합니다. 일부 프레임워크에서는 매개변수와 모델 정의를 함께 내보낼 수 있습니다.

---

58 옮긴이_ 모델 카드에 대한 보다 자세한 내용은 *https://modelcards.withgoogle.com/about*을 참조하기 바랍니다.

피처화와 예측 함수

예측값에 대한 요청이 들어오면 어떻게 피처를 추출하고 모델에 입력해 예측값을 얻을 수 있나요? 피처화와 예측 함수는 이 과정을 담은 지침을 제공하며, 이러한 함수는 일반적으로 엔드포인트에 함께 래핑됩니다.

종속성

모델을 실행하는 데 필요한 종속성(예: 파이썬 버전, 파이썬 패키지)은 일반적으로 컨테이너에 함께 패키징됩니다.

데이터

모델을 훈련하는 데 사용한 데이터로, 데이터가 저장된 위치 또는 데이터 이름이나 버전에 대한 포인터일 수 있습니다. DVC와 같은 도구를 사용해 데이터 버전을 지정한다면 데이터를 생성한 DVC 커밋일 수 있습니다.

모델 생성 코드

다음과 같이 모델을 생성한 방식을 지정하는 코드입니다.

- 사용한 프레임워크
- 훈련 방법
- 훈련, 검증, 테스트 데이터셋을 분할한 방법에 관한 세부 정보
- 실험 실행 횟수
- 고려 대상인 하이퍼파라미터 범위
- 최종 모델이 사용한 하이퍼파라미터 실젯값 집합

매우 흔히 데이터 과학자는 노트북 파일에 코드를 작성해 모델을 생성합니다. 성숙한 파이프라인을 보유한 회사라면 데이터 과학자가 모델 생성 코드를 깃허브나 깃랩상의 깃 저장소에 커밋하도록 합니다. 하지만 많은 회사에서 이러한 프로세스는 임시방편적으로 이뤄지며 데이터 과학자 다수가 노트북을 업로드조차 하지 않습니다. 모델을 담당하던 데이터 과학자가 노트북 파일을 잃어버리거나 퇴사하거나 휴가를 간다면 디버깅이나 유지 관리를 위해 프로덕션 환경에 있는 모델을 생성한 코드 원본을 찾아내기는 무척 어려워지죠.

실험 아티팩트

6.1.3절 '실험 추적과 버전 관리'에서 이야기했듯 모델 개발 프로세스에서 생성된 아티팩트입니다. 손실 곡선과 같은 그래프일 수도 있고, 테스트 세트에서의 모델 성능과 같이 숫자 그 자체일 수도 있습니다.

태그

소유자(모델을 소유한 사람 또는 팀) 또는 태스크(예컨대 이상 거래 탐지와 같이 모델이 해결하려는 비즈니스 문제)와 같이 모델 검색과 필터링에 도움이 되는 태그를 포함합니다.

대부분의 회사에서 이러한 아티팩트 중 일부를 저장하지만 전부 저장하는 회사는 드뭅니다. 회사에서 보관하는 아티팩트들은 한곳에 모여 있지 않고 흩어져 있을 수 있습니다. 예를 들어, 모델 정의와 모델 매개변수는 S3에 있고 종속성을 포함하는 컨테이너는 일래스틱 컨테이너 서비스Elastic Container Service(ECS)에 있을 수 있습니다. 데이터는 스노우플레이크에 있고 실험 아티팩트는 웨이츠 앤 바이어시스에 있을 수 있죠. 피처화와 예측 코드는 AWS 람다에 있을 수 있습니다. 일부 데이터 과학자는 이 위치들을 README 파일 같은 곳에 적어두지만 이런 파일은 손실되기 쉽습니다.

유스 케이스를 범용적으로 저장할 수 있는 모델 스토어는 아직 갈 길이 멉니다. 이 책을 쓰는 시점 기준 ML플로가 주요 클라우드 공급업체와 관련 없는 모델 스토어 중 가장 인기 있습니다. 스택 오버플로Stack Overflow에 올라온 ML플로 관련 질문 상위 6개 중 3개는 [그림 10-9]와 같이 ML플로의 아티팩트 저장과 접근에 관한 것입니다. 모델 스토어는 대대적인 개편이 필요한데, 가까운 미래에 어떤 스타트업이 나서서 이 문제를 해결해주기를 바랍니다.

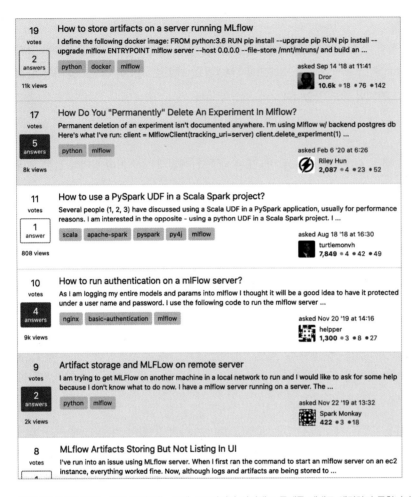

그림 10-9 ML플로는 가장 인기 있는 모델 스토어지만 아티팩트 문제를 제대로 해결하지 못합니다. 스택 오버플로에 올라온 ML플로 질문 상위 6개 중 3개는 ML플로의 아티팩트 저장과 접근에 관한 것입니다(출처: 스택 오버플로).

이처럼 아직 좋은 모델 스토어 솔루션이 없기에 스티치 픽스와 같은 회사에서는 자체 모델 스토어를 구축하기로 결정했습니다. [그림 10-10]은 스티치 픽스의 모델 스토어가 추적하는 아티팩트를 나타냅니다. 모델이 모델 스토어에 업로드되면 해당 모델에 직렬화된 모델에 대한 링크, 모델을 실행하는 데 필요한 종속성(파이썬 환경), 모델 생성 코드가 만들어진 깃 커밋(깃 정보), 태그(적어도 모델을 담당하는 팀을 지정) 등이 따라붙습니다.

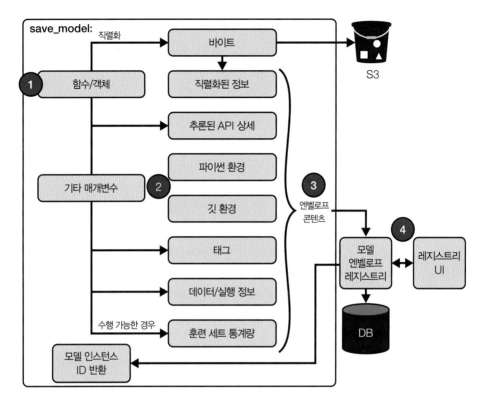

그림 10-10 스티치 픽스의 모델 스토어가 추적하는 아티팩트(출처: 스탠퍼드 강의 CS 329S를 위한 스테판 크라우치크의 자료[59]를 각색함)

10.4.3 피처 스토어

'피처 스토어'는 점점 더 많이 사용되는 용어로, 사람마다 서로 다른 것을 지칭하는 데 사용하기도 합니다. ML 실무자들은 피처 스토어가 가져야 할 기능을 정의하기 위해 다양한 시도를 했습니다.[60] 그 핵심에는 피처 관리, 피처 변환, 피처 일관성 보장이라는 세 가지 주요 문제가 있습니다. 이를 해결하는 데 피처 스토어가 도움이 될 수 있습니다. 피처 스토어 솔루션은 다음 중 하나 이상을 해결해줍니다.

....

59 *https://oreil.ly/zWQM9*

60 Lathia, N. (2020, December 5). *Building a Feature Store*. Neal Lathia, PhD. https://oreil.ly/DgsvA
Volz, J. (2021, September 28). *Why You Need a Feature Store*. Continual. https://oreil.ly/kQPMb
Balso, M. D. (2020, October 20). *What Is a Feature Store?* Tecton. https://oreil.ly/pzy0I

피처 관리(Feature management)

회사에는 여러 가지 ML 모델이 있을 수 있으며 각 모델은 수많은 피처를 사용합니다. 2017년 우버에는 피처가 무려 1만 개나 있었습니다![61] 한 모델에 사용한 피처가 다른 모델에도 유용한 경우가 많습니다. 예를 들어, A팀에는 사용자 이탈 가능성을 예측하는 모델이 있고 B팀에는 무료 사용자가 유료 사용자로 전환될 가능성을 예측하는 모델이 있을 때, 두 모델은 많은 피처를 공유할 수 있습니다. A팀에서 X 피처가 매우 유용하다는 사실을 알게 된다면 B팀에서도 이를 활용할 수 있습니다.

피처 스토어는 팀에서 피처를 공유, 검색하고 각 피처에 대한 담당과 공유 설정을 관리하는 데 큰 도움이 됩니다. 예를 들어, 회사 혹은 사용자의 민감한 재무 정보에 아무 직원이나 접근할 수 있는 상황은 바람직하지 않습니다. 이런 측면에서 피처 스토어를 피처 카탈로그로 생각할 수 있습니다. 피처 관리를 위한 도구로는 리프트에서 개발한 아문센Amundsen[62]과 링크드인에서 개발한 데이터허브DataHub[63] 등이 있습니다.

피처 연산(Feature computation)

피처 연산은 피처 변환feature transformation이라고도 합니다. 피처 엔지니어링 로직은 명확히 정의가 이뤄진 다음 연산이 진행됩니다. 예를 들어, 피처 로직을 '어제부터의 평균 식사 준비 시간'과 같이 정의할 수 있습니다. 여기서 연산 부분은 실제 데이터를 조사해 평균을 계산하는 것까지 포함합니다.

앞서 다양한 모델 간에 피처를 공유하는 방식을 논의했습니다. 해당 피처의 연산 비용이 너무 크지 않다면 모델에 필요할 때마다 피처를 연산하는 것이 가능합니다. 하지만 연산 비용이 크다면 처음 필요할 때 한 번 계산한 뒤 다음번 피처 사용을 위해 저장해두는 편이 좋습니다.

피처 스토어는 피처 연산을 수행하고 이 연산 결과를 저장하는 데 도움이 됩니다. 이런 측면에서 피처 스토어는 데이터 웨어하우스와 같은 역할을 합니다.

----

61 Hermann, J., & Balso, M. D. (2017, September 5). *Meet Michelangelo: Uber's Machine Learning Platform.* Uber Engineering. https://www.uber.com/en-KR/blog/michelangelo-machine-learning-platform

62 *https://oreil.ly/Cm5Xe*

63 깃허브: *https://oreil.ly/ApXeL*

피처 일관성 보장(Feature consistency)

7장에서 동일한 모델에 대해 서로 다른 파이프라인 두 개가 존재하는 문제를 논의했습니다. 학습 파이프라인은 과거 데이터에서 피처를 배치 추출하고 추론 파이프라인은 피처를 스트리밍 처리를 통해 추출합니다. 개발 중에 데이터 과학자는 파이썬을 사용해 피처를 정의하고 모델을 만들곤 합니다. 다만 프로덕션 환경에 사용하는 코드는 성능을 위해 자바나 C 같은 언어로 작성할 수 있습니다.

개발 중에 파이썬으로 작성한 피처 정의를 프로덕션 환경에서 사용하는 언어로 변환해야 할 수도 있습니다. 즉, 동일한 피처를 한 번은 훈련용으로, 한 번은 추론용으로, 총 두 번 작성합니다. 이런 일은 귀찮고 시간이 많이 걸리는 데다가 버그가 발생할 수 있는 영역을 넓혀 모델 오작동을 유발하기도 합니다. 프로덕션 환경의 피처 하나 이상이 훈련에서 사용한 피처와 달라질 수 있기 때문입니다.

최신식 피처 스토어의 주요 셀링 포인트는 배치 피처와 스트리밍 피처에 대한 로직을 통합해 훈련에 사용하는 피처와 추론에 사용하는 피처 간의 일관성을 보장하는 것입니다.

피처 스토어는 2020년을 전후로 급부상하기 시작했습니다. 피처 스토어가 피처 정의를 관리하고 피처 일관성을 보장해야 한다는 점에는 대부분 동의하지만 기능에 대한 정확한 범위는 공급업체마다 다릅니다. 어떤 피처 스토어는 데이터에서 피처를 연산하지 않고 피처 정의만 관리합니다. 어떤 피처 스토어는 둘 다 수행합니다. 어떤 피처 스토어는 피처 유효성 검사도 수행합니다. 즉, 피처가 미리 정의한 스키마를 준수하지 않는지 탐지합니다. 반면에 어떤 피처 스토어는 해당 속성을 모니터링 도구에 위임합니다.

이 책을 쓰는 시점 기준 가장 인기 있는 오픈 소스 피처 스토어는 피스트Feast입니다. 피스트의 강점은 스트리밍 피처가 아닌 배치 피처에 있습니다. 텍튼Tecton은 배치 피처와 온라인 피처를 모두 처리할 수 있는 완전 관리형 피처 스토어지만 심층적인 통합deep integration[64]이 필요하므로 실제 활용도는 낮습니다. 세이지메이커와 데이터브릭스 같은 플랫폼도 피처 스토어에 대한 자체적인 구현을 제공합니다. 필자가 2022년 1월에 조사한 95개 회사 중 약 40%만이 피처 스토어를 사용합니다. 피처 스토어를 사용하는 이들 중 절반은 자체적으로 피처 스토어를 개발했습니다.

---

64 옮긴이_ 심층적인 통합은 단순한 플러그인이 아닌 기존 ML 인프라와 워크플로에 긴밀하게 통합됨을 의미합니다. 그러므로 쉽게 구현할 수 있는 간단한 솔루션도 복잡하게 구성돼 유지보수가 더 어려운 상황이 벌어질 수 있습니다. 통합된다는 것은 특정 제품에 락인될 가능성이 높다는 뜻이기도 합니다.

10.5 구축 vs. 구매

이 장 도입부에서 ML 요구 사항에 적합한 인프라를 설정하기가 얼마나 어려운지 논의했습니다. 보유한 애플리케이션과 이를 실행하는 규모에 따라 필요한 인프라가 달라집니다.

인프라에 얼마나 투자해야 하는지는 사내에서 구축하려는 항목과 구매하려는 항목에 따라 다릅니다. 예를 들어, 완전 관리형 데이터브릭스 클러스터를 사용한다면 엔지니어가 한 명만 필요할 겁니다. 반면에 자체 스파크 일래스틱 맵리듀스Spark Elastic MapReduce 클러스터를 호스팅하려면 다섯 명이 더 필요할 수 있죠.

극단적으로 ML 애플리케이션을 처음부터 끝까지 제공하는 회사에 모든 ML 유스 케이스를 아웃소싱할 수 있습니다. 이때 유일하게 필요한 인프라는 데이터 이동, 즉 애플리케이션에서 공급업체로 데이터를 넘기고, 공급업체의 예측값을 다시 사용자에게 전달하는 장치입니다. 나머지 인프라는 모두 공급업체에서 관리합니다.

반대로, 민감 데이터를 다루는 등의 이유로 다른 회사에서 관리하는 서비스를 아예 사용하지 못하는 회사도 있습니다. 자체 데이터 센터가 있더라도 모든 인프라를 사내에 구축하고 유지 관리해야 할 수 있죠.

하지만 대부분의 회사는 두 극단적인 경우에 해당하지 않습니다. 중간에 속하는 회사들은 보통 일부 구성 요소는 다른 회사에 맡겨서 관리시키고 일부 구성 요소는 사내에서 직접 개발합니다. 예를 들어, 컴퓨팅은 AWS EC2를 통해 관리하고 데이터 웨어하우스는 스노우플레이크를 통해 관리하지만 자체적으로 개발한 피처 스토어와 모니터링 대시보드를 보유할 수 있습니다.

구축과 구매에 대한 결정은 여러 요인에 달려 있습니다. 여기서는 인프라 책임자와 이야기할 때 자주 접하는 보편적인 검토 사항 세 가지를 살펴봅니다.

회사가 속하는 성장 단계

초기에는 공급업체 솔루션을 활용해 가능한 한 빨리 사업을 시작하고, 제한된 자원을 제품의 핵심적인 기능을 구현하는 데 집중해야 합니다. 추후 유스 케이스가 커짐에 따라 공급업체에 지불하는 비용이 가파르게 상승할 수 있으며 자체 솔루션에 투자하는 편이 더 저렴할 수 있습니다.

회사의 주안점 또는 경쟁 우위라고 생각하는 것

스티치 픽스 ML 플랫폼 팀 관리자인 스테판 크라우치크는 구축과 구매를 결정하는 문제에 대해 "정말 잘하고 싶은 일이라면 사내에서 관리할 것이고 그렇지 않다면 공급업체를 이용하겠습니다."라고 설명했습니다. 기술 분야에 속하지 않는 회사, 예컨대 소매, 은행, 제조업이라면 대부분 ML 인프라가 회사의 주안점은 아니므로 구매에 편중되는 경향이 있습니다. 이런 회사에서는 관리형 서비스, 심지어 포인트 솔루션(예: 수요 예측 서비스와 같이 비즈니스 문제를 해결하는 솔루션)을 선호합니다. 한편 기술 회사에서는 기술이 경쟁 우위이며 능력이 우수한 엔지니어링 팀이 기술 스택에 주도권을 갖기를 선호하는데, 이러한 회사는 구축에 편중되는 경향이 있습니다. 관리형 서비스를 사용한다면 어떤 구성 요소와도 플러그 앤 플레이가 가능하도록 해당 서비스를 모듈화하며 사용자 정의가 가능한 서비스를 선호합니다.

사용 가능한 도구의 성숙도

예를 들어, 팀에서 모델 스토어가 필요하다고 결정해 공급업체를 사용하려 했지만 요구 사항을 충족할 만큼 성숙한 공급업체가 없다면 오픈 소스 솔루션 위에 추가 개발하는 등의 방식으로 자체 모델 스토어를 구축해야 합니다.

이는 업계에서 ML 도입 초기에 일어났던 일입니다. 얼리 어답터 회사, 즉 빅테크는 필요에 맞는 성숙한 솔루션이 없었기에 자체적으로 인프라를 구축했습니다. 이는 각 회사의 인프라가 모두 제각각인 상황으로 이어졌죠. 몇 년 후 솔루션 제품군이 성숙한 단계로 발전했지만 이러한 제품군은 빅테크에 판매하기 어렵습니다. 맞춤형 인프라의 대부분을 소화하면서 동작하는 솔루션을 만들기란 거의 불가능하기 때문이죠.

필자 회사에서 클레이폿 AI를 개발할 때 다른 스타트업 창립자들은 빅테크에 판매하지 말라고 조언했습니다. 판매한다면 '통합 지옥'이라는 것에 빠져들 것이 자명하기 때문입니다. 즉, 핵심 기능을 개발하는 일보다 솔루션을 맞춤형 인프라에 통합시키는 일에 더 많은 시간을 쏟아붓게 된다는 겁니다. 사람들은 훨씬 더 깔끔하게 인프라를 구축할 수 있는 스타트업에 집중하라고 조언했습니다.

어떤 사람들은 건물을 짓는 것이 사는 것보다 싸다고 생각하는데 꼭 그렇지는 않습니다. 자체 인프라를 구축하고 유지 관리하려면 더 많은 엔지니어를 고용해야 하며, 미래에 대한 비용, 즉 혁신 비용이 동반되기도 합니다. 사내 맞춤형 인프라가 있으면 통합 문제 때문에 신규 기술을 채택하기 어려울 수 있습니다.

구축과 구매를 결정하는 일은 복잡하고 상황에 따라 크게 다릅니다. 인프라 책임자는 이것을 고민하는 데 많은 시간을 할애합니다. 베터닷컴Better.com의 전 CTO인 에릭 베른하르트손Erik Bernhardsson은 트위터에 "CTO의 중요한 업무 중 하나는 공급업체 및 제품을 선택하는 일입니다. 인프라 규모가 빠르게 증가함에 따라 그 중요성은 매년 빠르게 커지고 있습니다."[65]라고 썼습니다. 이 절에서는 모든 내용을 다루지는 못했지만 논의를 시작하는 데 도움이 되는 몇 가지 지침을 제공했습니다.

10.6 정리

지금까지 책을 읽었다면 ML 모델을 프로덕션 환경으로 가져오는 일 자체가 인프라 문제라는 것에 동의할 겁니다. 데이터 과학자가 ML 모델을 개발하고 배포하도록 하려면 도구와 인프라를 올바르게 설정해야 합니다.

이 장에서는 ML 시스템에 필요한 다양한 인프라 레이어를 다뤘습니다. 먼저 스토리지와 컴퓨팅 레이어를 알아봤습니다. 이 레이어는 ML 프로젝트처럼 집약적인 데이터와 연산 자원이 필요한 엔지니어링 프로젝트에 중요한 자원을 제공합니다. 상당 부분 상품화돼 있어 대부분의 회사는 자체 데이터 센터를 구축하는 대신 스토리지와 연산을 사용한 양만큼 클라우드 서비스에 비용을 지불합니다. 회사는 이를 활용해 손쉽게 사업을 시작할 수 있지만 성장함에 따라 비용이 점차 커지며, 따라서 점점 많은 대기업이 클라우드에서 프라이빗 데이터 센터로 송환할 방법을 모색하고 있습니다.

이어서 데이터 과학자가 코드를 작성하고 프로덕션 환경과 상호 작용하는 개발 환경을 논의했습니다. 개발 환경은 엔지니어가 대부분의 시간을 보내는 곳이므로 개발 환경 개선은 곧 생산성 향상으로 이어집니다. 회사가 개발 환경을 개선하기 위해 우선적으로 시도할 수 있는 작업은 한 팀에서 작업하는 데이터 과학자와 ML 엔지니어 들을 위해 개발 환경을 표준화하는 일입

---

65 Bernhardsson, E. [@bernhardsson]. (2021, September 29). *It's interesting how one of the most important jobs of a CTO is vendor/product selection and the importance of this keeps going up rapidly every year since the tools/ infra space grows so fast.* [Tweet]. Twitter. https://oreil.ly/GnxOH

니다. 이 장에서는 표준화가 왜 권장되며 어떻게 이뤄지는지 알아봤습니다.

그리고 자원 관리를 논의했습니다. 지난 몇 년간 데이터 과학자와의 연관성이 크게 논의된 인 프라 주제죠. 자원 관리는 데이터 과학 워크플로에 매우 중요하지만 문제는 데이터 과학자가 자원 관리까지 다뤄야 하는지입니다. 이 절에서는 크론에서 스케줄러, 오케스트레이터에 이르 기까지 진화하는 자원 관리 도구의 궤적을 따라가봤습니다. 그리고 ML 워크플로가 다른 소프 트웨어 엔지니어링 워크플로와 성격이 다른 이유와 고유한 워크플로 관리 도구가 필요한 이유 를 논의했습니다. 에어플로, 아고, 메타플로 등 다양한 워크플로 관리 도구를 비교했습니다.

ML 플랫폼은 최근 ML 도입 단계가 성숙해지면서 등장한 개념입니다. 새로운 개념이므로 ML 플랫폼이 어떤 요소로 구성돼야 하는지는 의견이 분분합니다. 이 장에서는 대부분 ML 플랫폼 에 필수인 세 가지 도구 집합, 즉 배포, 모델 스토어, 피처 스토어에 집중했습니다. ML 플랫폼 모니터링은 8장에서 이미 다뤘으므로 건너뛰었습니다.

마지막으로, 인프라 작업을 할 때 엔지니어링 관리자와 CTO가 끊임없이 고민하는 문제가 있 습니다. 직접 구축해야 할지 혹은 구매해야 할지에 관한 문제입니다. 마지막 절에서는 이러한 결정을 내릴 때 고려할 만한 요인을 살펴봤습니다.

## CHAPTER 11

머신러닝의 인간적 측면

지금까지 ML 시스템 설계의 여러 기술적 측면을 다뤘습니다. ML 시스템은 기술뿐 아니라 비즈니스 의사 결정자, 사용자, 시스템 개발자를 포함합니다. 1장과 2장에서는 이해관계자와 그들의 목표를 논의했으며 이 장에서는 사용자와 시스템 개발자가 ML 시스템과 상호 작용하는 방법을 알아봅니다.

먼저, ML 모델의 확률론적 특성으로 인해 사용자 경험이 어떻게 변경되고 영향받는지 논의합니다. 이어서 한 ML 시스템의 여러 개발자가 효과적으로 협업하도록 하는 조직 구조를 알아봅니다. 마지막으로, 11.3절 '책임 있는 AI'에서는 ML 시스템이 사회 전체에 어떤 영향을 미치는지 논의합니다.

11.1 사용자 경험

앞서 ML 시스템이 전통적인 소프트웨어 시스템과 어떻게 다른지 자세히 논의했습니다. 첫째, ML 시스템은 결정론적이 아니라 확률론적입니다. 일반적으로 전통적인 소프트웨어 시스템의 경우 동일한 소프트웨어에서 동일한 입력 데이터로 각기 다른 시간에 두 번 실행하면 동일한 결과를 얻을 것이라 기대합니다. 하지만 ML 시스템의 경우 같은 입력 데이터로 각기 다른 시간에 두 번 실행하면 다른 결과를 얻을 수 있습니다.[1] 둘째, 이러한 확률론적 특성 때문에 ML

---

1   때때로 동일한 입력으로 동일한 모델을 정확히 동시에 두 번 실행해도 다른 결과를 얻습니다.

시스템의 예측은 대부분 맞지만, 보통 ML 시스템이 어떤 입력에 대해 맞을지 모릅니다. 이것이 어려운 부분이죠. 셋째, ML 시스템의 규모가 커지는 경우에는 예측을 생성하는 데 예상외로 오래 걸립니다.

이러한 차이점은 ML 시스템이 사용자 경험에 기존과 다른 방식으로 영향을 미침을 의미합니다. 특히 사용자가 전통적인 소프트웨어에 익숙하다면 더욱 그렇죠. ML은 도입된 기간이 상대적으로 짧기에 ML 시스템이 사용자 경험에 어떤 영향을 미치는지 아직 충분히 연구되지 않았습니다. 이 절에서는 ML 시스템이 좋은 사용자 경험에 제기하는 세 가지 난제와 그 해결 방안을 논의합니다.

11.1.1 사용자 경험 일관성 보장하기

사용자는 앱이나 웹사이트를 사용할 때 일정 수준의 일관성을 기대합니다. 예를 들어, 필자는 크롬을 사용하는데 '최소화' 버튼은 늘 맥북 좌측 상단 모서리에 있습니다. 이 모습이 익숙하기에 크롬에서 최소화 버튼이 오른쪽으로 옮겨진다면 혼란스럽고 답답하기까지 할 겁니다.

ML 예측은 확률론적이며 일관적이지 않습니다. 즉, 예측 컨텍스트에 따라 오늘 어떤 사용자에 대해 생성된 예측이 다음 날 같은 사용자에 대해 생성되는 예측과 다릅니다. ML을 활용해 사용자 경험을 개선하려는 작업에서는 일관적이지 않은 ML 예측이 방해가 됩니다.

2020년에 부킹닷컴에서 발표한 사례 연구를 예로 들어봅시다. 부킹닷컴에는 숙박 시설을 예약할 때 '조식 포함', '반려동물 동반 가능', '금연 객실' 등 원하는 조건을 지정하는 필터가 200여 개 있습니다. 필터가 너무 많아서 원하는 필터를 찾기까지 시간이 걸리죠. 부킹닷컴의 Applied ML 팀은 ML을 사용해 사용자가 특정 브라우징 세션에서 사용한 필터를 기반으로 원하는 필터를 자동으로 제안하고자 했습니다.

팀에서 직면한 난제는 ML 모델이 매번 다른 필터를 제안하면 사용자가 혼란스러워한다는 점입니다. 특히 이전에 적용했던 필터를 찾을 수 없다면 더 혼란스럽죠. 이 난제를 어떻게 해결했을까요? 시스템이 동일한 필터 추천 사항을 반환해야 하는 조건(예: 사용자가 필터를 적용한 경우)과 시스템이 신규 추천 사항을 반환하는 조건(예: 사용자가 목적지를 변경한 경우)을 지정하는 규칙을 만들었습니다. 이를 일관성-정확도 트레이드오프consistency–accuracy trade-off라고 부릅니다. 시스템에서 가장 정확하다고 간주하는 추천 사항이 사용자에게 일관성을 제공하는 추천 사항이 아닐 수도 있기 때문입니다.

11.1.2 '대부분 맞는' 예측에 맞서기

앞서 모델 예측 일관성이 지닌 중요성을 이야기했습니다. 이제 모델 예측에서 일관성이 떨어지고 다양성이 높아지는 사례를 알아봅시다.

2018년부터 대형 언어 모델 GPT와 그 후속 모델인 GPT-2, GPT-3이 전 세계를 휩쓸고 있습니다. 이러한 대규모 언어 모델의 장점은 작업별 훈련 데이터가 거의 혹은 전혀 필요하지 않은 상태에서 광범위한 작업에 대한 예측을 생성한다는 점입니다. [그림 11-1]을 봅시다. 웹 페이지의 요구 사항을 모델 입력으로 사용해 해당 웹 페이지를 생성하는 데 필요한 리액트 코드를 출력합니다.

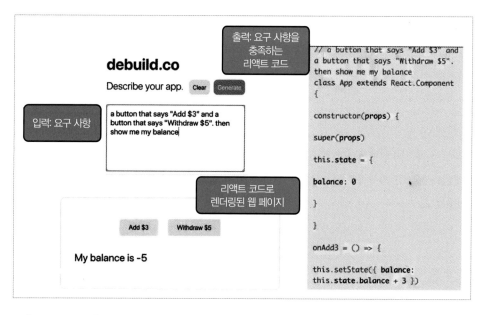

그림 11-1 GPT-3은 웹사이트용 코드를 작성하는 데 도움이 됩니다(출처: 샤리프 샤밈의 영상[2]).

이러한 모델의 단점은 예측이 항상 옳지는 않으며(대부분 맞으며) 예측을 개선하기 위해 작업

---

2 *https://oreil.ly/VEuml*

별 데이터를 미세 조정하는 비용이 높다는 점입니다. 대부분 맞는 예측은 예측 결과를 쉽게 수정할 수 있는 사용자에게 유용합니다. 예를 들어, 고객 지원 ML 시스템은 각 고객 요청에 대부분 맞는 응답을 생성하며 인간 운영자는 해당 응답을 신속하게 편집할 수 있습니다. 이렇게 하면 처음부터 응답을 작성할 때보다 응답 속도를 높일 수 있죠.

다만 대부분 맞는 예측은 사용자가 응답을 수정하는 방법을 모르거나 수정할 수 없다면 그다지 유용하지 않습니다. 앞서 언어 모델로 웹 페이지에 대한 리액트 코드를 생성하는 작업을 예로 들었습니다. 생성된 코드가 작동하지 않으면 지정된 요구 사항을 충족하는 웹 페이지로 렌더링되지 않을 수 있습니다. 리액트 엔지니어라면 이 코드를 빠르게 수정할 수 있지만 애플리케이션 사용자는 보통 리액트를 모를 겁니다. 이 애플리케이션은 리액트를 모르는 사용자를 많이 끌어들이기에 문제가 되죠.

이를 극복하기 위한 접근법은 동일한 입력에 대한 여러 예측 결과를 사용자에게 표시해 적어도 하나 이상이 맞을 가능성을 높이는 것입니다. 이 예측 결과들은 비전문가 사용자도 평가할 수 있는 방식으로 렌더링돼야 합니다. 앞선 예시에 적용해보면, 사용자가 입력한 일련의 요구 사항이 주어질 때 모델은 리액트 코드 스니펫을 여러 개 생성합니다. 코드 스니펫은 시각적 웹 페이지로 렌더링되고, 엔지니어가 아닌 사용자는 자신에게 가장 적합한 것을 평가할 수 있습니다.

이 접근법은 매우 일반적이며 '휴먼 인 더 루프human-in-the-loop' AI라고도 합니다. 인간이 개입해 최상의 예측을 선택하거나 기계가 생성한 예측을 개선하기 때문입니다. 휴먼 인 더 루프 AI에 관심이 있다면 제시 린이 작성한 글 '인간과 AI의 상호 작용에 대한 새로운 시각'[3]을 강력히 추천합니다.

11.1.3 원만한 실패

1.2.1절 '연구용 머신러닝 vs. 프로덕션용 머신러닝'의 '계산 우선순위'에서 ML 모델의 추론 대기 시간이 사용자 경험에 미치는 영향을 살펴봤으며 7.3절 '모델 압축'에서 추론 속도를 높이기 위해 모델을 압축하고 최적화하는 방법을 알아봤습니다. 하지만 일반적으로 빠른 모델이라 하더라도 특정 쿼리에는 여전히 시간이 걸립니다. 이는 특히 언어 모델이나 시계열 모델과 같이

---

3 Lin, J. (2020. June 8). *Rethinking Human–AI Interaction*. Jessy Lin. https://oreil.ly/6o4pu

순차적 데이터를 처리하는 모델에서 발생합니다. 예를 들어, 모델은 짧은 시리즈보다 긴 시리즈를 처리하는 데 더 오래 걸립니다. 이렇게 모델이 응답하기까지 너무 오래 걸리는 쿼리는 어떻게 해야 할까요?

필자가 함께 일했던 회사 중 일부는 백업 시스템을 사용합니다. 주 시스템에 비해 최적은 아니지만 빠른 예측이 가능하죠. 이러한 시스템은 휴리스틱이나 단순 모델일 수 있으며, 미리 계산된 예측을 캐싱할 수도 있습니다. 즉, '주 모델이 예측을 생성하는 데 X밀리초보다 오래 걸리면 대신 백업 모델을 사용하세요.'와 같이 규칙을 지정합니다. 일부 회사는 이 간단한 규칙을 사용하는 대신 또 다른 모델을 사용해, 주 모델이 주어진 쿼리에 대한 예측을 생성하는 데 걸리는 시간을 예측하고 해당 예측을 주 모델 혹은 백업 모델에 적절히 라우팅합니다. 물론 추가된 모델로 인해 ML 시스템의 추론 레이턴시가 증가합니다.

여기에는 속도-정확도 트레이드오프가 있습니다. 어떤 모델은 다른 모델보다 성능이 낮지만 추론을 훨씬 더 빨리 수행합니다. 이처럼 최적은 아니지만 빠른 모델은 사용자에게 좀 덜 좋은 예측을 제공하지만 레이턴시가 중요한 상황에서는 선호됩니다. 많은 기업에서 두 모델 중 하나를 선택해야 하지만 백업 시스템을 사용하면 추론 속도가 빠른 모델과 정확도가 높은 모델을 모두 사용할 수 있습니다.

11.2 팀 구조

ML 프로젝트에는 데이터 과학자와 ML 엔지니어뿐 아니라 데브옵스 엔지니어나 플랫폼 엔지니어처럼 다른 유형의 엔지니어와 주제 전문가(SME) 같은 비개발자 이해관계자도 포함됩니다. 다양한 이해관계자가 있을 때 최적의 ML 팀 구조는 무엇일까요? 두 가지 측면으로 살펴봅시다. 첫 번째는 크로스-펑셔널cross-functional 팀의 협업이며, 두 번째는 논란이 되고 있는 엔드-투-엔드 데이터 과학자의 역할입니다.

11.2.1 크로스-펑셔널 팀 협업

ML 시스템을 설계할 때 종종 SME(의사, 변호사, 은행가, 농부, 스타일리스트 등)를 간과하지만, 많은 시스템이 해당 주제에 대한 전문 지식 없이는 작동하지 않습니다. SME는 ML 시스템의 사용자이면서 개발자이기도 합니다.

사람들은 대부분 주제 전문 지식을 데이터 레이블링 단계에만 생각합니다. 예를 들어, 폐 CT 스캔이 암 징후를 나타내는지 레이블링하려면 훈련된 전문가들이 필요합니다. 그런데 ML 모델 훈련 프로세스가 프로덕션에서도 이어서 진행됨에 따라 레이블링과 재레이블링 프로세스 또한 전체 프로젝트 수명 주기에 걸쳐 진행됩니다. 나머지 수명 주기에 SME를 포함시키면 많은 이점을 얻을 수 있습니다. 예를 들어, 문제 정의 및 공식화, 피처 엔지니어링, 오류 분석, 모델 평가, 리랭킹reranking 예측 및 사용자 인터페이스(사용자 및 시스템의 다른 부분에 결과를 가장 잘 표시하는 방법)에 SME가 큰 도움이 됩니다.

한 프로젝트에서 서로 다른 역할을 담당하는 인력이 협업할 때는 많은 어려움이 있습니다. 예를 들어, 엔지니어링이나 통계 지식이 없는 SME에게 ML 알고리즘의 한계와 기능을 어떻게 설명할까요? ML 시스템을 구축하기 위해 모든 것을 버저닝하고 싶을 때 도메인 전문 지식, 예컨대 'X와 Y 사이에 작은 점이 있으면 암의 징후일 수 있음'은 어떻게 코드로 변환하고 버저닝할까요? 의사가 깃Git을 사용하도록 해야 할까요?

SME가 프로젝트 계획 단계 초기에 참여하도록 하고, 엔지니어들에게 권한 부여를 요청하지 않고도 프로젝트에 기여할 수 있도록 해야 합니다. 많은 기업에서 코드를 작성하지 않고도 변경 가능한 노코드no-code 및 로우코드low-code 플랫폼을 구축해 SME가 ML 시스템 개발에 더 많이 참여하도록 돕고 있습니다. 현재 SME를 위한 노코드 ML 솔루션은 대부분 레이블링, 품질 보증, 피드백 단계에 있지만 더 많은 플랫폼이 데이터셋 생성 및 SME의 입력이 필요한 문제를 조사하기 위한 뷰 등을 지원하기 위해 개발되고 있습니다.

11.2.2 엔드-투-엔드 데이터 과학자

이 책에서는 ML 프로덕션이 ML 문제일 뿐 아니라 인프라의 문제이기도 하다는 점을 강조했습니다. MLOps를 수행하려면 ML 전문 지식뿐 아니라 배포, 컨테이너화, 작업 오케스트레이션 및 워크플로 관리와 관련된 운영 전문 지식이 필요합니다.

기업에서는 이러한 전문성을 ML 프로젝트에 적용하기 위해 다음 두 접근법 중 하나를 따르는 경향이 있습니다. 첫째는 모든 운영 측면을 관리하는 팀을 별도로 두는 것이고 둘째는 팀에 데이터 과학자를 포함시켜 전체 프로세스를 담당하게 하는 것입니다.

각 접근법이 어떤 식으로 작동하는지 살펴봅시다.

접근법 1: 별도의 팀을 구성해 프로덕션 관리하기

데이터 과학 및 ML 팀은 개발 환경에서 모델을 개발합니다. 그리고 별도의 팀(일반적으로 운영, 플랫폼, ML 엔지니어링 팀)이 프로덕션 환경에 모델을 배포합니다. 이 접근법을 사용하면 인력을 고용하기가 보다 용이합니다. 여러 기술을 갖춘 사람보다는 한 가지 기술을 갖춘 사람을 찾는 편이 더 쉽고, 관련자 개개인이 한 가지(예: 모델 개발 또는 모델 배포)에만 집중하면 되니 삶이 보다 편해지죠. 다만 이 접근법에는 다음처럼 단점도 많습니다.

커뮤니케이션 및 조정 오버헤드

한 팀이 다른 팀에 방해가 될 수 있습니다. 프레더릭 P. 브룩스Frederick P. Brooks는 "프로그래머 한 명이 한 달에 할 일을 두 명이서는 두 달에 할 수 있습니다."라고 말합니다.

디버깅 난제

무언가 실패했을 때 어느 팀의 코드가 원인인지 알 수 없습니다. 심지어 회사 코드 때문이 아닐 수도 있죠. 무엇이 잘못됐는지 파악하려면 여러 팀의 협력이 필요합니다.

책임 미루기

문제가 무엇인지 파악한 후에도 각 팀은 이를 수정하는 책임이 다른 팀에 있다고 생각할 수 있습니다.

좁은 맥락

어느 누구도 전체 프로세스를 개선하는 가시성을 갖고 있지 않습니다. 예를 들어, 플랫폼 팀은 인프라 개선 방법에 대한 아이디어가 있지만 데이터 과학자의 요청이 있을 때만 대응합니다. 하지만 데이터 과학자는 인프라를 다루지 않아도 되니 인프라를 선제적으로 변경할 이유가 별로 없습니다.

접근법 2: 데이터 과학자가 전체 프로세스를 담당하도록 하기

이 접근법을 사용할 때 데이터 과학 팀은 모델의 프로덕션 적용 또한 고려해야 합니다. 데이터 과학자는 프로세스에 관한 모든 것을 알고 있는 유니콘이 되어 데이터 과학보다는 상용 코드를 더 작성하게 될 수도 있습니다.

약 1년 전에 필자는 트위터에 ML 엔지니어나 데이터 과학자가 되기 위해 중요하다고 생각하는 기술 목록을 올렸습니다. [그림 11-2]와 같이 데이터 쿼리, 모델링, 분산 훈련, 엔드포인트 설정 등 워크플로의 거의 모든 부분을 다루는데다 쿠버네티스나 에어플로 같은 도구도 있죠.

그림 11-2 필자는 데이터 과학자가 이 모든 것을 알아야 한다고 생각했습니다.

사람들은 이 트윗에 공감하는 것 같습니다. 유진 옌은 데이터 과학자가 데이터 가공, 모델 훈련, 모델 배포, 모델 운영까지 직접 수행해야 한다는 내용으로 게시글을 작성했습니다.[4] 스티치 픽스의 최고 알고리즘 책임자이자 전 넷플릭스 데이터 과학 및 엔지니어링 부사장인 에릭 콜슨은 '풀스택 데이터 과학 제너럴리스트의 힘 그리고 기능을 통한 분업의 위험성'을 주제로

---

4 Yan, E. (2020, August 9). *Unpopular Opinion—Data Scientists Should be More End-to-End.* EugeneYan.com. https://oreil.ly/A6oPi

글을 작성했습니다.[5]

필자는 트윗을 올릴 당시 쿠버네티스(K8s)가 ML 워크플로에 필수라고 믿었습니다. 이 생각은 필자가 일하면서 느낀 답답함에서 비롯됐습니다. K8s에 더 능숙했다면 ML 엔지니어로서 삶이 훨씬 쉬웠을 것이기 때문이죠.

하지만 저수준 인프라를 더 알아갈수록 데이터 과학자가 이것을 알기를 기대하는 것이 얼마나 비합리적인지 깨달았습니다. 인프라에 필요한 기술은 데이터 과학과는 매우 다릅니다. 이론상 두 가지 기술을 모두 배울 수는 있지만 한 가지에 시간을 할애할수록 다른 하나에 할애하는 시간은 줄어들기 마련입니다. 에릭 베른하르트손은 데이터 과학자가 인프라를 알기를 기대하는 것은 마치 앱 개발자가 리눅스 커널의 작동 방식을 알기를 기대하는 것과 같다고 말했습니다.[6] 필자는 이 비유를 좋아합니다. 필자가 ML 회사에 입사한 이유는 AWS 인스턴스 시작, 도커파일 작성, 클러스터 스케줄링 및 스케일링, YAML 구성 파일 디버깅이 아니라 데이터에 더 많은 시간을 보내고 싶어서입니다.

데이터 과학자가 전체 프로세스를 담당하려면 좋은 도구가 필요합니다. 즉, 좋은 인프라가 필요합니다. 데이터 과학자가 인프라에 대한 걱정 없이 프로세스를 엔드-투-엔드로 담당할 수 있도록 하는 추상화가 있다면 어떨까요?

예를 들어, 도구에 '여기 데이터를 저장하는 곳이 있고(S3) 여기에 코드를 실행하는 단계가 있어(피처화, 모델링). 여기에서 코드를 실행해야 해(EC2 인스턴스, AWS 배치, AWS 람다와 같은 서버리스 서비스). 각 단계에서 코드를 실행하는 데 필요한 것들이 여기 있어(종속성 dependencies)'라고 말하고 이 도구가 모든 인프라를 관리한다면 어떨까요?

스티치 픽스와 넷플릭스에 따르면 풀스택 데이터 과학자의 성공은 어떤 도구를 갖췄는지에 달려 있습니다. "컨테이너화, 분산 처리, 자동 장애 조치 및 기타 고급 컴퓨터 과학 개념의 복잡성으로부터 데이터 과학자를 추상화"하는 도구가 필요합니다.[7]

넷플릭스 모델에서 전문가들, 즉 처음에 프로젝트 일부를 담당했던 사람들은 먼저 [그림

---

5 Colson, E. (2019, March 11). *Beware the Data Science Pin Factory: The Power of the Full-Stack Data Science Generalist and the Perils of Division of Labor Through Function.* MultiThreaded. https://oreil.ly/m6WWu

6 Bernhardsson, E. [@bernhardsson]. (2021, July 20). *I think this specialization of data teams into 99 different roles (data scientist, data engineer, analytics engineer, ML engineer etc) is generally a bad thing driven by the fact that tools are bad and too hard to use.* [Tweet]. Twitter. https://oreil.ly/7X4J9

7 Colson. (2019). Beware the Data Science Pin Factory.

11-3]과 같이 자신이 담당하는 부분을 자동화하는 도구를 만듭니다. 데이터 과학자는 이러한 도구를 활용해 프로젝트를 엔드-투-엔드로 담당하죠.

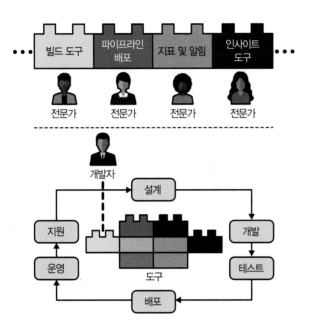

그림 11-3 넷플릭스의 풀 사이클 개발자(출처: 넷플릭스의 이미지[8]를 각색함)

이 절에서는 ML 시스템이 사용자 경험에 어떤 영향을 미치며 조직 구조가 ML 프로젝트 생산성에 어떤 영향을 미치는지 알아봤습니다. 이 장 후반부에서는 보다 중요한 고려 사항에 초점을 맞춥니다. ML 시스템이 사회에 어떤 영향을 미치는지, ML 시스템 개발자가 실보다 득이 많은 시스템을 개발하려면 무엇을 해야 하는지 알아봅니다.

8 *Full cycle developers at Netflix*. Netflix TechBlog. (2018, May 17). https://oreil.ly/iYgQs

11.3 책임 있는 AI

이 절을 작성하는 데는 몬트리올 AI 윤리 기관Montreal AI Ethics Institute[9] 설립자이자 수석 연구원인 아비섹 굽타Abhishek Gupta의 아낌없는 기여가 큰 도움이 됐습니다. 그의 작업은 윤리적이고 안전하며 포괄적인 AI 시스템을 구축하기 위한 응용 기술 및 정책 조치에 중점을 둡니다.

> **NOTE** 지능형 시스템을 책임 있게 만드는 방법에 대한 문제는 ML 시스템뿐 아니라 일반 인공 지능(AI) 시스템과도 관련이 있습니다. AI는 ML을 포함하는 더 넓은 용어이므로 이 절에서는 ML 대신 AI를 사용합니다.

책임 있는 AIresponsible AI란 사용자에게 권한을 부여하고, 신뢰를 낳고, 사회에 공정하고 긍정적인 영향을 보장하기 위해 좋은 의도와 충분한 인식으로 AI 시스템을 설계, 개발, 배포하는 관행을 말합니다. 공정성fairness, 개인 정보 보호, 투명성transparency, 책임accountability과 같은 영역으로 구성됩니다.

이 용어들은 더 이상 철학적인 것이 아니며 정책 입안자와 실무자 모두가 진지하게 고려해야 하는 사항입니다. ML은 우리 삶 거의 모든 측면에 활용되고 있기에 ML 시스템을 공정하고 윤리적으로 만들지 못하면 치명적인 결과를 얻을 수 있습니다. 이 책에서 언급한 여러 사례 연구와 캐시 오닐의 책 『대량살상 수학무기』(흐름출판, 2017)에서 이를 설명합니다.

ML 시스템 개발자는 시스템이 사용자와 사회 전반에 어떤 영향을 미칠지 고려해야 하며, 더나아가 시스템에 윤리, 안전 및 포괄성을 구체적으로 구현해 모든 이해관계자가 사용자에 대한 책임을 인식하도록 도울 책임이 있습니다. 이 절에서는 ML 시스템을 책임 있게 만들기 위해 충분한 노력을 기울이지 않을 때 발생하는 문제를 간략히 소개합니다. 먼저, 상당히 유감스럽고 많이 알려져 있는 ML 실패 사례 두 가지를 살펴봅니다. 그리고 데이터 과학자와 ML 엔지니어가 ML 시스템을 책임 있게 만드는 데 가장 유용한 도구와 지침을 선택할 수 있는 예비 프레임워크를 소개합니다.

---

9 *https://montrealethics.ai*

NOTE 책임 있는 AI는 관련 문헌이 많은 복잡한 주제이며 이 절에서는 간략히 개요만을 제공합니다. 이 절에서 다루는 내용이 해당 분야의 발전을 효과적으로 탐색하는 데 도움이 되기를 바라며 더 깊은 내용에 관심이 있다면 다음 자료를 참조하기 바랍니다.

- NIST Special Publication 1270(인공지능의 편향을 식별하고 다루기 위한 표준을 향하여): *https://oreil.ly/Glvnp*
- ACM FAccT 콘퍼런스ACM Conference on Fairness, Accountability, and Transparency 자료: *https://facctconference.org*
- 신뢰할 수 있는 MLtrustworthy ML을 더 알아보고 싶은 연구자와 실무자를 위한 트러스트워시 ML의 추천 자료 목록: *https://oreil.ly/NmLxU*
- ML의 공정성, 보안, 거버넌스에 대한 슬라이드(2022): *https://oreil.ly/upBxx*
- 공정성, 책임, 투명성, 윤리에 대한 튜토리얼(2020): *https://oreil.ly/jdAyF*

11.3.1 무책임한 AI: 사례 연구

이 절에서 살펴볼 AI 시스템 실패 사례들은 시스템 사용자뿐 아니라 시스템을 개발한 조직에도 심각한 피해를 초래했습니다. 조직이 잘못한 부분이 무엇이며 실무자가 이러한 실패 지점을 예측하기 위해 무엇을 할 수 있었는지 짚어봅시다. 이러한 사례 연구는 책임 있는 AI를 위한 엔지니어링 프레임워크를 살펴볼 때 배경이 될 겁니다.

다음 두 가지 사례 외에도 'AI 사고incidents 데이터베이스'[10]에는 흥미로운 'AI 사고' 예시들이 기록돼 있습니다. 두 사례와 AI 사고 데이터베이스에 기록된 예시들이 주목을 받았지만 발견되지 않은 사례가 더 많음을 명심하기 바랍니다.

사례 연구 1: 자동 채점기의 편향

2020년 여름, 영국은 코로나19로 인해 대학 배치를 결정하는 중요한 시험인 A-레벨을 취소했습니다. 영국의 교육 및 시험 규제 기관인 오프퀄Office of Qualifications and Examinations Regulation(Ofqual)은 시험을 치르지 않고 학생들에게 최종 A-레벨 성적을 할당하는 자동화 시

10 *https://incidentdatabase.ai*

스템의 사용을 승인했습니다. 에이다 러브레이스 기관Ada Lovelace Institute의 존스Jones와 사팍Safak은 "오프퀄은 교사 평가에 근거해 학생에게 점수를 부여하는 방식을 거부했습니다. 학교 간 평가가 불공정하고, 세대 간에 비교가 불가하며, 성적 인플레이션으로 인해 결과가 평가 절하되기 때문입니다. 오프퀄은 특정 통계 모델, 즉 '알고리즘'을 사용해 이전 성적 데이터와 교사 평가를 결합해 성적을 할당하는 편이 더 공정하다고 추측했습니다."[11]라고 이야기했습니다.

하지만 이 알고리즘에 따른 결과는 부당하고 신뢰할 수 없는 것으로 밝혀졌습니다. 학생 수백 명이 이에 항의하면서 알고리즘을 없애야 한다는 대중의 외침이 빠르게 확산됐습니다.[12,13]

무엇이 대중의 분노를 일으켰을까요? 얼핏 보면 알고리즘의 열악한 성능인 듯합니다. 오프퀄은 2019년 데이터로 테스트한 모델이 A-레벨 응시자들에 대해 60%의 평균 정확도를 보였다고 밝혔습니다.[14] 즉, 모델이 배정한 성적 중 40%는 학생들의 실제 성적과 다를 것으로 예상했다는 뜻이죠.

모델 정확도가 낮아 보이지만 오프퀄은 알고리즘 정확도가 인간 채점자와 정확도와 대체로 비슷하다고 옹호했습니다. 채점관의 점수를 선임 채점관이 작성한 점수와 비교했더니 약 60%만 일치했습니다.[15] 인간 채점관과 알고리즘의 낮은 정확도는 단일 시점에서 학생을 평가할 때 근본적인 불확실성이 있음을 보여줌으로써[16] 대중의 불만을 더욱 부추겼습니다.

지금까지 이 책을 읽었다면 대략적인 정확도만으로는 모델 성능을 평가하기에 충분하지 않음을 알 겁니다. 모델 성능이 많은 학생의 미래에 영향을 미친다면 더욱 그렇죠. 이 알고리즘을 살펴보면 자동 채점 시스템을 설계하고 개발하는 과정에 적어도 세 가지 실패가 있음을 파악할 수 있습니다.

---

11 Jones E., & Safak, C. (2020, August 18). *Can Algorithms Ever Make the Grade?* Ada Lovelace Institute Blog. https://oreil.ly/ztTxR

12 Simonite, T. (2020, August 19). *Skewed Grading Algorithms Fuel Backlash Beyond the Classroom.* Wired. https://oreil.ly/GFRet

13 **옮긴이_** 오프퀄은 시험 결과 통보 후 논란이 일자 곧바로 결정을 번복했으며 교사가 직접 평가한 등급에 기초해 학생의 등급을 결정하기로 했습니다.

14 Ofqual. (2020, August 13). Awarding GCSE, AS & A Levels in Summer 2020: Interim Report. *Gov.uk.* https://oreil.ly/r22iz

15 Ofqual. (2020). Awarding GCSE, AS & A Levels in Summer 2020: Interim Report.

16 Jones et al. (2020). Can Algorithms Ever Make the Grade?

- 올바른 목표를 설정하지 못함
- 잠재 편향을 발견하기 위한 세분화된 평가를 수행하지 못함
- 모델을 투명하게 만들지 못함

하나씩 자세히 알아봅시다. 물론 이 세 가지를 해결하더라도 대중은 여전히 자동 채점 시스템에 불만을 가질 수 있음을 명심하기 바랍니다.

실패 1: 잘못된 목표 설정

2장에서 ML 프로젝트의 목표가 ML 시스템 성능에 어떤 영향을 미치는지 논의했습니다. 학생에게 점수를 매기는 자동 채점 시스템을 개발할 때 시스템 목표가 '채점 정확도'라고 생각했을 겁니다.

반면에 오프퀄이 최적화하는 것으로 보이는 목표는 학교 간의 '기준 유지'였습니다. 즉, 모델이 예측한 성적을 각 학교의 과거 성적 분포에 맞추는 것입니다. 예를 들어, A 학교의 과거 입시 실적이 B 학교를 능가했다면 오프퀄은 평균적으로 A 학교 학생들에게 B 학교 학생들보다 더 높은 점수를 주는 알고리즘을 원했습니다. 오프퀄은 학생 간의 공정성보다 학교 간의 공정성을 우선시했습니다. 즉, 개인의 성적을 올바르게 매기는 모델보다 학교 수준의 결과를 올바르게 매기는 모델을 선호했습니다.

이 목표에 따라 모델은 과거 입시 실적이 저조한 학교에서 성적이 우수한 집단을 불균형적으로 강등했습니다. 과거에 학생들이 전체 D를 받은 적이 있는 수업의 학생들은 B와 C로 강등됐습니다.[17]

오프퀄은 자원이 많은 학교가 자원이 적은 학교를 능가하는 경향이 있다는 사실을 고려하지 못했습니다. 알고리즘 자동 채점기는 학생의 현재 성적보다 학교의 과거 입시 실적을 우선시함으로써, 소외 계층 학생이 많이 재학하는 자원 부족 학교의 학생들에게 불이익을 줬습니다.

실패 2: 편향을 발견하는 세분화된 모델 평가 부족

과거 입시 실적이 저조한 학교의 학생들에 대한 편향은 이 모델에서 발견된 많은 편향 중 하나일 뿐입니다. 자동 채점 시스템은 교사의 평가를 입력으로 고려했지만 전체 인구통계학적 그룹에서 교사의 평가 불일치를 해결하지는 못했습니다. 오프퀄은 이 시스템이 "2010년 평등법에

---

17 Jones et al. (2020). Can Algorithms Ever Make the Grade?

따른 일부 보호 대상 그룹에 대한 복합적인 불이익의 영향을 고려하지 않았습니다. 교사의 낮은 기대치와 일부 학교에 만연한 인종 차별로 인해 이중, 삼중으로 불이익을 받는 거죠."[18]라고 이야기했습니다.

모델이 각 학교의 과거 입시 실적을 고려했으므로 오프퀄은 모델에 소규모 학교에 대한 데이터가 충분하지 않았다는 점을 인정했습니다. 소규모 학교의 경우 알고리즘으로 최종 등급을 매기는 대신 교사가 평가한 등급만 사용했습니다. 실제로 이는 "인원이 적은 경향이 있는 사립 학교의 학생들에게 더 나은 등급을 줬습니다."[19]

오프퀄이 모델이 예측한 성적을 공개하고 다양한 데이터 샘플로 세분화된 평가를 수행했다면 이러한 편향을 발견할 수 있었을 겁니다. 예를 들어, 다양한 규모의 학교와 다양한 배경을 가진 학생들에 대한 모델 정확도를 평가하는 것이죠.

실패 3: 투명성 부족

투명성은 시스템에 대한 신뢰를 구축하는 첫 번째 단계입니다. 하지만 오프퀄은 알고리즘 자동 채점기의 중요한 측면을 너무 늦기 전에 공개해야 했습니다. 예를 들어, 시스템 목적이 학교 간의 공정성을 유지하는 것임을 성적이 발표되는 날까지 대중에게 알리지 않았습니다. 따라서 대중은 모델이 개발되는 동안 이 목표에 대한 우려를 표할 수 없었죠.

게다가 오프퀄은 교사들이 학생 평가 및 석차를 제출한 뒤에도 자동 채점기가 그것을 어떻게 사용할지 교사들에게 알리지 않았습니다. 그 이유는 교사가 모델 예측에 영향을 미치게끔 평가를 수정하는 것을 방지하기 위함이었습니다. 오프퀄은 모두가 결과를 동시에 확인할 수 있도록, 결과를 공개하는 날까지 정확한 모델을 공개하지 않기로 결정했습니다.

물론 이러한 고려 사항은 좋은 의도에서 나온 것입니다. 다만 오프퀄이 모델 개발을 공개하지 않기로 결정했으므로 시스템은 독립적인 외부 조사를 충분히 받지 못했습니다. 대중의 신뢰를 바탕으로 운영되는 시스템은 대중이 신뢰하는 독립적인 전문가가 검토할 수 있어야 합니다. 왕립통계학회Royal Statistical Society(RSS)는 이 자동 채점기 개발에 관해 조사하면서 오프퀄이 모델을 평가하기 위해 모은 '기술 자문 그룹'의 구성에 우려를 표했습니다. RSS는 "통계적 엄밀함을

---

18 Ofqual. (2020). Awarding GCSE, AS & A Levels in Summer 2020: Interim Report.

19 Jones et al. (2020). Can Algorithms Ever Make the Grade?

보장할 더 강력한 절차적 근거가 없고 오프퀄이 검토하고 있는 문제가 더 투명하지 않은 한"[20] 오프퀄의 통계 모델의 정당성이 의심스럽다고 지적했습니다.

이 사례 연구는 많은 사람의 삶에 직접적인 영향을 미치는 모델을 구축할 때 투명성이 얼마나 중요한지 보여줍니다. 모델의 중요한 측면을 적시에 공개하지 않으면 어떤 결과를 얻게 되는지 알 수 있죠. 그리고 최적화할 목표를 올바르게 선택하는 일의 중요성 또한 보여줍니다. 잘못된 목표(예: 학교 간의 공정성을 우선시하는 것)를 설정하면 올바른 목표에 대해서는 성능이 저조한 모델을 선택하게 될 뿐 아니라 편견을 영속화할 수 있습니다.

이 사례 연구는 알고리즘으로 무엇을 자동화해야 하며 무엇을 자동화하지 말아야 하는지 사이의 모호한 경계를 보여주는 전형적인 예시입니다. 영국 정부에는 A-레벨 성적을 알고리즘으로 자동화해도 괜찮다고 생각하는 사람이 있을 겁니다. 반대로, 치명적인 결과를 얻을 가능성이 있어 애초에 자동화하지 말았어야 했다는 주장도 있죠. 경계가 명확해질 때까지는 AI 알고리즘을 오용하는 사례가 더 많아질 겁니다. 경계가 명확해지도록 하려면 시간과 자원을 더 많이 투자해야 하며 AI 개발자, 대중 및 당국의 진지한 숙고가 필요합니다.

사례 연구 2: 익명화된 데이터의 위험성

이 사례 연구는 알고리즘이 명백한 원인이 아니기에 더 흥미롭습니다. 오히려 민감한 데이터가 유출되도록 하는 요인은 데이터 인터페이스와 데이터 수집의 설계 방식입니다. ML 시스템 개발은 데이터 품질에 크게 의존하므로 사용자 데이터를 수집하는 일이 중요합니다. 연구 커뮤니티는 새로운 기술을 개발하기 위해 고품질 데이터셋에 액세스해야 하며, 실무자와 기업은 새로운 유스 케이스를 발견하고 새로운 AI 기반 제품을 개발하기 위해 데이터에 액세스해야 합니다.

데이터셋을 수집하고 공유함으로써 데이터셋의 일부인 사용자의 개인 정보와 보안이 침해되기도 합니다. 사용자 보호를 위해 개인 식별 정보Personally Identifiable Information (PII)를 익명화해야 한다는 주장이 제기되기도 했습니다. 미국 노동부에 따르면 PII는 "정보가 적용되는 개인의 신원을 이름, 주소, 전화 번호 같은 직간접적인 수단으로 합리적으로 추론할 수 있도록 하는 정보의 표현"입니다.[21]

20 *Royal Statistical Society*. (2020, June 8). Royal Statistical Society Response to the House of Commons Education Select Committee Call for Evidence: The Impact of COVID-19 on Education and Children's Services Inquiry. https://oreil.ly/ernho

21 *Guidance on the Protection of Personal Identifiable Information*. US Department of Labor. (n.d.). https://oreil.ly/

하지만 익명화는 개인 정보를 보호하고 데이터 오용을 막는 데 충분하지 않습니다. 2018년 온라인 피트니스 트래커 스트라바Strava는 전 세계 사용자가 달리기, 조깅, 수영 등 운동을 한 경로를 기록한 히트맵heatmap을 게시했습니다. 히트맵은 2015년부터 2017년 9월까지 기록된 활동 10억 건에서 집계됐으며 총 거리는 270억 킬로미터였습니다. 스트라바는 사용한 데이터가 익명화됐으며 "사용자가 비공개private나 개인 정보 보호 영역으로 지정한 활동은 제외했습니다." 라고 말했습니다.[22]

그런데 군인들도 스트라바를 사용했고, 데이터를 익명화했음에도 사람들이 스트라바의 공개 데이터로 해외 미군 기지의 활동을 드러내는 패턴을 알아챌 수 있었습니다. 아프가니스탄 전방 작전 기지, 시리아 내 튀르키예 군 순찰대, 시리아의 러시아 작전 지역 내 경비 순찰 가능성이 있는 것 등이었죠.[23] [그림 11-4]는 이러한 패턴의 예를 보여줍니다. 어떤 분석가들은 이 데이터가 개별 스트라바 사용자의 이름과 심박수를 드러낸다고 말했습니다.[24]

그렇다면 익명화는 어디서부터 잘못됐을까요? 첫째, 스트라바의 개인 정보 설정은 기본적으로 옵트아웃이었습니다. 사용자가 데이터 수집을 원하지 않으면 수동으로 선택을 해제해야 했죠. 사용자들은 이러한 개인 정보 설정 기본값이 명확하지 않을 때가 있으며 예상과 다를 수 있다고 지적했습니다.[25] 일부 개인 정보 설정은 모바일 앱이 아닌 스트라바 웹사이트에서만 변경할 수 있습니다. 이 사례는 사용자에게 개인 정보 설정에 관해 잘 알려주는 일이 중요함을 보여줍니다. 더 좋은 방법은 옵트아웃이 아니라 데이터 옵트인, 즉 기본적으로 데이터를 수집하지 않는 설정을 기본값으로 하는 것이죠.

FokAV

22 Lekach, S. (2018, January 28). *Strava's Fitness Heatmap Has a Major Security Problem for the Military.* Mashable. https://oreil.ly/9ogYx

23 Hsu, J. (2018, January 29). *The Strava Heat Map and the End of Secrets.* Wired. https://oreil.ly/mB0GD

24 Burgess, M. (2018, January 30). *Strava's Heatmap Data Lets Anyone See the Names of People Exercising on Military Bases.* Wired. https://oreil.ly/eJPdj

25 Burgess, (2018). Strava's Heatmap Data Lets Anyone See the Names of People Exercising on Military Bases. Spinks, R. (2017, August 1). *Using a Fitness App Taught Me the Scary Truth About Why Privacy Settings Are a Feminist Issue.* Quartz. https://oreil.ly/DO3WR

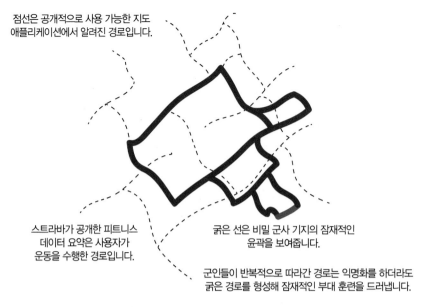

점선은 공개적으로 사용 가능한 지도
애플리케이션에서 알려진 경로입니다.

스트라바가 공개한 피트니스
데이터 요약은 사용자가
운동을 수행한 경로입니다.

굵은 선은 비밀 군사 기지의 잠재적인
윤곽을 보여줍니다.

군인들이 반복적으로 따라간 경로는 익명화를 하더라도
굵은 경로를 형성해 잠재적인 부대 훈련을 드러냅니다.

그림 11-4 BBC 뉴스의 분석[26]을 기반으로 생성한 이미지

스트라바 히트맵과 관련된 이 문제가 알려지자 일부 책임이 사용자에게 옮겨갔습니다. 예를 들어, 군인들은 GPS 추적 기능이 있는 비군사적 장치를 사용해서는 안 되며 위치 서비스를 꺼야 합니다.[27]

하지만 사용자가 수동으로 개인 정보 설정을 변경하는 것은 문제를 피상적으로만 해결합니다. 근본적인 문제는 오늘날 우리가 사용하는 기기들이 지속적으로 데이터를 수집하고 보고한다는 점입니다. 수집한 데이터를 어딘가로 이동하고 저장해야 하는데 중간에서 누군가가 가로채어 오용할 수 있습니다. 스트라바가 보유한 데이터는 아마존, 페이스북, 구글처럼 훨씬 더 널리 사용되는 애플리케이션에 비해 규모가 작습니다. 스트라바의 실수는 군사 기지의 활동을 노출하는 데 그쳤지만 개인 정보 보호 실패는 개인뿐 아니라 사회 전반에 훨씬 더 큰 위험을 초래할 수 있습니다.

데이터 수집 및 공유는 AI 같은 데이터 기반 기술 개발에 필수지만 잠재적인 위험 또한 존재합니다. 이 절에서 살펴본 사례 연구는 데이터를 수집하고 공유함에 따라, 데이터를 익명화하고

26 *Fitness App Strava Lights Up Staff at Military Bases*. BBC News. (2018, January 29). https://oreil.ly/hXwpN

27 Burgess. (2018). Strava's Heatmap Data Lets Anyone See the Names of People Exercising on Military Bases.

선의로 공개한 경우에도 잠재 위험이 있음을 보여줍니다. 사용자 데이터를 수집하는 애플리케이션 개발자는 사용자가 적절한 개인 정보 설정을 선택하는 기술적 노하우와 개인 정보 인식을 가지지 않았을 수도 있음을 이해해야 합니다. 수집하는 데이터가 적어지는 한이 있어도 올바른 설정을 기본값으로 설정하기 위해 적극 노력해야 합니다.

11.3.2 책임 있는 AI의 프레임워크

이 절에서 다루는 내용은 ML 실무자로서 모델 동작을 감시하고 프로젝트 요구 사항을 충족하는 데 도움이 되는 지침을 설정하기 위한 기반이 됩니다. 다만 이 프레임워크는 모든 유스 케이스에 적합하지는 않습니다. 어떤 프레임워크를 따르든 AI 사용이 부적절하거나 비윤리적인 애플리케이션, 예컨대 형사 판결, 예측 치안 등이 있기 때문이죠.

모델 편향의 출처 찾아내기

ML 시스템 설계에 관한 논의를 경험했다면 편향이 워크플로 전체에서 발생한다는 점을 익히 알 겁니다. 첫째로 이러한 편향이 어떻게 침투하는지 알아내야 합니다. 다음은 데이터 소스의 예이며 이 목록 외에도 많은 소스가 있습니다. 편향을 해결하기 어려운 이유 중 하나는 편향이 프로젝트 수명 주기 내 어느 단계에서든 발생할 수 있기 때문입니다.

훈련 데이터

모델 개발에 사용한 데이터가 모델이 실제로 처리할 데이터를 대표하나요? 그렇지 않다면 모델은 훈련 데이터에 표시되는 데이터가 적은 사용자 그룹에 대해 편향적이 될 수 있습니다.

레이블링

인간 어노테이터human annotator가 데이터를 레이블링한다면 레이블 품질을 어떻게 측정할까요? 어노테이터가 레이블링할 때 주관적인 경험이 아닌 표준 지침을 따르도록 하려면 어떻게 해야 할까요? 어노테이터가 주관적인 경험에 의존할수록 인간의 편향이 개입할 여지가 커집니다.

피처 엔지니어링

모델이 민감한 정보가 포함된 피처를 사용하나요? 모델이 일부 집단의 사람들에게 이질적인 영향을 끼치나요? 논문 「Certifying and removing disparate impact」에 따르면 이질적인 영향은 선택 프로세스가 중립적인 것처럼 보여도 서로 다른 그룹 간에 매우 다른 결과를 가져올 때 발생합니다.[28] 모델의 결정이 민족, 성별, 종교 등 법적으로 보호되는 계층과 상관관계가 있는 정보에 의존할 때, 심지어 이 정보가 모델을 직접 훈련하는 데 사용되지 않더라도 발생합니다. 예를 들어, 채용 과정에서 우편 번호나 고등학교 졸업장처럼 인종과 상관관계가 있는 변수를 활용하면 인종별로 이질적인 영향을 미치게 됩니다. 잠재하는 이질적인 영향을 완화할 방법으로는 펠드만 등이 제안한 기법[29]이나 AIF360^AI Fairness 360 [30]에서 구현한 `DisparateImpactRemover` 함수가 있습니다. H2O에서 구현한 Infogram 메서드[31]를 사용해 변수에 숨은 편향을 식별할 수도 있습니다(이후 훈련 세트에서 제거).

모델의 목표

모든 사용자에게 공평하게 적용될 수 있는 목표로 모델을 최적화하고 있나요? 예를 들어, 모델 성능을 우선시해서 대다수 사용자 그룹에 대해 모델을 왜곡하고 있지는 않나요?

평가

다양한 사용자 그룹에 대한 모델의 성능을 이해하기 위해 적절하고 세분화된 평가를 수행하고 있나요? 이는 6.2.2절 '평가 방법'의 '슬라이스 기반 평가'에서 다룹니다. 공정하고 적절한 평가는 공정하고 적절한 평가 데이터가 존재하는지에 달려 있습니다.

데이터 기반 접근법의 한계 이해하기

ML은 데이터를 기반으로 문제를 해결하기 위한 접근법입니다. 하지만 데이터로는 충분하지

---

28 Feldman, M., Friedler, S., Moeller, J., Scheidegger, C., & Venkatasubramanian, S. (2015, July 16). Certifying and Removing Disparate Impact. *arXiv*. https://oreil.ly/FjSve

29 Feldman et al. (2015). Certifying and Removing Disparate Impact.

30 깃허브: *https://oreil.ly/TjavU*

31 *https://oreil.ly/JFZCL*

않습니다. 데이터는 실제 사람들에 관한 것이며 고려해야 할 사회경제적, 문화적 측면이 있습니다. 따라서 데이터에 과도하게 의존함으로써 생기는 맹점을 더 잘 이해해야 하죠. 우리가 구축하는 ML 시스템에 영향받을 사람들의 실제 경험을 녹여낼 수 있도록 현업의 도메인 전문가와 논의해 도메인 지식(규율, 기능 등)을 파악해야 합니다.

예를 들어, 공정한 자동 채점 시스템을 구축하려면 반드시 도메인 전문가와 협력해 학생들의 인구통계학적 분포와 사회경제적 요인이 과거 성적 데이터에 어떻게 반영되는지 이해해야 합니다.

서로 다른 요구 사항 간의 트레이드오프 이해하기

ML 시스템을 구축할 때 시스템이 특정 속성을 갖추길 원할 겁니다. 예컨대 낮은 추론 레이턴시를 원한다면 가지치기 같은 모델 압축 기술로 달성할 수 있습니다. 높은 예측 정확도를 원한다면 더 많은 데이터를 추가함으로써 달성할 수 있죠. 모델이 공정하고 투명하기를 원한다면, 공개 조사를 위해 모델과 해당 모델을 개발하는 데 사용한 데이터에 액세스 가능하도록 해야 할 수도 있습니다.

종종 ML 문헌은 한 속성에 대한 최적화가 나머지 속성을 정적으로 유지한다는 비현실적인 가정을 합니다. 사람들은 특정 모델의 정확도나 레이턴시가 그대로 유지된다는 가정하에 모델의 공정성을 개선하기 위한 기술을 논의합니다. 반면에 실제로는 한 속성을 개선하면 다른 속성이 저하될 수 있습니다. 다음은 트레이드오프의 두 가지 예입니다.

개인 정보 보호와 정확도 간의 트레이드오프

위키백과에 따르면 차등 개인 정보 보호differential privacy는 "데이터셋 내 개인에 대한 정보는 숨기면서 그룹들의 패턴을 설명함으로써 데이터셋에 대한 정보를 공개적으로 공유하는 시스템입니다. 차등 개인 정보 보호가 담고 있는 개념은 데이터베이스에서 임의 단일 대체의 효과가 충분히 작다면, 쿼리 결과로 개인에 대해 많은 것을 추론할 수 없다는 점에서 개인 정보를 보호한다는 점입니다."[32,33]

---

32 *Differential privacy*. Wikipedia. (n.d.). https://oreil.ly/UcxzZ

33 옮긴이_ 예를 들어, 희귀병에 걸린 사람 수를 쿼리로 계산할 때, 희귀병에 걸린 특정 사람이 포함됐는지에 따라 count 결과가 달라집니다. 따라서 이 사람이 희귀병에 걸렸다는 사실을 알게 될 위험이 있습니다. 데이터에 적절히 잡음을 추가해 특정 사람이 희귀병에 걸렸는지 알 수 없게 하는 기법이 차등 개인 정보 보호입니다.

차등 개인 정보 보호는 ML 모델의 훈련 데이터에 흔히 사용되는 기술입니다. 이때 트레이드오프는 차등 개인 정보 보호가 제공하는 개인 정보 보호 수준이 높을수록 모델 정확도가 낮아진다는 점입니다.[34] 다만 정확도 감소는 모든 샘플에서 동일하지는 않습니다. 2019년 논문 「Differential Privacy Has Disparate Impact on Model Accuracy」에서는 "차등 개인 정보 보호 모델의 정확도는 과소 대표된underrepresented 클래스와 하위 그룹에서 훨씬 크게 감소합니다."라고 이야기합니다.[35]

간결함과 공정성 간의 트레이드오프

7장에서는 가지치기, 양자화 등 모델 압축 기술을 다뤘으며 정확도 손실[36]을 최소화하면서 모델 크기를 크게 줄일 수 있음을 배웠습니다. 예를 들어, 정확도 손실을 최소한으로 억제하면서도 모델 매개변수 개수를 90% 줄일 수 있죠.

그렇게 최소한도로 억제된 손실이 모든 클래스에 균일하게 분산돼 있으면, 말 그대로 최소한도겠죠. 그렇다면 소수의 클래스에만 정확도 손실이 집중되면 어떨까요? 2019년 논문 「What Do Compressed Deep Neural Networks Forget?」에서는 "서로 다른 개수의 가중치를 가진 모델이 비슷한 최상위 성능 지표를 갖지만, 데이터셋의 샘플 데이터 집합에서는 추론 결과가 매우 다르다"는 것을 발견했습니다.[37] 예를 들어, 성별, 인종, 장애 등 보호된 피처가 데이터 분포의 롱테일 클래스일 때, 즉 저빈도 클래스일 때 압축 기술이 정확도 손실을 증폭합니다. 이는 압축이 제대로 표현되지 않은 피처에 불균형적으로 영향을 미침을 의미합니다.[38,39]

연구에서 얻은 또 다른 중요한 발견은 그들이 평가한 압축 기법이 모두 불균일한 영향을 미치지만, 모든 기법이 동일한 수준으로 영향을 미치지는 않는다는 점입니다. 예를

---

34 옮긴이_ 얼굴 인식 모델을 예로 들면, 얼굴 이미지에 잡음을 지나치게 추가하면 모델은 이것이 사람인지조차 구별할 수 없게 됩니다.

35 Bagdasaryan E., & Shmatikov, V. (2019, May 28). Differential Privacy Has Disparate Impact on Model Accuracy. *arXiv*. https://oreil.ly/nrJGK

36 옮긴이_ 원문은 최소 정확도 비용(minimal accuracy cost)이지만 정확도 손실이 더 매끄러운 표현입니다.

37 Hooker, S., Courville, A., Clark, G., Dauphin, Y., & Frome, A. (2019, November 13). What Do Compressed Deep Neural Networks Forget? *arXiv*. https://oreil.ly/bgfFX

38 Hooker, S., Moorosi, N., Clark, G., Bengio, S., & Denton, E. (2020, October 6). Characterising Bias in Compressed Models. *arXiv*. https://oreil.ly/ZTl72

39 옮긴이_ 쉽게 말해, 압축된 모델은 롱테일 분포를 가지는 저빈도 클래스가 포함된 훈련 데이터 분포에 민감합니다.

들어, 가지치기는 양자화 기법보다 훨씬 더 이질적인 영향을 미칩니다.[40,41]

유사한 트레이드오프가 계속 발견되고 있습니다. ML 시스템을 설계할 때 정보에 입각한 결정을 내리려면 이러한 트레이드오프를 인식하는 것이 중요합니다. 압축되거나 차등적으로 비공개인 시스템으로 작업하는 경우 의도치 않은 피해를 방지하려면 모델 동작을 감사하는 데 더 많은 자원을 할당하는 편이 좋습니다.

사전 대응하기

시내에 건물을 새로 짓는 상황을 가정해봅시다. 한 건설업자가 향후 75년 동안 사용할 건물을 짓게 됐습니다. 건설업자는 비용을 줄이려고 저품질 시멘트를 사용하고, 건축주는 건축 기간을 줄이려고 감독에 투자하지 않습니다. 건설업자는 열악한 기초 위에 작업을 이어가고 제시간에 건물을 완공합니다.

그런데 1년이 채 안 돼서 균열이 생기기 시작했고 건물은 무너질 것 같습니다. 시에서는 이 건물이 안전상 위험이 있다고 판단하고 철거를 요청합니다. 이처럼 비용을 절약하려던 건설업자와 시간을 절약하려던 건축주가 내린 결정이 결국 훨씬 더 많은 돈과 시간을 소요하는 결과를 낳은 겁니다.

ML 시스템에서도 이 이야기를 자주 접할 수 있습니다. 회사가 비용과 시간을 절약하려고 ML 모델의 윤리적 문제를 우회하기로 결정한다면 나중에는 결국 비용이 훨씬 높은 위험을 발견할 뿐이죠. 앞서 살펴본 오프퀄과 스트라바의 사례 연구처럼 말입니다.

ML 시스템 개발 주기가 빨라질수록 ML 시스템이 사용자의 삶에 어떤 영향을 미치는지, 어떤 편향을 가지는지 생각해야 합니다. 이러한 편향은 미리 해결하는 편이 비용이 낮을 겁니다. NASA의 연구에 따르면 소프트웨어 개발에서는 프로젝트 수명 주기의 단계가 넘어갈수록 오류 비용이 몇 배씩 증가합니다.[42]

---

40 Hooker et al. (2020). Characterising Bias in Compressed Models.

41 옮긴이_ 가지치기를 적용하면 양자화를 적용할 때보다 정확도 손실이 훨씬 크다는 의미입니다.

42 Stecklein, J. M., Dabney, J., Dick, B., Haskins, B., Lovell, R., & Moroney, G. (2004). Error Cost Escalation Through the Project Life Cycle. *NASA Technical Reports Server (NTRS)*. https://oreil.ly/edzaB

모델 카드 생성하기

모델 카드는 훈련된 ML 모델과 함께 제공되는 짧은 문서로, 모델이 어떻게 훈련되고 평가됐는지에 대한 정보를 제공합니다. 논문 「Model Cards for Model Reporting」에 따르면 모델 카드는 모델이 사용되는 컨텍스트와 제한 사항 또한 공개하며 "모델 카드의 목표는 이해관계자가 배포를 위한 후보 모델을 비교할 때 전통적인 평가 지표뿐 아니라 윤리적, 포괄적, 공정한 고려 사항의 축을 따르도록 함으로써 윤리적 관행과 보고를 표준화하는 것"입니다.[43]

다음은 모델에 대해 보고할 수 있는 정보입니다.[44]

- 모델 세부 정보: 모델에 대한 기본 정보입니다.
  - 모델을 개발하는 개인 혹은 조직
  - 모델 날짜
  - 모델 버전
  - 모델 유형
  - 훈련 알고리즘, 매개변수, 공정성 제약 및 그 외에 적용된 접근법과 피처에 대한 정보
  - 추가 정보를 위한 논문과 기타 자료
  - 인용 세부 정보
  - 특허
  - 모델에 대한 질문이나 의견을 보낼 곳
- 사용 목적: 개발 중에 구상한 유스 케이스입니다.
  - 주요 용도
  - 주요 사용자
  - 범위 외 유스 케이스
- 요인: 요인에는 인구통계학적 또는 표현형phenotypic 그룹, 환경 조건, 기술적 속성 등이 포함됩니다.
  - 관련 요인
  - 평가 요인
- 지표: 모델의 잠재 영향을 반영하는 지표를 선택해야 합니다.

---

43 Mitchell, M., Wu, S., Zaldivar, A., Barnes, P., Vasserman, L., Hutchinson, B., Spitzer, Raji, I. D., & Gebru, T. (2018, October 5). Model Cards for Model Reporting. *arXiv*. https://oreil.ly/COpah
44 Mitchell et al. (2018). Model Cards for Model Reporting.

- 모델 성능

- 결정 임곗값

- 변형 접근법

• 평가 데이터: 카드의 정량 분석에 사용한 데이터셋에 대한 세부 정보입니다.

- 데이터셋

- 동기

- 전처리

• 훈련 데이터: 실제로는 훈련 데이터를 제공하지 못할 수 있기에 가능하면 이 섹션은 평가 데이터를 반영해야 합니다. 이러한 세부 정보가 가능하지 않다면, 훈련 데이터셋의 다양한 요인에 대한 분포 세부 정보 등 최소한의 정보를 모델 카드에 제공해야 합니다.

• 정량적 분석

- 단일unitary 결과

- 교차intersectional 결과

• 윤리적 고려 사항

• 주의 사항과 권장 사항

모델 카드는 ML 모델 개발의 투명성을 높여줍니다. 모델 사용자가 해당 모델을 개발한 사람이 아닌 경우에 특히 중요하죠.

모델이 업데이트될 때마다 모델 카드를 업데이트해야 합니다. 자주 업데이트되는 모델의 경우 모델 카드를 수동으로 생성하면 데이터 과학자에게 상당한 오버헤드가 발생합니다. 따라서 모델 카드를 자동으로 생성하는 도구를 보유하는 것이 중요합니다. 텐서플로, 메타플로, 사이킷런 같은 도구의 모델 카드 생성 기능을 활용하거나 사내에서 기능을 구축하는 방법이 있죠. 모델 카드에서 추적해야 하는 정보는 모델 스토어에서 추적해야 하는 정보와 겹치므로, 가까운 미래에 모델 스토어가 모델 카드를 자동으로 생성하게 될 수도 있을 겁니다.[45]

---

45 **옮긴이_** 모델 카드와 모델 레지스트리 모두 머신러닝 모델의 정보를 문서화하고 공유하기 위한 도구이지만, 서로 다른 용도로 사용됩니다. 모델 카드는 일반적으로 모델 개발자가 작성하지만, 이해관계자와 공유함으로써 모델의 투명성과 책임성을 높이는 데 도움을 주는 도구입니다. 반면, 모델 레지스트리는 중앙 집중식 저장소로 버전 관리, 액세스 제어, 메타데이터 관리와 같은 MLOps 기능을 포함하며 머신러닝 모델의 배포 및 유지 관리 프로세스를 간소화하는 데 도움을 주는 도구입니다.

편향 완화를 위한 프로세스 수립하기

책임 있는 AI를 구축하는 프로세스는 복잡하며, 프로세스가 임시방편적ad hoc일수록 오류가 발생할 여지가 더 많습니다. 기업은 책임 있는 ML 시스템을 만들기 위해 체계적인 프로세스를 수립해야 합니다.

다양한 이해관계자가 접근하기 쉬운 내부 도구 포트폴리오를 만들면 좋습니다. 대기업에서 보유한 도구 세트를 참조하면 도움이 될 겁니다. 예를 들어, 구글에서 게시한 책임 있는 AI에 대한 권장 모범 사례[46]와 IBM이 보유한 오픈 소스 AIF360[47]이 있습니다. AIF360은 데이터셋 및 모델의 편향을 완화하기 위한 일련의 지표, 설명, 알고리즘을 포함합니다. 그 외에 서드 파티 감사를 고려할 수도 있습니다.

책임 있는 AI에 관한 최신 정보 파악하기

AI는 빠르게 움직이는 분야입니다. 계속해서 새로운 편향이 발견되고 있으며 책임 있는 AI에 관한 난제도 끊임없이 새로 등장합니다. 이러한 편향과 난제에 맞서기 위한 기술 또한 활발히 개발되고 있습니다. 책임 있는 AI에 대한 최신 연구 동향을 파악하는 것이 중요합니다. ACM FaccT 콘퍼런스[48], 파트너십 온 AIPartnership on AI[49], 앨런 튜링 연구소의 Fairness, Transparency, Privacy 그룹[50], AI 나우AI Now 그룹[51]을 참조하기 바랍니다.

11.4 정리

ML 솔루션은 기술적인 것이지만 ML 시스템 설계는 기술 영역에 국한되지 않습니다. ML 시스템을 개발하고 사용하는 것은 인간이며, 시스템은 사회에 흔적을 남깁니다. 이 장에서는 8장의 기술적 주제에서 벗어나 ML의 인간적 측면에 초점을 맞췄습니다.

----

46 https://oreil.ly/0C30s
47 https://aif360.mybluemix.net
48 https://oreil.ly/dkEeG
49 https://partnershiponai.org
50 https://oreil.ly/5aiQh
51 https://ainowinstitute.org

먼저 ML 시스템의 확률론적이고, 대부분 맞으며, 레이턴시가 높은 특성이 사용자 경험에 어떻게 영향을 미치는지 살펴봤습니다. 확률론적 특성으로 인해 사용자 경험에 일관성이 없어져 "방금 여기서 이 옵션을 봤는데 이제 어디에서도 찾을 수 없어요." 같은 식의 불만을 야기할 수 있습니다. ML 시스템의 '대부분 맞는' 특성은 사용자가 예측을 쉽게 수정할 수 없는 경우 시스템을 무용지물로 만듭니다. 이에 대응하기 위해 동일한 입력에 대해 '가장 맞는' 예측 몇 개를 보여주고 그중 적어도 하나는 맞기를 바라기도 하죠.

ML 시스템을 구축하려면 여러 기술 세트가 필요할 때가 많습니다. 조직에서는 이러한 기술 세트를 어떻게 분산해야 할지 궁금할 겁니다. 즉, 각기 다른 기술 세트를 담당하는 여러 팀을 참여시킬 수도 있고, 한 팀, 예컨대 데이터 과학 팀에서 모든 기술을 담당하게 할 수도 있습니다. 이 장에서는 두 접근법의 장단점을 살펴봤습니다. 첫 번째 접근법의 주요 단점은 커뮤니케이션 오버헤드이며, 두 번째 접근법의 주요 단점은 ML 시스템을 엔드-투-엔드로 개발하는 프로세스를 수행할 수 있는 데이터 과학자를 고용하기 어렵다는 점입니다. 그런 데이터 과학자가 있더라도 엔드-투-엔드 개발을 좋아하지 않을 수도 있죠. 다만 데이터 과학자에게 10장에서 설명한 도구와 인프라를 충분히 제공한다면 두 번째 접근법도 가능성이 있습니다.

마지막으로 다룬 책임 있는 AI는 이 책에서 가장 중요한 주제입니다. 책임 있는 AI는 더 이상 단순한 추상화가 아니라 오늘날 ML 산업의 필수 관행으로서 빠르게 조치해야 합니다. 윤리 원칙을 모델링 및 조직 관행에 통합한다면 여러분이 전문 데이터 과학자 및 ML 엔지니어로서 두각을 나타낼 수 있을 뿐 아니라 조직이 고객과 사용자에게 신뢰를 얻는 데 도움이 됩니다. 그리고 점점 더 많은 고객과 사용자가 책임 있는 AI 제품 및 서비스에 대한 필요성을 강조함에 따라, 조직이 시장에서 경쟁 우위를 확보하는 데도 도움이 되죠.

책임 있는 AI를 단순히 조직의 규정 준수 요구 사항을 충족하기 위해 의무적으로 수행하는 일로 여기지 않기를 바랍니다. 이 장에서 소개한 프레임워크가 조직의 규정 준수 요구 사항을 충족하는 데 도움이 되지만, 애초에 제품이나 서비스를 구축해야 하는지에 대한 비판적 사고를 대체할 수는 없을 겁니다.

에필로그

해냈군요! 여러분은 영어가 모국어가 아닌 필자가 쓴, 10만 개 단어와 100여 개 삽화로 구성된 기술 서적을 완독했습니다. 이 책을 출간하기 위해 많은 동료와 멘토에게 도움을 받았고 정말 열심히 노력했습니다. 시중에 나와 있는 수많은 책 중에서 이 책을 선택해줘서 고맙습니다. 책에서 다루는 내용이 여러분 업무에 조금이나마 도움이 되기를 바랍니다.

오늘날 사용 가능한 모범 사례와 도구를 통해 이미 놀라운 ML 유스 케이스들이 일상 생활에 영향을 미치고 있습니다. 도구가 성숙함에 따라 영향력 있는 유스 케이스도 늘어날 거라 믿으며, 이를 실현할 사람은 여러분이 될 수도 있습니다. 여러분이 무엇을 만들지 기대가 됩니다!

ML 시스템은 많은 난제를 안고 있습니다. 모든 난제가 즐겁지는 않을 테지만 하나 하나가 성장과 영향력을 향한 기회입니다. 이러한 난제와 기회 들을 논의하고 싶다면 주저하지 말고 트위터(@chipro)나 이메일(chip@claypot.ai)로 연락하세요.

INDEX

INDEX

INDEX

INDEX

INDEX

INDEX

INDEX